반드시! 다시 출제되는

JLPT
최신기출^{유형}
실전모의고사
N2

Aj Online Test 지음

S 시원스쿨닷컴

JLPT
최신기출_{유형}
실전모의고사
N2

초판 1쇄 발행 2023년 9월 15일
초판 2쇄 발행 2024년 4월 2일

지은이 에이제이온라인테스트
펴낸곳 (주)에스제이더블유인터내셔널
펴낸이 양홍걸 이시원

홈페이지 www.siwonschool.com
주소 서울시 영등포구 영신로 166 시원스쿨
교재 구입 문의 02)2014-8151
고객센터 02)6409-0878

ISBN 979-11-6150-769-9 13730
Number 1-310113-18122400-06

기술을 통해, 언어의 장벽을 낮추다, AOT

Aj Online Test(이하, AOT)는 독자 개발 AI 기술과 데이터사이언스 경험을 기반으로 고퀄리티의 일본어 교육 콘텐츠를 온라인을 통해 합리적이고 효율적으로 전 세계 언어 학습자에게 제공하고자 탄생한 에듀테크 스타트업입니다. AOT는 언어 교육이 직면하고 있는 정보의 불평등 이슈에 적극적으로 도전하여, 일상에 만연한 언어 교육의 장벽과 격차를 해소하고자 노력하고 있습니다.

일본어능력시험(JLPT)은 여타 공인 어학 시험과 비교하여 응시 기회가 적고 학습을 위한 기회비용이 큰 탓에 많은 학습자들이 어려움을 겪어 왔습니다. 그 결과 많은 일본어 학습자들 사이에서는 온라인을 통해 편리하고 또 저렴하게 모의시험을 응시할 수 있는 서비스에 대한 요구가 적지 않았습니다. 또한 일본어 교사, 학원 등 일본어 교육 기관에게 있어서도 신뢰할 수 있는 일본어능력시험 대비 모의 문항 및 학습 콘텐츠 개발의 어려움은 학습자들의 요구와 기호에 맞는 다양한 학습 교재의 개발과 응용을 어렵게 하는 원인으로 작용하기도 했습니다.

이러한 문제의식 속에서 AOT는 독자 AI 시스템을 활용하여 과거 일본어능력시험 기출문제 빅데이터를 분석하고 학습하여, 실제 시험과 매우 유사한 내용과 난이도 그리고 형식을 가진 문제를 빠르고 정확하게 작성하는 문항 제작 프로세스를 확립했으며, 이를 통해 대규모 일본어능력시험 문제은행을 구축하여 세계 최초로 풀타임 온라인 모의 일본어능력시험 서비스, 「io JLPT」를 출시하여 많은 일본어 학습자에게 사랑받고 있습니다. 또한 AI 학습자 진단 테스트를 통해, 학습자가 단 12문제를 풀어보는 것만으로도 자신의 실력을 정확하게 진단할 수 있는 「무료 진단 테스트」 그리고 유튜브와 블로그 등 다양한 매체를 통해 JLPT 시험 대비 학습 자료, 듣기 평가, 온라인 강의, 일본 문화 정보 등 일본어 학습자를 위한 다양한 오리지널 콘텐츠도 제공하여 학습자 여러분의 일본어 학습을 서포트하고 있습니다.

AOT는 여러분이 「io JLPT」와 같은 실전과 유사한 모의고사에 응시하는 것을 통해 실제 시험의 형식에 익숙해지는 것뿐만 아니라 실제 언어생활에서 만날 수 있는 많은 실수와 오류를 한발 앞서 범할 수 있기를 바랍니다. 완벽하지 않은 상황 속에서 고민하고 틀려보는 것을 통해 여러분은 한 단계 더 성장할 수 있을 것이며 결국에는 스스로 미지와의 조우에 두려움을 갖지 않게 될 것입니다. AOT는 이러한 학습자 여러분의 일본어 학습의 완성으로 가는 여정에 함께하는 동반자가 되고자 합니다.

Aj Online Test, 「io JLPT」

목 차

전략 해설집

실전문제 정답&
해설 및 풀이 전략

특별 부록

쉿! 시험 직전
기출 시크릿 노트

이 책의 특징

시원스쿨어학연구소

AI 기술과 **빅데이터 분석**을 기반으로 하는
고퀄리티 일본어 교육 콘텐츠 **AOT**와 일본어능력시험의 최신 경향과 변화를 탐구하고 분석하는
JLPT 전문 연구 조직 **시원스쿨어학연구소**가 만났습니다.

⊘ AI 빅데이터 분석

2만 개의 기출 빅데이터를 빠르고 정확하게 분석하여 예상 적중 문제 3회분을 담았습니다.
AI 및 딥러닝 기술에 의한 자동 문항 개발 시스템으로 2010년부터 2023년까지 14년간의 모든 기출 문제를 분석하여
최신 기출 경향에 맞는 양질의 문제를 제공합니다.

⊘ 최신 기출 100% 반영

시원스쿨 JLPT 전문 연구진들이 직접 시험에 응시하여 2023년도 7월 기출 문제까지 모두 반영하였습니다. 다양한
실전 문제를 풀면서 최신 출제 유형을 파악하고, 딱 3번의 연습만으로도 실전 대비를 충분히 할 수 있습니다.

⊘ 합격, 고득점 그리고 만점

회차가 나아갈수록 조금씩 높아지는 난이도로 구성하였습니다. 1회에서 3회까지 풀어나가면서 자연스럽게 합격에서
고득점, 그리고 만점까지 목표로 하며 학습할 수 있습니다.

⊘ 탄탄한 부가 자료

어디서든 간편하게 찍어 바로 들을 수 있는 청해 MP3 QR 코드와 근 13년간 출제된 기출 어휘&문형을 모아둔
시크릿 노트, 더 높은 점수를 획득할 수 있는 고득점 부스터 암기카드 PDF를 제공합니다.
(※연계 유료 강의 제공)

이 책의 100% 활용법

문제집
- 1회분 : 시험 유형을 파악하며 현재 나의 실력 점검하기!
- 2회분 : 시간 배분 트레이닝 하며 고득점 도전하기!
- 3회분 : 최종 점검하며 만점을 목표로 도전하기!

❶ 테스트 전 파이널 체크

실제 시험과 같은 환경에서 응시할 수 있도록 3STEP을 통해 해답 용지와 필기도구, 청해 음성 등 테스트 전 필요한 것을 다시 한번 점검할 수 있도록 하였습니다.

❷ 청해 MP3 파일로 실전 감각 끌어올리기

청해 MP3 파일로 실전 감각을 더욱 극대화시켜 시험에 대비할 수 있고, 간편하게 QR코드로 바로 찍어 들을 수 있습니다.

❸ 고득점 부스터 암기카드 PDF

합격뿐만 아니라 고득점에 도전할 수 있도록 출제 포인트 핵심 어휘와 문형을 수록하여, 언제 어디서든 간편하게 QR코드로 학습할 수 있도록 하였습니다.

학습자들을 위한 특별 부가 자료

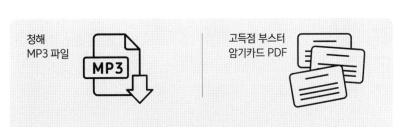

청해 MP3 파일

고득점 부스터 암기카드 PDF

위 학습 부가 자료들은 시원스쿨 일본어 홈페이지(japan.siwonschool.com)의 수강신청▶교재/MP3와 학습지원센터▶공부 자료실에서 다운로드할 수 있습니다.

이 책의 100% 활용법

문제 풀이는 실전처럼!

언어지식과 독해에서 문제 풀 때 걸리는 소요시간을 표시해 두었습니다. 시간 내에 모든 문제를 푸는 트레이닝을 하며 실전 감각을 익힐 수 있도록 하였습니다.

가채점표로 셀프 점검!

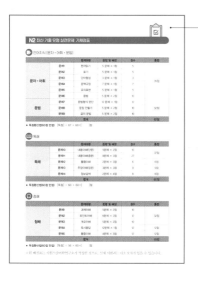

다년간의 시험 배점 분석으로 시원스쿨 일본어가 제시하는 각 영역별 배점표에 따라 시험 후 가채점하고, 현재 실력을 확인하며 합격을 예측할 수 있습니다.

학습자들을 위한 특별 부록

쉿! 시험 직전 기출 시크릿 노트 어휘편 문형편

최신 2023년 7월 시험까지 모두 반영하여 수록하였습니다. 모든 어휘와 문형에 기출 연도를 표시해 두었고, 셀프테스트를 통해 시험 직전에 꺼내어 빠르게 실전에 대비할 수 있도록 서포트합니다.

전략 해설집

합격부터 만점까지 완벽 커버!

가장 최신 기출 어휘는 물론, 2만여 개의 AI 기반 빅데이터를 바탕으로 출제가 예상되는 최다 빈출 단어만 뽑아 만점까지 도전할 수 있도록 서포트합니다.

빈출	作文(작문) ┃ 著作(저작) ┃ 耕作(경작) ┃ 作成(작성) ┃ 製作(제작) ┃ 作家(작가) ┃ 動作(동작) ┃ 作動(작동) ┃ 作法(예의범절) ┃ 作業(작업) ┃ 作用(작용) ┃ 物質(물질) ┃ 物理(물리) ┃ 人物(인물) ┃ 異物(이물) ┃ 見物(구경) ┃ 生物(생물) ┃ 荷物(짐) ┃ 貨物(화물) ┃ 禁物(금물) ┃ 書物(책)
어휘	ホウレンソウ(시금치) ┃ 育つ(자라다)

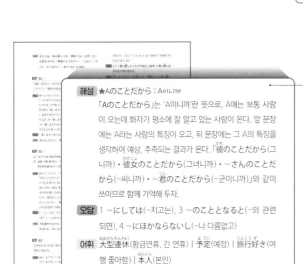

해설 ★Aのことだから : A이니까

「Aのことだから」는 'A이니까'란 뜻으로, A에는 보통 사람이 오는데 화자가 평소에 잘 알고 있는 사람이 온다. 앞 문장에는 A라는 사람의 특징이 오고, 뒤 문장에는 그 A의 특징을 생각하여 예상, 추측되는 결과가 온다. 「彼のことだから(그니까)・彼女のことだから(그녀니까)・~さんのことだから(~씨니까)・~君のことだから(~군이니까)」와 같이 쓰이므로 함께 기억해 두자.

오답 1 ~にしては(~치고는), 3 ~のこととなると(~와 관련되면), 4 ~にほかならないし(~나 다름없고)

어휘 大型連休(황금연휴, 긴 연휴) ┃ 予定(예정) ┃ 旅行好き(여행 좋아함) ┃ 本人(본인)

문제 핵심 공략 포인트 제시!

문제에 나온 핵심 문법 포인트를 한번 더 짚어주고, 오답 해설뿐만 아니라 문제 접근법이 보이는 시원한 공략TIP을 상세히 제시하여 더욱 쉽게 이해할 수 있도록 하였습니다.

정답이 보이는 친절한 문제 풀이 가이드!

문제를 풀 때 정답의 근거가 되는 부분을 형광펜으로 표시하여 직관적으로 바로 한눈에 찾아볼 수 있도록 하였고, 지문에 사용된 어휘를 나열하여 더욱 효율적으로 학습할 수 있도록 하였습니다.

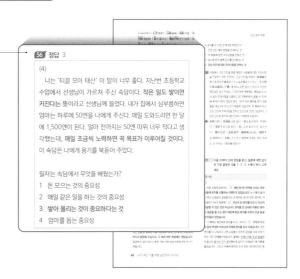

56 정답 3

(4)

나는 '티끌 모아 태산' 이 말이 너무 좋다. 지난번 초등학교 수업에서 선생님이 가르쳐 주신 속담이다. 작은 일도 쌓이면 커진다는 뜻이라고 선생님께 들었다. 내가 집에서 심부름하면 엄마는 하루에 50엔을 나에게 주신다. 매일 도와드리면 한 달에 1,500엔이 된다. 얼마 전까지는 50엔 따위 너무 적다고 생각했는데, 매일 조금씩 노력하면 꼭 목표가 이루어질 것이다. 이 속담은 나에게 용기를 북돋아 주었다.

필자는 속담에서 무엇을 배웠는가?
1 돈 모으는 것의 중요성
2 매일 같은 일을 하는 것의 중요성
3 쌓아 올리는 것이 중요하다는 것
4 엄마를 돕는 중요성

JLPT N2 개요

☑ JLPT(日本語能力試験)는 무엇일까요?

일본 국내 및 해외에서 일본어를 모국어로 하지 않는 사람을 대상으로 일본어 능력을 객관적으로 측정하고 인정하는 것을 목적으로 하는 시험입니다. 급수가 없는 JPT와는 달리 JLPT는 N1부터 N5까지 총 다섯 가지 레벨로 나뉘어 있으며 N1이 가장 난이도가 높은 레벨입니다. 시험에 합격하기 위해서는 '득점 구분별 득점'과 '종합 득점' 두 가지의 점수가 필요합니다. 즉 과락 제도가 있으며 '득점 등화'라고 하는 상대 평가의 방식으로 채점이 시행됩니다. 시험은 7월과 12월, 총 연 2회 실시되며, 접수는 각각 4월, 9월부터 진행됩니다.

☑ N2 출제 유형과 시간 및 득점표

레벨	유형	교시	시간		득점 범위	총점
N2	언어지식 (문자·어휘·문법)	1교시	105분	160분	0~60점	180점
	독해				0~60점	
	청해	2교시	55분		0~60점	

☑ N2 인정 기준

레벨	유형	인정 기준
N2	언어지식 (문자·어휘·문법) · 독해	신문이나 잡지의 기사나 해설, 평이한 평론 등 논지가 명쾌한 문장을 읽고 문장의 내용을 이해할 수 있으며, 일반적인 화제에 관한 글을 읽고 이야기의 흐름이나 표현 의도를 이해할 수 있음
	청해	자연스러운 속도로 읽어 주는 체계적인 내용의 회화나 뉴스를 듣고 내용의 흐름 및 등장인물의 관계를 이해하거나 요지를 파악할 수 있음

JLPT N2 출제 유형 가이드&문제 공략 비법

언어지식(문자·어휘)

문제1 한자읽기 5문항

출제 유형 : 한자로 쓰인 어휘의 읽는 법을 묻는 문제로, 음독과 훈독으로 올바르게 읽은 것을 고르는 문제가 출제된다.

> 예 **1** 間違えた部分を<u>削除</u>した。
>
> 　1　さつじょ　　2　さくじょ　　3　さつじ　　　4　さくじ

📖 시원한 공략 **TIP!**

앞뒤 문장 상관없이 오로지 밑줄 친 어휘 발음 읽기에 주의하여 문제 풀이 시간을 단축하는 것이 중요하다. 발음이 비슷하거나 촉음, 탁음, 장음 등 헷갈릴 수 있는 발음이 선택지에 등장하니 혼동하지 않도록 주의하자.

문제2 표기 5문항

출제 유형 : 히라가나로 쓰인 어휘를 한자로 어떻게 쓰는지 묻는 문제로, 음독과 훈독의 발음을 한자로 올바르게 쓴 것을 고르는 문제가 출제된다.

> 예 **6** ハンドルを<u>まわして</u>右に曲がってください。
>
> 　1　囲して　　　2　国して　　　3　因して　　　4　回して

📖 시원한 공략 **TIP!**

밑줄 친 어휘의 앞뒤 문맥을 살펴보고 의미를 생각하여, 히라가나의 발음이 한자로 어떻게 쓰는지 훈독, 음독의 동음이의어에 주의해야 한다. 또한, 부수가 헷갈릴 수 있는 한자가 선택지에 등장하니 혼동하지 않도록 주의하자.

문제3 단어형성 `3문항`

출제 유형 : 괄호 안에 들어갈 알맞은 접두어나 접미어를 넣어, 올바른 파생이나 복합어를 완성시키는 문제가 출제된다.

예 **12** (　　　)監督と言われた彼の下もとで多くの選手が育った。

　1　名　　　　　2　高　　　　　3　最　　　　　4　真

📖 시원한 공략 **TIP!**

괄호 안에 선택지의 어휘를 넣었을 때 알맞은 단어가 형성되는지 확인하고, 앞뒤 문맥과 자연스럽게 연결되는지 생각해야 한다. 주로 3음절의 한자 어휘를 고르는 문제가 출제되니 자주 쓰이는 접두어, 접미어에 주의하자.

문제4 문맥규정 `7문항`

출제 유형 : 괄호 안에 들어갈 문장과 어울리는 어휘를 고르는 문제가 출제된다.

예 **14** 裁判所は国民の権利と自由を守るため、(　　　)な裁判を行う必要がある。

　1　公共　　　　2　公務　　　　3　公正　　　　4　公式

📖 시원한 공략 **TIP!**

문장을 읽고 앞뒤 문맥을 파악하여 괄호 안에 들어갈 힌트가 되는 단어를 찾는 것이 중요하다. 오답 선택지에는 의미가 비슷하거나 서로 반대되는 뜻이 나오기도 하며, 주로 관용 표현을 알고 있으면 쉽게 정답을 찾을 수 있으니 관용 표현을 정리해 두자.

문제5 유의표현 5문항

출제 유형 : 밑줄 친 어휘나 표현과 가장 의미가 가까운 것을 고르는 문제가 출제된다.

(예) 23 また<u>あらためて</u>、食事でも行きましょう。

    1　この後　　　　2　翌日　　　　3　後日　　　　4　将来

📖 시원한 공략 **TIP!**

밑줄 친 어휘와 바꿔 쓸 수 있는 유의 표현을 고르면 된다. 그러나 어떤 뜻인지 모를 경우, 문장을 읽고 힌트가 되는 표현을 찾아 정확히 뜻을 알고 있는 선택지를 소거하며 문제를 풀면 된다.

문제6 용법 5문항

출제 유형 : 주어진 어휘가 올바르게 사용된 문장을 고르는 문제가 출제된다.

(예) 27 確実

    1　不特定多数の人が書いた<u>確実</u>な情報は信じないほうが良い。

    2　田中さんは他人の悪口を決して言わず、誰からも好かれる<u>確実</u>な人だ。

    3　休まず講義に出席しても、試験の成績が悪ければ落第するのは<u>確実</u>だ。

    4　大変なレポート課題だったが、日本の年金問題について<u>確実</u>に考えてみた。

📖 시원한 공략 **TIP!**

선택지의 모든 문장을 읽으며 밑줄 친 어휘가 문장에서 자연스럽게 해석되는지 확인해야 한다. 문장이 자연스럽게 해석되지 않을 경우, 밑줄 친 부분에 어떤 표현이 들어가야 자연스럽게 연결되는지 연상하며 푸는 연습을 하도록 하자.

언어지식(문법)

문제7 문법형식 판단 `12문항`

출제 유형 : 문장 전체를 읽고, 문맥에 맞춰 괄호 안에 들어갈 알맞은 문형을 고르는 문제가 출제된다.

예 **42** 息子「お母さん、これだけの量のごはん、（　　　　）じゃないけど食べきれないよ。」

母　「大きくなるために、いっぱい食べなさい。」

1　たとえ　　　　2　とても　　　　3　どうか　　　　4　なんとも

📖 시원한 공략 **TIP!**

문장을 읽고 각 선택지를 괄호 안에 넣어가며 자연스럽게 해석되는 표현을 고른 후, **괄호 앞뒤에 쓰인 문법의 접속 형태를 확인하여 들어갈 수 있는 선택지**를 고르면 된다.

문제8 문장 만들기 `5문항`

출제 유형 : 나열된 단어를 재배열하여 문장을 완성시키고, ___★___안에 들어갈 알맞은 것을 고르는 문제가 출제된다.

예 **47** 山本選手は_____ _____ __★__ _____を得なかったと悔し涙を浮かべて語った。

1　予期せぬ怪我　　　　　　　2　あきらめざる

3　により　　　　　　　　　　4　大会出場を

📖 시원한 공략 **TIP!**

문장을 읽고 앞뒤 문맥을 파악하여, 먼저 **문법적으로 확실하게 연결해야 하는 선택지들을 나열**하고, 그 후 해석상 자연스럽게 연결되는 표현을 재배열하며 문장을 완성시킨다.

문제9 글의 문법 [5문항]

출제 유형 : 글을 읽고 문장과 문장 사이의 앞뒤 연결이 자연스럽게 연결되는 표현을 찾는 문제가 출제된다.

例　私は大学生の頃、アルバイトの収入を頼りに生活をしていた。勉強もしながら大変だ

ったが、いつまでも親に　48　、週末も休まず仕事をしていた。

1　頼ったものではなかったため　　　2　頼らずにはいられなかったため

3　頼ってはいられなかったため　　　4　頼るどころではなかったため

📖 시원한 공략 **TIP!**

전체 지문을 읽고, 앞뒤 문장 사이의 빈칸에는 선택지들을 하나씩 넣어 해석하며, 가장 자연스럽게 연결되는 것을 찾으면 된다. 각 빈칸에는 접속사,
부사, 문법, 문장 등 다양하게 나올 수 있으며, 내용의 흐름에 맞춰 가장 적절한 것을 고르면 된다.

독해

문제10 내용이해(단문) [5문항]

출제 유형 : 200자 정도의 글을 읽고, 내용을 이해하였는지 묻는 문제가 출제된다. 짧은 설명문이나 지시문, 공지, 문
의와 같은 다양한 형식과 일이나 일상생활 주제의 지문이 출제된다.

例 以下は、パークヒルズの入り口に貼られた文書である。

パークヒルズにお住まいの皆様

　現在、パークヒルズ管理組合の理事が中心となって国道４号線横の並木道の美化と住
みやすい環境づくりを目指して、ゴミ拾いを行っております。居住者間のコミュニケー
ションを促進（そくしん）するためにも４月10日（月）10時からのゴミ拾いのボランティアを募集（ぼしゅう）し
ます。気候もよくなりましたので、たくさんの方のご参加をお待ちしております。なお、
ご参加の際は軍手、マスク、帽子は各自でご準備ください。雨の場合は翌週に延期にな
ります。

パークヒルズ管理組合

---

53 文書のタイトルとして合うものはどれか。

1　持ち物の注意点と雨天作業延期のお知らせ

2　ゴミ拾いボランティア参加のお願い

3　住民間のコミュニケーションのお知らせ

4　気候がよくなったので外に出る時の注意

📖 시원한 공략 **TIP!**

먼저 질문과 선택지를 읽고, 찾아야 하는 내용이 무엇인지 파악하는 것이 중요하다. 그리고 나서 전체 지문을 읽으며 선택지에서 말하고 있는 내용을 체크하며 풀면 된다. 주로 글쓴이가 말하고자 하는 내용은 초반과 후반에 나오며, 반복해서 나오는 키워드는 결정적 힌트이므로 꼭 체크해 두자.

문제11 내용이해(중문) 9문항

출제 유형 : 500자 정도의 글을 읽고, 인과 관계 또는 이유 등을 이해하였는지 묻는 문제가 출제된다. 한 주제의 지문당 3개의 문제를 푸는 문제이다.

예　その後、外出が可能になってからも人との接触を避ける動きが続いたため、野外レジャーが流行。特に人気急上昇したのがキャンプだ。テントや小さいテーブルなどキャンプグッズはよく売れた。コロナ収束後もキャンプ人気は衰えず、ブームが続いている。

62 この文章によると、キャンプが人気を集めたのはなぜか。

1　「おうち時間」を楽しめるレジャーだったから

2　ブームが続いて人気のレジャーになったから

3　他人と会わなくても済むレジャーだったから

4　長く続けることができるレジャーだったから

📖 시원한 공략 **TIP!**

중문은 한 지문당 3문제를 풀어야 하기 때문에, 먼저 질문을 읽고 각각 찾아야 하는 내용이 무엇인지 체크해 두자. 그리고 나서 한 단락씩 나눠 읽으며 핵심이 되는 키워드를 체크하고, 한 단락이 끝났을 때 해당 단락에서 질문의 근거가 나왔는지 확인하며 풀어야 한다. 한 단락을 읽었을 때 문제를 다 풀지 못하였을 경우에는 뒤 단락에서 근거가 나올 수도 있기 때문에 전체 지문을 다 읽고 다시 한번 내용과 선택지를 대조하며 근거가 되는 내용을 좁혀가는 방식으로 풀면 된다.

문제12 통합이해 **2문항**

출제 유형: 총 600자 정도의 A, B의 글을 읽고, 각 내용을 비교하고 통합하여 지문의 주제에 대해 어떤 견해를 갖고 있는지 묻는 문제가 출제된다.

A

예

　24 時間営業が当たり前のように思われているコンビニですが、日本で 24 時間営業が広まったのは 1980 年代と言われています。好きな時にいつでも買い物ができるのが大きなメリットです。仕事で遅くなったとしても、夜中に目が覚めてお腹がすいたとしても、24 時間営業のコンビニがあるという安心感には大きいものがあります。コンビニではお金をおろしたり、宅配サービスや公共料金などの支払いも可能です。また深夜にはどの店も閉まっていますが、万が一危険なことがあっても、24 時間営業のコンビニがあれば避難することができます。コンビニは現代社会においては単純なお店ではなく、社会のインフラとして機能していると言っても過言ではありません。

B

　ブラックバイトとはアルバイトに対してお金を支払わずに残業させる、休憩時間を与えないなど、ひどい職場環境のことを言います。その多くがコンビニです。コンビニは 24 時間営業のため人手が不足しがちです。大きな都市でもない限り深夜の時間帯は客が来ないことも多く、店を閉めたい店主も少なくありません。しかしフランチャイズチェーンであるコンビニは勝手に店を休むことができません。こうしたこともブラックバイトを生む背景と言われています。夜中にコンビニに人が集まって騒いだり、自動車のエンジン音がうるさいなどの近所迷惑も問題になります。昔は 24 時間でよかったかもしれませんが、今の時代にあわなくなっているのなら、営業時間を見直すのがよいでしょう。

67 コンビニの24時間営業について、AとBはをどう考えているか。

1　Aはメリットが大きいと言い、Bは考えなおすべきだと言っている。

2　AもBも24時間営業することに意味があると考えている。

3　AもBも24時間営業することに意味がないと考えている。

4　Aは避難所の役割があると言い、Bは集会所の役割があると言っている。

A와 B의 지문을 읽고 각 지문에서 주장하고 있는 내용이 무엇인지 파악하는 것이 중요하다. 보통 A와 B의 공통되거나 서로 반대되는 의견을 묻거나, A 또는 B의 입장에서 해당 주제에 대해 어떻게 생각하는지 묻는 문제가 많다. 따라서 각각 주장하는 의견이 무엇인지 정리하고, 선택지에서 맞지 않는 의견을 제외하며 소거법으로 풀면 된다.

문제13 주장이해(장문) 3문항

출제 유형 : 900자 정도의 글을 읽고, 사설이나 논설문 등 추상적이고 논리적인 주제의 지문을 전체적으로 전달하고자 하는 주장이나 의견을 찾는 묻는 문제가 출제된다.

예 　ところで、他人とのコミュニケーションでは考え方や立場の異なる人の意見を聞くことも大切です。「スルースキル」は相手の言うことを気にしない、無視するという単純なことではありません。また否定的な言葉を向けられた時にそのまま受け止めて、ただ我慢することでもありません。自分の感情をうまく処理して周囲の言動に過剰に反応しないのが「スルースキル」であり、いわば鈍感力とも言い換えられます。「スルースキル」を身につけられればストレスに強くなり、前向きに、もう少し楽に生きられるに違いありません。

　71 鈍感力について、筆者はどのように考えているか。

1　他人の言葉を参考にして前向きに生きる力や希望を持つこと

2　考え方や立場の違いを理解して他人の意見を聞くこと

3　他人の言葉を大げさに思わないで落ち着いて聞くこと

4　他人の言葉を真に受けないで無視すること

먼저 3개의 질문을 읽고 각각 찾아야 하는 내용이 무엇인지 체크해 두자. 장문의 경우 지문이 길기 때문에 내용의 흐름을 놓치지 않도록 한 단락씩 끊어 읽으며, 중요한 키워드나 화제 전환이 되는 접속사에 표시를 하며 푸는 것이 좋다. 글쓴이의 주장은 보통 지문의 중후반에 나오는 경우가 대부분이지만, 장문의 경우 내용 전체에서 일관되게 주장하기도 하므로 말하고자 하는 내용의 흐름을 파악하는 것이 중요하며, 한 단락씩 나눠 읽으며 핵심이 되는 키워드를 체크하며 풀도록 하자.

출제 유형 : 700자 정도의 광고, 팸플릿, 비즈니스 서류, 잡지 등과 같이 정보가 담긴 글 안에서 필요한 정보를 찾을 수 있는지 묻는 문제가 출제된다.

예

【新生活応援】春のうきうきキャンペーン
各日先着100名様に！ご飲食券500円プレゼント

春休みはお友達と！家族と！恋人と！
和・洋・中のグルメ店が揃ったショッピングモールのレストラン街でお食事を。
500円の飲食券がもらえる春のスペシャルキャンペーンを開催します。

イベント内容：

期間中、飲食・食品店舗でのお買い上げ金額が3,000円以上のレシートを見せると、ショッピングモール内の飲食・食品店舗で使えるご飲食券500円を各日先着100名様にプレゼントします。

対象期間：2023年3月1日(水)〜3月13日(月)
対象店舗：飲食・食品店舗　※詳しくは下記の通り
引換日：3月6日(月)〜7日(火)、3月13日(月)〜14日(火)

72 次の4人は、ショッピングモールのキャンペーンに参加して、500円の飲食券をもらおうとしている。この中で、飲食券をもらえるのは誰か。

名前	日付	店名	利用金額
1　米田さん	3月2日	お好み焼きキッチン	1,400円
	3月12日	カフェあおぞら	600円
2　田中さん	3月10日	和食とみ福	2,000円
	3月13日	コロッケ味の屋	1,600円
3　小川さん	3月3日	大阪とんかつ	1,000円
	3月14日	博多ラーメンだるま	950円
4　内田さん	3月8日	シュークリームの木	550円
	3月17日	牛炭火焼き肉	2,500円

📖 시원한 공략 **TIP!**

먼저 질문을 읽고, 필요한 정보가 무엇인지 확인하여 지문을 전체 다 읽지 않고도 내용을 빠르게 파악해야 한다. 조건과 부합하는 것을 고르는 문제가 많으며, 정보 검색 문제는 표와 대상 기간이 명시되는 경우가 많고, ※ 표시에 결정적 힌트가 나와 있는 경우가 많으니 표 안의 내용과 기간, 그리고 ※의 내용을 빠르게 훑는 것이 중요하다.

문제1 과제이해 5문항

출제 유형 : 두 사람의 이야기를 듣고, 대화가 끝난 후 과제 해결에 필요한 정보를 듣고 앞으로 할 일 또는 가장 먼저 어떤 일을 해야 하는지 등을 묻는 문제가 출제된다.

예 会社で女の人と男の人が話しています。男の人はこのあとまず何をしますか。

F：ねえ、近藤さん。平野社長のインタビュー日程は決まった？

M：すみません、それがまだなんです。何度もメールしているんですが、返事が来なくて。

F：そっか。忙しい方だからね。でも、そろそろ決めてもらわないと、こちらの日程の都合もあるから。一度、電話してみてくれない？

M：え？あんな偉い方に僕なんかが直接電話をしていいんですか。

F：何言ってんの。平野社長ご本人に電話するわけないでしょ。広報部に電話するの。広報部長の長井さん宛に電話してね。

M：はい。分かりました。

F：ちょっと待った。近藤さん、もしかして今まで誰にメールしてた？

M：え？もちろん平野社長ですよ。

男の人はこのあとまず何をしますか。

1 長井部長に電話をする

2 平野社長に電話をする

3 長井部長にメールを送る

4 平野社長にメールを送る

📖 시원한 공략 **TIP!**

음성이 나오기 전에 먼저 빠르게 선택지의 내용을 훑고 중요한 핵심 키워드가 무엇인지 체크해야 한다. 그리고 나서 남자와 여자의 대화를 잘 들으며 내용의 흐름을 파악하고, 대화에 등장하는 상황을 순서대로 정리하면서 풀도록 하자. 또한, **결국 화자가 해야 할 일이 무엇인지 핵심 키워드 내용은 마지막 대사에 나오는 경우가 많으므로 끝까지 놓치지 않도록 주의**하자.

문제2 포인트이해 6문항

출제 유형 : 이야기를 듣고 화자가 말하고자 하는 이유나 문제점의 포인트를 찾을 수 있는지 묻는 문제가 출제된다.

예 　男の人と女の人が話しています。大家はどうして男の人に電話をしましたか。

M：昨日、大家さんから電話があってね。

F：どうしたの？何かあったの？

M：実は、友達4人くらいと家でお酒を飲んでたんだ。うるさいって近所から苦情が来たのかと思って心配したんだけど。そしたら、資源ごみの捨て方が変わったからっていうお知らせだった。

F：ふーん。普通はアパートの入り口の掲示板で知らせるのにね。わざわざ、どうして？

M：僕もそう言ったんだ。そしたら、最近市役所が厳しくなって、正しい捨て方でないと、ごみを回収してくれないんだって。だから、くれぐれも気をつけてほしいってことだったよ。

F：なるほどね。私もペットボトルを捨てるときにラベルをはがすのを忘れちゃうもの。

大家はどうして男の人に電話をしましたか。

1　近所からの苦情を伝えるため

2　ごみの捨て方をまちがったため

3　市がごみを回収しないと決めたため

4　ごみの正しい捨て方を徹底させるため

📖 시원한 공략 TIP!

먼저 빠르게 선택지의 내용을 훑고 중요한 핵심 키워드가 무엇인지 체크해야 한다. 그리고 나서 질문을 듣고 등장인물 간의 대화 또는 한 사람의 이야기 속 근거가 되는 내용을 메모로 적으며 풀도록 하자.

문제3 개요이해 5문항

출제 유형 : 연설문, 강연 등에서 화자가 말하고자 하는 의도와 주장을 정확하게 이해하였는지 묻는 문제가 출제된다.

예 テレビでリポーターが話しています。

F：本日、新しい駅が開業するということで、ここ、桜みらい駅には、一番電車に乗ろうと早朝から多くの人が集まっていました。この地域での新駅開業は50年ぶりで、近隣の住民からは歓迎の声が上がっています。新駅の開業に伴い、駅周辺の開発が進んでおり、5年後には駅を中心とした新しい街が完成する予定です。桜みらい駅は新しい乗り換えの中心駅になることも期待されており、1日当たりの利用者数は約5万人と予想されています。一番電車が走り出すと、ホームにいる人は一斉にシャッターを切り、車内からは笑顔で手を振る人々が見られました。以上、中継でした。

リポーターは何を伝えていますか。

1 新しくオープンした駅の様子
2 一番電車が到着する様子
3 新しい街づくりに関する地元の人の声
4 駅の歴史と今後について

🗒 시원한 공략 **TIP!**

질문을 먼저 들려주지 않기 때문에 선택지의 내용을 더욱 꼼꼼하게 훑으며 중요한 핵심 키워드를 체크하고 어떤 내용이 나올지 예측해 보자. 문제 3에서는 주로 한 사람이 이야기하는 경우가 많으며, 전체적인 내용의 흐름을 따라가며 이야기 속 주제가 무엇인지 잘 파악해야 한다.

문제4 즉시응답 `12문항`

출제 유형 : 짧은 질문과 3개의 선택지를 듣고, 대답으로 가장 적절한 것을 고르는 문제이다.

예　M：なんだか天気が崩れてきたぞ。また予報が外れたか？

　　F：1　ほんと、最近、当てにならないよね。

　　　　2　ね。傘なんか要らないのに。

　　　　3　どうりで元気ないと思ったよ

📖 시원한 공략 **TIP!**

짧은 질문이 나왔을 때 어떤 의도로 말하는지 빠르게 캐치하고, 3개 선택지의 대답을 들으며 적절하지 않은 것을 하나씩 제외하며 소거법으로 풀면 된다. 또한 질문에 나오는 발음을 선택지에서도 비슷한 발음을 들려주거나, 연상되는 대답을 말하며 오답을 유도하기 때문에 함정에 빠지지 않도록 주의하자.

문제5 통합이해 `4문항`

출제 유형 : 긴 대화를 듣고 다양한 정보를 비교하고 통합하면서 내용을 이해하였는지 묻는 문제이다. 대화 속 등장하는 두 사람 또는 세 사람의 공통적으로 선택한 것을 묻거나 각 결정한 것을 묻는 문제가 출제된다.

예　お祝い金の相場を伝えるニュースを見て、男の人と女の人が話しています。

　F1：もうすぐ卒業入学のシーズンですね。子供たちの成長の節目をお祝いしてあげたい と思う方も多いでしょう。お祝いは、やはり現金が無難なようで、受け取る側から もいちばん喜ばれるようです。さて、そのお祝い金、最近の相場は一体いくらか、 ご存じですか。まず、小学校の入学祝いは１万円から３万円、中学校の入学祝い を、祖父母が孫に贈る場合は１万から10万円、親戚の子供に贈る場合には１万円か ら３万円となっています。

　　　高校の入学祝いの場合も同額です。大学の入学祝いは少し金額が上がりまして、 祖父母が孫に贈る場合は３万円から30万円、親戚の子供に贈る場合には１万円から ５万円となっています。祖父母が贈る金額にかなりの幅があるのは、子供に直接渡

すお小遣いとしてだけでなく、教育資金の援助や入学準備の費用として渡す場合があるからです。特に大学進学で一人暮らしを始めるときなどは、パソコンを買う費用を援助したり、家具や電化製品を購入したりするため、入学祝いがかなり高額になるようです。

M ：ほほー、最近の入学祝いは結構高いな。僕なんか高校入学の祝いで5千円だった気がする。

F2：あなたの頃とは時代が違うじゃないの。それより、お義姉さんのところのタケシ君とサヨちゃん、今年同時に卒業よね。お祝い、どうする？

M ：サヨちゃんももう高校生か。あんなに小さかったのに、時が経つのは早いね。うーん、相場の最低額でいいんじゃないか。僕たちが無理することはないよ。

F2：そうね。で、タケシ君はどうする？ 大学受験に失敗して、浪人することになったじゃない。

M ：そうだな。でも、これから参考書とか、いろいろ物入りだろ。何もあげないってのも気まずいよな。

F2：そういう場合は入学祝いじゃなくて、高校卒業祝いとして渡すらしいわ。

M ：なるほどね。サヨちゃんと同じってわけにはいかないし、高校の入学祝いの相場の、最高額にしよう。

質問1　サヨちゃんへの入学祝いに、いくらあげることにしましたか。

1　1万円

2　3万円

3　5万円

4　10万円

📖 시원한 공략 TIP!

문제 5에서는 긴 이야기가 나오기 때문에 **이야기 속 등장인물이 몇 명이 등장하는지 정확히 체크해야 한다.** 어떤 주제로 이야기하고 있는지 파악하고, 선택지의 특징이 이야기 속에 나타나므로 언급될 때 꼭 각 특징을 메모해야 한다. 그리고 나서 **최종적으로 어떤 것으로 결정할지 대화 마지막 부분에 이유가 나오며, 선택이 서로 바뀌는 경우도 있으니 끝까지 유의해서 들어야 한다.**

최신 기출 유형 N2 실전문제 제1회

| 1교시 | 언어지식(문자·어휘·문법)·독해 |
| 2교시 | 청해 |

테스트 전 확인 사항

☐ 해답 용지 준비하셨나요?　　　☐ 연필과 지우개 챙기셨나요?　　　☐ 청해 음성 들을 준비하셨나요?

제1회 청해 전체 음성 MP3

시원스쿨 일본어 홈페이지
(japan.siwonschool.com)의
수강신청>교재/MP3에서 무료 다운로드

고득점 부스터 암기카드 PDF

시원스쿨 일본어 홈페이지
(japan.siwonschool.com)의
수강신청>교재/MP3에서 무료 다운로드

시험 시간: 1교시 105분 ｜ 2교시 55분

| 목표 점수: | 점 | | | | |
| 시작 시간: | 시 | 분 ~ 종료 시간: | 시 | 분 |

언어지식 (문자 · 어휘 · 문법)

		문제유형	문항 및 배점	점수	총점
문자 · 어휘	문제1	한자읽기	5 문제 × 1점	5	35점
	문제2	표기	5 문제 × 1점	5	
	문제3	단어형성	3 문제 × 1점	3	
	문제4	문맥규정	7 문제 × 1점	7	
	문제5	유의표현	5 문제 × 1점	5	
	문제6	용법	5 문제 × 2점	10	
문법	문제7	문법형식 판단	12 문제 × 1점	12	32점
	문제8	문장 만들기	5 문제 × 2점	10	
	문제9	글의 문법	5 문제 × 2점	10	
합계					67점

★ 득점환산법(60점 만점) [득점] ÷ 67 × 60=[   ]점

 독해

		문제유형	문항 및 배점	점수	총점
독해	문제10	내용이해(단문)	5문제 × 2점	10	37점
	문제11	내용이해(중문)	9문제 × 3점	27	
	문제12	통합이해	2문제 × 3점	6	6점
	문제13	주장이해(장문)	3문제 × 3점	9	9점
	문제14	정보검색	2문제 × 4점	8	8점
합계					60점

★ 득점환산법(60점 만점) [득점] ÷ 60 × 60=[   ]점

청해

		문제유형	문항 및 배점	점수	총점
청해	문제1	과제이해	5문제 × 2점	10	32점
	문제2	포인트이해	6문제 × 2점	12	
	문제3	개요이해	5문제 × 2점	10	
	문제4	즉시응답	12문제 × 1점	12	12점
	문제5	통합이해	4문제 × 3점	12	12점
합계					56점

★ 득점환산법(60점 만점) [득점] ÷ 56 × 60=[   ]점

※위 배점표는 시원스쿨어학연구소가 작성한 것으로, 실제 시험과는 다소 오차가 있을 수 있습니다.

N2

言語知識 (文字・語彙・文法)・読解
(105分)

注　意
Notes

1. 試験が始まるまで、この問題用紙を開けないでください。
   Do not open this question booklet until the test begins.

2. この問題用紙を持って帰ることはできません。
   Do not take this question booklet with you after the test.

3. 受験番号と名前を下の欄に、受験票と同じように書いてください。
   Write your examinee registration number and name clearly in each box below as written on your test voucher.

4. この問題用紙は、全部で 33 ページあります。
   This question booklet has 33 pages.

5. 問題には解答番号この ☐1☐、☐2☐、☐3☐ … が付いています。解答は、解答用紙にある同じ番号のところにマークしてください。
   One of the row numbers ☐1☐, ☐2☐, ☐3☐ … is given for each question. Mark your answer in the same row of the answer sheet.

受験番号　Examinee Registration Number	
名前　Name	

問題 1 _____の言葉の読み方として最もよいものを、1・2・3・4から一つ選びなさい。

소요시간 2분

1　間違えた部分を削除した。

　　1　さつじょ　　　2　さくじょ　　　3　さつじ　　　4　さくじ

2　彼女は酒を飲んだら必ずと言っていいほど暴れるから困る。

　　1　あれる　　　2　あばれる　　　3　ばれる　　　4　こわれる

3　泣いている子どもがいるのだが、迷子なのだろうか。

　　1　めいこ　　　2　まいこ　　　3　めいご　　　4　まいご

4　子どもたちにお菓子を等しく分けてあげた。

　　1　こいしく　　　2　したしく　　　3　あやしく　　　4　ひとしく

5　日本は少子高齢化という問題を抱える国の一つである。

　　1　かかえる　　　2　だかえる　　　3　ささえる　　　4　いだかえる

問題 2 _____の言葉を漢字で書くとき、最もよいものを 1・2・3・4 から一つ選びなさい。

소요시간 2분

6 ハンドルをまわして右に曲がってください。

1 囲して 　　　 2 国して 　　　 3 因して 　　　 4 回して

7 私の好きなアイドルは、活動をかいししてからもう 8 年も経つ。

1 閉始 　　　 2 関始 　　　 3 開始 　　　 4 間始

8 気象庁では、オゾン層のかんそくを始めた。

1 勧測 　　　 2 観側 　　　 3 勧側 　　　 4 観測

9 上記の写真と記事にかんれん性はありません。

1 関連 　　　 2 間連 　　　 3 問連 　　　 4 閑連

10 犯人がつかまったという話を聞いて安心した。

1 浦まった 　　　 2 捕まった 　　　 3 哺まった 　　　 4 獲まった

問題 3 (　　　　)に入れるのに最もよいものを、1・2・3・4から一つ選びなさい。

11　小学校では、(　　　　)年度からタブレットを使った授業を始めた。

　　1　来　　　　　　2　現　　　　　　3　近　　　　　　4　今

12　(　　　　)監督と言われた彼の下で多くの選手が育った。

　　1　名　　　　　　2　高　　　　　　3　最　　　　　　4　真

13　公園は親子(　　　　)でにぎわっていた。

　　1　伴い　　　　　2　込み　　　　　3　付き　　　　　4　連れ

問題4 (　　　)に入れるのに最もよいものを、1・2・3・4から一つ選びなさい。

소요시간
4분

14 彼は地震、台風、病など様々な(　　　)に見舞われたが、明るく元気に生きている。

1 迷惑　　　　　2 困難　　　　　3 仕業　　　　　4 不利

15 授業中に窓の外を(　　　)眺めていたら、先生に怒られた。

1 ぼんやり　　　2 しっとり　　　3 ずっしり　　　4 すんなり

16 友達に貸したお金をはやく返せと(　　　)した。

1 催促　　　　　2 依頼　　　　　3 反抗　　　　　4 批判

17 毎晩、寝る前に目覚まし時計の時間を朝7時に(　　　)してから寝るのが習慣だ。

1 フィット　　　2 セット　　　　3 コール　　　　4 アップ

18 最近忙しかったので、年末は家族で(　　　)過ごす予定だ。

1 ぐったり　　　2 のんびり　　　3 おっとり　　　4 きっぱり

19 部屋の湿度は様々なセンサーによって(　　　)できる。

1 測定　　　　　2 参観　　　　　3 測量　　　　　4 観察

20 彼と話すときは家族の話題に(　　　)ほうがいいですよ。

1 跳ねない　　　2 振らない　　　3 寄せない　　　4 触れない

問題 5 _____ の言葉に意味が最も近いものを、1・2・3・4から一つ選びなさい。

21 家族を守るために、父はあらゆる手段を使った。

1 かなりの 　　　2 すべての 　　　3 もれなく 　　　4 ひろく

22 彼は周りの人からあつかましいと言われている。

1 騒々しい 　　　2 白々しい 　　　3 図々しい 　　　4 痛々しい

23 またあらためて、食事でも行きましょう。

1 この後 　　　2 翌日 　　　3 後日 　　　4 将来

24 子供をねらった犯罪が依然として減らない。

1 そのうえに 　　　2 なおかつ 　　　3 今さら 　　　4 今もなお

25 状況がシビアになってきた。

1 よくなって 　　　　　　　　2 わかって
3 厳しくなって 　　　　　　　4 変わって

問題6 次の言葉の使い方として最もよいものを、1・2・3・4から一つ選びなさい。

소요시간
6분

26 過ち

1 同じ<u>過ち</u>は二度としないと誓ったはずなのに、また寝坊して遅刻してしまった。

2 他は問題ないのだが、彼の唯一の<u>過ち</u>はすぐに怒って声を上げるところだ。

3 とても緊張したせいで今日の面接試験は<u>過ち</u>に終わってしまった。

4 昨日は突然システムに<u>過ち</u>が生じて、一時通信が出来なくなった。

27 確実

1 不特定多数の人が書いた<u>確実</u>な情報は信じないほうが良い。

2 田中さんは他人の悪口を決して言わず、誰からも好かれる<u>確実</u>な人だ。

3 休まず講義に出席しても、試験の成績が悪ければ落第するのは<u>確実</u>だ。

4 大変なレポート課題だったが、日本の年金問題について<u>確実</u>に考えてみた。

28 失う

1 私の祖父は今年の誕生日で100歳だったのだが、冬に病気で<u>失った</u>。

2 大事にしまっておいたのに、久しぶりに箱から出してみたら食器のふちが<u>失って</u>いた。

3 昨夜の台風で停電が発生して、その影響でインターネットの接続が<u>失って</u>しまった。

4 交通事故で大切な人を<u>失った</u>あの日以来、私は一度もハンドルを握っていない。

29 恐れ

1 体調が優れないときに車を運転することは、恐れが伴う行動であり控えるべきだ。

2 この地域では大雨が降ると川の水があふれる恐れがあったため、40年ほど前に
ダムが建設された。

3 自分の都合ばかり考えてわがままでけちな彼の行動には、もう恐れの限界だ。

4 腕の良い先生が担当してくれるのだが、生まれて初めて受ける手術だから恐れで
しかたがない。

30 おしい

1 いつまでも子供だと思っていた息子が、立派に成長しておしい青年になった。

2 溺れておしいところをプールの監視員に助けてもらい、準備運動の大切さを実感
した。

3 はっきり言って、くだらない会議のために時間を使うのはおしいと思っている。

4 押入れから昔の写真が出てきて、見ているうちに学生時代がおしくなった。

問題7 次の文の(   )に入れるのに最もよいものを、1・2・3・4から一つ選びな

소요시간
8분

さい。

31 火山の噴火により、火山灰の影響がとなりの国(   )及んだ。

1 にして   2 もかまわず   3 のみならず   4 にまで

32 男「もうお前とは別れる！」

女「よく言うわ。私なしで生きていくことなんか (   ) くせに。」

1 するほかない   2 するまい
3 できっこない   4 できかねない

33 子供の頃、母に毎日玄関の掃除をさせられて嫌だったんですが、良い習慣を身につ

け(   )と今は感謝しています。

1 てあげた   2 てくれた
3 させてあげた   4 させてもらった

34 (会社で)

A「では、今日はこれで失礼します。」

B「本日はありがとうございました。今後 (   ) どうぞご協力のほどよろしくお

願いします。」

1 より   2 こそ   3 とも   4 ばかり

35 いきなり大きな爆発音が聞こえた(   )、建物から炎が上がっていました。

1 ものだから   2 かと思うと   3 かのように   4 ばかりに

36 まもなく石田(いしだ)は戻ってまいりますので、しばらく(　　　)。

1　待っていただいてください　　　　2　待たれてください

3　お待ちいただけますか　　　　　　4　待ってさし上げてください

37 仕事も一段落ついた(　　　)、ぱあっと飲みにでも行こうよ。

1　ことだし　　　　2　ことなく　　　　3　こととなると　　4　ことから

38 ３時間も(　　　)、結局飛行機は台風で欠航になってしまった。

1　待たれたあげく　　　　　　　　　2　待たれたあまりに

3　待たされたあげく　　　　　　　　4　待たされたあまりに

39 (レストランで)

お客様の熱い期待(　　　)人気メニューを今日だけ半額で提供します。

1　をもとに　　　　2　において　　　　3　にこたえて　　　4　にたいして

40 今度の日曜にみんなでディズニーランドへ行こうと誘われたが、資格試験が近いので(　　　)か行くまいか迷っている。

1　行こう　　　　2　行く　　　　　3　行きます　　　　4　行かない

41 諸事情により、サクラ製菓店は本日をもって(　　　)。

1　閉店してさしあげることとなりました

2　閉店していただくこととなりました

3　閉店させてさしあげることとなりました

4　閉店させていただくこととなりました

42 息子「お母さん、これだけの量のごはん、(　　　　) じゃないけど食べきれないよ。」

母　「大きくなるために、いっぱい食べなさい。」

1　たとえ　　　　2　とても　　　　3　どうか　　　　4　なんとも

問題8 次の文の ___★___ に入る最もよいものを、1・2・3・4から一つ選びなさい。

소요시간
6분

（問題例）　あそこで_____ _____ __★__ _____は山田さんです。

1　テレビ　　　2　見ている　　3　を　　　　4　人

（解答のしかた）

1. 正しい文はこうです。

> あそこで _____ _____ __★__ _____ は山田さんです。
>
> 1　テレビ　　　3　を　　　　2　見ている　　4　人

2. __★__ に入る番号を解答用紙にマークします。

（解答用紙）　｜（例）　① ● ③ ④｜

---

43 子どもの頃に家族とよく行っていたレストランが閉店すると聞いた。あの店には

_____ _____ __★__ _____ がある。

1　がたくさんあるので　　　　　　2　寂しい

3　もの　　　　　　　　　　　　　4　思い出

44 新製品が完成したら、何よりもまず _____ __★__ _____ _____ 商品と

して売ることはできません。

1　調べてからでないと　　　　　　2　安全

3　しっかり　　　　　　　　　　　4　かどうか

45 以前の職場を辞めた理由は、去年の今ごろ妻が毎日 ＿＿＿＿ ＿★＿ ＿＿＿＿ ＿＿＿＿ いたからだ。

1　ついて　　　　　2　通帳を　　　　　3　ため息を　　　　4　見ては

46 幼いころ、迷子になって知らない人に親切にしてもらった経験があるので、困っている人を ＿＿＿＿ ＿＿＿＿ ＿★＿ ＿＿＿＿ といつも思っている。

1　できる　　　　　2　したい　　　　　3　見かけたら　　　4　限りのことを

47 山本選手は ＿＿＿＿ ＿＿＿＿ ＿★＿ ＿＿＿＿ を得なかったと悔し涙を浮かべて語った。

1　予期せぬ怪我　　　　　　　　　2　あきらめざる

3　により　　　　　　　　　　　　4　大会出場を

問題9 次の文章を読んで、文章全体の内容を考えて、 48 から 52 の中に入る

最もよいものを、1・2・3・4から一つ選びなさい。

　私は大学生の頃、アルバイトの収入を頼りに生活をしていた。勉強もしながら大変だったが、いつまでも親に 48 、週末も休まず仕事をしていた。アルバイトをしながら、失敗をしてお客さんに怒られたり先輩から指摘を受けたりすることも少なくなかった。そのせいで落ち込んだり、泣いたりする日が続いていた。

　 49 私は、同じ失敗を繰り返さないためには、どうしたらいいのかを考え直してみることにした。仕事ができる先輩のもとで、やり方を見よう見まねでやってみたり、指導された内容をメモに残したりするようになった。思えば私はいつも、一つのやり方にこだわり、工夫をしていなかった。それに加え、失敗の原因を自分の能力の 50 、やり方を変えれば改善できるものをそれに気づかずにいたのだ。

　大学を卒業し、現在は会社に勤めているが、学生時代のアルバイト経験を 51 、今の自分はいなかっただろう。能力がないせいで失敗するんだという考えは、逃げているも同然なのだ。たとえ失敗をしても落ち込んで終わるのではなく、自分を見つめ直し、解決法を 52 ことが大切だ。

1　頼ったものではなかったため　　　2　頼らずにはいられなかったため
3　頼ってはいられなかったため　　　4　頼るどころではなかったため

1　ところで　　　2　なるべく　　　3　つまり　　　4　そこで

1　せいにしたところで　　　　　2　せいにする一方で
3　せいにしてばかりで　　　　　4　せいにしながらも

1　抜きにしては　　2　契機に　　　3　通して　　　　4　めぐっては

1　探っていく　　　　　　　　2　見つかっていく
3　受けていく　　　　　　　　4　抱えていく

問題10 次の(1)から(5)の文章を読んで、後の問いに対する答えとして最もよいもの
を、1・2・3・4から一つ選びなさい。

（1）以下は、先生に送ったメールの内容である。

モニカ先生

　前略。先週はビール祭りでの講演をありがとうございました。とてもわかりやす
く参加者にも大好評でした。さて、市民センターでは来年からドイツ語講座を開講
することになりました。「旅行ドイツ語会話」「基礎から学ぶドイツ語」です。つき
ましてはモニカ先生に講師をお願いしたくご連絡を差し上げました。ご検討いただ
ければ幸いです。日程や謝礼などの詳細は担当の高木よりご連絡いたします。ぜひ
お引き受け頂きたくお願い申し上げます。草々。

佐々木よし子

---

53 このメールを送った、一番の目的は何か。

　　1　ドイツ語講座の詳細は担当者が伝えること

　　2　ドイツ語講座を市民センターで開講すること

　　3　ビール祭りでの講演の評判がよかったこと

　　4　ドイツ語講座の講師をお願いしたいこと

（2）

　言葉は変遷するものです。時代によって意味が変わったり、使い方が変わったりします。この変化を言葉が乱れると感じる人もいるでしょう。たしかにある意味ではそうかもしれません。しかし、それはごく自然なことだと私は思います。私たちが今使っている言葉の中にも100年前の人が聞いたら、乱れていると思う言葉がたくさんあると思います。言葉はコミュニケーションの大切なツールです。大切なのは変化を恐れるのではなく、言葉を使って相手に何をどう伝えるのかということだと私は考えています。

54　筆者が最も言いたいことは何か。

　　1　言葉が変わることは乱れることとは、全く違う現象である。
　　2　言葉が変化することは自然なことで、使う人が言葉をどう使うかが重要だ。
　　3　昔の人が今の言葉を聞くと、乱れすぎて理解できないだろう。
　　4　言葉が変化していくことは仕方ないのだから、あきらめるべきだ。

（3）

　生物が生きて活動するためにはエネルギーが必要である。生物がエネルギーを取り出すのは体中の細胞である。生物は細胞内で酸素を使って吸収された栄養分を取り出す。この時、二酸化炭素と水が発生する。このように細胞で酸素と二酸化炭素が交換されることを細胞呼吸、または内呼吸という。そして細胞呼吸に必要な酸素は肺から取り入れ、細胞呼吸で出た不要な二酸化炭素は肺から放出される。これを肺呼吸、または外呼吸という。

55　本文の内容と合うのはどれか。

1　生物は生きていくために細胞が酸素を使ってエネルギーを取り出す。

2　生物の呼吸には内呼吸と細胞呼吸の二種類があり、不要な酸素を放出する。

3　肺呼吸、または外呼吸によって二酸化炭素が発生する生物は人間だけである。

4　肺呼吸に必要な酸素は細胞呼吸によって取り入れられて肺から放出する。

（4）以下は、注文確認メールの内容である。

宛先：abc@abc.co.jp
件名：ご注文いただきありがとうございます

田中ひかり様

この度は弊社商品をご注文いただきまして、誠にありがとうございます。
下記の内容でご注文を承りました。

商品名：らくらくチェアー
商品番号：A159357
ご請求金額：15,350円
お支払方法：着払い（手数料300円）

現在、発送準備中で、一両日中には発送いたします。
恐れ入りますが、もうしばらくお待ちください。
尚、キャンセルは商品到着後、1週間以内となります。ご注意ください。

※本メールはご注文確定時の自動返信メールです。ご返信いただいてもご対応致し
　かねますので、ご了承ください。尚、お問い合わせに関しましては弊社ホームペ
　ージからお願いいたします。

56　このメールで紹介されている案内について正しいものはどれか。

1　購入者はいつでもキャンセルすることができる。
2　購入者はこれから料金を払う必要がある。
3　商品は来週、発送される予定だ。
4　発送状況を問い合わせたい場合は、返信してもいい。

（5）

　みなさんは毎晩ぐっすり眠れているだろうか。実際、日本人の5人に1人は不眠症を訴えているといわれている。確かに不眠症はつらい。布団に入っても寝付けないとストレスがたまる一方だ。

　不眠症の改善方法としては、規則的な食生活や寝る前に風呂に入って体を温める、日中に適度な運動をするなどの方法があげられている。また最近では、自分の睡眠の問題点を見つける睡眠日誌という方法もある。布団に入った時間、眠りについた時間などを記録するなど、睡眠習慣を見直すことで自分に合った睡眠習慣を探すことができる。それからお酒の力を借りて眠ろうとする人がいるが、アルコールは睡眠の質を悪化させる原因となるため、おすすめできない。

57 筆者によると、不眠症の正しい改善方法はどれか。

　1　眠る前に体温を上げるものを食べて、適度に体を動かす。
　2　昼食後にウォーキングやジョギングなどの運動をする。
　3　睡眠日誌をつけて自分の睡眠習慣をSNSに載せる。
　4　布団に入る前に風呂に入って、軽くビールを一杯飲んでおく。

問題11 次の(1)から(3)の文章を読んで、後の問いに対する答えとして最もよいもの
を、1・2・3・4から一つ選びなさい。

（1）

　「モラハラ」とは、モラル・ハラスメントの略で、身体的な暴力ではなく、言葉や態
①
度などによって相手に精神的な苦痛を与えることを言う。様々な場所でこの被害を訴える
人が増えている。

　しかし、会社の中など教育をする場面では、この線引きが難しい。部下を指導してい
る時にモラハラをしてしまっているかもと悩んでいる人もいるのではないだろうか。サー
②
ビス業のマリコさんは入社10年目で5人の部下の指導も任されている。「軽いモラハラは
年中しているかもしれません」と言う。仕事は結果を残さなければならないし、馴れ合い
で仕事するのはよくないとマリコさんは考えているからだ。「失敗をしたら『今度は同じ
ミスをしてはだめ』と叱ったり、個人面談では『もっとレベルを上げてくれないと困る』
などとプレッシャーをかけることがあります」と語るマリコさんはその反面、みんなの前
でほめたり、成果を共有したりすることも忘れないと言う。

　刺激を与えることでやる気が出る人もいれば、そうでない人もいる。上司としてきち
んと指導しなければならないが個人的な感情が入るとモラハラになりかねない。上司とは
いえ人間として成熟しているわけではないので、なかなか難しい役回りと言えるだろう。
人格や尊厳を傷つけることを許してはいけないが激励や応援を「モラハラ」と言われては
管理職のなり手がいなくなるのではないだろうか。

58 筆者によると、①「モラハラ」とはどのようなことか。

1 職場で仕事の内容を文書などで指示する。

2 相手の人格を否定するような発言をする。

3 上司としての責任から部下を指導する。

4 個人的な感情を職場の仲間に発表する。

59 ②悩んでいる人の説明で正しいのはどれか。

1 部下の指導という名目でモラハラに関与している人

2 モラハラなんてしていないと堂々と否定している人

3 モラハラと知らず部下をいじめている人

4 モラハラしているかもと胸を痛めている人

60 筆者の考えと合うのはどれか。

1 上司のモラハラも少しくらいは見逃してやらないと管理職をする人がいなくなる。

2 働く環境をよくするためにはモラハラを許してはいけないので被害を訴えるべきだ。

3 モラハラを許してはいけないが、管理職としての悩みを解決していくことも必要だ。

4 上司となって教育するのは難しいので人間として成熟した人でなければならない。

(2)

　xChange(エクスチェンジ)という古着交換会が、あちらこちらで開催されている。フリーマーケットとの違いはお金が発生しないこと。売ったり買ったりするのではなく、いわゆる物々交換だ。地球環境にやさしいライフスタイルを目指そうという考えから生まれ、所有から共有へ循環型社会を考えるプロジェクトだ。

　誰もが参加できるイベントで、身に着ける機会がなくなった洋服や靴、バッグなどを持ち寄って、会場に飾るだけでよい。気に入ったものがあれば無料で持ち帰ることができるが、何枚でも好きに持ち帰ることができると言うわけではない。<u>目安</u>は自分が持ってきた分と同量となる。

　また、大切なことは誰かに使ってもらいたいという気持ちである。古着は洗濯をしてあることはもちろん状態がよいもの、汚れや破れなどは目立たず修繕(注)していなければならない。そして値札の代わりにエピソードタグをつける。エピソードタグには服の思い出、取り扱いの注意方法、次に着てくれる人へのメッセージなどを自由に書く。

　「家族写真を撮るために買いましたが一度しか着ていません」「太って着られなくなりました」など様々なメッセージが付けられることで、物だけでなく思い出も一緒に受け取ることになる。思い出が付加価値になってより大切にしようという気持ちが生まれるということらしい。

（注）修繕する：壊れたり悪くなったりしたところを繕い直す

61 目安とあるが、何を意味するか。

  1 許容できる洋服や靴などの汚れや破れなどの程度

  2 洋服の物々交換で発生する金額の規模やその使い道

  3 イベント参加者が持ち帰れる洋服や靴などの量

  4 エピソードタグに記入する思い出や取り扱いの注意方法

62 この文章によると、エクスチェンジで物々交換する時、守るべきルールは何か。

  1 不用品であればファッションアイテムでなくても持ってきてよい。

  2 服にはエピソードタグをつけて、着方などのアドバイスをする。

  3 修繕して目立たないくらいでも破れがあれば持ってきてはいけない。

  4 自分が人からもらったアイテムを集めてディスプレイする。

63 エクスチェンジについて、本文の内容と合うものはどれか。

  1 思い出がある品物を知らない人に見せたくないと考える人に向いている。

  2 地球環境だけでなく人とのコミュニケーションも考えられたプロジェクトである。

  3 フリーマーケットと違って準備が大変なので参加する前によく考えた方がいい。

  4 エピソードタグには値段は書かないが引き取り方法などについては書かれている。

（3）

　ある新聞社の調べによると 2020 年には日本人の約 2 人に 1 人が読書をしているが、1 ケ月の平均読書量は 0.55 冊という結果が出た。同調査で本を読まない理由として「本を読まなくても生活に不自由しないから」「忙しくて読む時間がなかったから」「ほかに楽しめるメディアが多いから」「ツイッターなどの SNS で情報を得られるから」などがあげられている。一方で同じ調査で 9 割以上の人が読書は大切だと答えている。

　しかし、このように読書が大切だとしながら、実際にはあまり読書をしないのはなぜだろうか。私は人々が読書にどんな効果があるか具体的に知らないからだと思う。私が調べた読書の主な効果は次の通りだ。まずは読書をするとストレスが解消される。イギリスの研究によると、読書は音楽鑑賞やコーヒーなどを上回るストレス解消効果があるという。刺激的なメディアがあふれている現代社会を生きている私たちには本のような媒体^{（注）}は心に対するサプリメントになると思う。また仕事や日常のヒントを得ることが出来る。読書は教養だけでなく、目の前の問題を解決する役割も果たすのだ。なぜなら本を読みながら、考えをまとめ、自分を反省することができるからである。

　では効果的な読書方法とはどのようなものだろうか。私はその代表的な方法として、本に線やメモを書き込むことをあげたい。こうすれば、内容が頭に入ってきやすくなる。また同じ本を何度か拾い読みしてから精読する「7 回読み読書法」も記憶に残りやすい読書法だと思う。さらに「並列読書」といって 2 冊以上の本を同時に読むのもオススメだ。こうすれば複数の本の知識を関連付け、より内容の理解が深まる。

　（注）媒体：情報を伝達する手段となるもの

64 日本人の読書について、本文の内容に合うのはどれか。

1 日本人は1ケ月に1冊以上の本を読んでいる。

2 日本人の多くは読書は必ずしも必要ではないと思っている。

3 読書の代わりにインターネットを利用する人もいる。

4 日本人のおよそ半分ぐらいは読書の大切さを知っている。

65 筆者によると、読書の効果として正しいのはどれか。

1 読書は自分の心を映す鏡になれる。

2 読書は気持ちを高揚させてストレスを解消してくれる。

3 読書は目の前の問題に対する直接的な解決策になる。

4 読書は教養を通じて成績を向上させる。

66 筆者によると、効果的な読書方法とはどんなものか。

1 2冊以上の本を、同時に拾い読みしてから精読する読書方法

2 同じ本を繰り返し読むことで記憶に残りやすくする読書方法

3 本に下線を引きながら拾い読みをする読書方法

4 1冊の本を集中して何回も声に出して読む並列読書方法

問題12 次のAとBの文章を読んで、後の問いに対する答えとして最もよいものを、
1・2・3・4から一つ選びなさい。

A

　　24時間営業が当たり前のように思われているコンビニですが、日本で24時間営業が広まったのは1980年代と言われています。好きな時にいつでも買い物ができるのが大きなメリットです。仕事で遅くなったとしても、夜中に目が覚めてお腹がすいたとしても、24時間営業のコンビニがあるという安心感には大きいものがあります。コンビニではお金をおろしたり、宅配サービスや公共料金などの支払いも可能です。また深夜にはどの店も閉まっていますが、万が一危険なことがあっても、24時間営業のコンビニがあれば避難することができます。コンビニは現代社会においては単純なお店ではなく、社会のインフラとして機能していると言っても過言ではありません。

B

　　ブラックバイトとはアルバイトに対してお金を支払わずに残業させる、休憩時間を与えないなど、ひどい職場環境のことを言います。その多くがコンビニです。コンビニは24時間営業のため人手が不足しがちです。大きな都市でもない限り深夜の時間帯は客が来ないことも多く、店を閉めたい店主も少なくありません。しかしフランチャイズチェーンであるコンビニは勝手に店を休むことができません。こうしたこともブラックバイトを生む背景と言われています。夜中にコンビニに人が集まって騒いだり、自動車のエンジン音がうるさいなどの近所迷惑も問題になります。昔は24時間でよかったかもしれませんが、今の時代にあわなくなっているのなら、営業時間を見直すのがよいでしょう。

67 コンビニの24時間営業について、AとBはどう考えているか。

1 Aはメリットが大きいと言い、Bは考えなおすべきだと言っている。

2 AもBも24時間営業することに意味があると考えている。

3 AもBも24時間営業することに意味がないと考えている。

4 Aは避難所の役割があると言い、Bは集会所の役割があると言っている。

68 コンビニの存在について、AとBはどのように述べているか。

1 Aは安心感を与えるところだと述べ、Bは犯罪に巻き込まれるリスクを抱えていると述べている。

2 Aは日常生活に欠かせない社会のインフラであると述べ、Bは時代に合わせて変化するべきだと述べている。

3 AもBもコンビニは多様な面で利便性が高いためもっと増やすべきだと述べている。

4 AもBもコンビニはもはや欠かせない社会のインフラになっていると述べている。

問題13 次の文章を読んで、後の問いに対する答えとして最もよいものを、1・2・3・
4から 一つ選びなさい。

〔소요시간 15분〕

　職場では上司からのプレッシャー、同僚や後輩との人間関係、プライベートでは友達
からのSNSへのコメントなど、現代人は「他人からの言葉」でストレスがたまりがちで
す。時には強いショックを受けたり、怒りを覚えたりすることもあるでしょう。こうした
ストレスから自分を解放するために注目されているのが「スルースキル」です。

　「スルースキル」とは自分にとって不安やストレスとなる言葉や情報をまともに受け取
らずに、上手に受け流したり無視したりできる能力のことを言います。例えば上司が声
を荒げて、「どうしてできないんだ？何度も言ってるだろ！」と言ったとしましょう。も
し、あなたが「その通りだ。よし、もっと頑張るぞ！」と思ったなら問題ありませんが、
上司の乱暴な言い方に傷ついた場合はどうしたらよいでしょうか。

　まず、上司がなぜ怒っているのか、大きな声を出す必要があるのか、相手を客観的に
分析しましょう。誰に対しても、いつもそうなら上司の性格だと思って気にしない、いい
大人なのにみっともないと考えて、無視つまり「スルー」します。同時に自分のミスが
何であったかは考える必要があります。もし、直すべき部分があれば次からも同じミスを
しないように気をつけた方がいいので、感情的になって「スルー」しない方がよいでしょ
う。ここまで冷静に分析できたら頭を切り替えて、もう気にしないことです。そして感情
的になってしまう瞬間は人それぞれですから、どんな言葉や態度に腹が立つのか、傷つい
てしまうのか、自分自身を把握しておくことも大切です。

　ところで、他人とのコミュニケーションでは考え方や立場の異なる人の意見を聞くこ
とも大切です。「スルースキル」は相手の言うことを気にしない、無視するという単純な
ことではありません。また否定的な言葉を向けられた時にそのまま受け止めて、ただ我慢
することでもありません。自分の感情をうまく処理して周囲の言動に過剰に反応しないの
が「スルースキル」であり、いわば鈍感力とも言い換えられます。「スルースキル」を身
につけられればストレスに強くなり、前向きに、もう少し楽に生きられるに違いありませ
ん。

69 「スルースキル」とはどのようなことか。

    1   上司の言葉や態度の理由を考えながら受け流す能力

    2   大人げない上司の言葉や指示はすべて受け取らない能力

    3   上司の言葉や態度の意味を考えずに受け止める能力

    4   上司をはじめ他人の意見や考えをしっかり受け取る能力

70 筆者によると、「スルースキル」を身につける上で必要とされる能力はどれか。

    1   自己把握力

    2   過剰反応力

    3   感情高揚力

    4   実践行動力

71 鈍感力について、筆者はどのように考えているか。

    1   他人の言葉を参考にして前向きに生きる力や希望を持つこと

    2   考え方や立場の違いを理解して他人の意見を聞くこと

    3   他人の言葉を大げさに思わないで落ち着いて聞くこと

    4   他人の言葉を真に受けないで無視すること

問題14 右のページは、キャンペーンの案内である。下の問いに対する答えとして最も

소요시간 5분

よいものを、1・2・3・4から一つ選びなさい。

72 次の4人は、ショッピングモールのキャンペーンに参加して、500円の飲食券をもらおうとしている。この中で、飲食券をもらえるのは誰か。

名前	日付	店名	利用金額
1 米田さん	3月2日	お好み焼きキッチン	1,400円
	3月12日	カフェあおぞら	600円
2 田中さん	3月10日	和食とみ福	2,000円
	3月13日	コロッケ味の屋	1,600円
3 小川さん	3月3日	大阪とんかつ	1,000円
	3月14日	博多ラーメンだるま	950円
4 内田さん	3月8日	シュークリームの木	550円
	3月17日	牛炭火焼き肉	2,500円

73 木村さんは、3月6日にインドカレータージで4,000円、3月10日に韓国キンパプ明洞で2,500円を使って、飲食券をとりに行こうと思っている。木村さんが飲食券をもらうためにはどうすればいいか。それから飲食券は何枚もらえるか。

1 3月6日12時に、レシートを持ってショッピングモール内の店舗へ行けば、1枚もらえる。

2 3月13日16時に、レシートを持ってサービスカウンターへ行けば、2枚もらえる。

3 4月9日15時に、レシートを持ってショッピングモール内の店舗へ行けば、1枚もらえる。

4 4月11日17時に、レシートを持ってサービスカウンターへ行けば、2枚もらえる。

【新生活応援】春のうきうきキャンペーン

各日先着100名様に！ご飲食券500円プレゼント

春休みはお友達と！家族と！恋人と！
和・洋・中のグルメ店が揃ったショッピングモールのレストラン街でお食事を。
500円の飲食券がもらえる春のスペシャルキャンペーンを開催します。

イベント内容：

期間中、飲食・食品店舗でのお買い上げ金額が3,000円以上のレシートを見せると、ショッピングモール内の飲食・食品店舗で使えるご飲食券500円を各日先着100名様にプレゼントします。

対象期間：2023年3月1日(水)～3月13日(月)

対象店舗：飲食・食品店舗　※詳しくは下記の通り

引換日：3月6日(月)～7日(火)、3月13日(月)～14日(火)

引換時間：11時～18時　※配布枚数に達し次第終了

引換場所：ショッピングモール1階　サービスカウンター

引換方法：対象のレシートを引換場所にお持ちください。

ご飲食券ご利用期間：2023年3月20日(月)～4月11日(火)

注意事項：

※期間中のレシートの合算可

※お買い上げ3,000円(税込)ごとに、ご飲食券1枚プレゼント！

※ご飲食券はショッピングモール内の飲食・食品店舗でのみ有効です。

対象店舗：

・飲食店

石川寿司、牛炭火焼き肉、パスタトマト、中華四川、大阪とんかつ、和食とみ福カフェあおぞら、インドカレータージ、中村珈琲、博多ラーメンだるま

・食品店舗

ベーカリーパリジェンヌ、たこ焼き八ちゃん、シュークリームの木、お好み焼きキッチン韓国キンパブ明洞、コロッケ味の屋、ドーナツファクトリー

問題用紙

N2
聴解
(55分)

受験番号　Examinee Registration Number	
名前　Name	

問題 1

　問題 1 では、まず質問を聞いてください。それから話を聞いて、問題用紙の 1 から 4 の中から、最もよいものを一つ選んでください。

例

　　1　ポテトサラダ

　　2　コーンサラダ

　　3　コーンスープ

　　4　さつまいもチップス

1番

1 プレゼンしりょうを作成する

2 市場ぶんせきのデータをまとめる

3 遅延しょうめいしょを取りに行く

4 新商品のていあんしょを確かめる

2番

1 東京行きのバス乗り場へ行く

2 空席をインターネットでかくにんする

3 バス会社の窓口へ行く

4 払い戻し手続きをする

3番

1 長井部長に電話をする

2 平野社長に電話をする

3 長井部長にメールを送る

4 平野社長にメールを送る

4番

1 200円

2 220円

3 310円

4 400円

5番
1 川島先生にコーヒーを出す
2 参加者へのプレゼントを包む
3 テーブルの位置を変える
4 ケーキ店の列に並ぶ

問題2

問題2では、まず質問を聞いてください。そのあと、問題用紙のせんたくしを読んでください。読む時間があります。それから話を聞いて、問題用紙の1から4の中から、最もよいものを一つ選んでください。

例

1 親友とけんか別れしたこと

2 仲直りしたが気まずさが残ったこと

3 笑顔であいさつできなかったこと

4 うまくあやまれなかったこと

1番

1　再来週の発注書を送るため

2　新しいしょうひんの一覧表を送るため

3　きゅうかの案内を送るため

4　新しい金額表を送るため

2番

1　調味料をほとんど使わないところ

2　工夫次第で病気を治せるところ

3　目でも料理を楽しめるところ

4　塩分のとり方を調整できるところ

3番

1 運動不足だから

2 自然の中を歩きたいから

3 週末は時間があるから

4 リーダーがやさしいから

4番

1 近所からの苦情を伝えるため

2 ごみの捨て方をまちがったため

3 市がごみを回収しないと決めたため

4 ごみの正しい捨て方を徹底させるため

5番

1 お客様の買い物を積極的にサポートすること

2 緊張せず落ち着いてあいさつすること

3 常に親しげに話しかけること

4 さわやかな服装と笑顔で応対すること

6番

1 歴史ある家で保存されていたから

2 身分の高い人が書いたから

3 これまでの本と同じ筆跡だから

4 これまでの研究にえいきょうを与えたから

もんだい
問題3

　問題3では、問題用紙に何もいんさつされていません。この問題は、全体としてどんな内容かを聞く問題です。話の前に質問はありません。まず話を聞いてください。それから、質問とせんたくしを聞いて、1から4の中から、最もよいものを一つ選んでください。

－　メモ　－

문제4
MP3

問題4

　問題4では、問題用紙に何もいんさつされていません。まず文を聞いてください。それから、それに対する返事を聞いて、1から3の中から、最もよいものを一つ選んでください。

－　メモ　－

청해

問題5

問題5では、長めの話を聞きます。この問題には練習はありません。

問題用紙にメモをとってもかまいません。

1番、2番

問題用紙に何もいんさつされていません。まず話を聞いてください。それから、質問とせんたくしを聞いて、1から4の中から、最もよいものを一つ選んでください。

— メモ —

3番
ばん

まず話を聞いてください。それから、二つの質問を聞いて、それぞれ問題用紙の1から4の中から、最もよいものを一つ選んでください。

質問1
しつもん

1 1万円
2 3万円
3 5万円
4 10万円

質問2
しつもん

1 1万円
2 3万円
3 5万円
4 10万円

초단기 합격 프로젝트!
JLPT 최신 기출 유형 실전모의고사 N2

최신 기출 유형
N2 실전문제
제2회

1교시 언어지식(문자·어휘·문법)·독해
2교시 청해

테스트 전 확인 사항

□ 해답 용지 준비하셨나요?　　□ 연필과 지우개 챙기셨나요?　　□ 청해 음성 들을 준비하셨나요?

제2회 청해 전체 음성 MP3
시원스쿨 일본어 홈페이지
(japan.siwonschool.com)의
수강신청>교재/MP3에서 무료 다운로드

고득점 부스터 암기카드 PDF
시원스쿨 일본어 홈페이지
(japan.siwonschool.com)의
수강신청>교재/MP3에서 무료 다운로드

시험 시간: 1교시 105분 ｜ 2교시 55분

목표 점수:	점		
시작 시간:	시　　　분 ~ 종료 시간:	시　　　분	

N2 최신 기출 유형 실전문제 가채점표

 언어지식 (문자 • 어휘 • 문법)

		문제유형	문항 및 배점	점수	총점
문자 • 어휘	문제1	한자읽기	5 문제 × 1점	5	35점
	문제2	표기	5 문제 × 1점	5	
	문제3	단어형성	3 문제 × 1점	3	
	문제4	문맥규정	7 문제 × 1점	7	
	문제5	유의표현	5 문제 × 1점	5	
	문제6	용법	5 문제 × 2점	10	
문법	문제7	문법형식 판단	12 문제 × 1점	12	32점
	문제8	문장 만들기	5 문제 × 2점	10	
	문제9	글의 문법	5 문제 × 2점	10	
합계					67점

★ 득점환산법(60점 만점) [득점] ÷ 67 × 60=[   ]점

 독해

		문제유형	문항 및 배점	점수	총점
독해	문제10	내용이해(단문)	5문제 × 2점	10	37점
	문제11	내용이해(중문)	9문제 × 3점	27	
	문제12	통합이해	2문제 × 3점	6	6점
	문제13	주장이해(장문)	3문제 × 3점	9	9점
	문제14	정보검색	2문제 × 4점	8	8점
합계					60점

★ 득점환산법(60점 만점) [득점] ÷ 60 × 60=[   ]점

🎧 청해

		문제유형	문항 및 배점	점수	총점
청해	문제1	과제이해	5문제 × 2점	10	32점
	문제2	포인트이해	6문제 × 2점	12	
	문제3	개요이해	5문제 × 2점	10	
	문제4	즉시응답	12문제 × 1점	12	12점
	문제5	통합이해	4문제 × 3점	12	12점
합계					56점

★ 득점환산법(60점 만점) [득점] ÷ 56 × 60=[   ]점

※위 배점표는 시원스쿨어학연구소가 작성한 것으로, 실제 시험과는 다소 오차가 있을 수 있습니다.

N2

言語知識（文字・語彙・文法）・ 読解 (105分)

注　意
Notes

1.　試験が始まるまで、この問題用紙を開けないでください。
　　Do not open this question booklet until the test begins.

2.　この問題用紙を持って帰ることはできません。
　　Do not take this question booklet with you after the test.

3.　受験番号と名前を下の欄に、受験票と同じように書いて
　ください。
　　Write your examinee registration number and name clearly in each
　　box below as written on your test voucher.

4.　この問題用紙は、全部で 33 ページあります。
　　This question booklet has 33 pages.

5.　問題には解答番号この 1 、 2 、 3 … が付いています。
　解答は、解答用紙にある同じ番号のところにマークして
　ください。
　　One of the row numbers 1 , 2 , 3 … is given for each question.
　　Mark your answer in the same row of the answer sheet.

受験番号　Examinee Registration Number	
名前　Name	

問題1 ＿＿＿＿の言葉の読み方として最もよいものを、1・2・3・4から一つ選びなさい。

소요시간
2분

1 大雨の中運転していたら、タイヤが滑って危うく事故にあうところだった。

    1 あさうく   2 あぶうく   3 あやうく   4 きうく

2 少数意見だとしても尊重するべきだと思う。

    1 そんちょう   2 そんじゅう   3 そんじょう   4 そんちゅう

3 この地域は家賃が高い。

    1 やじん   2 かじん   3 やちん   4 かちん

4 今年の冬は凍えるような寒さで外に出たくもない。

    1 とおえる   2 とうえる   3 こごえる   4 さまえる

5 暖房をつけたまま寝てしまった。

    1 だんぼう   2 なんぼう   3 だんほう   4 なんほう

問題 2 _____の言葉を漢字で書くとき、最もよいものを 1・2・3・4 から一つ選びな

さい。

소요시간 2분

6 12月に入り、インフルエンザの感染者数が増加<u>けいこう</u>にある。

　　1　似向　　　　　2　傾向　　　　　3　健向　　　　　4　衛向

7 お風呂が<u>わいた</u>ので、入ってください。

　　1　沸いた　　　　2　浄いた　　　　3　津いた　　　　4　費いた

8 パソコンの<u>せいぞう</u>番号を教えてください。

　　1　第造　　　　　2　製造　　　　　3　褒造　　　　　4　制造

9 息子は1,000円札を片手に<u>にぎって</u>スーパーに行きました。

　　1　裾って　　　　2　控って　　　　3　握って　　　　4　据って

10 父の<u>えいきょう</u>でバスケットボールを始めました。

　　1　影響　　　　　2　景郷　　　　　3　景響　　　　　4　影郷

問題3 (   )に入れるのに最もよいものを、1・2・3・4から一つ選びなさい。

11 この農園では、春になるとイチゴ(   )ができます。

1 集め 　　　　 2 狩り 　　　　 3 取り 　　　　 4 遊び

12 彼は教科書の内容を理解するのではなく、(   )暗記します。

1 全 　　　　 2 総 　　　　 3 丸 　　　　 4 合

13 地震などの災害時に、頼れる人がいないと心(   )。

1 悪い 　　　　 2 短い 　　　　 3 細い 　　　　 4 暗い

問題4　(　　　)に入れるのに最もよいものを、1・2・3・4から一つ選びなさい。

소요시간
4분

14 裁判所は国民の権利と自由を守るため、(　　　)な裁判を行う必要がある。

　　1　公共　　　　　2　公務　　　　　3　公正　　　　　4　公式

15 心配事があるのか、彼は朝から(　　　)している。

　　1　くたくた　　　2　そわそわ　　　3　はきはき　　　4　ひやひや

16 調査結果が出るまでは(　　　)を維持することになった。

　　1　現実　　　　　2　場面　　　　　3　実際　　　　　4　現状

17 進学を希望している息子のために、(　　　)費用を集めた。

　　1　何しろ　　　　2　何とも　　　　3　何とか　　　　4　何だか

18 救命救急の現場においては、状況に応じて(　　　)判断をする能力が必要とされる。

　　1　有能な　　　　2　適度な　　　　3　的確な　　　　4　妥協な

19 様々な知識を身に付け、活動の(　　　)を広げたいと考えています。

　　1　率　　　　　　2　型　　　　　　3　幅　　　　　　4　段

20 祭りの(　　　)を立てるために、みんなで話し合うことにした。

　　1　プラン　　　　2　フォロー　　　3　ステータス　　4　モチーフ

問題5 _____の言葉に意味が最も近いものを、1・2・3・4から一つ選びなさい。

소요시간 2분

21 三人姉妹の<u>すえっこ</u>の私は家族にとても大切にされていた。

1 最後 　　　　 2 一番上 　　　　 3 一番下 　　　　 4 最初

22 その建物は私の想像と違って、<u>はるかに</u>立派なものでした。

1 以前から 　　　　 2 ずっと 　　　　 3 長く 　　　　 4 いつでも

23 今年の冬の<u>ボーナス</u>はいつもの年よりも少なかった。

1 賞金 　　　　 2 賞与 　　　　 3 給与 　　　　 4 給金

24 マラソン大会に向けて練習をしていたら、足首を<u>くじいて</u>しまいました。

1 しぼって 　　　　 2 おさえて 　　　　 3 もたれて 　　　　 4 ひねって

25 駅前の<u>込み合った</u>通りで、先生とばったり出くわした。

1 詰まった 　　　　 2 騒がしい 　　　　 3 混乱した 　　　　 4 混雑した

問題6 次の言葉の使い方として最もよいものを、1・2・3・4から一つ選びなさい。

26 今にも

1 彼女の遅刻癖は<u>今にも</u>始まったことではないが、あきれて物も言えない。

2 女の子が道でソフトクリームを落としてしまい、<u>今にも</u>泣き出しそうな顔をしている。

3 ３丁目のマンションで火災発生との通報を受け、<u>今にも</u>消防車３台が出動した。

4 ここから宿までは１時間ほどかかりますから、暗くなる前に<u>今にも</u>出発しましょう。

27 過程

1 日本茶は日本の<u>過程</u>や文化を象徴する飲み物だと言える。

2 彼には幼い頃に両親を亡くすという悲しい<u>過程</u>があった。

3 原子力発電は電気を作る<u>過程</u>で有害物質が発生する。

4 一次面接を無事に<u>過程</u>してほっとしたが、急いで二次面接への対策をしなければならない。

28 あいにく

1 いくら親しい仲だといっても、お金を借りるのは<u>あいにく</u>だ。

2 長年の親友と大げんかをして、もう<u>あいにく</u>顔を見たくないと言われてしまった。

3 鈴木さんは風邪を引いたと言っていたから、今日のパーティーには<u>あいにく</u>来ないだろう。

4 久々のデートはピクニックを予定していたが、<u>あいにく</u>の天気なので映画館へ行くことにした。

29 あらそう

1 この映画の見どころは、軍人たちが寒さと<u>あらそいながら</u>冬山を進むシーンだ。

2 どうしてもアメリカで英語を勉強したくて、親に<u>あらそって</u>留学を決めた。

3 休み時間になると、生徒たちは先を<u>あらそって</u>教室を飛び出していく。

4 ピアノのコンクールに向けて、山田^{やまだ}さんと吉田^{よしだ}さんが腕を<u>あらそいながら</u>毎日練習している。

30 有効

1 今年の新入社員は<u>有効</u>な人材が多いと社長が喜んでいた。

2 このチケットは今月末まで<u>有効</u>だから、明日にでも出かけましょう。

3 昨日の試合の審判は、相手チームが<u>有効</u>になる判定ばかりしていたように感じる。

4 日本では2020年からスーパーの買い物袋が<u>有効</u>化された。

問題7 次の文の(   )に入れるのに最もよいものを、1・2・3・4から一つ選びな
さい。

（소요시간 8분）

31 こんな経験は、もう二度(   )したくない。

1 も   2 と   3 きり   4 しか

32 6年間の努力(   )国家試験に落ちてしまい、弁護士になる夢をあきらめることに
した。

1 に際して   2 のもとで   3 に応えて   4 のかいもなく

33 エネルギー問題は今後十年、二十年(   )未来のことを同時に考えなければなりま
せん。

1 といった   2 における   3 というと   4 といったら

34 川端康成は1968年に日本人初のノーベル文学賞を受賞(   )。
   （かわばたやすなり）

1 している最中だ   2 したことになっている
3 したことだ   4 している

35 (会社で)

新入社員「飲み会の誘いを断るこつを教えてください。」
先輩   「一番最初に誘われた時に (   )。」

1 行かないせいだね   2 行かないものだね
3 行かないというものだね   4 行かないことだね

36 田村「太田君、ちゃんとできるかな。心配だわ。」
　　西本「心配ばかり (　　　　)、何も始められないよ。」

　　1　しているようじゃ　　　　　　　2　しとかなくちゃ
　　3　されなきゃ　　　　　　　　　　4　してしまっちゃ

37 少年犯罪に関する専門家の話を聞いて、改めて今の教育のあり方について(　　　　)。

　　1　考えされた　　　　　　　　　　2　考えさせた
　　3　考えさせられた　　　　　　　　4　考えさせてあげた

38 キム社長、実は当社の製品の中でも、特に(　　　　)ものがあるのですが…。

　　1　拝見したい　　　　　　　　　　2　拝見になりたい
　　3　ご覧になりたい　　　　　　　　4　ご覧に入れたい

39 (取引先との電話で)
　　鈴木「田中さん、見積書を今週末までに送ってほしいんですけど…。」
　　田中「(　　　　)。今週末までに見積書を送付いたします。」

　　1　受け取りました　　　　　　　　2　存じ上げました
　　3　申し上げました　　　　　　　　4　承知いたしました

40 人と人の付き合いに必要なのは真心です。真心がなければ、(　　　　)続かないと思います。

　　1　長くも　　　　2　長くは　　　　3　長くて　　　　4　長いこと

41 妻「あれ、このミネラルウォーター、賞味期限切れてるわ。もったいないけど捨て
るしかないね。」

夫「いや、水は未開封のものなら、賞味期限が切れてても (　　　) から大丈夫だよ。」

1　飲まないではいられない　　　　2　飲まざるを得ない

3　飲めないことはない　　　　　　4　飲みようがない

42 (取引先へのメールで)

ABCモーターの中村です。

先日、お会いした際にお問い合わせいただいた弊社の新サービスについて、詳しく
ご説明する機会をいただきたく、(　　　)。

1　メールしてくださいました　　　2　メールさせていただきました

3　メール送ってくださいました　　4　メール送らせてさしあげました

問題8 次の文の ___ ★ ___ に入る最もよいものを、1・2・3・4から一つ選びなさい。

소요시간
6분

（問題例）　あそこで_____ _____ __★__ _____は山田さんです。

　　　　　1　テレビ　　　2　見ている　　　3　を　　　　4　人

（解答のしかた）

1. 正しい文はこうです。

あそこで _____ _____ __★__ _____ は山田さんです。

　　　　1　テレビ　　　3　を　　　　2　見ている　　4　人

---

2. __★__ に入る番号を解答用紙にマークします。

（解答用紙）　| （例） | ① | ● | ③ | ④ |

43　私の父は会社を退職したらゆっくりハワイにでも行きたいと言っているのだが、パ
　　スポートを _____ _____ __★__ _____ できない。

　　1　ことには　　　2　海外に　　　3　行くことは　　　4　取らない

44　夢や空想ではなく、もし現実にタイムマシンがあって過去に _____ __★__
　　_____ _____ に戻りたい。

　　1　子どもの頃　　　　　　　　　2　ものなら
　　3　悩みのなかった　　　　　　　4　戻れる

45 留学生活の最初の思い出といえば、日本へ出発する前日は ＿＿＿＿＿ ＿＿＿＿＿ ＿＿★＿＿ ＿＿＿＿＿ ため、飛行機の席に座ったとたん眠りに落ちたことですね。

1　できなかった　　2　一睡も　　　　　3　あまり　　　　　4　緊張の

46 皆さん、山と海に囲まれた我が町と、この美しい自然を守る ＿＿＿＿＿ ＿＿＿＿＿ ＿＿★＿＿ ＿＿＿＿＿ ではありませんか。

1　ことを　　　　　2　できる　　　　　3　しよう　　　　　4　ために

47 どうしても今日中に買わなければならないので、値段はあまり ＿＿＿＿＿ ＿＿★＿＿ ＿＿＿＿＿ ＿＿＿＿＿ に越したことはない。

1　安い　　　　　　2　していないが　　3　気には　　　　　4　安ければ

問題9 次の文章を読んで、文章全体の内容を考えて、 48 から 52 の中に入る
最もよいものを、1・2・3・4から一つ選びなさい。

소요시간
6분

　　一年前、高校受験を控えていたぼくは、勉強に必死で 48 。そんなある日、母
から神社にお参りに行こうと言われ、一緒に行くことにした。その神社は学問の神
様がいる 49 全国的にも有名な神社だった。正直、神様なんているものかとあま
り関心を持っていなかった。

　　神社に着くと、母がお参りの方法を 50 。お参りをする前にまず、手と口を洗
わないといけないそうだ。これは心と体をきれいにするためだという。神社の奥に
入っていくと、朝方だったのにも関わらず、お参りをする人で溢れていた。神前
では、みんな同じ動作をしていて不思議に思った。母に聞くと、二礼二拍手一礼と
いって、2回深くお辞儀をしたあとに、2回拍手をし、最後にもう一度お辞儀をす
る、お参りの作法だった。神前に着き、ぼくもみんなと同じようにお参りをした
が、少し恥ずかしかった。

　　 51 数か月後、学校で志望高校の合格を 52 。勉強ももちろん頑張ったが、
不思議なことに神社にお参りに行ったおかげで合格できたのだと思わずにはいられ
なかった。近々、願い事を聞いてくれた神様に感謝の気持ちを伝えるために、お礼
参りに行く予定だ。

48

1　遊ばざるを得なかった　　　　2　遊びどころではなかった

3　遊ばなくてはいられなかった　4　遊ばないにすぎなかった

49

1　ことで　　　　2　ことだから　　3　もので　　　　4　ものだから

50

1　教えてもらった　　　　　　　2　教えてあげた

3　教えてくれた　　　　　　　　4　教えていただいた

51

1　あとで　　　　　　　　　　　2　それどころか

3　そのうえ　　　　　　　　　　4　それから

52

1　聞かれた　　　　2　聞かせた　　　3　知らされた　　　4　知られた

問題10　次の(1)から(5)の文章を読んで、後の問いに対する答えとして最もよいもの

소요시간
16분

　　　　　を、1・2・3・4から一つ選びなさい。

（1）以下は、パークヒルズの入り口に貼られた文書である。

パークヒルズにお住まいの皆様

　現在、パークヒルズ管理組合の理事が中心となって国道4号線横の並木道の美化と住みやすい環境づくりを目指して、ゴミ拾いを行っております。居住者間のコミュニケーションを促進するためにも4月10日(月)10時からのゴミ拾いのボランティアを募集します。気候もよくなりましたので、たくさんの方のご参加をお待ちしております。なお、ご参加の際は軍手、マスク、帽子は各自でご準備ください。雨の場合は翌週に延期になります。

　　　　　　　　　　　　　　　　　　　　　　　　　パークヒルズ管理組合

53　文書のタイトルとして合うものはどれか。

1　持ち物の注意点と雨天作業延期のお知らせ

2　ゴミ拾いボランティア参加のお願い

3　住民間のコミュニケーションのお知らせ

4　気候がよくなったので外に出る時の注意

（2）

　会議でオンラインのミーティングツールが活用されるようになった。そこで新たに登場したのが「オンライン会議でのマナー」だ。自分が話さない時はマイクをオフにするなど、オンライン会議特有の注意点などは理解できる。しかし、逆光を避ける、会議が終わった後はどの順番で画面から出るか、など気にしすぎではないかと思うものもある。まだ新しいツールなのだから、マナーにばかり神経を使うのではなく、使用者どうしがよりよい方法を見つけていけばよいのではないだろうか。

54　筆者の考えと合うのはどれか。

1　オンラインの会議ではオンライン特有の新しいルールに従う必要がある。

2　オンラインの会議では実際に会わないので細かいことを気にし過ぎる必要はない。

3　オンライン会議の活用は始まって間もないのでマナーなどは存在していない。

4　オンライン会議のマナーにこだわり過ぎずに使いやすい方法を探していくべきだ。

(3)

　物質は分子、または原子が集まってできている。この分子または原子の集まり方が変化して気体、液体、固体となるのが状態変化である。状態変化では物質そのものは変化しない。例えば水蒸気(気体)、水(液体)、氷(固体)となるが物質は同じである。一方、１つの物質が２つ以上の異なる物質に分かれる化学変化を分解という。加熱して分解する熱分解と、電気を流して分解する電気分解がある。例えば、水を電気分解すると水素と酸素に分けることができる。

55 状態変化と分解について、正しく説明しているのはどれか。

1 状態変化は水が水蒸気になったり酸素になったりすることを言う。

2 状態変化では姿を変えると物質が２つ以上の物質に分かれてしまう。

3 分解はもとの物質とは異なる性質をもった別の物質ができる化学変化だ。

4 水を加熱分解すると水素と酸素に分かれる化学変化が起きる。

（4）

　僕は「ちりも積もれば山となる」この言葉が大好きだ。この前小学校の授業で先生が教えてくれたことわざだ。小さなことも積み重ねれば大きくなるという意味だと先生に聞いた。僕が家でお手伝いするとママは1日50円僕にくれる。毎日お手伝いしたら1か月で1,500円になる。この前までは50円なんて少なすぎると思ってたけど、毎日少しずつ頑張ったらきっと目標が叶う。このことわざは僕を勇気づけてくれた。

56　筆者はことわざから何を学んだか。

　　1　お金を貯めることの大切さ
　　2　毎日同じことをすることの大切さ
　　3　積み重ねが大切だということ
　　4　ママのお手伝いをする大切さ

（5）以下は、港南内科医院のお知らせである。

ご来院者各位

　当日の注意事項を確認の上、予約時間に遅れないようにお越しください。受付後、すぐに尿検査がありますので直前のトイレはお控えください。また、予約時間の6時間前から飲食もお控えください。ただしお水やお茶は受診直前までお召し上がりいただいてもよいですが、糖分の多いものは控えるようお願いいたします。血液検査をされる方のうち、糖尿病のお薬を服用されている方は服用しないでお越しください。その他の薬は服用して構いません。ご不明な点がある方は当医院担当者までご連絡ください。

港南内科医院

57　このお知らせを書いた一番の目的は何か。

　　1　健康診断の予約方法を案内すること
　　2　薬の服用に関する注意事項を伝えること
　　3　糖尿病患者の血液検査を案内すること
　　4　健康診断における注意事項を伝えること

問題11 次の(1)から(3)の文章を読んで、後の問いに対する答えとして最もよいもの
を、1・2・3・4から一つ選びなさい。

（1）

　私の小学校では、毎年1回、地域に住むお年寄りに手紙をプレゼントするというイベン
トがありました。誰に書くかは学校の先生が決めます。書いた手紙は一度全て集められ、
地区ごとに分けられるので、自分で書いた手紙を必ずしも自分で届けられるわけではあり
ません。手紙を書いた相手の名前はわかっても、顔を見ることはできないので、いつも手
紙を書きながら少し寂しい気持ちがありました。

　その年も例年通り手紙を書き、そしてそれぞれの地区の担当の生徒がお年寄りの自宅
へ手紙を届けました。すべての手紙を配り終えると、教室でそれぞれの感想を話し合うの
も毎年恒例でした。今年もいつも通り少し寂しい気持ちで終わるのかなと思うと、突然、
先生が私の名前を呼びました。そして、私に手紙と手作りのお手玉を渡してくれました。
その手紙には私への感謝の気持ちが書いてありました。なんとお手玉の送り主は1年前に
私が手紙を書いたおばあさんだったのです。

　私に直接お礼が言えないので、1年に1回のイベントの日のために1年間かけてプレゼン
トを用意したという内容でした。顔は見えなくても気持ちが届いていたことに気が付き私
は感動のあまり言葉を失いました。そして直接会えなくても、気持ちを伝えることはでき
るんだと、この出来事から私は学びました。

58 筆者によると、イベントとはどのようなことか。

　1　お年寄りの家を回って手紙を渡すというイベント

　2　手紙とプレゼントをお年寄りからもらうイベント

　3　担当の人がお年寄りの家を周り、声をかけるというイベント

　4　お年寄りと生徒が学校に集まって交流するイベント

59 いつも通り少し寂しい気持ちで終わるのかなと思うとあるが、理由は何か。

　1　毎年誰に手紙を書くか先生に決められるから

　2　顔もわからない相手に手紙を書くことになっているから

　3　1年に1回のイベントのために1年間かけて準備しないといけないから

　4　手紙とプレゼントが必ずしも同じ人に届くわけではないから

60 筆者が最も言いたいことは何か。

　1　お年寄りへの感謝の気持ちを表現することが大切だ。

　2　気持ちは対面でなければ伝わらないということはない。

　3　気持ちを手紙で表現することはとてもいいことだ。

　4　お年寄りに会いたい寂しい気持ちを我慢する必要はない。

（2）

　蜂蜜の採取や野菜や果物の交配のためにミツバチを育てる養蜂は日本で、牛や豚など
を育てるのと同じ畜産業に位置付けられている。しかし最近、自宅で蜂を育てて蜂蜜を手
に入れようとする<u>趣味の養蜂が広がっている</u>。
　　　　　　　　　　　①

　その理由として、健康や安全への意識の高まりや、人気テレビ番組で養蜂が紹介され
たことなどがある。とりわけ注目を集めているのが都市養蜂だ。山間部でしかできないと
思われていた養蜂が特別な設備がなくともビルの屋上などで可能な上、ミツバチによって
周辺環境の生態系も豊かになると期待されている。

　一方で、<u>趣味の養蜂によるトラブルが問題になっている</u>。ミツバチは大人しい性格だ
　　　　　②
が、人を刺すこともある。巣の引っ越しである分蜂の時期には大群が空を飛ぶことから、
　　　　　　　　　　　　　　　　　　　　　　　　　　　　（注）
隣近所に恐怖心を与える。また洗濯物や車にミツバチのフンがつくこともある。そして秋
になるとミツバチをエサとするスズメバチが集まってくる可能性があり危険だ。

　ミツバチに限らず、生き物を飼うことには責任が伴う。都道府県への飼育届けの提出
はもちろん、ミツバチの習性をよく知り、適切に管理をするだけでなく、「ハチ＝こわい」
というイメージを持つ人々が多くいることを忘れてはならないだろう。

　(注) 大群：動物などが非常に多く集まってくる群れ

61 ①趣味の養蜂が広がっているとあるが、筆者はなぜそう述べているか。

1 ミツバチが山間部から平地に巣を引っ越しするようになったから

2 ミツバチの飼育には届け出は必要なく専門家でなくてもできるから

3 ミツバチを都会でも飼育できることが知られるようになったから

4 ミツバチを育てて収入を得るメリットがテレビで紹介されたから

62 ②趣味の養蜂によるトラブルが問題になっている理由として合うのはどれか。

1 ミツバチの飼育届け出を提出しなければならない。

2 ミツバチが死んで、一帯を汚す。

3 ミツバチがいることでスズメバチを呼び寄せてしまう。

4 ミツバチから作った蜂蜜を手に入れるのが難しい。

63 筆者の考えと合うのはどれか。

1 ミツバチを飼育することで、環境問題を考え直す機会になるはずだ。

2 養蜂をはじめるにあたり、負うべきものが何かを把握するべきだ。

3 養蜂は畜産業であり、一般の人間が手を出すべきではない。

4 ミツバチは安全であるというイメージを人々に伝えるべきだ。

（3）

　ソムリエと聞くと、ワインの専門家を思い浮かべる。ところが発酵食品ソムリエというのがあるらしい。どんなものか気になって調べてみると、発酵食品に関する資格はひとつではなく、様々な団体から出ていることがわかった。

　そもそも発酵食品というのは微生物のはたらきにより、保存性、味や香り、栄養価が高まった食品のことをいう。身近な食品として納豆やヨーグルト、キムチなどがある。それによく考えてみれば、味噌、醤油、酢などの調味料のほか、日本酒、ぬか漬けなど日本食の基本となるのは発酵食品ばかりだ。

　だから当たり前とも平凡とも言える発酵食品だが、資格まで登場した理由のひとつには発酵食品の「機能性」がある。免疫力を上げる、脂肪を分解する、腸内環境を改善するなど、様々な効果が期待できるとあって、健康ブームの昨今、発酵食品は大注目なのである。2020年以降に新型コロナウイルスが流行した時には、納豆を買う消費者が押しかけて、一時期スーパーから商品が消えたことは記憶に新しい。

　珍しくない発酵食品とはいえ、確かに食生活の多様化で味噌やぬか漬けを食べる機会は減っているかもしれない。今後、発酵食品が他の食品と競争するには、専門知識を持つ人たちによる新しい食べ方の提案や健康に関する知識を教えてもらうのはよい方法かもしれない。

(注1) 平凡：特にすぐれたところがなく、ごくあたりまえなこと
(注2) 昨今：このごろ

64 本文の内容と合うのはどれか。

1 納豆は新型コロナウイルスに効果がある食品である。

2 発酵食品ソムリエの資格を取るために様々な団体が競っている。

3 日本食は基本的に発酵食品である。

4 発酵食品の効果のひとつに腸内の環境がよくなることがある。

65 この文章によると、発酵食品の「機能性」とは何か。

1 脂肪を分解するので、肥満を改善する。

2 微生物によって、ウイルスが体内に侵入することを防ぐ。

3 栄養の吸収率をあげ、腸の動きをよくする。

4 病気から体を守る力を高める。

66 「発酵食品」について、筆者はどのように考えているか。

1 伝統的な食品の消費にはこれまでと違った視点が必要だ。

2 社会の変化によって発酵食品の消費機会が減るのは仕方がない。

3 平凡な発酵食品にワインのような専門資格がいるとは思えない。

4 健康ブームに乗って発酵食品はもっと注目されるべきだ。

問題12 次のＡとＢの文章を読んで、後の問いに対する答えとして最もよいものを、
1・2・3・4から一つ選びなさい。

A

大学生の時、会社を作って事業を始めると言ったら、周囲から反対されました。「失敗したらどうするのか」「お前が成功するはずがない」「考えが甘い」などと言われました。失敗すればやり直せばいいし、成功するかどうかはやってみなければわかりません。もし計画が甘かったら、途中で方向転換すればいいだけです。事業を進めながら改善すればいいのです。それから「お金はあるのか」とも聞かれました。もちろん資金があればよいですが、ネットビジネスをスタートさせるなら、そんなに大金は必要ありません。どんなに反対されても、やりたいことがあるならやってみることが大事だと思います。もし反対されてあきらめるようなら、決意が弱いと言えるので起業は難しいと思います。

B

近頃、学生起業が注目されて、会社を経営したいと思う大学生も増えているようです。アルバイトでは経験できないことばかりな上、もし考え方が変わったり失敗しても就職活動をすれば会社に入ることができるので、メリットが多いと考えられています。しかし成功する人はわずか。起業を考える前にどんなリスクがあるか知っておく必要があるでしょう。まず起業すれば時間が足りず、勉強をしなくなり、大学を卒業できない場合があります。また就職活動も大学3年の夏から始めて1年くらいかかりますが、事業と同時に進められるほど簡単ではありません。結局、就職できない場合もあります。好奇心や目立ちたいという気持ちだけではうまくいかないこともあります。

67 学生起業に対するAとBの意見と合うのはどれか。

1　AもBも肯定的で、大学生のうちにやりたいことをやってみるのがよいと言っている。

2　Aは肯定的だが方針を固めるように言っており、Bは肯定も否定もしない中立的な立場である。

3　Aは自分の意志がなければだめだと言っており、Bは好奇心だけではできないと言っている。

4　Aは気が変われば就職すればいいと言っており、Bは大学を卒業できなくなると言っている。

68 AとBで共通して述べられていることは何か。

1　資金が少なくてもはじめることができる。

2　経営という他にはない経験ができる。

3　会社に就職する時に条件がよくなる。

4　気が変わっても路線変更できる。

問題13 次の文章を読んで、後の問いに対する答えとして最もよいものを、1・2・3・
4 から 一つ選びなさい。

　東京、渋谷は毎年ハロウィンの時期になると、さまざまな仮装をした若者で溢れる。海外のメディアからも取り上げられるほどになった通称「渋谷ハロウィン」は若者たちによって自然と始まった主催者のいないイベントだ。思い思いの仮装をし、渋谷の街を歩きながら知らない人と交流したり、写真を撮ったりして楽しんでいる若者の姿が多く見られる。また、工夫を凝らした仮装をしている若者たちを観察するのも「渋谷ハロウィン」の（注1）楽しみの一つと言えるだろう。「渋谷ハロウィン」で人気の仮装は、その年に流行したドラマやアニメのキャラクターだ。

　しかし、渋谷の道路を行き来しながら盛り上がる若者たちをよそに「渋谷ハロウィン」の課題は山積みだ。ハロウィン当日の10月31日、渋谷の人出は15万人とも言われる。まず①渋谷駅前では身動きがとれないほど人が集まるため、痴漢や盗撮といった犯罪行為が絶えない。人混みで見知らぬ人同士でトラブルとなり暴行事件が発生した事例もある。警察が数百人単位で動員されるも、あまりの人の多さに警備が行き届かないのが現状だ。

　さらに深刻なのはごみ問題だ。ハロウィン翌日の渋谷の道路には仮装の衣装やペットボトル等、例年山のようなごみが捨てられている。東京都はこのような問題を少しでも解消しようと、ハロウィン当日にごみ袋の配布とごみ箱の設置を実施した。また掃除のボランティアを募り、ごみ問題への対策を強化した。これらの取り組みの効果もあり、道端に散乱していたごみを減らすことができた。しかしこの対策には自治体や民間企業などの支②援が不可欠であり、莫大な費用がかかっていると言われている。また、ごみ自体を減らす取り組みにはなっていないため、毎年実施するとなるとコストはかさむばかりだ。このままでは「渋谷ハロウィン」は無くなってしまいかねないだろう。経済的かつ誰一人不快な（注2）思いをせずに「渋谷ハロウィン」を楽しむためには、一人一人がマナーを守って参加することが一番大切だと言える。

(注1) 工夫を凝らす：あれこれと思いをめぐらして、いい考えや方法などを見つける

(注2) かさむ：物などの数量が大きくなる

69 ①「渋谷ハロウィン」の問題とは何か。

1　キャラクターに対する盗撮が行われている。

2　満員電車の中で痴漢行為が行われる。

3　未成年者どうしのけんかなど暴行事件が起きる。

4　多くの警察による警備が効果的ではない。

70 ②この対策とは具体的に何をいうものか。

1　自治体や民間企業が清掃員を募集した。

2　渋谷に移動式のごみ箱を用意した。

3　ハロウィンの参加者たちにごみ袋を配布した。

4　「渋谷ハロウィン」を無くす予定である。

71 本文の内容と合うのはどれか。

1　渋谷ハロウィンがなくなってしまったら企業も商売にならないので困る。

2　流行したアニメやキャラクターなどの工夫を凝らした衣装を見るのは楽しい。

3　渋谷ハロウィンの問題は海外のメディアからも批判されている。

4　渋谷ハロウィンは若者が交流できるように自治体や民間企業が作った文化である。

問題14　右のページは、ある小学校の行事に対する案内である。下の問いに対する答

소요시간
5분

えとして最もよいものを、1・2・3・4から一つ選びなさい。

72　小学4年生の大橋のぞむ君はどのように大会に参加すればいいか。

1　午前10時まで学校の正門前に集合する。

2　ボールペンなど筆記用具を用意する。

3　弟と両親と一緒に参加する。

4　7kmコースに挑戦する。

73　参加者の次の要望の中で、学校側が対応してくれるものはどれか。

1　自分でつくったオリジナルのナンバーカードを使いたい。

2　ウォークラリー中に財布を紛失したので学校側に抗議したい。

3　雨天で大会が中止になったので、記念品のボールペンだけでもほしい。

4　携帯を修理に預けているため、違う方法で申し込みたい。

若葉小学校、春のウォークラリー大会のご案内
わかば
(注)

　当校で毎年開催しているウォークラリーは課題を解決しながら歩く野外ゲームです。親子が積極的にコミュニケーションをとり、一緒に問題を解決することで協調性と絆を深めることを目的としています。

◆ 開催日時および集合場所
- ・開催日：令和5年4月17日（月）
- ・課題数8個コース（10km）：午前8時30分に学校の正門前に集合（高学年）
- ・課題数5個コース（7km）：午前9時に学校の正門前に集合（中学年）
- ・課題数3個コース（5km）：午前10時に 学校の正門前に集合（低学年）

◆ 参加資格
- ・当校生徒およびその親御様または親族の方
- ・体力を使いますので健康上問題のない方

◆ 定員
- ・各コース定員20組まで
- ・一組につき3人までとします。

◆ 申し込み方法
- ・学校専用のメッセンジャーを通して参加の旨を担当教師にお伝えください。
- ・メッセンジャーまたは携帯の不具合で参加申し込みができない場合は、担任へ口頭で伝えていただいても構いません。その際、お子様に申込書を別途で記入いただきます。

◆ 確認事項
- ・貴重品等については、各自の責任において保管して下さい。
- ・雨天による大会開催の可否については、午前6時30分までに学校専用のメッセンジャーを通して告知致します。
- ・受付の際にナンバーカードを配布しますので必ず受け取ってください。ご自分で作成したものは使えません。未受領の場合、参加資格はありません。
- ・当日は、記念品としてボールペンを用意しているので受付時にお受け取りください。参加者のみに配布されます。

(注) ウォークラリー：地図を見ながら、決まったコースに配置された問題を解き、目的地まで進む競技

問題用紙

N2
聴解
(55分)

注　意
Notes

1. 試験が始まるまで、この問題用紙を開けないでください。
Do not open this question booklet until the test begins.

2. この問題用紙を持って帰ることはできません。
Do not take this question booklet with you after the test.

3. 受験番号と名前を下の欄に、受験票と同じように書いてください。
Write your examinee registration number and name clearly in each box below as written on your test voucher.

4. この問題用紙は、全部で 13 ページあります。
This question booklet has 13 pages.

5. この問題用紙にメモをとってもかまいません。
You may make notes in this question booklet.

受験番号　Examinee Registration Number	

名前　Name	

問題1

問題1では、まず質問を聞いてください。それから話を聞いて、問題用紙の1から4の中から、最もよいものを一つ選んでください。

例

1　ポテトサラダ

2　コーンサラダ

3　コーンスープ

4　さつまいもチップス

1番^{ばん}

1 各部署の参加者にれんらくする

2 男の人の指示を山田さんに伝える

3 発表のしりょうを課長にメールする

4 参加者リストを確かめる

2番^{ばん}

1 しょうめいしょを提出する

2 しょうめい写真を撮る

3 隣の窓口に行く

4 しょうめいしょにサインをする

3番

1 男の人にれんらくする

2 しょうひんを男の人にとどける

3 数と色をかくにんする

4 工場に電話する

4番

1 京都から特急列車

2 京都から普通電車

3 大阪から特急列車

4 大阪から普通電車

5番
_{ばん}

1 しせつ利用の許可を取る

2 活動費をしんせいする

3 社員に活動への参加をよびかける

4 参加人数をかくにんする

問題2

　問題2では、まず質問を聞いてください。そのあと、問題用紙のせんたくしを読んでください。読む時間があります。それから話を聞いて、問題用紙の1から4の中から、最もよいものを一つ選んでください。

例

1　親友とけんか別れしたこと
2　仲直りしたが気まずさが残ったこと
3　笑顔であいさつできなかったこと
4　うまくあやまれなかったこと

1番

1 世界でいちばん短い詩であること

2 一人でじっくりと考えて作ること

3 発表会をして意見を言うこと

4 平凡な日常を楽しめること

2番

1 利益につながらないメニューがあること

2 メニューを見直したこと

3 客の行動が予想と異なっていたこと

4 客の食事時間が短いこと

3番
ばん

1 賞味期限を定期的に見なければならないこと
2 防災くんれんが役に立っていないこと
3 子供たちが重い荷物を持つこと
4 備えが十分でないこと

청해

4番
ばん

1 7時
2 7時20分
3 7時30分
4 7時50分

5番

1 しょうひん開発の経験があること

2 今の仕事を仕上げておくこと

3 応募の意思を上司に知らせておくこと

4 部署の仲間に秘密にしておくこと

6番

1 軽量で扱いやすいところ

2 食材が焦げやすいところ

3 電磁調理器で利用できるところ

4 食材の甘さが出るところ

<ruby>問題<rt>もんだい</rt></ruby>3

　<ruby>問題<rt>もんだい</rt></ruby>3では、<ruby>問題用紙<rt>もんだいようし</rt></ruby>に<ruby>何<rt>なに</rt></ruby>もいんさつされていません。この<ruby>問題<rt>もんだい</rt></ruby>は、<ruby>全体<rt>ぜんたい</rt></ruby>としてどんな<ruby>内容<rt>ないよう</rt></ruby>かを<ruby>聞<rt>き</rt></ruby>く<ruby>問題<rt>もんだい</rt></ruby>です。<ruby>話<rt>はなし</rt></ruby>の<ruby>前<rt>まえ</rt></ruby>に<ruby>質問<rt>しつもん</rt></ruby>はありません。まず<ruby>話<rt>はなし</rt></ruby>を<ruby>聞<rt>き</rt></ruby>いてください。それから、<ruby>質問<rt>しつもん</rt></ruby>とせんたくしを<ruby>聞<rt>き</rt></ruby>いて、1から4の<ruby>中<rt>なか</rt></ruby>から、<ruby>最<rt>もっと</rt></ruby>もよいものを<ruby>一<rt>ひと</rt></ruby>つ<ruby>選<rt>えら</rt></ruby>んでください。

－　メモ　－

問題4

　問題4では、問題用紙に何もいんさつされていません。まず文を聞いてください。それから、それに対する返事を聞いて、1から3の中から、最もよいものを一つ選んでください。

－　メモ　－

問題 5

問題5では、長めの話を聞きます。この問題には練習はありません。
問題用紙にメモをとってもかまいません。

1番、2番

問題用紙に何もいんさつされていません。まず話を聞いてください。それから、質問とせんたくしを聞いて、1から4の中から、最もよいものを一つ選んでください。

― メモ ―

3番
ばん

まず話を聞いてください。それから、二つの質問を聞いて、それぞれ問題用紙の1から4の中から、最もよいものを一つ選んでください。

質問1

1　としまえんが閉園したから

2　双子が体調をくずしたから

3　大事に取っておいたから

4　双子が乗り物にあきたから

質問2

1　双子の安否が心配だから

2　券を使い切れなかったことがくやしいから

3　券の処理について相談したいから

4　なつかしい気持ちになったから

최신 기출 유형 N2 실전문제 제3회

1교시	언어지식(문자·어휘·문법)·독해
2교시	청해

테스트 전 확인 사항

☐ 해답 용지 준비하셨나요?　　　☐ 연필과 지우개 챙기셨나요?　　　☐ 청해 음성 들을 준비하셨나요?

제3회 청해 전체 음성 MP3
시원스쿨 일본어 홈페이지
(japan.siwonschool.com)의
수강신청>교재/MP3에서 무료 다운로드

고득점 부스터 암기카드 PDF
시원스쿨 일본어 홈페이지
(japan.siwonschool.com)의
수강신청>교재/MP3에서 무료 다운로드

시험 시간: 1교시 105분　|　2교시 55분

목표 점수:　　　　　점	
시작 시간:　　　　시　　　　　분 ~ 종료 시간:　　　　시　　　　분	

언어지식 (문자 • 어휘 • 문법)

		문제유형	문항 및 배점	점수	총점
문자 • 어휘	문제1	한자읽기	5 문제 × 1점	5	35점
	문제2	표기	5 문제 × 1점	5	
	문제3	단어형성	3 문제 × 1점	3	
	문제4	문맥규정	7 문제 × 1점	7	
	문제5	유의표현	5 문제 × 1점	5	
	문제6	용법	5 문제 × 2점	10	
문법	문제7	문법형식 판단	12 문제 × 1점	12	32점
	문제8	문장 만들기	5 문제 × 2점	10	
	문제9	글의 문법	5 문제 × 2점	10	
합계					**67점**

★ 득점환산법(60점 만점) [득점] ÷ 67 × 60=[   ]점

 독해

		문제유형	문항 및 배점	점수	총점
독해	문제10	내용이해(단문)	5문제 × 2점	10	37점
	문제11	내용이해(중문)	9문제 × 3점	27	
	문제12	통합이해	2문제 × 3점	6	6점
	문제13	주장이해(장문)	3문제 × 3점	9	9점
	문제14	정보검색	2문제 × 4점	8	8점
합계					**60점**

★ 득점환산법(60점 만점) [득점] ÷ 60 × 60=[   ]점

청해

		문제유형	문항 및 배점	점수	총점
청해	문제1	과제이해	5문제 × 2점	10	32점
	문제2	포인트이해	6문제 × 2점	12	
	문제3	개요이해	5문제 × 2점	10	
	문제4	즉시응답	12문제 × 1점	12	12점
	문제5	통합이해	4문제 × 3점	12	12점
합계					**56점**

★ 득점환산법(60점 만점) [득점] ÷ 56 × 60=[   ]점

※위 배점표는 시원스쿨어학연구소가 작성한 것으로, 실제 시험과는 다소 오차가 있을 수 있습니다.

問題用紙

N2

言語知識 (文字・語彙・文法)・読解 (105分)

注　意
Notes

1.　試験が始まるまで、この問題用紙を開けないでください。
　　Do not open this question booklet until the test begins.

2.　この問題用紙を持って帰ることはできません。
　　Do not take this question booklet with you after the test.

3.　受験番号と名前を下の欄に、受験票と同じように書いて
　ください。
　　Write your examinee registration number and name clearly in each
　　box below as written on your test voucher.

4.　この問題用紙は、全部で 33 ページあります。
　　This question booklet has 33 pages.

5.　問題には解答番号この □1□、□2□、□3□ … が付いています。
　解答は、解答用紙にある同じ番号のところにマークして
　ください。
　　One of the row numbers □1□, □2□, □3□ … is given for each question.
　　Mark your answer in the same row of the answer sheet.

受験番号　Examinee Registration Number	
名前　Name	

問題1 _____の言葉の読み方として最もよいものを、1・2・3・4から一つ選びなさい。

1 ホウレンソウは、冬の間でもしっかりと育つ<u>作物</u>です。

    1 さもつ   2 さぶつ   3 さくもつ   4 さくぶつ

2 春から東京に<u>就職</u>するので、待ちに待った一人暮らしが始まる。

    1 しょうしく   2 しゅうしょく   3 しょうしょく   4 じゅうしょく

3 先生の病気が早く治るように神社で<u>拝む</u>ことにした。

    1 たのむ   2 いのむ   3 ねがむ   4 おがむ

4 時間だけは誰にでも<u>平等</u>に流れている。

    1 びょうとう   2 びょうどう   3 へいとう   4 へいどう

5 正月につき、三日間はご注文を<u>承る</u>ことができません。

    1 うける   2 うけたまわる   3 うけとる   4 うちあわせる

問題 2 _____の言葉を漢字で書くとき、最もよいものを１・２・３・４から一つ選びな

さい。

6　彼は入社したころから営業<u>せいせき</u>がよく、部長から信頼されている。

1　成績　　　　　2　成漬　　　　　3　成積　　　　　4　成債

7　社会人になったら多額の税金を<u>おさめ</u>なければならない。

1　納め　　　　　2　収め　　　　　3　治め　　　　　4　修め

8　今年の夏は<u>おくがい</u>でビアパーティーを楽しみたい。

1　置階　　　　　2　置外　　　　　3　屋外　　　　　4　屋階

9　今の経験に<u>もとづいた</u>小説を書こうと思っている。

1　期づいた　　　2　欺づいた　　　3　基づいた　　　4　旗づいた

10　小さいころから<u>おこづかい</u>を貯金していたら、結構な<u>がく</u>になった。

1　販　　　　　　2　額　　　　　　3　価　　　　　　4　値

問題 3 (　　　　)に入れるのに最もよいものを、1・2・3・4から一つ選びなさい。

11　充電(　　　　)を忘れたら、携帯電話が使えなくて困る。

　　1　機　　　　　　　2　器　　　　　　　3　計　　　　　　　4　具

12　新商品の売れ(　　　　)は順調ですか。

　　1　行き　　　　　　2　時　　　　　　　3　筋　　　　　　　4　残り

13　大学病院では紹介(　　　　)がないと、なかなか診察してくれない。

　　1　証　　　　　　　2　届　　　　　　　3　状　　　　　　　4　帳

問題 4　（　　　）に入れるのに最もよいものを、1・2・3・4 から一つ選びなさい。

소요시간
4분

14　農作物の品種（　　　）を重ねた結果、おいしいと評判になりよく売れるようになった。

　　1　改革　　　　　2　改正　　　　　3　改良　　　　　4　改装

15　毎月（　　　）だが貯金をしている。

　　1　わずか　　　　2　あきらか　　　3　さわやか　　　4　ほがらか

16　もっと研究の（　　　）をしぼった方がいいと思います。

　　1　拠点　　　　　2　中心　　　　　3　焦点　　　　　4　関心

17　私の父は普段は（　　　）人だが、怒るととても怖い。

　　1　穏やかな　　　2　見事な　　　　3　あいまいな　　4　そっくりな

18　単語は覚えられて（　　　）一日100個といったところだろう。

　　1　ほんの　　　　2　せいぜい　　　3　いよいよ　　　4　あいにく

19　<ruby>鈴木<rt>すずき</rt></ruby>先生は医学の発展に大きく（　　　）してきました。

　　1　反映　　　　　2　評判　　　　　3　普及　　　　　4　貢献

20　彼と一緒にいると心から（　　　）できる。

　　1　リサイクル　　2　フレッシュ　　3　リラックス　　4　コントロール

問題 5 _____ の言葉に意味が最も近いものを、1・2・3・4 から一つ選びなさい。

21 この壁はとても<u>もろい</u>。

1 厚い　　　　　2 薄い　　　　　3 丈夫だ　　　　4 壊れやすい

22 <u>それはそうと</u>、君の家はどこだったっけ？

1 ところで　　　2 再び　　　　　3 さらに　　　　4 あるいは

23 風船が<u>ふくらんで</u>いる。

1 飛んでいる　　　　　　　　　2 落ちている
3 大きくなっている　　　　　　4 小さくなっている

24 雪が降ったのは先週なのに、まだ<u>所々</u>残っているね。

1 全面的に　　　2 部分的に　　　3 一面に　　　　4 片側に

25 私が会社に<u>入りたて</u>の頃は残業なんか当たり前だったよ。

1 入ったとき　　2 入ってから　　3 入ってすぐ　　4 入ったとたん

問題6　次の言葉の使い方として最もよいものを、1・2・3・4から一つ選びなさい。

소요시간
6분

26　ばったり

1　本屋でばったりお会いした中学時代の先生が、私の名前を覚えてくれていた。
2　山田さんは退社時間の直前に上司から仕事を頼まれても、ばったり断る人だ。
3　時間をかけて説明されたが、彼女が何を言いたいのかばったり分からなかった。
4　今年は夏休みの宿題をばったり終わらせたので、いつでも遊びに行ける。

27　裁縫

1　家庭科の授業では、調理実習は楽しかったが裁縫だけは好きになれなかった。
2　この工場では一日に2万食分のインスタントラーメンが裁縫されている。
3　我が社では近年、穴をあけたり削ったり裁縫しやすい金属の受注が増えている。
4　マンションで起こっていた騒音の問題が、とうとう裁縫にまで発展した。

28　容易

1　専門分野の評論家になることは、長年の経験さえあれば実はそれほど容易ではない。
2　今まで何度も登った山小屋までの道だったが、年を取った父にとっては容易ではなかった。
3　販売までの流れを容易に言うと、まずアカウントを登録することから始めます。
4　暑すぎたり寒すぎたりすると容易ではないので、エアコンは適度に使うべきだ。

[29] 膝

1 父はクリスマスイブに片膝をついて母にプロポーズしたそうだ。

2 年末セールの時期は忙しすぎて膝がいくつあっても足りない。

3 重たいリュックを背負っていたせいで、膝がこって仕方ない。

4 幼い頃、食事の時はテーブルに膝をついてはいけないと母からよく怒られたものだ。

[30] 引っ張る

1 倉庫から自転車を出そうとしたら、くもの巣に顔が引っ張ってしまった。

2 ずっと待っていたのにもかかわらず、恥ずかしがりやの彼女は部屋の奥に引っ張った。

3 とてもあわてていたために、子供の手を引っ張って泣かせてしまった。

4 空港行きのバスに乗る直前にパスポートを忘れたことに気づき、家へ引っ張った。

問題7 次の文の(   )に入れるのに最もよいものを、1・2・3・4から一つ選びな
さい。

[소요시간 8분]

31 家事は一切しない主人だが、自分の食べた皿(   )は自分で洗ってほしい。

1 ぐらい   2 しか   3 だけ   4 ほど

32 色などがイメージとは違うといったお客様のご都合による返品・交換は (   )。

1 お受けきれません   2 お受けいたしかねません

3 お受けできます   4 お受けいたしかねます

33 本日は新社屋開設記念祝賀会を開催するにあたり、私から一言ごあいさつ (   )。

1 おっしゃいます   2 承ります

3 申し上げます   4 いただきます

34 冬も深まり、クリスマスイルミネーションが道行く人たちの目を(   )季節となり
ました。

1 楽しませてあげる   2 楽しませてくれる

3 楽しませてもらう   4 楽しませてやれる

35 男「田中さんって大型連休に何か予定があるって言ってた？」

女「さあ。旅行好きな彼女(   )、また海外旅行じゃない？ 本人に聞けば？」

1 にしては   2 のことだから

3 のこととなると   4 にほかならないし

36 少しずつではありますが、以前の活気を(　　　)観光地を取材してきました。

1　取り戻しつつある　　　　　　　　2　取り戻しつついる

3　取り戻したうえで　　　　　　　　4　取り戻しながらも

37 (居酒屋で)

小川「お酒を飲むと、ストレスがなくなって元気が出てくるよ。」

高橋「そうなんだ。お酒が体に悪い (　　　) ね。」

1　とばかりはいわない　　　　　　　2　とばかりはいえない

3　だけだったといわない　　　　　　4　だけだったといえない

38 正面から戦うのが不利なら、どんな汚ない手を(　　　)自分にとって大切なものを守り抜くと心に決めた。

1　使ってでも　　　　2　抜きにして　　　　3　使うどころか　　　4　使い方次第で

39 家は建てて(　　　)ありません。維持していく費用も考えなければいけません。

1　終わろうでは　　　　　　　　　　2　終わりというものでは

3　終わるからには　　　　　　　　　4　終わるわけには

40 (パン屋で)

店員「お客さん、ポイントカードは (　　　)。」

客　「いや、持ってませんが…。」

店員「失礼しました。」

1　お持ちになりますか　　　　　　　2　お持ちいたしましょうか

3　お持ちですか　　　　　　　　　　4　お持ちでまいりましょうか

41　山の上にあるその動物園は坂ばかりで、抱っこするにしろベビーカーを押すにしろ、子連れには(　　　)不向きだ。

1　あたかも　　　　2　まるで　　　　3　おのずから　　　4　あらためて

42　きのうは雨の降る中、日本産業機械工業会の方々が弊社の視察に(　　　)。

1　お越しくださいました　　　　　2　お越しいただきました
3　お越しさせてくださいました　　4　お越しさせていただきました

問題8 次の文の ___★___ に入る最もよいものを、1・2・3・4から一つ選びなさい。

소요시간
6분

（問題例）　あそこで_____ _____ ___★___ _____は山田さんです。

　　　　1　テレビ　　　　2　見ている　　　3　を　　　　　4　人

（解答のしかた）

1. 正しい文はこうです。

あそこで _____ _____ ___★___ _____ は山田さんです。

　　　1　テレビ　　　　3　を　　　　　2　見ている　　　4　人

2. ___★___ に入る番号を解答用紙にマークします。

（解答用紙）　　　（例）　① ● ③ ④

43　新聞やテレビで「忖度（そんたく）」という言葉を見かけるが、_____ ___★___ _____

_____ なのか辞書で調べただけではよく分からなかった。

　　1　意味　　　　　2　とは　　　　　3　どういう　　　4　忖度（そんたく）

44　このレストランでは客がメニューを決めなくても、_____ _____ ___★___

_____ を作ってくれる。

　　1　予算に　　　　2　応じた　　　　3　季節や　　　　4　料理

45 体育の成績だけはあまりよくないが、机に向かってする ＿＿＿＿ ＿＿＿＿ ＿★＿＿ ＿＿＿＿ 負けない自信がある。

1 勉強　　　　　2 クラスの　　　　3 にかけては　　　4 誰にも

46 画家として生きていくと決めたからには、自分の選択が ＿＿＿＿ ＿★＿＿ ＿＿＿＿ ＿＿＿＿ と決心した。

1 進んでいこう　　　　　　　2 正しかったのか
3 迷いながらも　　　　　　　4 前に

47 私はスポーツにおいて試合の勝ち負けはあまり重視していません。試合の ＿＿＿＿ ＿★＿＿ ＿＿＿＿ ＿＿＿＿ 大切だと思っています。

1 結果　　　　　2 努力してきた　　3 過程が　　　　　4 はともかく

問題9 次の文章を読んで、文章全体の内容を考えて、48 から 52 の中に入る
〔소요시간 6분〕最もよいものを、1・2・3・4から一つ選びなさい。

　高齢者による自動車事故のニュースが取り上げられる 48 運転免許の自主返納
が話題になっている。この運転免許返納とは、有効期限が残っている運転免許を本
人の意思で返納することだ。しかし、車を運転できないと買い物や通院などの日常
生活が不便になると考え、免許返納をためらう高齢者も 49 。

　一方で、免許返納を促進するために自治体や企業で様々な取り組みが行われてい
る。 50 、運転免許がなくなっても移動手段に困らないように、公共交通機関で
ある電車やバスの料金の割引やタクシー運賃の割引などが行われている。また車が
ないと 51 重たいものや大きいものを購入した場合に、自宅まで無料で届けてく
れたり、配送料を割引したりするサービスを行うスーパーもある。特典の内容は自
治体や企業によって異なるが、ホームページなどで調べることができる。

　免許を返納することで生活の不便さは避けられないが、高齢者には交通事故を未
然に防ぐことに貢献しているのだという自負を持ってもらいたい。同時に高齢社会
の交通事故対策はぐずぐずしてはいられない。高齢者の免許返納を進める 52 、
高齢者が外出しやすい環境作りを早急に整備していくことが不可欠となるだろう。

1　たびに　　　　2　最中に　　　　3　うちに　　　　4　せいか

1　多くない	2　少なくない
3　珍しい	4　いるはずはない

1　たちまち　　　2　例えば　　　3　めったに　　　4　要するに

1　運ばないわけにはいかない	2　運ばないではいられない
3　運べそうにない	4　運ばなくもない

1　以来　　　　2　上で　　　　3　上に　　　　4　につけ

問題10 次の(1)から(5)の文章を読んで、後の問いに対する答えとして最もよいもの
を、1・2・3・4から一つ選びなさい。

소요시간
16분

（1）以下は、社内に送ったメールの内容である。

宛先：abc@abc.co.jp
件名：12日のミーティングに関して

社員各位

おはようございます。
総務課の田中です。
先日ご連絡した12日の社内ミーティングの件ですが、時間が変更になりましたの
でご案内いたします。当初は12日の13時開始予定でしたが、ビルのメンテナンス
作業のため、会議室の使用可能時間が変更となりました。それに伴い、ミーティン
グ開始時間を14時に変更いたしましたので、よろしくお願いいたします。
また、参加が難しい場合は、別途資料を送付いたしますので、その際は総務課田中
までご連絡ください。
急な変更となりご迷惑をおかけし申し訳ありませんが、どうぞよろしくお願いいた
します。

総務課　田中たかし

---

53 このメールを送った目的は何か。

1 ビルの整備作業が入ったことを伝えるため
2 会議の時間が変更になることを伝えるため
3 資料をもらう方法を伝えるため
4 ビルのメンテナンス作業の時間が変更になったことを伝えるため

（2）

　日本には扇状地と言われる地形が多く見られます。扇状地はどうやってできるのでしょうか。河川は山地を流れる時、勢いよく山肌を削って、下流に土砂を運びます。しかし谷を抜けて平地に出ると、流れが弱くなります。そのため川の水に含まれていた土砂が谷の出口にたまります。長い年月をかけてこれが繰り返された結果、谷の出口から平地に向かって扇の形に広がった地形が作られます。これが扇状地です。日本に扇状地が多いのは、河川の勾配が急で距離が短いからです。

(注1) 山肌：山の表面
(注2) 勾配：水平面に対する傾きの度合い

54　扇状地の内容と合うのはどれか。

　1　扇状地は河川が山肌を削った結果でできた地形である。
　2　扇状地は谷の出口にたまった土砂でできた山である。
　3　扇状地は勾配がゆるやかで長い川にできることが多い。
　4　扇状地は日本に多く見られる地形のひとつで谷に作られる。

（3）以下は、メールの内容である。

株式会社ノビール御中

いつもお世話になっております。
日東商事の佐藤です。

先日、貴社よりお送りいただいた請求書に不備があったため、
再発行をお願いしたくご連絡いたします。
2月20日付けのリビングカタログの商品代金(番号A−0987)の金額が
間違って記載されていました。
お手数ですが再度ご確認の上、再発行のほど、よろしくお願いいたします。

今週末までにお送りいただけましたら、予定通り入金いたします。
もし来週になってしまいますと、勝手ながら翌月支払いとさせていただきます。
どうぞよろしくお願いいたします。

55　このメールで最も伝えたいことは何か。

1　新しい請求書を作り直して今週中に送ってほしい。
2　忙しいのに請求書を作り直してもらうのは申し訳ない。
3　来週に請求書が届けば支払いが遅れるのは当然だ。
4　請求書の間違いがあるので取引はしたくない。

（4）

　風呂敷は日本古来の布で昔から物を包むために使われていたが、使い捨てのレジ袋や紙袋に押され、なかなかその姿を見ることがなくなった。しかし近年、地球環境にやさしいエコライフが注目されるようになり、少しずつ風呂敷への関心が高まってきた。2020年7月日本ではレジ袋が有料化され、風呂敷を使ったことのない世代へも人気が高まってきている。日本の文化とエコその2つを両立できる風呂敷、今後も風呂敷人気は続きそうだ。

56　風呂敷の人気が出た理由は何か。

　　1　風呂敷は日本文化の良さを持っていて、環境にもやさしいから
　　2　風呂敷は地球環境にやさしいと世界的にも有名だから
　　3　風呂敷は最近エコライフのブームとその安さに注目を浴びたから
　　4　風呂敷を使ったことのない世代には珍しいから

（5）

　親指を曲げたり広げたりする時に手首が痛む場合は、ドケルマン病の可能性がある。けんしょう炎の一種で、親指の使い過ぎで起こる。パソコンの操作をする人、ギターやピアノなどの演奏者、スポーツをする人が起こしやすい病気だが、近年はスマートフォンの長時間利用で発症するケースも少なくない。予防のためにはスマートフォンは両手で持って操作するようにし、1時間につき10分は親指や手首を休ませるようにしたい。

57　ドケルマン病の説明で正しいのはどれか。

1　指を動かすと手の甲に腫れや痛みがある。
2　スマートフォンを両手で操作すると発症しやすい。
3　ギターやピアノなどの楽器を演奏する人に多い。
4　ドケルマン病の予防に生活習慣は関係がない。

問題11　次の(1)から(3)の文章を読んで、後の問いに対する答えとして最もよいもの
を、1・2・3・4から一つ選びなさい。

소요시간
25분

（1）

　　大叔母の家は築100年以上の古い日本家屋だ。毎年お盆になると大叔母の家に親戚一同
が集まり、大叔母と一緒に先祖のお墓にお参りに行く。大叔母の家にはお宝がたくさん眠
っている。毎年新しいお宝を発見するのが私と従妹の楽しみだ。

　　父方の家系は昔から医者と教師が多く、私の叔父も祖父も曽祖父も実は医者だ。その
ため、大叔母の家には今は使われていない専門書や医療器具が数多くある。先日私と従妹
はお墓参りの後、曽祖父の部屋に入った。私が生まれたときにはすでに曽祖父は他界して
いたため、曽祖父に会ったことはない。
　　　　　　　　　　　　　　　　　　　　　　　　　　　　　　　　　（注1）

　　しかし、部屋に入るとなぜか懐かしい感じがした。部屋を見渡していると古いアルバ
ムが目に入った。曽祖父の学生時代のアルバムだ。アルバムには曽祖父の他に当時、曽祖
父と一緒に医療の道を 志 していた仲間との写真が沢山残っていた。会ったことのない曽
　　　　　　　　　　（注2）
祖父の若い頃の姿を見ると、不思議な気持ちになる。曽祖父の部屋にはアルバムの他に古
い立派な顕微鏡もあった。きっとこの顕微鏡を使って様々な病気の研究をしていたのだろ
う。こうやって昔のことを想像するのがたまらなく楽しい。来年はどんなお宝に出会える
のか、考えるだけで心が躍るものだ。

　　（注1）他界する：ここでは、死ぬ
　　（注2）志す：成しとげようとする目標を心に決める

58 曽祖父の説明で正しいのはどれか。

1 優しく多くの患者を治療していた医者である。
2 医者だったが、筆者が生まれる前にすでに亡くなっている。
3 仲間と写真を撮るのが好きな人だったと考えられる。
4 顕微鏡を使って様々な病気を研究し、治療法を見つけてきた。

59 筆者によると、お宝とは何か。

1 筆者の先祖が残した現金
2 高値で売れる高級な医療器具
3 大叔母の家にある品物
4 著名な医学者が写っているアルバム

60 心が躍るとあるが、それはなぜか。

1 来年また曽祖父の話を大叔母に聞くのが楽しみだから
2 先祖のお墓参りをすることは大切なことだと思っているから
3 高価なお宝を探すことを心待ちにしているから
4 先祖にまつわる様々な品から昔のことを想像するのが楽しいから

（2）

　2020年から世界的に流行した新型コロナウイルス。当初、人々は外出することもできず、家にいる時間が長くなった。そこで「おうち時間」を楽しもうと工夫する動きが生まれ、消費活動にも変化があった。

　まず、家の中でもおしゃれを楽しみつつ、リラックスできるホームウエアの需要が伸びた。在宅勤務中にリモート会議の機会が増えたことから、女性の間では特に、きちんとして見えても着ていて楽なワンピースが人気だったという。この他、在宅勤務が増えた影響で、自宅で仕事をする環境づくりが注目され、長時間座っても疲れないイスや、落ち着いた色のデスクの売れ行きが好調だったそうだ。また外出できないせいで運動不足になる人も多かったため、ヨガマットやダンベルなどの売上も伸びた。

　その後、外出が可能になってからも人との接触を避ける動きが続いたため、野外レジャーが流行。特に人気急上昇したのがキャンプだ。テントや小さいテーブルなどキャンプグッズはよく売れた。コロナ収束後もキャンプ人気は衰えず、ブームが続いている。

　制限された生活の中でも小さな楽しみで気晴らしをしようと人々は努力し、新しい消費も生まれた。短い期間でのライフスタイルの変化を目の当たりにして、大げさかもしれないが、人間の適応力と前向きな姿勢には暗いニュースの中でも希望を見出さずにはいられなかった。

61 「おうち時間」での消費活動のうち、内容と合うのはどれか。

　　1　家で過ごすのに負担がかからないような落ち着いた色の服の需要が増えた。

　　2　自宅で仕事をしなければならず、リモート会議をする機会が増えた。

　　3　なるべく消費をしないライフスタイルが見られた。

　　4　運動不足になった人たちが運動できる道具を買った。

62 この文章によると、キャンプが人気を集めたのはなぜか。

　　1　「おうち時間」を楽しめるレジャーだったから

　　2　ブームが続いて人気のレジャーになったから

　　3　他人と会わなくても済むレジャーだったから

　　4　長く続けることができるレジャーだったから

63 筆者の考える希望に対して合うのはどれか。

　　1　「おうち時間」を楽しもうとする動きによる消費活動の変化

　　2　どんな状況になっても楽しむ気持ちを忘れない姿勢

　　3　外出のみならず、人との接触が可能になること

　　4　在宅勤務など以前になかった新しいライフスタイルの導入

（3）

　商品の購入理由をたずねるアンケートで「安かったから」などに次いで多いのが「パッケージに興味をひかれたから」という回答である。色、デザイン、形など、たくさんの商品の中から目に飛び込んでくる何かがあるから、消費者の手が伸びるのだろう。

　パッケージは消費者の購入意欲を左右する重要な役割を担っていることから、「物言わぬ販売員」や「マーケティングにおける最後の５秒」などとも言われている。企業のマーケティング担当者は、短時間でいかに正確に商品の特徴や魅力を伝えるか、ということに頭を悩ませている。同時にパッケージはブランドイメージそのものと言える。例えば、子供の頃に食べていた菓子のパッケージを思い出してほしい。デザインが今も同じ商品というのも少なくない。パッケージ＝ブランドのため、人気商品のパッケージ変更がニュース
①
になることを考えても、その重要性がいかに大きいかがわかる。

　パッケージは簡単に変えられない反面、パッケージを理由に購入する消費者の心理「パケ買い」を利用している場合もある。代表的なのは化粧品だ。春用、夏用、クリスマ
②
ス用など中身は同じでも季節にあわせたパッケージで消費者の購入意欲を刺激する。重要なのは中身とわかっていても、ついつい「見た目」で判断してしまうのがパッケージの不思議であり、力なのだろう。

64 パッケージが「物言わぬ販売員」と言われるのはなぜか。

　　1　消費者が商品を買うかどうかを決めるのに影響するから

　　2　消費者に商品説明をするマーケティング担当者が困っているから

　　3　消費者が商品の特徴について聞いても返事をしないから

　　4　消費者が商品を選ぼうとするときの時間が短いから

65 筆者は、どうして①デザインが今も同じ商品が存在していると述べているか。

　　1　パッケージよりも中身が大切だと考えているから

　　2　パッケージを変えたことにより批判されたくないから

　　3　パッケージがブランドイメージを表しているから

　　4　パッケージを変えたことがニュースになるから

66 ②「パケ買い」に関する説明で正しいのはどれか。

　　1　「パケ買い」をする消費者は商品を理解せずに買うので無駄が多い。

　　2　「見た目」だけで消費者心理を刺激するのは企業として問題がある。

　　3　商品を購入するきっかけとして「見た目」は無視できない要素である。

　　4　化粧品業界では商品企画を重視して「パケ買い」を軽く見る傾向がある。

問題12 次のAとBの文章を読んで、後の問いに対する答えとして最もよいものを、
1・2・3・4から一つ選びなさい。

A

　　歴史のある街、京都は外国人をはじめとする多くの旅行者でいつも賑わっています。しかし、地面を掘れば文化財が出てくるということもあり、地下鉄網も他の都市に比べて貧弱です。有名な観光地に行きたくても近くに駅がないこともよくあります。そして地下鉄駅構内はかなりの距離を歩きます。同じ駅でも出口がいろいろあって、目的地まで思った以上に歩くこともあります。また階段しかないという古い駅もあります。その代わり、街の隅々まで市内バスが駆け巡っています。だから京都観光にはバスがおすすめです。バスはたくさん走っているので待ち時間も少なく、10〜15分の間隔です。同じ名前のバス停だけど乗る場所が複数あったりして、わかりにくいところもありますが慣れれば大丈夫です。

B

　　京都の観光にはバスが便利です。多くの観光客が利用しています。ただ、観光シーズンになるとバスに乗るための長い行列、バスの車内は満員、道路も渋滞で快適ではありません。むしろ時間通りに運行する地下鉄の方が便利です。また京都の観光地は寺や神社などの文化財が多いため、バス停の目の前が入口とはならず、南禅寺や清水寺などもバス停を下車して10分以上歩かなくてはなりません。お年寄りや体の不自由な人には負担がかかるでしょう。その場合はタクシーがおすすめです。日本のタクシーは料金が高いと敬遠されがちですが、京都のように近い距離を移動する時には、さほど料金はかからないのでおすすめです。行先に応じて使い分けてみてください。

京都の交通について、AとBの意見と合うのはどれか。

1 Aは京都の交通機関はバスしかないので、バスに乗らなければならないと言っている。

2 AもBも京都ではバスを利用すべきで、地下鉄やタクシーは必要ないと言っている。

3 AもBも京都のバスは便利だが、地下鉄は使いづらいと言っている。

4 Bはバスと地下鉄とタクシーのそれぞれに長所と短所があると言っている。

68 京都について、AとBはどのように述べているか。

1 AもBも京都の地下鉄駅構内はかなり狭いと述べている。

2 AもBも多くの旅行者のため、京都は混雑していると述べている。

3 Aは京都のバス停は文化財の保護のために離れていると述べている。

4 Bは短い距離でタクシーを利用すると安いが運転手が嫌がると述べている。

問題13　次の文章を読んで、後の問いに対する答えとして最もよいものを、1・2・3・
4から 一つ選びなさい。

〈소요시간 15분〉

　「はく」という動詞がある。靴を履く、ズボンを履くの「はく」である。辞書によると
人の下半身や足元を覆うものを身に着けることを表す動詞であるという。「はく」はここ
からさらに枝分かれして、靴に装着するスキーも履く、刀や剣を腰に装着することも履
く、車のタイヤも履く、である。つまり、頭を覆うのは被るで、体を覆うのは着る、足元
が履く、となるではないか。これは日本語を論理的に説明できる雑学だ、誰かに自慢して
やろうと思って<u>喜んでいたら</u>、手袋を「はく」という地域があるらしい。
　　　　　　①

　北海道である。手袋はもちろん足元を覆うものではない。なのに「はく」という。調
べてみると手袋を「はく」というのは北海道だけでなく、青森、秋田、香川、沖縄などが
あるらしい。ちなみに共通語では「する、つける、はめる」という。共通語と言いながら
も関東では「する」、関西では「はめる」が多数を占めており地域差がある。しかし使い
方において、<u>「はく」という言葉ほどイメージの差を与えるものではない</u>。
　　　　　　　　　②

　なぜ手袋を「はく」という地域があるのだろうか。日本には江戸時代頃から武士が使
う手覆や農作業などで使う手指と言われる手袋に似た形状のものがあったが、明治時代に
なって西洋式の手袋、いわゆるグローブが本格的に入ってきた。それを手靴と言ったら
しい。手の靴だから「はく」、その後手袋と名前が変わっても「はく」という動詞が残っ
た。そして明治時代に手袋の生産が盛んになったのが香川で、その香川の人たちが多く北
海道に移り住んだから、というのが有力な説らしい。

　言葉というのは、まるで植物のようだ。種子が鳥や風に運ばれてどこかの土地へたど
り着き、その土地で芽を出すように、人間に運ばれた言葉もまた、その土地で息づき、広
がっていく。「はく」も温暖な香川から寒冷な北海道へと移り住みながら、今では北海道
の言葉として知られている。こんな言葉の旅はこれまで幾たびも起こって、独特の分布図
を広げてきたに違いない。こうして考えてみると論理的に説明がつかない言葉のほうが、
秘められた記憶が残っているのかもしれない。

69 ①喜んでいたらのように筆者が喜んだのはなぜか。

1　日本語の動詞の意味を正確に知ることができたから

2　知らなかった日本語の規則性を知ることができたから

3　友達に日本語の雑学を自慢できる機会ができたから

4　手袋を「はく」という地域があることが面白かったから

70 ②「はく」という言葉ほどイメージの差を与えるものではないとはどういうことを言っているか。

1　手袋という名詞に続く動詞が北海道などで使われる言葉と共通語に違いはないこと

2　共通語では手袋という名詞に続く動詞が複数あり使い方が予想できないこと

3　共通語では手袋という名詞に続く動詞が複数あるが地域による違いはないこと

4　共通語では手袋という名詞に続く動詞が複数あるが使い方が予想とは外れていないこと

71 筆者が言いたいことは何か。

1　論理的に説明できない言葉が存在している有力な証拠を集めるべきだ。

2　地方の言葉は植物が大きく育つのと同じで変化するのに時間がかかる。

3　説明できない言葉の中にこそ人の営みの歴史が詰まっていることがある。

4　地方の言葉が独特の分布図を持っているのは人の移動があったからだ。

問題14 右のページは、アルバイトの求人広告である。下の問いに対する答えとして最もよいものを、1・2・3・4から一つ選びなさい。

소요시간 5분

[72] 大学生の山本さん(男性)は平日18時以降に週3日程度働きたい。できるだけ高い時給がよく、バイクがあるので遅い時間でも構わない。どのアルバイトが合っているか。

1 レトロ喫茶ポプラ
2 シルバースプーンベーカリー
3 どきどきステーキ
4 居酒屋のんべえ

[73] JLPT N1を持つ大学院生の張さん(女性)は、授業のない午前や週末も含めて週4日程度働きたい。滞在期間もあと2年ある。どのアルバイトが合っているか。

1 レトロ喫茶ポプラ
2 シルバースプーンベーカリー
3 どきどきステーキ
4 居酒屋のんべえ

≪ アルバイトの求人広告 ≫

店名	時給	勤務時間および条件	業務内容
レトロ喫茶ポプラ	900円	12時～20時 ※週2日以上勤務可能な方 ※時間の調整可能 ※外国人OK（日本語中級以上） ※未経験の方もOK	・ホールスタッフ募集 （コーヒーやお茶を入れたり、軽い盛り付け作業含む） ・メニューが多いので物覚えの速さに自信がある方、歓迎。
シルバースプーン ベーカーリー	850円	午前シフト：7時～11時 午後シフト：11時～17時 ※平日2日に加え週末や祝日も入れる方 ※たくさん稼ぎたい方は午前、午後両方入れます。 ※18歳以上の女性（外国人OK）	・販売スタッフ募集 ・ていねいな接客に自信がある方で6か月以上働いてくださる方が望ましいです。
どきどきステーキ	1,200円	16時～23時 ※週3日以上勤務可能な方 ※力仕事が多いので主に若い男性の方を希望 ※外国人OK（日本語中級以上）	・ホールスタッフ募集 ・お仕事の内容には各テーブルでステーキ（10kgほど）のファイアーパフォーマンスやカッティングなども含まれます。
居酒屋のんべえ	1,000円	18時～26時の間で調整可能 ※週3日以上勤務可能な方 ※金土日出られる方優遇 ※22時以降勤務の方は深夜手当がつきます。（時給1,250円） ※20歳以上	・ホールスタッフ募集 ・活気ある居酒屋として有名なので元気いっぱいの方からの応募をお待ちしています。

問題用紙

N2
聴解
(55分)

注　意
Notes

1. 試験が始まるまで、この問題用紙を開けないでください。
   Do not open this question booklet until the test begins.

2. この問題用紙を持って帰ることはできません。
   Do not take this question booklet with you after the test.

3. 受験番号と名前を下の欄に、受験票と同じように書いてください。
   Write your examinee registration number and name clearly in each box below as written on your test voucher.

4. この問題用紙は、全部で 13 ページあります。
   This question booklet has 13 pages.

5. この問題用紙にメモをとってもかまいません。
   You may make notes in this question booklet.

受験番号　Examinee Registration Number	
名前　Name	

問題 1

　問題 1 では、まず質問を聞いてください。それから話を聞いて、問題用紙の 1 から 4 の中から、最もよいものを一つ選んでください。

例

　1　ポテトサラダ

　2　コーンサラダ

　3　コーンスープ

　4　さつまいもチップス

1番
<ruby>番<rt>ばん</rt></ruby>

1 <ruby>予約<rt>よやく</rt></ruby>を<ruby>今週木曜<rt>こんしゅうもくよう</rt></ruby>の<ruby>午後<rt>ごご</rt></ruby>7<ruby>時<rt>じ</rt></ruby>にへんこうする

2 4<ruby>人<rt>にん</rt></ruby>のスケジュールをちょうせいする

3 <ruby>予約<rt>よやく</rt></ruby>を<ruby>来週木曜<rt>らいしゅうもくよう</rt></ruby>の<ruby>午後<rt>ごご</rt></ruby>7<ruby>時<rt>じ</rt></ruby>にへんこうする

4 この<ruby>店<rt>みせ</rt></ruby>の<ruby>予約<rt>よやく</rt></ruby>をキャンセルする

2番
<ruby>番<rt>ばん</rt></ruby>

1 スライドを1<ruby>枚完成<rt>まいかんせい</rt></ruby>させる

2 しりょうとスライドを<ruby>送<rt>おく</rt></ruby>る

3 しりょうの<ruby>要点<rt>ようてん</rt></ruby>をまとめる

4 ＴＹビルの<ruby>一次設計図<rt>いちじせっけいず</rt></ruby>を<ruby>完成<rt>かんせい</rt></ruby>させる

3番
ばん

1　おじいちゃんに電話する

2　新幹線のチケットをさいふに入れる

3　昼ごはんを食べる

4　服を用意する

4番
ばん

1　佐藤さん

2　田中さん

3　山田さん

4　鈴木さん

5番

1 しりょうをコピーする
2 会議室の予約じょうきょうを確かめる
3 鈴木課長に電話する
4 べんとうの注文数を追加する

問題2

　問題2では、まず質問を聞いてください。そのあと、問題用紙のせんたくしを読んでください。読む時間があります。それから話を聞いて、問題用紙の1から4の中から、最もよいものを一つ選んでください。

例

1　親友とけんか別れしたこと
2　仲直りしたが気まずさが残ったこと
3　笑顔であいさつできなかったこと
4　うまくあやまれなかったこと

1番

1　とうひょうに行く人が少なくなったから

2　自分の考えをていねいに説明したから

3　変化よりも安定をもとめる人が多かったから

4　せんきょ活動をさかんに行ったから

2番

1　家でゲームをするのにあきたこと

2　学校での人間関係にささえられたこと

3　地域のお年寄りにしかられたこと

4　新しい環境で喜びをえたこと

3番

1 バーコードのないしょうひんがあること

2 レジの操作に時間がかかること

3 しょうひんの値段を覚えなければならないこと

4 一人で仕事をしなければならないこと

4番

1 会員で予約をしたから

2 非会員で予約をしたから

3 公式サイトから予約をしなかったから

4 公式サイトから予約をしたから

청해

5番

1 高い品物を買わされるから

2 怒られるのがいやだから

3 もんくを言われるから

4 個人の自由だと思っているから

6番

1 少年を主人公にしていること

2 少年の問題行動を取り上げていること

3 現代社会にありがちな成長物語であること

4 登場人物から活力が感じられること

もんだい
問題3

　問題3では、問題用紙に何もいんさつされていません。この問題は、全体として
どんな内容かを聞く問題です。話の前に質問はありません。まず話を聞いてくださ
い。それから、質問とせんたくしを聞いて、1から4の中から、最もよいものを一つ
選んでください。

― メモ ―

問題4

　問題4では、問題用紙に何もいんさつされていません。まず文を聞いてください。それから、それに対する返事を聞いて、1から3の中から、最もよいものを一つ選んでください。

－　メモ　－

問題5

問題5では、長めの話を聞きます。この問題には練習はありません。
問題用紙にメモをとってもかまいません。

1番、2番

問題用紙に何もいんさつされていません。まず話を聞いてください。それから、
質問とせんたくしを聞いて、1から4の中から、最もよいものを一つ選んでください。

－ メモ －

3番
ばん

まず話を聞いてください。それから、二つの質問を聞いて、それぞれ問題用紙の1から4の中から、最もよいものを一つ選んでください。

質問1

1　スマホの機能を使い慣れていないこと

2　スマホの使い方をうまく教えられないこと

3　祖母の気持ちを理解できないこと

4　祖母のスマホの使い方が難しいこと

質問2

1　マニュアルの読み方を祖母に教える

2　祖母と一緒に携帯ショップに行く

3　祖母と一緒に動画を見る

4　動画を見る方法を祖母に教える

MEMO

쉿!
시험 직전 기출
시크릿 노트

기출 어휘 미션
START

✏️ 회독체크　　☐ 1회독　☐ 2회독　☐ 3회독　　　　　*어휘 옆 숫자는 기출 연도입니다.

어휘	읽기	의미	어휘	읽기	의미
映る ⑲	うつる	비치다, 반영하다	隔てる ⑬	へだてる	사이를 떼다
荒れる ㉒	あれる	거칠어지다	畳む ⑭	たたむ	접다
慌てる ⑱	あわてる	당황하다	納める ⑯	おさめる	납입하다
離れる ⑱㉒	はなれる	떨어지다	漏れる ㉑	もれる	새다, 빠지다
縮む ⑭	ちぢむ	줄어들다	略す ⑫⑰	りゃくす	생략하다
外れる ㉒	はずれる	빠지다, 벗겨지다	省く ⑱	はぶく	생략하다
欠かす ⑱	かかす	빠뜨리다	敵う ⑭	かなう	대적하다
覆う ⑰	おおう	덮다, 씌우다	預かる ⑩	あずかる	맡다, 보관하다
生じる ⑯㉒	しょうじる	생기다	甘やかす ⑮	あまやかす	응석 부리게 하다
抱える ⑫	かかえる	안다	祝う ⑪	いわう	축하하다
養う ⑱	やしなう	기르다	誘う ⑪	さそう	권유하다
尽きる ⑩⑲	つきる	다하다	勧める ⑪	すすめる	추천하다
湿る ⑱	しめる	축축해지다	招く ⑯	まねく	초대하다
悔やむ ⑰	くやむ	후회하다	面する ⑮	めんする	직면하다
得る ⑫	える	얻다	恵まれる ⑮	めぐまれる	풍족하다
劣る ⑭⑯㉒	おとる	뒤떨어지다	暮す ⑩	くらす	살다, 지내다
昇る ㉒	のぼる	올라가다	救う ⑰	すくう	구하다
束ねる ⑱	たばねる	묶다	焦る ⑩㉒	あせる	초조해하다
混じる ⑲	まじる	섞이다	争う ⑮⑯㉑	あらそう	다투다
散らかる ⑫	ちらかる	흩어지다	競う ⑯㉑	きそう	다투다
逆らう ⑭	さからう	거스르다	扱う ⑫	あつかう	다루다
敗れる ⑪	やぶれる	지다	占める ⑫	しめる	차지하다
握る ⑰	にぎる	쥐다	負う ⑭	おう	지다, 업다

✏ 회독체크　☐1회독　☐2회독　☐3회독　　　　*어휘 옆 숫자는 기출 연도입니다.

어휘	읽기	의미	어휘	의미
伴う ⑯	ともなう	동반하다	やとう ㉑	고용하다
含める ⑮	ふくめる	포함시키다	つかむ ㉑	잡다
備える ⑩㉒	そなえる	대비하다	かせぐ ㉑	벌다
凍る ⑰	こおる	얼다	くずれる ⑰	무너지다
整える ㉒	ととのえる	정돈하다	つぶれる ⑰	찌부러지다
導く ⑫	みちびく	이끌다	ねらう ⑯	노리다
拒む ⑭	こばむ	거부하다	しみる ⑲	스며들다
控える ㉒	ひかえる	삼가다	おとろえる ⑩⑲	쇠하다
焦げる ⑯	こげる	타다	にごる ⑮㉒	탁하게 되다
務める ㉒	つとめる	(임무를) 맡다	ぶつける ⑱	부딪다
打ち明ける ㉑	うちあける	모두 털어놓다	ぶつかる ⑯㉒	부딪히다
引き止める ⑯	ひきとめる	붙잡다	にらむ ⑲	노려보다
振り向く ⑮	ふりむく	뒤돌아보다	さぐる ⑰	뒤지다
打ち消す ⑰	うちけす	부정하다, 없애다	せめる ⑫	공격하다
差し支える ⑭	さしつかえる	지장이 있다	さだめる ⑮⑯	정하다
締め切る ㉒	しめきる	마감하다	さびる ⑯	녹슬다
呼び止める ⑬	よびとめる	불러 세우다	めくる ⑲	넘기다
見逃す ⑲	みのがす	놓치다	うめる ⑫	메우다
引っかかる ⑭	ひっかかる	걸리다	しまう ⑮	간수하다
割り込む ⑭⑯	わりこむ	새치기하다	つまる ⑪	막히다
当てはまる ⑯	あてはまる	꼭 들어맞다	よごれる ⑰	더러워지다
問い合わせる ⑫	といあわせる	문의하다	うなずく ⑲	끄덕이다
飛び散る ⑱	とびちる	튀다	いだく ㉒	안다, 보듬다

N2 최신 기출 동사 셀프테스트 ①

⭐ 기출 단어의 읽는 법을 고르고, 밑줄에 뜻을 써 보세요.   *어휘 옆 숫자는 기출 연도입니다.

예 学生	✓① がくせい	② がっせい	학생

1 荒れる ㉒　　① あれる　　　　② あられる　　　_____

2 省く ⑱　　① はぶく　　　　② はばく　　　　_____

3 抱える ⑫　　① だきえる　　　② かかえる　　　_____

4 混じる ⑲　　① まじる　　　　② こんじる　　　_____

5 占める ⑫　　① しめる　　　　② うらめる　　　_____

6 焦る ⑩㉒　　① こげる　　　　② あせる　　　　_____

7 湿る ⑱　　① ぬる　　　　　② しめる　　　　_____

8 漏れる ㉑　　① ぬれる　　　　② もれる　　　　_____

9 勧める ⑪　　① すすめる　　　② かんめる　　　_____

10 離れる ⑱㉒　　① はられる　　　② はなれる　　　_____

11 敗れる ⑪　　① やぶれる　　　② くずれる　　　_____

12 覆う ⑰　　① おおう　　　　② おう　　　　　_____

N2 최신 기출 동사 셀프테스트 ②

☀ 기출 단어의 뜻을 찾아 줄을 그어 보세요.　　　　　　　*어휘 옆 숫자는 기출 연도입니다.

① ねらう ⑯ ・　　　　　　　　　　　　・ ① 부딪히다

② ぶつかる ⑯㉒ ・　　　　　　　　　　・ ② 탁하게 되다

③ つまる ⑪ ・　　　　　　　　　　　　・ ③ 노려보다

④ しみる ⑲ ・　　　　　　　　　　　　・ ④ 노리다

⑤ やとう ㉑ ・　　　　　　　　　　　　・ ⑤ 공격하다

⑥ しまう ⑮ ・　　　　　　　　　　　　・ ⑥ 뒤지다

⑦ さぐる ⑰ ・　　　　　　　　　　　　・ ⑦ 벌다

⑧ にごる ⑮㉒ ・　　　　　　　　　　　・ ⑧ 고용하다

⑨ かせぐ ㉑ ・　　　　　　　　　　　　・ ⑨ 간수하다

⑩ せめる ⑫ ・　　　　　　　　　　　　・ ⑩ 스며들다

⑪ うめる ⑫ ・　　　　　　　　　　　　・ ⑪ 메우다

⑫ にらむ ⑲ ・　　　　　　　　　　　　・ ⑫ 막히다

📝 N2 최신 기출 동사 정답

① ④　② ①　③ ⑫　④ ⑩　⑤ ⑧　⑥ ⑨
⑦ ⑥　⑧ ②　⑨ ⑦　⑩ ⑤　⑪ ⑪　⑫ ③

✦ 기출 단어의 뜻을 찾아 줄을 그어 보세요.

*어휘 옆 숫자는 기출 연도입니다.

1 隔てる ⑬	① 쥐다
2 外れる ㉒	② 빠뜨리다
3 敵う ⑭	③ 비치다, 반영하다
4 映る ⑲	④ 사이를 떼다
5 甘やかす ⑮	⑤ 응석 부리게 하다
6 欠かす ⑱	⑥ 초대하다
7 悔やむ ⑰	⑦ 다루다
8 扱う ⑫	⑧ 빠지다, 벗겨지다
9 逆らう ⑭	⑨ 후회하다
10 握る ⑰	⑩ 대적하다
11 昇る ㉒	⑪ 거스르다
12 招く ⑯	⑫ 올라가다

📝 N2 최신 기출 동사 정답

1 ④ 2 ⑧ 3 ⑩ 4 ③ 5 ⑤ 6 ②
7 ⑨ 8 ⑦ 9 ⑪ 10 ① 11 ⑫ 12 ⑥

N2 최신 기출 동사 셀프테스트 ④

☀️빈칸에 읽는 법과 뜻을 적고, 정답을 확인하세요.   *어휘 옆 숫자는 기출 연도입니다.

단어	읽는법	뜻		정답
凍る ⑰				こおる 얼다
振り向く ⑮				ふりむく 뒤돌아보다
焦げる ⑯				こげる 타다
見逃す ⑲				みのがす 놓치다
控える ㉒				ひかえる 삼가다
当てはまる ⑯				あてはまる 꼭 들어맞다
整える ㉒				ととのえる 정돈하다
打ち明ける ㉑				うちあける 모두 털어놓다
打ち消す ⑰				うちけす 부정하다, 없애다
導く ⑫				みちびく 이끌다
割り込む ⑭⑯				わりこむ 새치기하다
務める ㉒				つとめる (임무를)맡다
締め切る ㉒				しめきる 마감하다
拒む ⑭				こばむ 거부하다
含める ⑮				ふくめる 포함시키다
飛び散る ⑱				とびちる 튀다

시험 직전 기출 시크릿 노트
N2 최신 기출 명사 ❶

✏️ 회독체크　☐ 1회독　☐ 2회독　☐ 3회독　　　　*어휘 옆 숫자는 기출 연도입니다.

어휘	읽기	의미	어휘	읽기	의미
記憶 ㉒	きおく	기억	頂上 ⑰	ちょうじょう	정상
素材 ㉒	そざい	소재	格好 ⑬㉑	かっこう	모습, 꼴
刺激 ⑲㉒	しげき	자극	相互 ⑩	そうご	상호
垂直 ⑰㉒	すいちょく	수직	温厚 ㉒	おんこう	온후
趣味 ⑲	しゅみ	취미	合図 ⑭	あいず	신호
景色 ⑩	けしき	경치	世代 ㉒	せだい	세대
利益 ⑪	りえき	이익	契機 ⑰	けいき	계기
中断 ⑮㉒	ちゅうだん	중단	確保 ⑰	かくほ	확보
演説 ⑱	えんぜつ	연설	方針 ⑪	ほうしん	방침
住居 ㉒	じゅうきょ	주거	合同 ⑫	ごうどう	합동
分解 ⑰	ぶんかい	분해	普及 ⑯㉒	ふきゅう	보급
矛盾 ⑫	むじゅん	모순	永久 ⑰㉑	えいきゅう	영구, 영원
演技 ⑲	えんぎ	연기	勧誘 ⑬㉑	かんゆう	권유
節約 ⑰㉓	せつやく	절약	拡充 ⑬㉑	かくじゅう	확충
範囲 ⑪	はんい	범위	解約 ⑱㉑	かいやく	해약
防災 ⑩	ぼうさい	방재	順調 ⑯㉑	じゅんちょう	순조
体格 ⑭	たいかく	체격	好調 ⑰㉓	こうちょう	호조
礼儀 ⑩	れいぎ	예의	改正 ⑫	かいせい	개정
作成 ⑮	さくせい	작성	混乱 ⑮	こんらん	혼란
交代 ⑫	こうたい	교대	役目 ⑱	やくめ	책임, 역할
交渉 ㉒	こうしょう	교섭	圧勝 ⑭	あっしょう	압승
完了 ⑮	かんりょう	완료	独特 ⑱⑳	どくとく	독특
接続 ⑭㉒	せつぞく	접속	指摘 ⑮	してき	지적
推理 ⑩	すいり	추리	合意 ⑮	ごうい	합의

N2 최신 기출 명사 ❷

✏ 회독체크　☐1회독　☐2회독　☐3회독　　　　　*어휘 옆 숫자는 기출 연도입니다.

어휘	읽기	의미	어휘	읽기	의미
会計 ㉒	かいけい	회계	出世 ⑩	しゅっせ	출세
区分 ⑲	くぶん	구분	表現 ⑱	ひょうげん	표현
開設 ㉑	かいせつ	개설	世間 ㉒	せけん	세간, 세상
引退 ⑯⑳	いんたい	은퇴	招待 ⑬	しょうたい	초대
損害 ⑮⑳	そんがい	손해	辞退 ⑫	じたい	사퇴
発揮 ⑩⑱	はっき	발휘	俳優 ㉒	はいゆう	배우
模範 ⑬㉓	もはん	모범	活気 ⑪⑬	かっき	활기
討論 ⑰	とうろん	토론	改造 ⑫	かいぞう	개조
講義 ⑬	こうぎ	강의	討議 ⑰	とうぎ	토의
警備 ⑱㉒	けいび	경비	姿勢 ⑭	しせい	자세
流行 ⑪	りゅうこう	유행	転換 ⑫	てんかん	전환
抽選 ⑱	すいせん	추첨	混雑 ⑮	こんざつ	혼잡
密閉 ⑰	みっぺい	밀폐	予測 ⑮	よそく	예측
現象 ⑮	げんしょう	현상	孤立 ⑱	こりつ	고립
論争 ⑰	ろんそう	논쟁	分析 ⑪	ぶんせき	분석
幼稚 ⑭	ようち	유치	発達 ⑯	はったつ	발달
総額 ⑱	そうがく	총액	発明 ⑪	はつめい	발명
破片 ⑱㉑	はへん	파편	昼間 ⑫	ちゅうかん	주간, 낮
抵抗 ⑫	ていこう	저항	明示 ⑱	めいじ	명시
限定 ⑰⑱	げんてい	한정	欠陥 ⑳	けっかん	결함
批判 ⑭	ひはん	비판	登録 ⑪	とうろく	등록
導入 ⑭	どうにゅう	도입	削除 ⑫	さくじょ	삭제
反映 ⑪	はんえい	반영	名所 ⑰	めいしょ	명소

N2 최신 기출 명사 셀프테스트 ①

☀ 기출 단어의 읽는 법을 고르고, 밑줄에 뜻을 써 보세요.   *어휘 옆 숫자는 기출 연도입니다.

⑩ 学生	✔① がくせい	② がっせい	__학생__

1 趣味 ⑲   ① しゅうみ   ② しゅみ   _____

2 利益 ⑪   ① りえき   ② りいき   _____

3 合同 ⑫   ① ごうどう   ② かっどう   _____

4 好調 ⑰㉓   ① こうちょ   ② こうちょう   _____

5 演技 ⑲   ① えんじ   ② えんぎ   _____

6 記憶 ㉒   ① きおく   ② ぎおく   _____

7 景色 ⑩   ① けいろ   ② けしき   _____

8 分解 ⑰   ① ぶんかい   ② ふんかい   _____

9 住居 ㉒   ① じゅうきょ   ② じゅきょう   _____

10 接続 ⑭㉒   ① せつぞく   ② せっそく   _____

11 独特 ⑱⑳   ① どくどく   ② どくとく   _____

12 普及 ⑯㉒   ① ふきゅう   ② ほきゅう   _____

📝 N2 최신 기출 명사 정답

1 ② 취미   2 ① 이익   3 ① 합동   4 ② 호조   5 ② 연기   6 ① 기억
7 ② 경치   8 ① 분해   9 ① 주거   10 ① 접속   11 ② 독특   12 ① 보급

N2 최신 기출 명사 셀프테스트 ②

✺ 기출 단어의 읽는 법을 고르고, 밑줄에 뜻을 써 보세요.

*어휘 옆 숫자는 기출 연도입니다.

	예 **学生**	✓① がくせい	② がっせい	<u>학생</u>

1 会計 ㉒　　① かいけい　　② かいけ　　_____

2 世間 ㉒　　① せけん　　② せかん　　_____

3 活気 ⑪⑬　　① かっき　　② かっけ　　_____

4 予測 ⑮　　① ようそく　　② よそく　　_____

5 辞退 ⑫　　① したい　　② じたい　　_____

6 分析 ⑪　　① ぶんせき　　② ふんせき　　_____

7 登録 ⑪　　① どうろく　　② とうろく　　_____

8 限定 ⑰　　① げんてい　　② かんてい　　_____

9 出世 ⑩　　① すいせ　　② しゅっせ　　_____

10 昼間 ⑫　　① ちゅうかん　　② じゅうかん　　_____

11 明示 ⑱　　① めいし　　② めいじ　　_____

12 現象 ⑮　　① げんぞう　　② げんしょう　　_____

📝 N2 최신 기출 명사 정답

1 ① 회계　　2 ① 세간, 세상　　3 ① 활기　　4 ② 예측　　5 ② 사퇴　　6 ① 분석
7 ② 등록　　8 ① 한정　　9 ② 출세　　10 ① 주간, 낮　　11 ② 명시　　12 ② 현상

시험 직전 기출 시크릿 노트
N2 최신 기출 명사 셀프테스트 ③

☀️빈칸에 읽는 법과 뜻을 적고, 정답을 확인하세요.   *어휘 옆 숫자는 기출 연도입니다.

단어	읽는 법	뜻	정답
素材 ㉒			そざい 소재
格好 ⑬㉑			かっこう 모습, 꼴
合図 ⑭			あいず 신호
節約 ⑰㉓			せつやく 절약
垂直 ⑰㉒			すいちょく 수직
温厚 ㉒			おんこう 온후
永久 ⑰㉑			えいきゅう 영구, 영원
礼儀 ⑩			れいぎ 예의
勧誘 ⑬㉑			かんゆう 권유
刺激 ⑲㉒			しげき 자극
確保 ⑰			かくほ 확보
役目 ⑱			やくめ 책임, 역할
世代 ㉒			せだい 세대
交渉 ㉒			こうしょう 교섭
圧勝 ⑭			あっしょう 압승
解約 ⑱㉑			かいやく 해약

N2 최신 기출 명사 셀프테스트 ④

⭐ 빈칸에 읽는 법과 뜻을 적고, 정답을 확인하세요.

*어휘 옆 숫자는 기출 연도입니다.

단어	읽는법	뜻	정답
俳優 ㉒			はいゆう 배우
模範 ⑬㉓			もはん 모범
開設 ㉑			かいせつ 개설
名所 ⑰			めいしょ 명소
総額 ⑱			そうがく 총액
引退 ⑯⑳			いんたい 은퇴
欠陥 ⑳			けっかん 결함
損害 ⑮⑳			そんがい 손해
破片 ⑱㉑			はへん 파편
討議 ⑰			とうぎ 토의
警備 ⑱㉒			けいび 경비
密閉 ⑰			みっぺい 밀폐
発達 ⑯			はったつ 발달
区分 ⑲			くぶん 구분
幼稚 ⑭			ようち 유치
論争 ⑰			ろんそう 논쟁

시험 직전 기출 시크릿 노트
N2 최신 기출 명사 ❸

✏️ 회독체크　☐ 1회독　☐ 2회독　☐ 3회독　　　　*어휘 옆 숫자는 기출 연도입니다.

어휘	읽기	의미	어휘	읽기	의미
装置 ⑫⑬	そうち	장치	急激 ㉑	きゅうげき	급격
命令 ㉑	めいれい	명령	栽培 ⑲㉑	さいばい	재배
設備 ㉒	せつび	설비	参照 ⑯	さんしょう	참조
変更 ⑪	へんこう	변경	拡張 ⑲	かくちょう	확장
解散 ⑬	かいさん	해산	温暖 ⑮	おんだん	온난
尊重 ⑳	そんちょう	존중	移行 ⑭	いこう	이행, 바뀜
違反 ㉒	いはん	위반	夜間 ⑫	やかん	야간
用途 ⑮	ようと	용도	簡潔 ⑯	かんけつ	간결
焦点 ⑫	しょうてん	초점	象徴 ⑪	しょうちょう	상징
収穫 ⑯	しゅうかく	수확	調節 ⑪	ちょうせつ	조절
容姿 ⑬⑭㉑	ようし	용자, 용모	評判 ⑩	ひょうばん	평판, 소문
緊張 ⑪	きんちょう	긴장	文句 ⑰	もんく	문구, 불평
意図 ⑬	いと	의도	平日 ⑫	へいじつ	평일
有利 ⑰	ゆうり	유리	行方 ⑮	ゆくえ	행방
意欲 ⑬	いよく	의욕	専念 ⑬	せんねん	전념
避難 ⑫	ひなん	피난	廃止 ⑲	はいし	폐지
苦情 ⑰㉒	くじょう	불평, 불만	初歩 ⑲	しょほ	초보, 첫걸음
伝統 ⑩	でんとう	전통	専属 ⑱	せんぞく	전속
油断 ⑮⑲㉓	ゆだん	방심, 부주의	技術 ⑱㉒	ぎじゅつ	기술
病態 ⑯	びょうたい	병의 상태	敏感 ⑱	びんかん	민감
引用 ⑪⑭㉑	いんよう	인용	掲示 ⑬	けいじ	게시
福祉 ⑰㉓	ふくし	복지	有効 ⑩	ゆうこう	유효
退出 ⑬	たいしゅつ	퇴출	分野 ⑬	ぶんや	분야
手際 ⑫	てぎわ	솜씨, 재주	不服 ⑪	ふふく	불복

✍ 회독체크 ☐1회독 ☐2회독 ☐3회독　　　　*어휘 옆 숫자는 기출 연도입니다.

어휘	읽기	의미	어휘	읽기	의미
拒否 ⑮	きょひ	거부	交換 ⑪	こうかん	교환
解放 ⑬	かいほう	해방	省略 ⑮	しょうりゃく	생략
根気 ⑬	こんき	끈기	下旬 ⑲	げじゅん	하순
変換 ⑫	へんかん	변환	目上 ⑯	めうえ	손윗사람
批評 ⑯	ひひょう	비평	無責任 ⑮	むせきにん	무책임
反省 ⑯	はんせい	반성	諸問題 ⑭	しょもんだい	여러 문제
治療 ⑯	ちりょう	치료	悪影響 ⑮⑲	あくえいきょう	악영향
特色 ⑮	とくしょく	특색	作品集 ⑭	さくひんしゅう	작품집
講師 ⑮	こうし	강사	異文化 ⑯	いぶんか	이문화
行事 ⑮	ぎょうじ	행사	準決勝 ⑪⑬	じゅんけっしょう	준결승
吸収 ⑭	きゅうしゅう	흡수	積極的 ⑫	せっきょくてき	적극적
退場 ⑫⑬	たいじょう	퇴장	比較的 ⑫	ひかくてき	비교적
外見 ⑩⑬	がいけん	외견, 겉보기	電車賃 ⑭	でんしゃちん	전철 요금
逃避 ⑫	とうひ	도피	食器類 ⑬	しょっきるい	식기류
深刻 ⑩	しんこく	심각	無計画 ⑱	むけいかく	무계획
取材 ⑩	しゅざい	취재	仮採用 ⑫㉑	かりさいよう	임시 채용
続出 ⑩㉓	ぞくしゅつ	속출	招待状 ⑮	しょうたいじょう	초대장
具合 ⑬	ぐあい	형편, 상태	総売上 ⑪	そううりあげ	총 판매액
紹介 ⑬	しょうかい	소개	領収書 ⑰	りょうしゅうしょ	영수증
延長 ⑯	えんちょう	연장	一日中 ⑳	いちにちじゅう	하루 종일
距離 ⑮	きょり	거리	現制度 ⑱㉒	げんせいど	현 제도
要求 ⑪	ようきゅう	요구	賛成派 ㉑	さんせいは	찬성파
休日 ⑫	きゅうじつ	휴일	嫌悪感 ⑱	けんおかん	혐오감
規模 ⑫	きぼ	규모	腰 ⑫⑮	こし	허리
従来 ⑬	じゅうらい	종래	恥 ⑲	はじ	부끄러움

시험 직전 기출 시크릿 노트
N2 최신 기출 명사 셀프테스트 ①

✦ 기출 단어의 읽는 법을 고르고, 밑줄에 뜻을 써 보세요.

*어휘 옆 숫자는 기출 연도입니다.

예 学生	✓① がくせい	② がっせい	학생

1 違反 ㉒	① いばん	② いはん	_____
2 文句 ⑰	① もんく	② もんぐ	_____
3 移行 ⑭	① いきょう	② いこう	_____
4 廃止 ⑲	① はいし	② はいじ	_____
5 掲示 ⑬	① けいし	② けいじ	_____
6 油断 ⑮⑲㉓	① ゆうだん	② ゆだん	_____
7 技術 ⑱㉒	① ぎじゅつ	② きじゅつ	_____
8 温暖 ⑮	① おんだん	② おんなん	_____
9 有利 ⑰	① ゆり	② ゆうり	_____
10 設備 ㉒	① せっび	② せつび	_____
11 専属 ⑱	① せんしょく	② せんぞく	_____
12 退出 ⑬	① たいしゅつ	② たいで	_____

📝 N2 최신 기출 명사 정답

1 ② 위반   2 ① 문구, 불평   3 ② 이행, 바뀜   4 ① 폐지   5 ② 게시   6 ② 방심, 부주의
7 ① 기술   8 ① 온난   9 ② 유리   10 ② 설비   11 ② 전속   12 ① 퇴출

N2 최신 기출 명사 셀프테스트 ②

⭐ 기출 단어의 뜻을 찾아 줄을 그어 보세요.

*어휘 옆 숫자는 기출 연도입니다.

1 吸収 ⑭ きゅうしゅう ・

2 目上 ⑯ めうえ ・

3 一日中 ⑳ いちにちじゅう ・

4 要求 ⑪ ようきゅう ・

5 治療 ⑯ ちりょう ・

6 続出 ⑩㉓ ぞくしゅつ ・

7 批評 ⑯ ひひょう ・

8 下旬 ⑲ げじゅん ・

9 恥 ⑲ はじ ・

10 延長 ⑯ えんちょう ・

11 省略 ⑮ しょうりゃく ・

12 特色 ⑮ とくしょく ・

・ ① 부끄러움

・ ② 특색

・ ③ 하루 종일

・ ④ 흡수

・ ⑤ 생략

・ ⑥ 비평

・ ⑦ 손윗사람

・ ⑧ 속출

・ ⑨ 요구

・ ⑩ 치료

・ ⑪ 하순

・ ⑫ 연장

📝 N2 최신 기출 명사 정답

1 ④   2 ⑦   3 ③   4 ⑨   5 ⑩   6 ⑧

7 ⑥   8 ⑪   9 ①   10 ⑫   11 ⑤   12 ②

시험 직전 기출 시크릿 노트
N2 최신 기출 명사 셀프테스트 ③

☀️ 기출 단어의 뜻을 찾아 줄을 그어 보세요.

*어휘 옆 숫자는 기출 연도입니다.

1 簡潔 ⑯ •

• ① 수확

2 平日 ⑫ •

• ② 초보, 첫걸음

3 急激 ㉑ •

• ③ 확장

4 尊重 ⑳ •

• ④ 간결

5 評判 ⑩ •

• ⑤ 존중

6 栽培 ⑲㉑ •

• ⑥ 불평, 불만

7 敏感 ⑱ •

• ⑦ 재배

8 苦情 ⑰ •

• ⑧ 급격

9 専念 ⑬ •

• ⑨ 평판, 소문

10 収穫 ⑯ •

• ⑩ 전념

11 初歩 ⑲ •

• ⑪ 민감

12 拡張 ⑲ •

• ⑫ 평일

📝 N2 최신 기출 명사 정답

1 ④ 2 ⑫ 3 ⑧ 4 ⑤ 5 ⑨ 6 ⑦
7 ⑪ 8 ⑥ 9 ⑩ 10 ① 11 ② 12 ③

시험 직전 기출 시크릿 노트
N2 최신 기출 명사 셀프테스트 ④

☀빈칸에 읽는 법과 뜻을 적고, 정답을 확인하세요.

*어휘 옆 숫자는 기출 연도입니다.

단어	읽는 법	뜻	정답
拒否 ⑮			きょひ 거부
外見 ⑩⑬			がいけん 외견, 겉보기
講師 ⑮			こうし 강사
行事 ⑮			ぎょうじ 행사
距離 ⑮			きょり 거리
反省 ⑯			はんせい 반성
悪影響 ⑮⑲			あくえいきょう 악영향
無計画 ⑱			むけいかく 무계획
招待状 ⑮			しょうたいじょう 초대장
無責任 ⑮			むせきにん 무책임
準決勝 ⑪⑬			じゅんけっしょう 준결승
積極的 ⑫			せっきょくてき 적극적
比較的 ⑫			ひかくてき 비교적
諸問題 ⑭			しょもんだい 여러 문제
仮採用 ⑫㉑			かりさいよう 임시 채용
領収書 ⑰			りょうしゅうしょ 영수증

시험 직전 기출 시크릿 노트
N2 최신 기출 な형용사

✏ 회독체크　☐1회독　☐2회독　☐3회독　　　　*어휘 옆 숫자는 기출 연도입니다.

어휘	읽기	의미	어휘	읽기	의미
豊かな ⑱㉑	ゆたかな	풍부한	変な ⑫	へんな	이상한
豊富な ⑰	ほうふな	풍부한	嫌な ⑮	いやな	싫은
鮮やかな ⑮㉒	あざやかな	선명한	質素な ⑩	しっそな	검소한
鮮明な ⑰	せんめいな	선명한	円滑な ⑮⑯	えんかつな	원활한
和やかな ⑱	なごやかな	온화한	不安な ⑱	ふあんな	불안한
穏やかな ⑰	おだやかな	온화한	軟弱な ⑩	なんじゃくな	연약한
安易な ⑯	あんいな	안이한	濃厚な ⑯	のうこうな	농후한
晴れやかな ⑮	はれやかな	쾌청한	単純な ⑰	たんじゅんな	단순한
地味な ⑲	じみな	수수한	真剣な ㉒	しんけんな	진지한
鈍感な ⑲	どんかんな	둔감한	面倒な ⑯	めんどうな	귀찮은
意外な ⑭	いがいな	의외인	器用な ㉑	きような	재주가 있는
不規則な ⑳	ふきそくな	불규칙적인	複雑な ⑱	ふくざつな	복잡한
柔軟な ⑮⑯	じゅうなんな	유연한	緩やかな ⑰	ゆるやかな	완만한
短気な ⑯	たんきな	성질 급한	なだらかな ⑯		완만한
活発な ⑯⑰	かっぱつな	활발한	あやふやな ⑳		불확실한
機敏な ⑭	きびんな	기민한	ソフトな ⑬		부드러운
退屈な ⑱	たいくつな	따분한	オーバーな ⑩		지나친
順調な ⑮㉑	じゅんちょうな	순조로운	スムーズな ⑬		매끄러운
大変な ⑲	たいへんな	힘든	ささやかな ⑯		변변찮은
滑らかな ⑰	なめらかな	미끄러운	まじめな ⑳		성실한
素直な ⑯	すなおな	솔직한	あいまいな ⑲		애매한
快適な ⑮	かいてきな	쾌적한	わがままな ⑰		제멋대로인
頑丈な ⑭	がんじょうな	튼튼한	さわやかな ⑱		상쾌한

✏️ 회독체크　☐ 1회독　☐ 2회독　☐ 3회독　　　　　*어휘 옆 숫자는 기출 연도입니다.

어휘	읽기	의미	어휘	의미
偉い ㉒	えらい	훌륭하다	おそろしい ⑭	두렵다
勇ましい ⑲㉒	いさましい	용감하다	たのもしい ⑯	믿음직하다
鈍い ⑱	にぶい	둔하다	おとなしい ⑯	얌전하다
濃い ⑲	こい	짙다, 진하다	ずるい ⑯⑰	능글맞다
湿っぽい ⑭	しめっぽい	축축하다	やかましい ⑭	성가시다
怪しい ⑯㉑	あやしい	수상하다	もったいない ⑯㉓	아깝다
等しい ⑲㉒	ひとしい	동등하다	しつこい ⑰⑱	끈질기다
薄暗い ⑬	うすぐらい	어둑어둑하다	なさけない ⑭⑯	한심하다
乏しい ⑫⑮㉑	とぼしい	모자라다	そそっかしい ⑰	덜렁대다
激しい ⑪	はげしい	격하다	まずしい ㉑	가난하다
険しい ㉑㉓	けわしい	험하다	ふさわしい ⑲	어울리다
幼い ⑰	おさない	어리다	むなしい ⑯	허무하다
憎い ⑮	にくい	밉다	だらしない ⑲	야무지지 못하다
著しい ㉑	いちじるしい	현저하다	ずうずうしい ⑭	뻔뻔스럽다

N2 최신 기출 な형용사 셀프테스트 ①

💥 기출 단어의 읽는 법을 고르고, 밑줄에 뜻을 써 보세요.

*어휘 옆 숫자는 기출 연도입니다.

예) 学生	✓ ① がくせい	② がっせい	학생

1 豊富な ⑰　　① ほうふな　　② ほふうな　　＿＿＿＿＿＿

2 鮮やかな ⑮⑳　① あざやかな　② あさやかな　＿＿＿＿＿＿

3 地味な ⑲　　① じみな　　② ちみな　　＿＿＿＿＿＿

4 柔軟な ⑮⑯　① じゅうなんな　② ゆうえんな　＿＿＿＿＿＿

5 軟弱な ⑩　　① なんやくな　② なんじゃくな　＿＿＿＿＿＿

6 短気な ⑯　　① たんきな　② だんきな　＿＿＿＿＿＿

7 質素な ⑩　　① しつそな　② しっそな　＿＿＿＿＿＿

8 円滑な ⑮⑯　① えんこつな　② えんかつな　＿＿＿＿＿＿

9 緩やかな ⑰　① ゆるやかな　② ゆらやかな　＿＿＿＿＿＿

10 滑らかな ⑰　① すべらかな　② なめらかな　＿＿＿＿＿＿

11 面倒な ⑯　　① めんどうな　② めんとうな　＿＿＿＿＿＿

12 鈍感な ⑲　　① どんかんな　② とんかんな　＿＿＿＿＿＿

📝 N2 최신 기출 な형용사 정답

1 ① 풍부한　2 ① 선명한　3 ① 수수한　4 ① 유연한　5 ② 연약한　6 ① 성질 급한
7 ② 검소한　8 ② 원활한　9 ① 완만한　10 ② 미끄러운　11 ① 귀찮은　12 ① 둔감한

☀️ 기출 단어의 뜻을 찾아 줄을 그어 보세요.

*어휘 옆 숫자는 기출 연도입니다.

1 勇ましい ⑲㉒ •

2 濃い ⑲ •

3 まずしい ㉑ •

4 ずうずうしい ⑭ •

5 乏しい ⑫⑮㉑ •

6 たのもしい ⑯ •

7 怪しい ⑯㉑ •

8 険しい ㉑㉓ •

9 ふさわしい ⑲ •

10 著しい ㉑ •

11 等しい ⑲㉒ •

12 そそっかしい ⑰ •

• ① 짙다, 진하다

• ② 어울리다

• ③ 수상하다

• ④ 용감하다

• ⑤ 덜렁대다

• ⑥ 뻔뻔스럽다

• ⑦ 가난하다

• ⑧ 동등하다

• ⑨ 모자라다

• ⑩ 믿음직하다

• ⑪ 험하다

• ⑫ 현저하다

📝 N2 최신 기출 い형용사 정답

1 ④ 2 ① 3 ⑦ 4 ⑥ 5 ⑨ 6 ⑩
7 ③ 8 ⑪ 9 ② 10 ⑫ 11 ⑧ 12 ⑤

N2 최신 기출 な형용사 셀프테스트 ③

★ 기출 단어의 뜻을 찾아 줄을 그어 보세요.

*어휘 옆 숫자는 기출 연도입니다.

1 豊かな ⑱㉑ •

2 なだらかな ⑯ •

3 わがままな ⑰ •

4 退屈な ⑱ •

5 ささやかな ⑯ •

6 スムーズな ⑬ •

7 真剣な ㉒ •

8 不規則な ⑳ •

9 複雑な ⑰⑱ •

10 あいまいな ⑲ •

11 素直な ⑯ •

12 和やかな ⑱ •

• ① 온화한

• ② 제멋대로인

• ③ 불규칙적인

• ④ 풍부한

• ⑤ 변변찮은

• ⑥ 솔직한

• ⑦ 따분한

• ⑧ 애매한

• ⑨ 완만한

• ⑩ 진지한

• ⑪ 복잡한

• ⑫ 매끄러운

╭─ N2 최신 기출 な형용사 정답 ─

1 ④   2 ⑨   3 ②   4 ⑦   5 ⑤   6 ⑫
7 ⑩   8 ③   9 ⑪   10 ⑧   11 ⑥   12 ①

N2 최신 기출 な형용사 셀프테스트 ④

☀빈칸에 읽는 법과 뜻을 적고, 정답을 확인하세요.

*어휘 옆 숫자는 기출 연도입니다.

단어	읽는법	뜻	정답
鮮明な ⑰			せんめいな 선명한
嫌な ⑮			いやな 싫은
大変な ⑲			たいへんな 힘든
不安な ⑱			ふあんな 불안한
器用な ㉑			きような 재주가 있는
安易な ⑯			あんいな 안이한
意外な ⑭			いがいな 의외인
頑丈な ⑭			がんじょうな 튼튼한
穏やかな ⑰			おだやかな 온화한
単純な ⑰			たんじゅんな 단순한
晴れやかな ⑮			はれやかな 쾌청한
濃厚な ⑯			のうこうな 농후한
機敏な ⑭			きびんな 기민한
快適な ⑮			かいてきな 쾌적한
順調な ⑮㉑			じゅんちょうな 순조로운
活発な ⑯⑰			かっぱつな 활발한

✏ 회독체크　☐ 1회독　☐ 2회독　☐ 3회독　　　　*어휘 옆 숫자는 기출 연도입니다.

어휘	읽기	의미	어휘	의미
何度も ⑯㉒	なんども	몇 번이나	しばらく ⑱	잠깐, 당분간
再度 ⑱	さいど	재차	せっかく ㉑	모처럼
着々と ⑫	ちゃくちゃくと	척척, 순조롭게	すぐに ⑫⑭	바로, 즉시
一応 ⑩	いちおう	일단	いっせいに ⑰	일제히
劇的に ㉒	げきてきに	극적으로	たぶん ⑮	아마도
少なくとも ⑪	すくなくとも	적어도	いったん ⑮	일단
偶然 ⑭⑲	ぐうぜん	우연히	だいたい ⑪	대충, 대강
即座に ⑲	そくざに	즉석에서, 바로	びっしょり ⑮	흠뻑
改めて ⑬	あらためて	새삼스럽게	はっきり ⑬⑭	확실히, 분명히
ずっと前に ⑰	ずっとまえに	오래 전에	たっぷり ⑭	듬뿍
主に ⑮	おもに	주로	きっぱり ⑱	딱 잘라, 단호히
大幅 ⑭	おおはば	대폭	すっかり ⑱㉒	완전히
途端に ㉒	とたんに	찰나에	ぎっしり ⑳㉒	가득, 잔뜩
気軽に ㉑	きがるに	편하게, 선뜻	うっかり ㉑	깜빡
慎重に ⑱	しんちょうに	신중하게	にっこり ⑱	생긋
一気に ⑭	いっきに	단숨에	ぼんやり ⑪	멍하니
直前 ⑭	ちょくぜん	직전	ぐったり ⑯	축, 곤히
遅くとも ⑭	おそくとも	늦어도	のんびり ⑩⑯	한가로이

쉿! 시험 직전 기출 시크릿 노트
N2 최신 기출 기타 ❷

✏️ 회독체크 　☐ 1회독 　☐ 2회독 　☐ 3회독 　　　　*어휘 옆 숫자는 기출 연도입니다.

어휘	의미	어휘	의미
さっさと ㉑	빨리빨리	バランス ⑮⑰	밸런스, 균형
きちんと ⑫	정확히	クリア ㉒	클리어, 합격
ほっと ㉑	후유(안심하는 모양)	ショック ⑯	쇼크, 충격
いちいち ⑱	하나하나, 일일이	キャンセル ㉒	캔슬, 취소
やっと ⑭	겨우, 가까스로	アピール ⑰	어필, 호소
ふんわり ⑮	살짝, 둥실	プレッシャー ⑲	압력, 압박
あらかじめ ⑭	미리, 사전에	ニーズ ㉑	니즈, 요구
あいかわらず ㉑	변함없이, 여전히	アクシデント ㉑	사고
ぞろぞろ ㉒	줄줄	アレンジ ⑱	배열, 정리
こつこつ ⑭	꾸준히	チェンジ ⑮	체인지, 교체
ぶらぶら ⑪⑫	어슬렁어슬렁	パンク ⑭	(타이어) 펑크, 구멍
ごろごろ ⑫	빈둥빈둥	ターゲット ㉑	타깃, 목표
うとうと ⑭	꾸벅꾸벅	ユーモア ⑩	유머
ぎりぎり ⑰㉑	아슬아슬	リラックス ⑭	릴랙스
ごちゃごちゃ ⑲	복작복작	ベテラン ㉒	베테랑
じめじめ ㉒	축축	マイペース ⑩	마이 페이스
じろじろ ㉑	흘깃흘깃	スペース ⑱	스페이스, 공간
ひそひそ ⑰	소곤소곤	リーダー ⑯	리더

⭐ 기출 단어의 뜻을 찾아 줄을 그어 보세요.

*어휘 옆 숫자는 기출 연도입니다.

1 びっしょり ⑮	•	• ① 생긋
2 きっぱり ⑱	•	• ② 축, 곤히
3 にっこり ⑱	•	• ③ 한가로이
4 しばらく ⑱	•	• ④ 흠뻑
5 ぼんやり ⑪	•	• ⑤ 완전히
6 のんびり ⑩⑯	•	• ⑥ 깜빡
7 はっきり ⑬⑭	•	• ⑦ 잠깐, 당분간
8 ぎっしり ⑳㉒	•	• ⑧ 멍하니
9 せっかく ㉑	•	• ⑨ 확실히, 분명히
10 うっかり ㉑	•	• ⑩ 모처럼
11 ぐったり ⑯	•	• ⑪ 가득, 잔뜩
12 すっかり ⑱㉒	•	• ⑫ 딱 잘라, 단호히

✍ N2 최신 기출 기타 정답

1 ④   2 ⑫   3 ①   4 ⑦   5 ⑧   6 ③
7 ⑨   8 ⑪   9 ⑩   10 ⑥   11 ②   12 ⑤

N2 최신 기출 기타 셀프테스트 ①

☀️ 기출 단어의 뜻을 찾아 줄을 그어 보세요.

*어휘 옆 숫자는 기출 연도입니다.

1 ごろごろ ⑫ •

2 ぶらぶら ⑪⑫ •

3 じろじろ ㉑ •

4 ごちゃごちゃ ⑲ •

5 ぞろぞろ ㉒ •

6 いちいち ⑱ •

7 ぎりぎり ⑰㉑ •

8 あらかじめ ⑭ •

9 ほっと ㉑ •

10 さっさと ㉑ •

11 きちんと ⑫ •

12 ふんわり ⑮ •

• ① 어슬렁어슬렁

• ② 복작복작

• ③ 줄줄

• ④ 빈둥빈둥

• ⑤ 살짝, 둥실

• ⑥ 하나하나, 일일이

• ⑦ 흘깃흘깃

• ⑧ 정확히

• ⑨ 빨리빨리

• ⑩ 미리, 사전에

• ⑪ 후유(안심하는 모양)

• ⑫ 아슬아슬

📝 N2 최신 기출 기타 정답

1 ④ 2 ① 3 ⑦ 4 ② 5 ③ 6 ⑥
7 ⑫ 8 ⑩ 9 ⑪ 10 ⑨ 11 ⑧ 12 ⑤

⭐ 기출 단어의 뜻을 찾아 줄을 그어 보세요.

*어휘 옆 숫자는 기출 연도입니다.

1 リーダー ⑯	•	• ① 압력, 압박
2 ベテラン ㉒	•	• ② (타이어) 펑크, 구멍
3 アレンジ ⑱	•	• ③ 배열, 정리
4 アピール ⑰	•	• ④ 리더
5 パンク ⑭	•	• ⑤ 베테랑
6 バランス ⑮⑰	•	• ⑥ 밸런스, 균형
7 ユーモア ⑩	•	• ⑦ 사고
8 ニーズ ㉑	•	• ⑧ 클리어, 합격
9 ターゲット ㉑	•	• ⑨ 니즈, 요구
10 アクシデント ㉑	•	• ⑩ 어필, 호소
11 プレッシャー ⑲	•	• ⑪ 유머
12 クリア ㉒	•	• ⑫ 타깃, 목표

📝 N2 최신 기출 기타 정답

1 ④ 2 ⑤ 3 ③ 4 ⑩ 5 ② 6 ⑥
7 ⑪ 8 ⑨ 9 ⑫ 10 ⑦ 11 ① 12 ⑧

🌟빈칸에 읽는 법과 뜻을 적고, 정답을 확인하세요.　　　　*어휘 옆 숫자는 기출 연도입니다.

단어	읽는 법	뜻	정답
主に ⑮			おもに 주로
劇的に ㉒			げきてきに 극적으로
一気に ⑭			いっきに 단숨에
一応 ⑩			いちおう 일단
大幅 ⑭			おおはば 대폭
何度も ⑯㉒			なんども 몇 번이나
慎重に ⑱			しんちょうに 신중하게
途端に ㉒			とたんに 찰나에
即座に ⑲			そくざに 즉석에서, 바로
偶然 ⑭⑲			ぐうぜん 우연히
気軽に ㉑			きがるに 편하게, 선뜻
改めて ⑬			あらためて 새삼스럽게
着々と ⑫			ちゃくちゃくと 척척, 순조롭게
再度 ⑱			さいど 재차
直前 ⑭			ちょくぜん 직전
遅くとも ⑭			おそくとも 늦어도

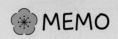

✏ 회독체크　　☐1회독 ☐2회독 ☐3회독　　　　　　　*어휘 옆 숫자는 기출 연도입니다.

기출 문형	의미
しんぱい 心配することはない　㉒	걱정할 것 없다
ひま 暇でしょうがない　⑭	너무 한가해서 견딜 수가 없다
しゅうり　だ 修理に出すほかない　⑮	수리를 맡길 수밖에 없다
もうあきらめるしかない　⑭	더 이상 포기할 수밖에 없다
ゆにゅう　たよ　え 輸入に頼らざるを得ない　⑱	수입에 의존하지 않을 수 없다
ざんねん 残念でならない　㉑	유감스럽기 짝이 없다
かくにん スケジュールを確認してみないと　㉑	스케줄을 확인해 봐야겠다
で 出かけようとするたびに　⑬	외출하려고 할 때마다
しょしんしゃ　けいけんしゃ　と 初心者、経験者を問わず　㉑	초보자, 경험자를 불문하고
いけん　き 意見を聞きもしないで　⑫⑱	의견을 듣지도 않고

☀️ 주요 표현을 우리말로 적어 봅시다.

*어휘 옆 숫자는 기출 연도입니다.

기출 문형	의미
しんぱい 心配することはない ㉒	
ひま 暇でしょうがない ⑭	
しゅうり だ 修理に出すほかない ⑮	
もうあきらめるしかない ⑭	
ゆにゅう たよ え 輸入に頼らざるを得ない ⑱	
ざんねん 残念でならない ㉑	
かくにん スケジュールを確認してみないと ㉑	
で 出かけようとするたびに ⑬	
しょしんしゃ けいけんしゃ と 初心者、経験者を問わず ㉑	
い けん き 意見を聞きもしないで ⑫⑱	

시험 직전 기출 시크릿 노트

N2 기출 문형 ❷

🖋 회독체크　☐ 1회독　☐ 2회독　☐ 3회독　　　　　　　　*어휘 옆 숫자는 기출 연도입니다.

기출 문형	의미
長期間の論議の末に　⑩⑬⑯	오랜 시간 논의한 끝에
資格証を取得してからでないと　⑬	자격증을 취득하고 나서가 아니면
練習を休みがちだ　㉒	연습을 걸핏하면 쉬기 일쑤다
商品がなくなり次第　⑬⑮	상품이 없어지는 대로
会議があるから休むわけにはいかない　⑬⑱	회의가 있어서 쉴 수는 없다
プロの選手としては　⑲	프로 선수로서는
ゼミでの活動を通じて　⑰	세미나에서의 활동을 통해
買い物するついでに　⑯⑱	쇼핑하는 김에
講師になったおかげで　⑫	강사가 된 덕분에
毎朝体操を続けるうちに　⑰	매일 아침 체조를 계속하는 동안에

✏️ 회독체크 ☐ 1회독 ☐ 2회독 ☐ 3회독

*어휘 옆 숫자는 기출 연도입니다.

기출 문형	의미
長期間の論議の末に ⑩⑬⑯	
資格証を取得してからでないと ⑬	
練習を休みがちだ ㉒	
商品がなくなり次第 ⑬⑮	
会議があるから休むわけにはいかない ⑬⑱	
プロの選手としては ⑲	
ゼミでの活動を通じて ⑰	
買い物するついでに ⑯⑱	
講師になったおかげで ⑫	
毎朝体操を続けるうちに ⑰	

✏️회독체크　☐1회독　☐2회독　☐3회독　　　　*어휘 옆 숫자는 기출 연도입니다.

기출 문형	의미
承^{うけたまわ}ります　⑬	알겠습니다
私^{わたし}にやらせていただけないでしょうか　⑩⑭	제게 시켜주실 수 없을까요?
ふるさとに戻^{もど}ってまいりました　⑪	고향에 돌아왔습니다
A社^{しゃ}の社長^{しゃちょう}がお越^こしになりました　⑯	A사 사장님께서 오셨습니다
ようこそお越^こしくださいました　⑫	어서 오십시오, 환영합니다
B社^{しゃ}の木村様^{きむらさま}がおいでになったら　⑯	B사의 기무라 님이 오시면
新刊^{しんかん}コーナーにございます　⑰	신간 코너에 있습니다
試^{ため}してみてはいかがでしょうか　㉒	시도해 보는 것은 어떨까요?
ごあいさつ申^{もう}し上^あげます　⑱㉒	인사 말씀드리겠습니다
あの店^{みせ}にいらっしゃるんでしたら　㉒	그 가게에 가시는 거라면

시험 직전 기출 시크릿 노트
N2 기출 문형 셀프테스트 ③

☀️주요 표현을 우리말로 적어 봅시다.

*어휘 옆 숫자는 기출 연도입니다.

기출 문형	의미
^{うけたまわ}承ります ⑬	
^{わたし}私にやらせていただけないでしょうか ⑩⑭	
ふるさとに^{もど}戻ってまいりました ⑪	
^{しゃ}A社の^{しゃちょう}社長が^こお越しになりました ⑯	
ようこそお^こ越しくださいました ⑫	
^{しゃ}B社の^{き むらさま}木村様がおいでになったら ⑯	
^{しんかん}新刊コーナーにございます ⑰	
^{ため}試してみてはいかがでしょうか ㉒	
ごあいさつ^{もう あ}申し上げます ⑱㉒	
あの^{みせ}店にいらっしゃるんでしたら ㉒	

✏️회독체크　☐1회독 ☐2회독 ☐3회독　　　　　*어휘 옆 숫자는 기출 연도입니다.

기출 문형	의미
ほこりだらけ ⑲	먼지투성이
難しかったけど書くだけは書いた ㉒	어려웠지만 쓸 만큼은 썼다
学校に来るとちゅうで ⑩	학교에 오는 도중에
不思議なことに ㉑	신기하게도
仕事を選んだ以上、がんばって続けたい ⑯	일을 선택한 이상 열심히 계속하고 싶다
一部にすぎないとはいえ ⑩	일부에 불과하다고 해도
食事をする時間どころか洗う時間もない ㉒	식사할 시간은커녕 씻을 시간도 없다
物が増える一方だ ⑩⑮⑱	물건이 늘어나기만 한다
みそは日本食を作るのに欠かせない調味料です ⑬	된장은 일본 음식을 만드는 데 있어서 빠질 수 없는 조미료입니다
電源は入れたままにしておいて ⑭	전원은 켜둔 채로 둬

⭐ 주요 표현을 우리말로 적어 봅시다.

*어휘 옆 숫자는 기출 연도입니다.

기출 문형	의미
ほこりだらけ ⑲	
難しかったけど書くだけは書いた ㉒	
学校に来るとちゅうで ⑩	
不思議なことに ㉑	
仕事を選んだ以上、がんばって続けたい ⑯	
一部にすぎないとはいえ ⑩	
食事をする時間どころか洗う時間もない ㉒	
物が増える一方だ ⑩⑮⑱	
みそは日本食を作るのに欠かせない調味料です ⑬	
電源は入れたままにしておいて ⑭	

🖉 회독체크　☐1회독　☐2회독　☐3회독　　　　*어휘 옆 숫자는 기출 연도입니다.

기출 문형	의미
じょうほうぎじゅつ はってん 情報技術の発展にともなって　㉒	정보 기술 발전에 따라
じょうほう げんだいしゃかい 情報があふれる現代社会において　⑬⑯	정보가 넘치는 현대 사회에 있어서
にゅうじょうしゃすう まん のぼ 入場者数は、1000万に上った　⑬	입장객 수는 1000만 명에 달했다
ひと わら 人を笑わせることにかけては　⑭⑮	다른 사람을 웃기게 하는 데 있어서는
じ かん でんしゃ 2時間にわたり、電車がストップした　⑩	2시간에 걸쳐 전철이 멈췄다
やく 約700メートルにわたって　⑭	약 700미터에 걸쳐서
よ さん おう 予算に応じて　⑩	예산에 따라
しら 調べることによって　⑮	조사함으로써
がいしゅつ 外出するときにかぎって　㉑	외출할 때에 한해서
あたら じ ぎょう はじ 新しい事業を始めるにあたって　⑲	새로운 사업을 시작하는 데 있어서

⭐ 주요 표현을 우리말로 적어 봅시다.

*어휘 옆 숫자는 기출 연도입니다.

기출 문형	의미
情報技術の発展にともなって ㉒	
情報があふれる現代社会において ⑬⑯	
入場者数は、1000万に上った ⑬	
人を笑わせることにかけては ⑭⑮	
2時間にわたり、電車がストップした ⑩	
約700メートルにわたって ⑭	
予算に応じて ⑩	
調べることによって ⑮	
外出するときにかぎって ㉑	
新しい事業を始めるにあたって ⑲	

✏회독체크　☐1회독 ☐2회독 ☐3회독　　　　　　　　　*어휘 옆 숫자는 기출 연도입니다.

기출 문형	의미
デートで着^きるならともかく ㉑	데이트에서 입으면 몰라도
それなりに楽^{たの}しめた ⑭	나름대로 즐길 수 있었다
捨^すててしまおうかとおもった ⑲	버려버릴까 생각했다
直接持参^{ちょくせつじさん}するか、あるいは郵送^{ゆうそう}してください ⑭	직접 지참할지 혹은 우편으로 보내 주세요
公共施設^{こうきょうしせつ}が整備^{せいび}されつつある ⑭	공공시설이 정비되어 가고 있다
考^{かんが}えたあげく ⑪	생각한 끝에
2日^{ふつか}おきにやってください ⑮⑰	이틀 간격으로 해 주세요
家^{いえ}に帰^{かえ}ると手^てを洗^{あら}うこと ⑮	집에 돌아오면 손을 씻을 것
理解^{りかい}しかねない ⑩	이해할 수 있다
判断^{はんだん}しかねる ⑳	판단하기 어렵다

☀️주요 표현을 우리말로 적어 봅시다.

*어휘 옆 숫자는 기출 연도입니다.

기출 문형	의미
デートで着^きるならともかく ㉑	
それなりに楽^{たの}しめた ⑭	
捨^すててしまおうかとおもった ⑲	
直接持参^{ちょくせつじさん}するか、あるいは郵送^{ゆうそう}してください ⑭	
公共施設^{こうきょうしせつ}が整備^{せいび}されつつある ⑭	
考^{かんが}えたあげく ⑪	
2日^{ふつか}おきにやってください ⑮⑰	
家^{いえ}に帰^{かえ}ると手^てを洗^{あら}うこと ⑮	
理解^{りかい}しかねない ⑩	
判断^{はんだん}しかねる ⑳	

N2 기출 문형 ❼

✏️회독체크　　☐1회독　☐2회독　☐3회독　　　　　*어휘 옆 숫자는 기출 연도입니다.

기출 문형	의미
10キロのコースを45分<small>ふん</small>で走<small>はし</small>りきった ⑲	10킬로미터 코스를 45분만에 다 달렸다
全部<small>ぜんぶ</small>の作品<small>さくひん</small>を見<small>み</small>きれなかった ⑮	모든 작품을 다 볼 수 없었다
激<small>はげ</small>しい雨<small>あめ</small>が降<small>ふ</small>るおそれがある ⑰	심한 비가 내릴 우려가 있다
最後<small>さいご</small>までやり抜<small>ぬ</small>く ㉑	끝까지 해내다
眠<small>ねむ</small>れなかったせいか ㉑	자지 못한 탓인지
料理<small>りょうり</small>の本<small>ほん</small>に書<small>か</small>いてあるとおりに ⑭	요리책에 써져 있는 대로
質問<small>しつもん</small>の内容<small>ないよう</small>すら理解<small>りかい</small>できなかった ㉑㉓	질문의 내용조차 이해하지 못했다
この料理<small>りょうり</small>は卵<small>たまご</small>さえあればすぐに作<small>つく</small>れる ⑬	이 요리는 달걀만 있으면 금방 만들 수 있다
今年<small>ことし</small>こそ結婚<small>けっこん</small>を申<small>もう</small>し込<small>こ</small>もう ⑫	올해야말로 청혼해야지
1年<small>ねん</small>ぶりに帰国<small>きこく</small>する ⑳㉓	1년만에 귀국하다

☀️주요 표현을 우리말로 적어 봅시다.

*어휘 옆 숫자는 기출 연도입니다.

기출 문형	의미
10キロのコースを45分で走りきった ⑲	
全部の作品を見きれなかった ⑮	
激しい雨が降るおそれがある ⑰	
最後までやり抜く ㉑	
眠れなかったせいか ㉑	
料理の本に書いてあるとおりに ⑭	
質問の内容すら理解できなかった ㉑㉓	
この料理は卵さえあればすぐに作れる ⑬	
今年こそ結婚を申し込もう ⑫	
1年ぶりに帰国する ⑳㉓	

쉬! 시험 직전 기출 시크릿 노트
N2 기출 문형 ❽

✏️ 회독체크　　☐1회독　☐2회독　☐3회독　　　　　　*어휘 옆 숫자는 기출 연도입니다.

기출 문형	의미
戻<small>もど</small>れるものなら戻<small>もど</small>りたい ⑲	돌아갈 수 있다면 돌아가고 싶다
少<small>すこ</small>し痛<small>いた</small>いぐらいなら ⑮	조금 아픈 정도라면
我慢<small>がまん</small>しようとすればするほど ⑲	참으려고 하면 할수록
嫌<small>きら</small>いなら断<small>ことわ</small>ればいい ㉑	싫으면 거절하면 돼
一時減少<small>いちじげんしょう</small>したものの ⑮㉓	일시적으로 감소했지만
しばらく本<small>ほん</small>は買<small>か</small>わずに ⑮	당분간 책은 사지 않고
散歩<small>さんぽ</small>に行<small>い</small>きたがる ⑱	산책하러 가고 싶어 하다
アイドルが愛用<small>あいよう</small>しているというだけで ⑱	아이돌이 애용하고 있다는 것만으로
行<small>い</small>けるとしても ⑲	갈 수 있다고 해도
おそらくストレスが原因<small>げんいん</small>だろう ⑲	아마 스트레스가 원인이겠지

시험 직전 기출 시크릿 노트
N2 기출 문형 셀프테스트 ⑧

☀주요 표현을 우리말로 적어 봅시다.

*어휘 옆 숫자는 기출 연도입니다.

기출 문형	의미
戻（もど）れるものなら戻（もど）りたい ⑲	
少（すこ）し痛（いた）いぐらいなら ⑮	
我慢（がまん）しようとすればするほど ⑲	
嫌（きら）いなら断（ことわ）ればいい ㉑	
一時減少（いちじげんしょう）したものの ⑮㉓	
しばらく本（ほん）は買（か）わずに ⑮	
散歩（さんぽ）に行（い）きたがる ⑱	
アイドルが愛用（あいよう）しているというだけで ⑱	
行（い）けるとしても ⑲	
おそらくストレスが原因（げんいん）だろう ⑲	

🖊 회독체크　☐ 1회독　☐ 2회독　☐ 3회독　　　　*어휘 옆 숫자는 기출 연도입니다.

기출 문형	의미
早く寝なきゃ ⑮	일찍 자야겠다
緊張のあまり ⑮	긴장한 나머지
番組で紹介されて以来 ㉑	방송에서 소개된 이후로
コーチというより兄のような存在 ㉑	코치라기보다 형 같은 존재
資料を読んでおくように ㉒	자료를 읽어두도록
休みの日だからといって ㉒	쉬는 날이라고 해서
何番だっけ ㉒	몇 번이었지?
読みかけの本 ㉒	읽다 만 책
30分もあれば出来上がります ⑲	30분만 더 있으면 완성됩니다
味は期待していたほどではなかった ㉒	맛은 기대했던 만큼은 아니었다

N2 기출 문형 셀프테스트 ⑨

⭐주요 표현을 우리말로 적어 봅시다.

*어휘 옆 숫자는 기출 연도입니다.

기출 문형	의미
早_{はや}く寝_ねなきゃ ⑮	
緊張_{きんちょう}のあまり ⑮	
番組_{ばんぐみ}で紹介_{しょうかい}されて以来_{いらい} ㉑	
コーチというより兄_{あに}のような存在_{そんざい} ㉑	
資料_{しりょう}を読_よんでおくように ㉒	
休_{やす}みの日_ひだからといって ㉒	
何番_{なんばん}だっけ ㉒	
読_よみかけの本_{ほん} ㉒	
30分_{ぶん}もあれば出来上_{できあ}がります ⑲	
味_{あじ}は期待_{きたい}していたほどではなかった ㉒	

✏️ 회독체크　☐ 1회독　☐ 2회독　☐ 3회독　　　　　　*어휘 옆 숫자는 기출 연도입니다.

기출 문형	의미
3月の完成に向けて ㉒	3월 완성을 목표로
上級者向けのコース ⑱	상급자 전용 코스
練習させられる ⑱	억지로 연습하다
シングルルームにしては広い ⑱	싱글룸 치고는 넓다
映画を見に行くつもりだ ⑳	영화를 보러 갈 작정이다
まもなく開店いたします ⑱	곧 영업을 시작하겠습니다
景気は回復しつつあるということだ ⑰	경기는 계속해서 회복하고 있다는 것이다
どうもパソコンの調子がおかしい ㉑	아무래도 PC 상태가 이상해
5人にすぎない小さい会社だが ⑬	5명에 불과한 작은 회사이지만
引き受けるしかあるまい ⑪	떠맡을 수밖에 없다

☀ 주요 표현을 우리말로 적어 봅시다.

*어휘 옆 숫자는 기출 연도입니다.

기출 문형	의미
3月の完成に向けて ㉒	
上級者向けのコース ⑱	
練習させられる ⑱	
シングルルームにしては広い ⑱	
映画を見に行くつもりだ ⑳	
まもなく開店いたします ⑱	
景気は回復しつつあるということだ ⑰	
どうもパソコンの調子がおかしい ㉑	
5人にすぎない小さい会社だが ⑬	
引き受けるしかあるまい ⑪	

❀ MEMO

JLPT

최신기출유형 실전모의고사

N2

JLPT
최신기출^{유형} 실전모의고사

최신기출유형

실전모의고사

N2

전략 해설집

S 시원스쿨닷컴

목 차

언어지식(문자·어휘·문법)

問題1		問題5		問題7	
1	2	21	2	31	4
2	2	22	3	32	3
3	4	23	3	33	4
4	4	24	4	34	3
5	1	25	3	35	2
問題2		**問題6**		36	3
6	4	26	1	37	1
7	3	27	3	38	3
8	4	28	4	39	3
9	1	29	2	40	1
10	2	30	3	41	4
問題3				42	2
11	4			**問題8**	
12	1			43	2
13	4			44	4
問題4				45	4
14	2			46	4
15	1			47	4
16	1			**問題9**	
17	2			48	3
18	2			49	4
19	1			50	3
20	4			51	1
				52	1

독해

問題10	
53	4
54	2
55	1
56	2
57	2
問題11	
58	2
59	4
60	3
61	3
62	2
63	2
64	3
65	1
66	2
問題12	
67	1
68	2
問題13	
69	1
70	1
71	3
問題14	
72	2
73	2

청해

問題1		問題4	
例	3	例	1
1	3	1	3
2	3	2	2
3	1	3	2
4	1	4	3
5	4	5	2
問題2		6	3
例	2	7	1
1	3	8	1
2	3	9	2
3	2	10	2
4	4	11	1
5	4	12	3
6	3	**問題5**	
問題3		1	2
例	1	2	2
1	4	3	1
2	2		2
3	4		
4	3		
5	3		

1교시 언어지식(문자·어휘)

본책 29 페이지

問題 1 ＿＿＿ 단어의 읽는 법으로 가장 알맞은 것을 1·2·3·4에서 하나 고르세요.

1 정답 2

틀린 부분을 <u>삭제</u>했다.

해설 「削」의 음독은 「さく」, 「除」의 음독은 「じょ」이므로 답은 2번 「削除(삭제)」가 된다. 두 한자 모두 훈독도 시험에 잘 나오니 반드시 음독과 함께 꼼꼼히 기억해 두자.

빈출 削る(깎다) | 削減(삭감) | 添削(첨삭) | 除く(제거하다, 제외하다) | 除去(제거) | 解除(해제) | 除外(제외)

어휘 間違える(잘못하다, 틀리다)

2 정답 2

그녀는 술을 마시면 무조건이라고 해도 될 만큼 <u>난폭</u>하게 굴기 때문에 곤란하다.

해설 「暴」의 훈독은 「暴れる(난폭하게 굴다, 날뛰다)」와 「暴く(폭로하다)」 두 가지가 있는데, 음독도 자주 출제되니 잘 정리해 두자. 오답 선택지 1번 「荒れる(거칠어지다)」, 3번 「ばれる(탄로나다)」, 4번 「壊れる(부서지다)」도 함께 공부해 두자.

빈출 暴く(폭로하다) | 乱暴(난폭) | 暴力(폭력) | 暴行(폭행) | 暴落(폭락)

어휘 必ず(반드시, 무조건) | 困る(곤란하다)

3 정답 4

울고 있는 아이가 있는데 <u>미아</u>일까?

해설 「迷」의 음독은 「めい」와 「まい」가 있는데, 「まい」로 발음하는 단어는 오로지 「迷子(미아)」뿐이며, 나머지 단어는 모두 「めい」로 읽는다는 점에 주의하자. 「子」의 음독은 「し」이고 훈독은 「こ」이지만, 이 단어에서는 예외적으로 「ご」로 발음한다는 것을 꼭 주의해서 외워 두자.

빈출 迷う(헤매다, 망설이다) | 迷惑(민폐) | 迷信(미신) | 迷路(미로) | 混迷(혼미)

어휘 泣く(울다)

4 정답 4

아이들에게 과자를 <u>똑같이</u> 나누어 주었다.

해설 「等」의 음독은 「とう」이고, 훈독은 「ひとしい」이다. 하지만 「平等(평등)」는 예외로 「びょうどう」로 발음하니 주의하자. 일본어 한자읽기 문제에는 예외로 읽는 단어가 출제되기도 하니 통째로 암기하도록 하자. 오답 선택지 1번 「恋しく(그립게)」, 2번 「親しく(친하게)」, 3번 「怪しく(수상하게)」도 함께 공부해 두자.

빈출 高等(고등) | 対等(대등) | 均等(균등) | 同等(동등) | 平等(평등)

어휘 分ける(나누다)

5 정답 1

일본은 저출산 고령화라는 문제를 <u>안고 있는</u> 나라 중 하나이다.

해설 「抱」에는 3가지 동사가 있는데 용법은 각각 다르니 잘 기억해 두자. 첫 번째 「抱く(팔 힘으로 안다, 포옹하다)」, 두 번째 「抱く(머리로 생각, 야망, 희망, 꿈 등을 품다)」, 세 번째 「抱える(①문제, 빚, 골칫거리 등을 안다, ②물건을 가슴으로 안다)」인데, 이 문제에서는 세 번째 용법으로 사용되었다. 오답 선택지 3번 「支える(유지하다, 지탱하다)」도 함께 알아두자.

빈출 抱く(팔 힘으로 안다, 포옹하다) | 抱く(머리로 생각, 야망, 희망, 꿈 등을 품다) | 抱負(포부)

어휘 少子高齢化(저출산 고령화)

問題 2 ＿＿＿ 의 단어를 한자로 쓸 때 가장 알맞은 것을 1·2·3·4에서 하나 고르세요.

6 정답 4

핸들을 <u>돌려서</u> 오른쪽으로 도세요.

해설 「まわす(돌리다, 회전시키다)」는 한자로 「回す」라고 쓰기 때문에 4번이 답이 된다. 참고로 자동사는 「回る(돌다, 회전하다)」라고 하며, 음독 단어들도 자주 출제되니 꼭 정리해 두자.

빈출 上回る(상회하다, 웃돌다) | 回復(회복) | 回想(회상) | 撤回(철회) | 回転(회전) | 回収(회수) | 回答(회답)

어휘 右(오른쪽) | 曲がる(구부러지다, 방향을 돌다)

---

7 정답 3

> 내가 좋아하는 아이돌은 활동을 <u>시작</u>한 지 벌써 8년이나 지났다.

해설 선택지 중에서 「かいし」로 읽을 수 있는 단어는 3번뿐이다. 「開」의 음독은 「かい」이고 「始」의 음독은 「し」이다. 따라서 정답은 3번 「開始(개시, 시작)」가 된다.

빈출 開催(개최) | 開幕(개막) | 開講(개강) | 展開(전개) | 再開(재개) | 開会式(개회식) | 開封(개봉) | 開放(개방) | 公開(공개) | 開設(개설) | 開店(개점) | 始業(시업, 작업을 시작함) | 終始(시종, 줄곧) | 原始(원시)

어휘 活動(활동) | 経つ(시간이 경과하다, 지나다)

---

8 정답 4

> 기상청에서는 오존층의 <u>관측</u>을 시작했다.

해설 선택지에 있는 한자들이 비슷하게 보이니 주의해서 풀어야 하는 문제이다. 「かんそく」는 한자로 「観測(관측)」라고 하므로 4번이 정답이다.

빈출 主観的(주관적) | 客観的(객관적) | 観光(관광) | 観客(관객) | 参観(참관) | 観察(관찰) | 測る(재다) | 予測(예측) | 測定(측정)

어휘 オゾン層(오존층)

---

9 정답 1

> 위의 사진과 기사의 <u>관련</u>성은 없습니다.

해설 「かんれん」으로 읽는 한자는 1번 「関連(관련)」이다. 비슷하게 생긴 한자로 오답을 유도하는 문제이기 때문에 정답을 고른 후 한 번 더 체크하자.

빈출 関係(관계) | 関心(관심) | 連絡(연락) | 連続(연속)

어휘 上記(상기, 위) | 記事(기사)

---

10 정답 2

> 범인이 <u>잡혔다</u>는 말을 듣고 안심했다.

해설 「つかまる」는 한자로 「捕まる(붙잡히다)」로 표기하며, 타동사 「捕まえる(붙잡다)」도 함께 기억하자. 비슷하게 생긴 1번 「浦」나 3번 「哺」도 오답 선택지로 자주 출제되니 주의하자.

빈출 逮捕(체포)

어휘 犯人(범인) | 安心(안심)

問題3 ( )에 들어갈 가장 알맞은 것을 1·2·3·4에서 하나 고르세요.

11 정답 4

> 초등학교에서는 (금)년도부터 태블릿을 사용한 수업을 시작했다.

해설 「年度」 앞에 올 수 있는 접두어는 「今」와 「来」인데, 「来年度(내년도)」는 시제가 맞지 않으므로 답은 4번 「今」이 된다. 그리고 절대로 「ことしど」로 읽지 말고 「こんねんど(금년도, 이번 연도)」라고 읽어야 한다.

빈출 来年度(내년도)

어휘 タブレット(태블릿) | 授業(수업)

---

12 정답 1

> (명)감독이라고 일컬어진 그의 밑에서 많은 선수가 자랐다.

해설 「名」는 '이름난' 또는 '뛰어난'을 뜻하는 접두사로 답은 「名監督(명감독)」이 된다.

빈출 名作家(명작가) | 名選手(명선수)

어휘 監督(감독) | 下(밑, 아래) | 選手(선수) | 育つ(자라다)

---

13 정답 4

> 공원은 가족 (동반)으로 붐비고 있었다.

해설 「連れ(동반, 일행)」는 주로 인칭 명사 뒤에 접속하여, '그 사람을 데리고 있다, 함께 있다'는 뜻으로 사용한다.

빈출 子供連れ(자녀 동반) | 道連れ(길동무)

어휘 にぎわう(붐비다)

問題4 ( )에 들어갈 가장 알맞은 것을 1·2·3·4에서 하나 고르세요.

14 정답 2

> 그는 지진, 태풍, 병 등 다양한 (어려움)에 휘말렸으나 밝고 건강하게 살아가고 있다.

해설 「見舞う」란 '나쁜 일이 닥쳐 오다'라는 뜻으로, 주로 수동 표현으로 자주 쓰인다. 이와 매치할 수 있는 단어는 「困難(어려움, 곤란)」이므로 2번이 정답이다.

오답 1 迷惑(민폐), 3 仕業(짓, 소행), 4 不利(불리)

어휘 病(병) | 様々な(다양한) | 見舞う(나쁜 일이 닥쳐 오다) | 生きる(살다)

15 정답 1

> 수업 중에 창밖을 (멍하니) 바라보고 있다가 선생님께 혼났다.

해설 뒤에 나오는 「眺める(바라보다)」와 매치할 수 있는 단어를 찾아야 하는데, 1번 「ぼんやり(멍하니, 우두커니)」만이 가능하다. 나머지 오답 선택지들도 꼭 의미를 잘 기억해 두자.

오답 2 しっとり(촉촉이), 3 ずっしり(묵직한 모습), 4 すんなり(수월하게)

어휘 授業中(수업 중) | 眺める(바라보다) | 怒られる(혼나다)

16 정답 1

> 친구에게 빌려준 돈을 빨리 갚으라고 (독촉)했다.

해설 앞에 「お金をはやく返せ(돈을 빨리 갚아)」란 표현이 나왔으니, 뒤에는 「催促する(독촉하다, 재촉하다)」가 와야 자연스럽다. 따라서 답은 1번이 되며, 대체 표현으로 「促す(독촉하다, 재촉하다)」라는 동사도 있으니 함께 공부해 두자.

오답 2 依頼(의뢰), 3 反抗(반항), 4 批判(비판)

어휘 貸す(빌려주다) | 返す(돌려주다)

17 정답 2

> 매일 밤, 자기 전에 알람 시계를 아침 7시에 (세팅)하고 나서 자는 것이 습관이다.

해설 「セットする(세팅하다)」는 '기계, 도구 등을 설정, 설치한다'는 뜻으로 많이 쓰인다. 따라서 앞에 나온 알람 시계가 힌트가 되어 정답은 2번이 된다. 「プリンターに用紙をセットする(프린터에 용지를 세팅하다)・テーブルをセットする(테이블을 세팅하다)와 같이 물건 등을 배치하다는 뜻으로도 쓰이므로 함께 알아두자.

오답 1 フィット(꼭 맞음, 어울림), 3 コール(콜, 연락), 4 アップ(업, 상승)

어휘 毎晩(매일 밤) | 目覚まし時計(알람 시계) | 習慣(습관)

18 정답 2

> 최근 바빴기 때문에, 연말은 가족과 함께 (한가롭게) 보낼 예정이다.

해설 「過ごす(보내다)」와 매치할 수 있는 단어를 찾아야 하는데, 「のんびり過ごす(한가롭게 보내다)」를 한 단어처럼 통째로 기억해 두자. 따라서 답은 2번 「のんびり(느긋하게, 한가롭게)」이다.

오답 1 ぐったり(녹초가 된 지친 모습), 3 おっとり(대범한 모습), 4 きっぱり(딱 잘라 거절하는 모습)

어휘 年末(연말) | 過ごす(보내다) | 予定(예정)

19 정답 1

> 방안 습도는 다양한 센서를 통해 (측정)할 수 있다.

해설 대상물의 크기, 길이, 무게, 온도, 습도, 용량 등을 재는 행위를 「測定する(측정하다)」라고 한다. 따라서 정답은 1번이다. 3번의 「測量(측량)」는 거리나 면적 등을 재는 행위를 나타내며 「測定(측정)」와 혼동하지 않도록 주의하자.

오답 2 参観(참관), 3 測量(측량), 4 観察(관찰)

어휘 湿度(습도)

20 정답 4

> 그와 이야기할 때에는 가족의 화제에 대해 (언급하지 않는) 것이 좋아요.

해설 괄호 앞에 나온 「話題(화제)」와 함께 쓸 수 있는 동사는 「触れる」이다. 「触れる」에는 '닿다, 언급하다'란 의미가 있는데, 이 문제는 「話題に触れる(화제에 대해 언급하다)」란 용법으로 쓰인 문장이므로 4번이 답이 된다.

오답 1 跳ねない(뛰어오르지 않는), 2 振らない(흔들지 않는), 3 寄せない(밀려오지 않는)

어휘 話題(화제)

問題 5 _____의 단어에 의미가 가장 가까운 것을 1·2·3·4에서 하나 고르세요.

21 정답 2

> 가족을 지키기 위해, 아버지는 <u>모든</u> 수단을 사용했다.

해설 「あらゆる」는 '모든, 온갖'이란 뜻으로 가장 가까운 단어는 2번 「すべての(모든)」이다. 한 가지 주의할 점은 「すべて」만 쓰면 안 된다는 점이다. 「すべて」로 쓰면 '모두' 또는 '모든 것'으로 해석해야 한다.

오답 1 かなりの(상당한), 3 もれなく(빠짐없이), 4 ひろく(널리)

어휘 守る(지키다) | 手段(수단)

22 정답 3

> 그는 주위 사람들로부터 <u>뻔뻔하다</u>는 말을 듣고 있다.

해설 「あつかましい」는 '뻔뻔하다'는 뜻으로 바꿔 쓸 수 있는 단어는 3번 「図々しい(뻔뻔하다)」이다.

오답 1 騒々しい(시끄럽다), 2 白々しい(뻔하다), 4 痛々しい(애처롭다)

어휘 周り(주위, 주변)

23 정답 3

> 또 <u>다른 기회에</u> 식사라도 갑시다.

해설 「あらためて」에는 '①다른 기회에'와 '②새삼스럽게'란 의미가 있는데, 이 문제에서는 '①다른 기회에' 사용법이 쓰였으므로 가장 가까운 유의어는 3번 「後日(나중에, 후일)」이다. 동사 기본형인 「改める(고치다, 변경하다)」도 같이 기억해 두자.

오답 1 この後(이후), 2 翌日(다음 날), 4 将来(장래)

어휘 食事(식사)

24 정답 4

> 어린이를 노린 범죄가 <u>여전히</u> 줄어들지 않는다.

해설 「依然として」는 '여전히'란 뜻을 가지고 있는데 가장 가까운 단어는 4번 「今もなお(지금도 여전히, 아직껏)」이다. 「依然(여전)」으로 줄여 쓰는 경우도 있으니 같이 기억해 두자.

오답 1 そのうえに(더욱이), 2 なおかつ(게다가), 3 いまさら(이제 와서)

어휘 狙う(노리다) | 犯罪(범죄) | 減る(줄다)

25 정답 3

> 상황이 <u>혹독해지기</u> 시작했다.

해설 「シビア」는 '혹독함, 엄격함'이란 뜻으로 가장 가까운 단어는 3번 「厳しい(엄하다, 혹독하다)」이다. 문서보다는 회화체 등에서 많이 쓰이니 공부해 두자.

오답 1 よくなって(좋아지기), 2 わかって(이해하기), 4 変わって(변하기)

어휘 状況(상황)

問題 6 다음 단어의 사용법으로 가장 알맞은 것을 1·2·3·4에서 하나 고르세요.

26 정답 1

> 같은 <u>실수</u>는 두 번 다시 하지 않겠다고 맹세했을 텐데, 또 늦잠을 자 지각하고 말았다.

해설 「過ち」는 '실수, 잘못, 과오'란 뜻으로 가장 맞게 사용된 문장은 1번이다. 동사 기본형은 「過つ」로 '잘못하다, 실수하다'라는 뜻이다.

오답 2번은 「欠点(결점)」, 3번은 「失敗(실패)」, 4번은 「障害(장애)」가 들어가야 문장이 자연스러워진다.

어휘 誓う(맹세하다) | 寝坊(늦잠) | 遅刻(지각) | 唯一(유일) | 声を上げる(언성을 높이다) | 緊張(긴장) | 面接(면접) | 突然(갑자기) | 生じる(발생하다) | 一時(한때) | 通信(통신)

27 정답 3

> 쉬지 않고 강의에 출석해도 시험 성적이 나쁘면 낙제하는 것은 <u>확실</u>하다.

해설 「確実」는 '확실'이라는 뜻으로 가장 맞게 쓰인 문장은 3번이다.

오답 1번은 「不確か(불확실)」, 2번은 「誠実(성실)」, 4번은 「真剣(진지)」가 들어가야 문장이 자연스러워진다.

어휘 不特定多数(불특정 다수) | 情報(정보) | 悪口(욕) | 決して(결코) | 好かれる(호감 받다) | 講義(강의) | 成績(성적) | 落第(낙제) | 課題(과제) | 年金(연금)

28 정답 4

> 교통사고로 소중한 사람을 <u>잃은</u> 그날 이후, 나는 한 번도 핸들을 잡지 않았다.

해설 「失う」는 '잃다, 잃어버리다'란 뜻으로 가장 맞게 쓰인 문장은 4번이다.

오답 1번은 「なくなった(돌아가셨다)」, 2번은 「欠けて(빠져)」, 3번은 「切れて(끊어져)」가 들어가야 문장이 자연스러워진다.

어휘 祖父(할아버지) | しまう(간수하다, 간직하다) | 食器のふち(그릇 테두리) | 昨夜(어젯밤) | 停電(정전) | 接続(접속) | 握る(쥐다, 잡다)

29 정답 2

> 이 지역에서는 큰비가 내리면 강물이 넘칠 <u>우려</u>가 있었기 때문에, 40년 정도 전에 댐이 건설되었다.

해설 「恐れ」는 '우려, 염려'란 뜻인데, 「恐れがある(우려가 있다, 염려가 있다)」라고 잘 쓰인다. 독해에서도 자주 나오는 표현이며, 맞게 쓰인 문장은 2번이다. 동사 기본형인 「恐れる(두려워하다, 우려하다)」도 같이 기억해 두자.

오답 1번은 「危険(위험)」, 3번은 「我慢(인내)」, 4번은 「心配(걱정)」가 들어가야 문장이 자연스러워진다.

어휘 体調が優れない(몸 상태가 좋지 못하다) | 伴う(동반하다, 수반하다) | 控える(삼가다) | 地域(지역) | 大雨(큰비) | あふれる(넘치다) | 建設(건설) | 都合(사정, 형편) |

わがままだ(제멋대로이다) | けちだ(인색하다) | 限界(한계) | 腕(솜씨, 실력) | 担当(담당) | 手術(수술)

30 정답 3

分明히 말해, 쓸데없는 회의를 위해 時間을 쓰는 것은 <u>아깝다</u>고 생각한다.

> **해설** 「惜しい」는 '아깝다, 애석하다'는 뜻으로 가장 정확하게 쓰인 문장은 3번이다.

問題 7 다음 문장의 (　)에 들어갈 가장 알맞은 것을 1·2·3·4에서 하나 고르세요.

31 정답 4

火山 폭발에 의해, 화산재 影響이 이웃 나라(에까지) 미쳤다.

> **해설** ★~にまで : ~에까지
> 「~にまで」는 '~에까지'라는 뜻으로 범위를 나타낸다. 기한을 나타내는 「~までに(~까지)」와 혼동하지 않도록 주의하자. 「~までに」는 「7時までに(7시까지)」와 같이 쓰이니 참고해 두자.

> **오답** 1 ~にして(~이면서), 2 ~もかまわず(~도 상관없이), 3 ~のみならず(~뿐만 아니라)

> **어휘** 火山(화산) | 噴火(분화) | 火山灰(화산재) | 影響(영향) | 及ぶ(미치다, 달하다)

32 정답 3

남 : 이제 너와는 헤어지겠어!
여 : 말은 잘 하네. 나 없이 살아가지도 (못하면서).

> **해설** ★동사 ます형+っこない : ~할 리 없다
> 「동사 ます형+っこない」는 '~할 리가 없다'라는 뜻이다. 어떤 일이 일어날 가능성이 없다고 강력히 부정할 때 사용한다. 가까운 사이의 회화체에서 많이 사용하며, 화자의 주관적인 판단을 나타내는 문형이다. 예시로 「雨は降りっこない(비는 올 리가 없다)」와 같이 사용되니 함께 기억해 두자.

> **오답** 1 するほかない(할 수밖에 없다), 2 するまい(하지 않겠다), 4 できかねない(가능할지도 모른다)

> **어휘** 別れる(헤어지다) | ~なしで(~없이) | 生きる(살다)

> **오답** 1번은 「頼もしい(믿음직스러운)」, 2번은 「危ない(위험한)」, 4번은 「懐かしい(그리워)」가 들어가야 문장이 자연스러워진다.

> **어휘** 溺れる(물에 빠지다) | 監視員(감시원) | 実感(실감) | くだらない(쓸데없다, 하찮다) | 押入れ(벽장) | 見ているうちに(보고 있는 사이에)

33 정답 4

어렸을 때, 엄마가 매일 현관 청소를 시켜서 싫었습니다만, 좋은 습관을 몸에 익히(게 해 주어서) 지금은 감사드리고 있습니다.

> **해설** ★~(さ)せてもらう : ~하게 해 주다
> 「~(さ)せてもらう(~하게 해 주다)」는 '상대가 그 동작을 하라고 시켰고(させる), 화자는 그 허락을 받았다(もらう)'라는 뜻으로, 화자가 그 동작을 한다는 문형이다. 「良い習慣を身につけさせてもらった」를 직역하면 '좋은 습관을 몸에 익히게 시킴을 받았다'이며, 의역하면 '좋은 습관을 몸에 익히게 해 주었다'가 된다. 이때 습관을 몸에 익히게 시킨 사람은 '엄마'이며, '엄마'가 시키는 대로 좋은 습관을 익힌 사람은 '나'가 된다.

> **오답** 1 ~てあげた(~해 주었다), 2 ~てくれた(~해 주었다), 3 ~させてあげた(~시켜 주었다)

> **어휘** 玄関(현관) | 嫌だ(싫다, 짜증나다) | 習慣(습관) | 身につける(몸에 익히다) | 感謝(감사)

34 정답 3

(회사에서)
A : 그럼, 오늘은 이만 실례하겠습니다.
B : 오늘은 감사했습니다. 앞으(로도) 아무쪼록 협력해 주시기 부탁드리겠습니다.

> **해설** ★今後とも : 앞으로도
> 「今後とも」는 '앞으로도'라는 뜻으로 계속해서 관계를 유지하고 싶을 때 사용하는 표현이다. 설령 일회성 관계이고 계속 이어질 가능성이 없다고 해도 예의상 인사치레로써 이 표현을 사용하므로 꼭 알아두자.

> **오답** 1 ~より(~보다), 2 ~こそ(~야말로), 4 ~ばかり(~만)

> **어휘** 本日(오늘) | 協力(협력) | ~のほど(~해 주시기)

35 정답 2

갑자기 큰 폭발음이 들렸(나 싶더니), 건물에서 불길이 치솟고 있었습니다.

해설 ★Aかと思うと : Aあ나 했더니, Aあ는가 싶더니

「Aかと思うと」는 'A하나 했더니, A하는가 싶더니'란 뜻으로, 뒤에는 '뜻밖이다, 기가 막힌다, 놀랍다' 같은 표현이 주로 오는데 「か」는 생략 가능하다. 「Aかと思ったら」도 기억해 두자.

오답 1 ~ものだから(~라서), 3 ~かのように(~인 것처럼), 4 ~ばかりに(~한 탓에)

어휘 いきなり(갑자기) | 爆発音(폭발음) | 建物(건물) | 炎(불꽃, 불길)

36 정답 3

곧 이시다는 돌아올 테니, 잠시 (기다려 주시겠습니까?)

해설 ★お+동사 ます형+いただけますか : ~해 주시겠습니까?

「お+동사 ます형+いただけますか」는 '~해 주시겠습니까?'란 뜻으로, 상대에게 정중하게 부탁, 요구할 때 사용하는 표현이다. 「お+동사 ます형+いただけませんか(~해 주실 수 없겠습니까?)」가 되면 더욱 정중한 표현이 되니 함께 기억해 두자. 주의할 점은 「いただけますか・いただけませんか」와 같이 반드시 가능형으로 사용해야 한다. 이 표현은 비즈니스 상황 속에서 많이 사용하는 표현이니 꼭 공부해 두자.

오답 1 X, 2 X, 4 X

어휘 まもなく(곧) | 戻る(돌아오다) | まいる(가다, 오다, 行く・来る의 겸양어) | しばらく(잠시)

37 정답 1

일도 (일단락되었겠다), 어서 술이나 마시러 가자.

해설 ★AことだしB : A이겠다 B, A이니 B

「AことだしB」는 'A이겠다 B, A이니 B'라는 뜻으로, A에는 근거가 되는 이유가 오고, B에는 A의 근거로 내리는 판단, 결정, 제안 등이 온다. B에 잘 오는 표현으로 「~よう(~하자, ~해야지)・~ましょう(~합시다)・~ませんか(~하지 않겠습니까?)」 등이 있다.

오답 2 ~ことなく(~하지 않고), 3 ~こととなると(~하게 되면), 4 ~ことから(~라서)

어휘 一段落つく(일단락되다) | ぱあっと(어떤 일을 기세 좋게 하는 모습)

38 정답 3

3시간이나 (기다린 끝에), 결국 비행기는 태풍으로 결항되고 말았다.

해설 ★사역수동+たあげく : (하고 싶지 않은 동작을 억지로) ~한 끝에

'사역수동'과 「あげく」가 결합된 표현이다. '사역수동'은 '(하고 싶지 않은 동작이나 행위를 억지로) ~하다'란 뜻이다. 즉 「待たされる」는 '(기다리고 싶지 않았지만 어쩔 수 없이) 기다렸다'는 의미가 된다. 「あげく」는 '~한 끝에'라는 뜻으로, 여러 노력은 해보았지만 결국 좋은 결과를 얻지 못해서 아쉽다, 유감스럽다는 의미 등을 나타낸다.

오답 1 X, 2 X, 4 待たされたあまりに(기다리게 된 나머지)

어휘 結局(결국) | 欠航(결항)

39 정답 3

(레스토랑에서)
손님 여러분의 뜨거운 기대(에 부응하여) 인기 메뉴를 오늘만 반값에 제공합니다.

해설 ★~にこたえて : ~에 부응하여

「~にこたえて」는 '~에 부응하여'라는 뜻으로, '상대의 기대・희망・요구대로 하겠다, 맞추겠다'는 표현이다. 한자로 쓰면 「~に応えて」가 되니 함께 기억해 두자.

오답 1 ~をもとに(~을 바탕으로), 2 ~において(~에 있어), 4 ~にたいして(~에 대해)

어휘 期待(기대) | 人気(인기) | 半額(반액, 반값) | 提供(제공)

40 정답 1

이번 주 일요일에 다 같이 디즈니랜드에 가자고 했는데, 자격시험이 얼마 남지 않아서 (갈까 말까) 망설이고 있다.

해설 ★~ようか~まいか : ~할까 말까

「~ようか~まいか」는 '~할까 말까'란 뜻이다. 앞에는 동사 의지형이 오며, 앞뒤에 같은 동사를 반복 사용하여 결정하지 못하고 망설이고 있는 모습을 나타내는 문형이다. 「辞めようか辞めまいか(그만둘까 말까)・行こうか行くまいか(갈까 말까)」와 같이 활용할 수 있으니 꼭 알아두자.

주의! 「~まい」의 접속 방법			
	1그룹 동사	2그룹 동사	3그룹 동사
기본형+まい	行くまい・会うまい	見るまい・食べるまい	するまい・くるまい
ない형+まい	×	見まい・食べまい	しまい・こまい
예외	×	×	すまい

「する」는 「するまい・しまい・すまい」3가지 형태가 존재한다. 「~まい」는 N1에서도 자주 출제되니 반드시 공부해 두자.

오답 2 行く(가다), 3 行きます(갑니다), 4 行かない(가지 않다)

어휘 誘う(권유하다) | 資格(자격) | 迷う(망설이다)

---

41 정답 4

여러 사정으로 인해 사쿠라 제과점은 오늘로 (폐점하게 되었습니다).

해설 ★~(さ)せていただく：~하겠다
「~(さ)せていただく」는 상대가 허락하면 화자가 '~하겠다'는 의사를 공손하게 말하는 표현이다. 주로 회화체에서 많이 쓰이지만, 손님들에게 어떤 내용을 공지할 때도 많이 사용한다. 내 마음대로 가게를 폐점하겠다는 인상보다는 '손님들에게 허락을 받아 폐점하겠', 즉 그만큼 손님들을 공손하고 정중하게 대하고 있다는 인상을 주는 표현이다.

오답 1 X, 2 X, 3 X

어휘 諸事情(여러 사정) | 製菓店(제과점) | 本日(오늘) | ~をもって(~로) | 閉店(폐점)

---

42 정답 2

아들 : 엄마, 이만한 양의 밥, (도저히) 다 먹을 수 없어.
엄마 : 커지기 위해 많이 먹으렴.

해설 ★とても~ない：도저히 ~할 수 없다
「とても~ない」는 '도저히 ~할 수 없다'는 뜻이다. 「とても信じられない(도저히 믿을 수 없다)」와 같이 불가능함을 나타내는 표현이다. 「とてもじゃないが~ない(도저히 ~할 수 없다)」는 더욱 강조한 표현으로, 뒤에는 반드시 부정문이 나온다.

오답 1 たとえ(설령), 3 どうか(어떻게), 4 なんとも(정말)

어휘 量(양) | いっぱい(많이)

問題8 다음 문장의 ★ 에 들어갈 가장 알맞은 것을 1·2·3·4에서 하나 고르세요.

43 정답 2

4 思い出　1 がたくさんあるので　2 ★寂しい　3 もの

어릴 적에 가족과 자주 갔던 레스토랑이 문을 닫는다고 들었다. 그 가게에는 추억 이 많이 있어 ★쓸쓸한 느낌이 든다.

해설 「Aものがある」는 'A라는 느낌이 든다, A라는 특징을 볼 수 있다'라는 뜻으로 화자의 기분, 감정을 나타낼 때 사용하는 문형이다. 「がある」가 뒤에 나오니 우선 3번 「もの」는 맨 뒤로 간다. 「もの」 앞에는 감정이 나와야 하니 2번+3번 「寂しいもの(쓸쓸한 느낌)」가 만들어지고, 그 감정이 생긴 이유가 「思い出がたくさんあるので(추억이 많이 있어)」에 나타나 있으니, 나열하면 4-1-2-3이 되어야 자연스럽다.

어휘 閉店(폐점) | 店(가게) | 思い出(추억) | 寂しい(쓸쓸하다)

---

44 정답 4

2 安全　4 ★かどうか　3 しっかり　1 調べてからでないと

신제품이 완성되면, 무엇보다도 우선 안전 ★한지 어떤지 제대로 조사하고 나서가 아니면, 상품을 팔 수 없습니다.

해설 「~かどうか」는 '~인지 어떤지'란 뜻인데 주어진 선택지 중에서 앞에 올 수 있는 단어는 2번뿐이므로 2번+4번 「安全かどうか(안전한지 어떤지)」가 만들어지고, 뒤에는 「しっかり調べる(제대로 조사하다)」가 나와야 자연스럽다. 따라서 나열하면 2-4-3-1이 된다. 「AからでないとB」는 'A하고 나서가 아니면 B할 수 없다'라는 뜻의 문장으로 B에 「できない(할 수 없다)・無理だ(무리다)・だめだ(안 된다)」 등과 같은 부정적 표현이 온다.

어휘 新製品(신제품) | 完成(완성) | 何より(무엇보다) | しっかり(제대로, 단단히) | 商品(상품)

---

45 정답 4

2 通帳を　4 ★見ては　3 ため息を　1 ついて

이전 직장을 그만둔 이유는, 작년 이맘때 아내가 매일 통장을 ★보고는 한숨을 쉬고 있었기 때문이다.

해설 「ため息をつく」는 '한숨을 쉬다'는 뜻의 관용 표현이므로, 우선 3번+1번 「ため息をついて(한숨을 쉬고)」를 만들고, 앞에는 「通帳を見ては(통장을 보고는)」가 와야 문맥이 맞는다. 따라서 나열하면 2-4-3-1이 된다.

어휘 以前(이전) | 職場(직장) | 辞める(그만두다) | 理由(이유) | 今ごろ(이맘때) | 妻(아내) | 通帳(통장) | ため息をつく(한숨을 쉬다)

46 정답 4

3 見かけたら 1 できる 4 ★限りのことを 2 したい

어릴 적, 미아가 되었을 때 모르는 사람이 친절하게 대해준 경험이 있어서, 어려운 사람을 보면 할 수 있는 ★모든 일을 해야겠다고 항상 생각하고 있다.

해설 「～限り」는 '어떤 한계, 극한까지, 모두, ~할 수 있는 한'이란 뜻의 문형인데, 「できる限り(할 수 있는 한)」가 자주 시험에 출제된다. 따라서 우선 1번＋4번 「できる限りのことを(할 수 있는 모든 일을)」가 되는 것을 알 수 있고, 다시 「～たいと思う(~하고 싶다)」라는 문형을 만들기 위해 2번 「したい」가 맨 뒤로 가는 것을 알 수 있다. 따라서 나열하면 3-1-4-2가 된다. 「力の限り(있는 힘껏, 온 힘을 다해서)」와 같은 표현도 함께 기억해 두자.

어휘 幼い(어리다) | 迷子(미아) | 経験(경험) | 見かける(보다, 발견하다)

47 정답 4

1 予期せぬ怪我 3 により 4 ★大会出場を 2 あきらめざる

야마모토 선수는 예기치 못한 부상 에 의해 ★대회 출전을 포기할 수밖에 없었다고 분한 눈물을 글썽이며 말했다.

해설 「～ざるを得ない」는 동사 ない형에 접속하여 '(싫지만 어쩔 수 없이, 달리 방법이 없어서) ~할 수밖에 없다'는 뜻의 문형이다. 따라서 2번 「あきらめざる(포기할 수밖에)」가 맨 뒤로 가야 하는데, '무엇'을 포기할 수밖에 없다가 되어야 하므로 4번＋2번 「大会出場をあきらめざる(대회 출전을 포기할 수밖에)」가 된다. 그리고 앞에는 대회 출전을 포기할 수밖에 없었던 이유가 나와야 하므로, 나열하면 1-3-4-2가 되어야 자연스러운 문맥이 된다. 덧붙여 「する」는 「せざるを得ない」로 활용하기 때문에 접속 형태에 주의해서 꼭 기억해 두자.

어휘 選手(선수) | 予期せぬ(예기치 못한) | 怪我(부상) | 大会(대회) | 出場(출전, 출장) | あきらめる(포기하다) | 悔し涙(분해서 흐르는 눈물) | 浮かべる(떠올리다) | 語る(말하다)

問題9 다음 문장을 읽고 문장 전체의 내용을 생각하여 **48** 부터 **52** 안에 들어갈 가장 알맞은 것을 1·2·3·4에서 하나 고르세요.

48~52

나는 대학생 시절 아르바이트 수입에 의지해 생활하고 있었다. 공부도 하면서 힘들었지만, 언제까지나 부모님에게 **48** 의지하고 있을 수 없기 때문에, 주말에도 쉬지 않고 일을 했다. 아르바이트를 하면서 실수를 해서 손님에게 혼나거나, 선배에게 지도를 받거나 하는 경우도 적지 않았다. 그 탓에 의기소침해지거나, 울거나 하는 날이 계속되었다.

49 그래서 나는 같은 실수를 반복하지 않기 위해서는, 어떻게 하면 좋을지를 다시 생각해 보기로 했다. 일을 잘 하는 선배 밑에서 하는 방식을 어깨너머로 배워서 해 보거나, 지도 받은 내용을 메모로 남기거나 하게 되었다. 생각해 보면 나는 언제나 한 가지 방식에 얽매여 궁리를 하지 않았다. 거기에 더해서, 실수의 원인을 자신의 능력 **50** 탓으로만 돌릴 뿐, 방식을 바꾸면 개선할 수 있을 텐데, 그것을 깨닫지 못하고 있었던 것이다.

대학교를 졸업하고 현재는 회사에 근무하고 있는데, 학창 시절의 아르바이트 경험 **51** 빼고는, 지금의 나는 없었을 것이다. 능력이 없는 탓에 실수하는 거라는 생각은 도망치고 있는 것과 다름없는 것이다. 설령 실수를 할지라도 의기소침한 채로 끝나는 것이 아니라, 자신을 다시 바라보며 해결법을 **52** 찾아가는 것이 중요하다.

어휘 収入(수입) | 頼り(의지) | 失敗(실수, 실패) | 怒られる(혼나다) | 指摘を受ける(지적을 받다) | そのせいで(그 탓에) | 落ち込む(의기소침하다) | そこで(그래서) | 繰り返す(반복하다) | 考え直す(다시 생각하다) | ～ことにする(~하기로 하다) | 仕事ができる(일을 잘하다) | 見よう見まね(어깨너머로 배움) | こだわる(얽매이다) | 工夫(궁리) | ～に加え(~에 더해서) | 原因(원인) | 能力(능력) | ～のせいにしてばかりで(~탓으로 하기만 하고) | 改善(개선) | 気づく(깨닫다) | 現在(현재) | 経験(경험) | 逃げる(도망치다) | ～も同然だ(~과 다름없다) | 見つめ直す(다시 바라보다) | 解決法(해결법) | 探る(찾다)

48 정답 3

1 의지한 것이 아니었기 때문에
2 의지하지 않을 수 없었기 때문에
3 의지하고 있을 수 없었기 때문에
4 의지할 상황이 아니었기 때문에

해설 뒤에서 「週末も休まず仕事をしていた(주말에도 쉬지 않고 일을 했다)」라고 했는데, 그 이유에 대해서는 「いつまでも親に頼ってはいられなかったため(언제까지나 부모님에게 의지할 수 없었기 때문)」가 되어야 문장이 자연스러우므로 3번이 답이 된다.

49 정답 4

1 그런데	2 가능한 한	3 즉	4 그래서

해설 접속사 문제는 문장의 흐름을 잘 파악하면 쉽게 힌트를 찾을 수 있다. 앞에서 「アルバイトをしながら、～そのせいで落ち込んだり、泣いたりする日が続いていた(아르바이트를 하면서 ~그 탓에 의기소침해지거나, 울거나 하는 날이 계속되었다)」라고 하고, 뒤에서는 「私は、同じ失敗を繰り返さないためには、どうしたらいいのかを考え直してみることにした(나는 같은 실수를 반복하지 않기 위해서는, 어떻게 하면 좋을지를 다시 생각해 보기로 했다)」라고 했다. 필자가 이렇게 생각하게 된 이유를 설명하고 있으므로 이유를 뜻하는 4번 「それで(그래서)」가 들어가야 자연스러운 문장이 된다.

50 정답 3

1 탓으로 돌려 봤자	2 탓으로 돌리는 한편으로
3 탓으로만 돌릴 뿐	4 탓으로 돌리면서도

해설 「～てばかりだ・～てばかりいる」는 '~만 한다'는 뜻으로, 같은 행위를 몇 번이고 반복하거나, 항상 같은 행위만을

한다는 의미를 나타낸다. 뒤에 「やり方を変えれば改善できるものを(방식을 바꾸면 개선할 수 있을 텐데)」라고 후회하는 표현이 나온 것을 보아, 앞에는 '(방식을 바꾸지 않고) 계속 다른 이유 탓만 하고 있었다'는 것을 알 수 있으므로 3번이 답이 된다.

51 정답 1

1 빼고는	2 계기로	3 통해	4 둘러싸고는

해설 뒤에서 「今の自分はいなかっただろう(지금의 나는 없었을 것)」라고 했는데, 선택지 중 뒤에 부정문이 나올 수 있는 표현은 「～を抜きにしては～ない(~을 빼고는 ~없다)」뿐이다. 따라서 「学生時代のアルバイト経験を抜きにしては、今の自分はなかっただろう(학창 시절의 아르바이트 경험을 빼고는, 지금의 나는 없었을 것이다)」가 되어야 자연스러우므로 1번이 답이 된다.

52 정답 1

1 찾아가는	2 발견되어 가는
3 받아가는	4 안고 가는

해설 앞에서 「解決法を(해결법을)」라고 했으므로 뒤에는 타동사가 나와야 한다. 문맥상 「見つけていく(찾아가는)」가 오면 답이 될 수도 있지만, 「見つかっていく(발견되어 가는)」는 자동사라서 2번은 오답이다. 따라서 「探っていく(찾아가는)」가 들어가야 가장 자연스러우므로 1번이 답이 된다.

1교시 독해

본책 44 페이지

問題 10 다음 (1)부터 (5)의 문장을 읽고, 질문에 대한 답으로 가장 알맞은 것을 1·2·3·4에서 하나 고르세요.

53 정답 4

(1) 다음은 선생님께 보낸 메일 내용이다.

모니카 선생님

  안녕하세요. 지난주에는 맥주 축제에서 강연해 주셔서 감사합니다. 정말 알기 쉬워 참가자들에게도 큰 호평을 받았습니다. 그런데 시민 센터에서는 내년부터 독일어 강좌를 개강하게 되었습니다. '여행 독일어 회화', '기초부터 배우는 독일어'입니다. 그래서 모니카 선생님께 강사를 부탁드리고 싶어 연락을 드

렸습니다. 검토해 주시면 좋겠습니다. 일정이나 사례 등의 자세한 내용은 담당자 다카기로부터 연락드리겠습니다. 부디 맡아 주시기를 부탁드립니다.

사사키 요시코

이 메일을 보낸 가장 큰 목적은 무엇인가?
1 독일어 강좌의 자세한 내용은 담당자가 전하는 것
2 독일어 강좌를 시민 센터에서 개강하는 것
3 맥주 축제에서의 강연의 평판이 좋았던 것
4 독일어 강좌 강사를 부탁하고 싶은 것

해설 1~4번 모두 본문에 있는 내용이지만, 메일을 보낸 가장 큰 목적을 찾아야 한다. 이 메일에서는 「ご連絡を差し上げま

した(연락을 드렸습니다)」라는 표현으로 메일 보낸 목적을 말하고 있고, 바로 앞에서「モニカ先生に講師をお願いしたく(모니카 선생님께 강사를 부탁드리고 싶어)」라고 했다. 즉, 독일어 강사를 맡아 달라는 내용이 가장 큰 목적이므로 답은 4번이다.

어휘 祭り(축제) | 講演(강연) | 参加者(참가자) | 大好評(큰 호평) | さて(그런데) | 講座(강좌) | 開講(개강) | 基礎(기초) | 学ぶ(배우다) | つきましては(그래서, 따라서) | 講師(강사) | 連絡(연락) | 差し上げる(드리다) | 検討(검토) | ~いただければ幸いです(~해 주시면 좋겠습니다) | 日程(일정) | 謝礼(사례) | 詳細(상세) | 担当(담당) | ぜひ(부디, 꼭) | 引き受ける(맡다) | 申し上げる(~해 드리다) | 早々(이만 실례하겠습니다) | 評判(평판)

---

54 정답 2

(2)

말은 변천하는 법입니다. 시대에 따라 의미가 바뀌거나 사용법이 바뀌거나 합니다. 이 변화를 말이 흐트러진다고 느끼는 사람도 있겠지요. 분명히 어떤 의미에서는 그럴지도 모릅니다. 하지만 그것은 극히 자연스러운 일이라고 저는 생각합니다. 우리들이 지금 쓰고 있는 말 중에도 100년 전 사람이 들으면 흐트러졌다고 생각할 말이 많이 있다고 생각합니다. 말은 의사소통의 중요한 도구입니다. 중요한 것은 변화를 두려워하는 것이 아니라, 말을 사용해서 상대방에게 무엇을 어떻게 전달할 것인가라고 저는 생각하고 있습니다.

필자가 가장 하고 싶은 말이 무엇인가?
1 말이 바뀌는 것은 흐트러지는 것과는 전혀 다른 현상이다.
2 **말이 변화하는 것은 자연스러운 것으로, 사용하는 사람이 말을 어떻게 사용하는지가 중요하다.**
3 옛날 사람이 지금 말을 들으면 너무 흐트러져 이해 못 할 것이다.
4 말이 변화해 가는 것은 어쩔 수 없는 것이니, 포기해야 한다.

해설 이런 유형의 문제는 대개 마지막에 힌트가 나온다. 마지막에「大切なのは変化を恐れるのではなく、言葉を使って相手に何をどう伝えるのかということ(중요한 것은 변화를 두려워하는 것이 아니라, 말을 사용해서 상대방에게 무엇을 어떻게 전달할 것인가)」라고 했으므로 2번이 정답이다. 1번은 언급이 없었고, 3번은 옛날 사람들은 이해하지 못할 것이라고 하지 않았으니 오답이다. 또한 말의 변화를 포기하라는 말도 하지 않았으니 4번도 오답이다.

어휘 言葉(말) | 変遷(변천) | 乱れる(흐트러지다) | ごく(극히) | 自然な(자연스러운) | ツール(도구) | 変化(변화) | 恐れる(두려워하다) | 相手(상대) | 伝える(전달하다) | 全く(전혀) | 現象(현상) | 重要(중요) | 理解(이해) | 仕方ない(어쩔 수 없다, 소용없다) | あきらめる(포기하다)

---

55 정답 1

(3)

생물이 살아 활동하기 위해서는 에너지가 필요하다. 생물이 에너지를 내는 것은 몸속의 세포이다. 생물은 세포 내에서 산소를 사용해 흡수된 영양분을 추출한다. 이때, 이산화탄소와 물이 발생한다. 이처럼 세포에서 산소와 이산화탄소가 교환되는 것을 세포 호흡 또는 내호흡이라고 한다. 그리고 세포 호흡에 필요한 산소는 폐에서 흡수하고, 세포 호흡에서 나온 불필요한 이산화탄소는 폐에서 방출된다. 이것을 폐호흡 또는 외호흡이라고 한다.

본문의 내용과 맞는 것은 어느 것인가?
1 생물은 살아가기 위해서 세포가 산소를 사용하여 에너지를 추출한다.
2 생물의 호흡에는 내호흡과 세포 호흡 2가지 종류가 있으며, 불필요한 산소를 방출한다.
3 폐호흡 또는 외호흡에 의해 이산화탄소가 발생하는 생물은 인간뿐이다.
4 폐호흡에 필요한 산소는 세포 호흡에 의해 흡수되어 폐에서 방출된다.

해설 본문의「生物は細胞内で酸素を使って吸収された栄養分を取り出す(생물은 세포 내에서 산소를 사용해 흡수된 영양분을 추출한다)」가 힌트로 답은 1번이다. 내호흡과 세포 호흡은 같은 뜻이므로 2번은 오답이며, 폐호흡으로 이산화탄소가 발생하는 생물은 인간뿐이란 말은 없으므로 3번도 오답이 된다. 4번은 본문과 맞지 않는 내용으로 오답이다.

어휘 生物(생물) | 生きる(살다) | 活動(활동) | 取り出す(꺼내다, 내다) | 体中(몸속) | 細胞(세포) | 酸素(산소) | 吸収(흡수) | 栄養分(영양분) | 二酸化炭素(이산화탄소) | 発生(발생) | 交換(교환) | 内呼吸(내호흡) | 肺(폐) | 取り入れる(흡수하다, 받아들이다) | 不要(불필요) | 放出(방출) | 肺呼吸(폐호흡) | 外呼吸(외호흡)

(4) 다음은 주문 확인 메일 내용이다.

수신처: abc@abc.co.jp
제목 : 주문해 주셔서 감사합니다.

다나카 히카리 님

이번에 저희 회사 상품을 주문해 주셔서 진심으로 감사드립니다.

아래와 같은 내용으로 주문받았습니다.

상품명 : 라쿠라쿠 의자
상품 번호 : A159357
청구 금액 : 15,350엔
지불 방법 : 착불(수수료 300엔)

현재 발송 준비 중으로 가까운 시일 내에 발송해 드리겠습니다.

죄송합니다만, 조금만 더 기다려 주십시오.

또한 취소는 상품 도착 후, 일주일 이내입니다. 주의해 주십시오.

※본 메일은 주문 확정시의 자동 회신 메일입니다. 회신하셔도 대응하기 어려우므로 양해 바랍니다. 또한, 문의에 관해서는 본사 홈페이지를 통해 부탁드립니다.

이 메일에서 소개된 안내에 관해 맞는 것은 어떤 것인가?
1　구입자는 언제든 취소할 수 있다.
2　구매자는 앞으로 요금을 낼 필요가 있다.
3　상품은 다음 주에 발송될 예정이다.
4　발송 상황을 문의하고 싶을 경우에는 회신해도 된다.

해설 본문에 「お支払方法 : 着払い(지불 방법 : 착불)」라는 내용이 있다. 즉, 착불로 되어 있으니 이 사람은 아직 요금을 지불하지 않았음을 알 수 있으니 답은 2번이 된다. 취소는 일주일 이내라고 했으니 1번은 오답이다. 「一両日中」는 '가까운 시일 내'란 뜻이므로 3번도 오답이고, 문의는 홈페이지로 해달라고 했으므로 4번도 오답이다.

어휘 宛先(수신처) | 件名(건명, 제목) | この度(이번에) | 弊社(저희 회사) | 商品(상품) | 誠に(진심으로) | 下記(하기, 아래) | 内容(내용) | 承る(받다) | 商品名(상품명) | 請求(청구) | 金額(금액) | お支払(지불) | 着払い(착불) | 手数料(수수료) | 現在(현재) | 発送(발송) | 準備中(준비 중) | 一両日中(오늘내일 중, 가까운 시일 내) | 恐れ入ります(죄송합니다) | 尚(또한) | 到着後(도착 후) | 確定時(확정시) | 自動(자동) | 返信(회신) | 対応(대응) | ~かねる(~하기 어렵다) | ご了承ください(양해 바랍니다) | お問い合わせ(문의)

(5)
　여러분은 매일 밤 푹 자고 있는가? 실제로, 일본인 5명 중 1명은 불면증을 호소하고 있다고 한다. 확실히 불면증은 괴롭다. 이불에 들어가도 잠을 못 자면 스트레스가 쌓일 뿐이다.
　불면증 개선 방법으로는, 규칙적인 식생활과 자기 전에 목욕을 하고 몸을 따뜻하게 하기, 낮에 적당한 운동하기 등의 방법이 꼽힌다. 또 최근에는, 자기 수면의 문제점을 찾아내는 수면 일지라는 방법도 있다. 이불에 들어간 시간, 잠든 시간 등을 기록하는 등, 수면 습관을 재검토하는 것으로 자신에게 맞는 수면 습관을 찾을 수 있다. 그리고 술의 힘을 빌려 잠을 청하는 사람이 있는데, 알코올은 수면의 질을 악화시키는 원인이 되므로 추천할 수 없다.

필자에 의하면, 불면증의 올바른 개선 방법은 어느 것인가?
1　자기 전에 체온을 올리는 음식을 먹고 적당히 몸을 움직인다.
2　점심 식사 후에 산책이나 조깅 등의 운동을 한다.
3　매일 수면 일지를 써서 자신의 수면 습관을 SNS에 올린다.
4　이불에 들어가기 전에 목욕을 하고, 가볍게 맥주를 한 잔 마셔 둔다.

해설 본문에 「日中に適度な運動(낮에 적당한 운동)」란 표현이 있는데, 「日中」은 '해가 떠 있는 낮'을 뜻하므로 정답은 2번이 된다. 「寝る前に風呂に入って体を温める(자기 전에 목욕을 해서 몸을 따뜻하게 하기)」라고 했으므로 1번은 오답이다. 수면 일지를 쓰라고는 했지만, SNS에 올리라는 말은 없으니 3번도 오답이며, 알코올은 수면의 질을 악화시킨다고 했으니 4번도 오답이다.

어휘 ぐっすり(푹) | 実際に(실제로) | 訴える(호소하다) | 確かに(확실히) | 不眠症(불면증) | つらい(괴롭다) | 布団(이불) | 寝付く(잠들다) | たまる(쌓이다) | ~一方だ(~하기만 할 뿐이다) | 日中(낮) | 改善方法(개선 방법) | 規則的(규칙적) | 食生活(식생활) | 温める(따뜻하게 하다) | あげる(예로 들다) | 適度な(적당한) | 睡眠(수면) | 見つける(발견하다) | 日誌(일지) | 眠りにつく(잠이 들다) | 記録(기록) | 習慣(습관) | 見直す(재검토하다) | 質(질) | 悪化(악화) | おすすめ(추천)

다음 (1)부터 (3)의 문장을 읽고, 질문에 대한 답으로 가장 알맞은 것을 1·2·3·4에서 하나 고르세요.

58~60

(1)

①'모라하라'란 모럴 해러스먼트(moral harassment)의 줄임말로, ⟨58⟩ 신체적인 폭력이 아닌 말이나 태도 등에 의해 상대에게 정신적인 고통을 주는 것을 말한다. 다양한 곳에서 이 피해를 호소하는 사람이 늘고 있다.

그러나, 회사 내부 등에서 교육을 하는 상황에서는 이 구분이 어렵다. ⟨59⟩ 부하를 지도하고 있을 때 모라하라를 했을지도 모른다고 ②고민하는 사람도 있지 않을까? 서비스업의 마리코 씨는 입사 10년 차로 5명의 부하 지도도 맡고 있다. '가벼운 모라하라는 1년 내내 하고 있을지도 모릅니다'라고 한다. 일은 결과를 남겨야만 하고, 서로 봐주며 일을 하는 것은 좋지 않다고 마리코 씨는 생각하고 있기 때문이다. '실수하면 "다음에는 같은 실수를 하면 안 된다"라고 꾸짖거나, 개인 면담에서는 "좀 더 수준을 높여주지 않으면 곤란하다" 등 압박을 주는 경우가 있다'라고 말하는 마리코 씨는 그 반면, 모두의 앞에서 칭찬하거나, 성과를 공유하거나 하는 것도 잊지 않는다고 한다.

자극을 주는 것으로 의욕이 생기는 사람도 있고 그렇지 않은 사람도 있다. 상사로서 제대로 지도해야만 하지만 개인적인 감정이 들어가면 모라하라가 될 수도 있다. 상사라고는 해도 인간으로서 성숙한 것은 아니기 때문에, 꽤나 어려운 역할이라고 할 수 있을 것이다. ⟨60⟩ 인격이나 존엄을 훼손하는 것을 용서해서는 안 되지만 격려나 응원을 '모라하라'라고 한다면 관리직이 될 사람은 없어지는 것이 아닐까?

어휘 略(줄임말) | 身体的(신체적) | 暴力(폭력) | 態度(태도) | 精神的(정신적) | 苦痛(고통) | 与える(주다) | 様々な(다양한) | 被害(피해) | 訴える(호소) | 教育(교육) | 場面(상황, 장면) | 線引き(구분, 선 긋기) | 部下(부하) | 指導(지도) | 任す(맡기다) | 年中(1년 내내) | 馴れ合い(서로 봐줌) | 個人(개인) | 面談(면담) | プレッシャーをかける(압박을 가하다) | 語る(말하다) | 反面(반면) | 成果(성과) | 共有(공유) | 刺激(자극) | やる気(의욕) | 上司(상사) | きちんと(제대로) | 感情(감정) | ～かねない(~할 수도 있다) | ～とはいえ(~라고는 해도) | 人間(인간) | 成熟(성숙) | 役回り(역할) | 人格(인격) | 尊厳(존엄) | 傷つける(훼손하다) | 許す(용서하다) | 激励(격려) | 応援(응원) | 管理職(관리직) | なり手(될 사람)

---

58 정답 2

필자에 의하면, ①'모라하라'란 어떤 것인가?

1 직장에서 업무 내용을 문서 등으로 지시한다.
2 상대의 인격을 부정하는 것 같은 발언을 한다.
3 상사로서의 책임에서 부하를 지도한다.
4 개인적인 감정을 직장 동료에게 발표한다.

해설 첫 번째 단락에서 모라하라에 대해「身体的な暴力ではなく、言葉や態度などによって相手に精神的な苦痛を与えること(신체적인 폭력이 아닌 말이나 태도 등에 의해 상대에게 정신적인 고통을 주는 것)」라고 했는데, 정신적인 고통을 주는 행위와 일치하는 내용은 2번이다.

59 정답 4

②고민하는 사람의 설명으로 올바른 것은 어느 것인가?

1 부하 지도라는 명목으로 모라하라에 관여하는 사람
2 모라하라 같은 건 한 적 없다고 당당하게 부정하는 사람
3 모라하라라는 것을 모르고 부하를 괴롭히는 사람
4 모라하라하고 있을지도 모른다고 마음 아파하는 사람

해설 고민하는 사람에 대한 설명이 바로 앞에 있다. 「部下を指導している時にモラハラをしてしまっているかもと(부하를 지도하고 있을 때 모라하라를 했을지도 모른다고)」, 즉 부하에게 정당한 지도를 하다가 자신도 모르게 모라하라를 한 것이 아닌가 고민하는 사람을 의미하므로 답은 4번이다.

60 정답 3

필자의 생각과 맞는 것은 어느 것인가?

1 상사의 모라하라도 웬만한 것은 눈감아 주지 않으면 관리직 할 사람이 없어진다.
2 일하는 환경을 좋게 하기 위해서는 모라하라를 용서해서는 안 되므로 피해를 호소해야 한다.
3 모라하라를 용서해서는 안 되지만 관리직으로서의 고민을 해결해 나가는 것도 필요하다.
4 상사가 되고 교육하는 것은 어렵기 때문에 인간으로서 성숙한 사람이어야 한다.

해설 모라하라는 절대 있어서는 안 된다는 필자의 생각을 쉽게 알 수 있는데, 실제 현장에서는 정당한 행위도 자칫 모라하라로 오인될 수 있다는 문제도 언급하고 있다. 필자가 가장 하고 싶은 말은 마지막 단락「人格や尊厳を傷つけることを許してはいけないが激励や応援を「モラハラ」と言われては管理職のなり手がいなくなるのではないだろうか(인격이나 존엄을 훼손하는 것을 용서해서는 안 되지만 격려

나 응원을 '모라하라'라고 한다면 관리직이 될 사람은 없어지는 것이 아닐까?)」라고 했다. 따라서 필자의 생각과 맞는 내용은 3번이 정답이다.

61~63

(2)

xChange(엑스 체인지)라는 헌 옷 교환회가 여기저기에서 개최되고 있다. 벼룩시장과의 차이는 돈이 발생하지 않는 것이다. 사고파는 것이 아니라 이른바 물물교환이다. ⌷63⌷ 지구 환경에 친화적인 생활 방식을 지향하자는 생각에서 생겨나, 소유에서 공유로 순환형 사회를 생각하는 프로젝트다.

누구나 참가할 수 있는 이벤트로, 입을 기회가 없어진 옷이나 신발, 가방 등을 가지고 모여 행사장에 진열해 두기만 하면 된다. ⌷61⌷ 마음에 든 것이 있으면 무료로 가져갈 수 있지만, 몇 벌이고 마음대로 가져갈 수 있는 것은 아니다. 기준은 자신이 들고 온 수량과 같은 양이 된다.

또한 중요한 것은 누군가가 사용해 주기 바라는 마음이다. 헌 옷은 세탁되어 있는 것은 물론이고 상태가 좋은 것, 오염이나 찢어짐 등은 눈에 띄지 않고 (注)수선되어 있어야 한다. 그리고 가격표 대신 에피소드 태그를 붙인다. ⌷62⌷ 에피소드 태그에는 옷의 추억, 취급 주의 방법, 다음에 입어줄 사람에 대한 메시지 등을 자유롭게 쓴다.

'가족사진을 찍기 위해서 샀습니다만 한 번밖에 입지 않았습니다', '살이 쪄서 못 입게 되었습니다' 등 다양한 메시지가 붙여지는 것으로, 물건뿐만 아니라 추억도 함께 받게 된다. 추억이 부가가치가 되어 보다 소중히 하자는 마음이 생긴다고 하는 것 같다.

(注) 수선하다 : 부서지거나 나빠진 곳을 다시 고치다

어휘 古着(헌 옷) | 交換会(교환회) | 開催(개최) | 発生(발생) | いわゆる(이른바) | 物々交換(물물교환) | 地球環境(지구 환경) | 目指す(지향하다) | 所有(소유) | 共有(공유) | 循環型(순환형) | 洋服(옷) | 持ち寄る(가지고 모이다) | 会場(행사장) | 気に入る(마음에 들다) | 無料(무료) | 持ち帰る(가지고 돌아가다) | 目安(기준) | 分(수량, 분량) | 同量(같은 양) | 状態(상태) | 汚れ(오염) | 破れ(찢어짐) | 目立つ(눈에 띄다) | 修繕(수선) | 値札(가격표) | ~の代わりに(~대신에) | 思い出(추억) | 取り扱い(취급) | 受け取る(받다, 수취하다) | 付加価値(부가가치)

---

61 정답 3

기준이라고 있는데, 무엇을 의미하는가?

1 허용할 수 있는 옷이나 신발 등의 얼룩이나 찢어짐 등의 정도
2 옷 물물교환으로 발생하는 금액의 규모나 그 용도
3 행사 참가자가 가져갈 수 있는 옷과 신발 등의 양
4 에피소드 태그에 기입하는 추억이나 취급 주의 방법

해설 「目安」는 '기준, 목표'라는 뜻이다. 앞에서 「気に入ったものがあれば無料で持ち帰ることができるが、何枚でも好きに持ち帰ることができると言うわけではない(마음에 든 것이 있으면 무료로 가져 갈 수 있지만, 몇 벌이고 마음대로 가져 갈 수 있는 것은 아니다)」라고 하면서 「目安は自分が持ってきた分と同量(기준은 자신이 들고 온 수량과 같은 양)」라고 했다. 따라서 이 문장에서 「目安(기준)」가 의미하는 것은 3번이 답이 된다.

---

62 정답 2

이 글에 의하면, 엑스 체인지에서 물물교환할 때 지켜야 할 규칙은 무엇인가?

1 필요 없는 물건이라면 패션 아이템이 아니어도 가지고 와도 된다.
2 옷에는 에피소드 태그를 붙이고, 입는 법 등의 조언을 한다.
3 수선해서 눈에 띄지 않을 정도라도 찢어진 데가 있으면 갖고 오면 안 된다.
4 자신이 남에게 받은 아이템을 모아서 진열한다.

해설 엑스 체인지는 「古着交換会(헌 옷 교환회)」이며 「洋服や靴、バッグなど(옷이나 신발, 가방 등)」를 취급한다고 했으니 1번은 오답이다. 「汚れや破れなどは目立たず修繕していなければならない(오염이나 찢어짐 등은 눈에 띄지 않고 수선되어 있어야 한다)」, 즉 찢어진 데가 있어도 눈에 띄지 않으면 되니 3번도 오답이며, 4번은 없는 내용이다. 세 번째 단락에서 「そして値札の代わりにエピソードタグをつける。エピソードタグには服の思い出、取り扱いの注意方法、次に着てくれる人へのメッセージなどを自由に書く(그리고 가격표 대신 에피소드 태그를 붙인다. 에피소드 태그에는 옷의 추억, 취급 주의 방법, 다음에 입어줄 사람에 대한 메시지 등을 자유롭게 쓴다)」라고 했으니 규칙으로 맞는 내용은 2번이다.

63 정답 2

엑스 체인지에 관해, 본문 내용과 맞는 것은 어느 것인가?

1 추억이 있는 물건을 모르는 사람에게 보여주고 싶지 않은 사람에게 적합하다.

2 **지구 환경뿐만 아니라 사람과의 소통도 고려된 프로젝트이다.**

3 벼룩시장과 다르게 준비가 힘들기 때문에 참가하기 전에 잘 생각하는 것이 좋다.

4 에피소드 태그에는 가격은 쓰여 있지 않지만 인수 방법 등에 대해서는 쓰여 있다.

해설 「地球環境にやさしいライフスタイルを目指そうという考えから生まれ(지구 환경에 친화적인 생활 방식을 지향하자는 생각에서 생겨나)」라는 내용과 「物だけでなく思い出も一緒に受け取ることになる(물건뿐만 아니라 추억도 함께 받게 된다)」라는 내용에서 2번이 답이 된다는 것을 알 수 있다. 누구나 참가할 수 있는 이벤트이므로 1번은 맞지 않으며, 벼룩시장과의 차이는 돈 문제만 언급했으니 3번도 오답이며, 에피소드 태그의 내용에 인수 방법은 없으니 4번도 오답이다.

64~66

(3)

어느 신문사의 조사에 의하면 2020년에는 일본인의 약 두 명 중 한 명꼴로 독서를 하고 있는데, 한 달 평균 독서량은 0.55권이라는 결과가 나왔다. 같은 조사에서 책을 읽지 않은 이유로 '책을 읽지 않아도 생활에 불편함이 없어서', '바빠서 읽을 시간이 없어서', ⎿64⏌ **'다른 즐길 수 있는 미디어가 많아서'**, '트위터 등 SNS로 정보를 얻을 수 있으니까' 등이 거론되고 있다. 한편, 같은 조사에서 90% 이상의 사람이 독서는 중요하다고 답하고 있다.

그러나 이처럼 독서가 중요하다고 하면서도, 실제로는 별로 독서를 하지 않는 것은 왜일까? 나는 사람들이 독서에 어떤 효과가 있는지 구체적으로 모르기 때문이라 생각한다. 내가 조사한 독서의 주된 효과는 다음과 같다. 먼저 독서를 하면 스트레스가 해소된다. 영국의 연구에 따르면 독서는 음악 감상이나 커피를 웃도는 스트레스 해소 효과가 있다고 한다. 자극적인 미디어가 넘치는 현대사회를 살아가는 우리에게는 책과 같은 (注)매체는 마음을 위한 영양제가 된다고 생각한다. 또 업무나 일상의 힌트를 얻을 수 있다. 독서는 교양뿐만 아니라, 눈 앞의 문제를 해결하는 역할도 하는 것이다. 왜냐하면 ⎿65⏌ **책을 읽으면서 생각을 정리하고 스스로를 돌아볼 수 있기 때문이다.**

그렇다면 효과적인 독서 방법이란 어떤 것일까? 대표적인 방법으로 책에 선을 긋거나 메모를 써넣는 것을 들고 싶다. 이렇게

하면 내용이 머리에 들어오기 쉬워진다. 또한 ⎿66⏌ **같은 책을 여러 번 중요 부분만을 빠르게 읽고 나서 정독하는 '7번 읽기 독서법'도 기억에 남기 쉬운 독서법이라고 생각한다.** 그리고 '병렬 독서'라고 하여 두 권 이상의 책을 동시에 읽는 것도 추천한다. 이렇게 하면 여러 권의 책의 지식을 연관 지어 보다 이해가 깊어진다.

(注) 매체 : 정보를 전달하는 수단이 되는 것

어휘 新聞社(신문사) | 調べる(조사하다) | 読書(독서) | 平均(평균) | 結果(결과) | 調査(조사) | 不自由(불편함, 부자유) | ~割(~퍼센트, ~%) | 情報(정보) | 得る(얻다) | あげる(예를) 들다 | 大切だ(중요하다) | 具体的(구체적) | 主な(주된) | 効果(효과) | 次の通りだ(다음과 같다) | ストレス(스트레스) | 鑑賞(감상) | 上回る(웃돌다) | 解消(해소) | 刺激的(자극적) | あふれる(넘치다) | 現代社会(현대 사회) | 生きる(살다) | 教養(교양) | 役割(역할) | 果たす(다하다) | 代表的(대표적) | 拾い読み(빨리 읽기) | 精読する(정독하다) | 記憶(기억) | 並列読書(병렬 독서) | オススメ(추천) | 関連付け(연관 짓기) | 複数(복수) | 深まる(깊어지다)

---

64 정답 3

일본인의 독서에 관해 본문의 내용과 맞는 것은 어느 것인가?

1 일본인은 한 달에 한 권 이상의 책을 읽는다.

2 일본인 대다수가 독서는 필요 없다고 보고 있다.

3 **독서 대신에 인터넷을 사용하는 사람도 있다.**

4 일본인 약 절반 정도는 독서의 중요성을 알고 있다.

해설 첫 번째 단락에서 일본인의 월 평균 독서량이 「0.55冊(0.55권)」라고 했으니 1번은 오답이다. 「9割以上の人が読書は大切(90% 이상의 사람이 독서는 중요)」라고 했으므로 2번, 4번도 오답이 된다. 「ほかに楽しめるメディアが多いから(다른 즐길 수 있는 미디어가 많아서)·ツイッターなどのSNSで情報を得られるから(트위터 등 SNS로 정보를 얻을 수 있으니까)」라는 내용에서 필요한 지식을 독서 대신 인터넷을 사용하여 얻고 있다는 사실을 알 수 있으므로 답은 3번이다.

65 정답 1

필자에 의하면, 독서의 효과로 맞는 것은 어느 것인가?
1 독서는 자신의 마음을 비추는 거울이 될 수 있다.
2 독서는 기분을 고양시켜 스트레스를 해소시켜준다.
3 독서는 눈 앞의 문제에 대한 직접적인 해결책이 된다.
4 독서는 교양을 통해 성적을 향상시킨다.

해설 두 번째 단락 마지막에서 「本を読みながら、考えをまとめ、自分を反省することができる(책을 읽으면서 생각을 정리하고 스스로를 돌아볼 수 있다)」라고 했으므로 필자가 생각하는 독서의 효과는 1번이 정답이다. 독서에 의한 스트레스 해소에 관한 언급은 있었으나 '기분을 고양시킨다'는 말은 없으므로 2번은 오답이다. 독서로 일과 일상의 힌트를 얻을 수 있으나, 문제에 대한 직접적인 해결책이 될 수 있다는 말은 없으므로 3번은 오답이며, 독서가 성적을 향상시킨다는 말은 없으니 4번도 오답이 된다.

66 정답 2

필자에 의하면, 효과적인 독서 방법은 무엇인가?
1 2권 이상의 책을 동시에 빠르게 읽고 나서 정독하는 독서 방법
2 같은 책을 반복해서 읽음으로써 기억에 남기 쉽게 하는 독서 방법
3 책에 밑줄을 치면서 빠르게 읽는 독서 방법
4 한 권의 책을 집중해서 몇 번이고 소리를 내어 읽는 병렬 독서 방법

해설 본문에서 몇 가지 효과적인 독서 방법의 예를 들고 있는데, 「同じ本を何度か拾い読みしてから精読する「7回読み読書法」も記憶に残りやすい読書法(같은 책을 여러 번 중요 부분만을 빠르게 읽고 나서 정독하는 '7번 읽기 독서법'도 기억에 남기 쉬운 독서법)」라고 했으므로 정답은 2번이다.

問題 12 다음 A와 B의 글을 읽고, 질문에 대한 답으로 가장 알맞은 것을 1·2·3·4에서 하나 고르세요.

67~68

A

　24시간 영업이 당연하게 여겨지는 편의점입니다만, 일본에서 24시간 영업이 확산된 것은 1980년대로 알려져 있습니다. 67 원할 때 언제든 장을 볼 수 있는 것이 큰 장점입니다. 일 때문에 늦어졌다고 해도, 한밤중에 잠이 깨어 배가 고프다고 해도, 24시간 영업하는 편의점이 있다는 안도감은 큽니다. 편의점에서는 돈을 인출하거나 택배 서비스나 공공요금 등의 지불도 가능합니다. 또 심야에는 모든 가게가 닫혀 있습니다만, 만일 위험한 일이 생겨도 24시간 영업하는 편의점이 있으면 몸을 피할 수 있습니다. 68 편의점은 현대사회에서는 단순한 가게가 아니라 사회의 인프라로서 기능하고 있다고 해도 과언이 아닙니다.

B

　블랙 바이트(아르바이트)란 아르바이트에 대해 돈을 지불하지 않고 잔업을 시키거나, 휴식 시간을 주지 않는 등 가혹한 직장 환경을 말합니다. 그 중 대부분이 편의점입니다. 편의점은 24시간 영업을 하기 때문에 일손이 부족하기 일쑤입니다. 대도시가 아닌 한 심야 시간대는 손님이 오지 않는 경우도 많고, 가게를 닫고 싶은 점주도 적지 않습니다. 하지만 프랜차이즈 체인인 편의점은 마음대로 가게를 쉴 수 없습니다. 이러한 것도 블랙 바이트(아르바이트)를 낳는 배경으로 알려져 있습니다. 한밤중에 편의점에 사람이 모여 떠들거나, 자동차 엔진 소리가 시끄럽다는 등의 이웃에게 폐를 끼치는 것도 문제가 됩니다. 67 68 예전에는 24시간으로 괜찮았을지 몰라도, 요즘 시대에 맞지 않게 되었다면 영업시간을 재검토하는 것이 좋을 것입니다.

어휘 営業(영업) | 当たり前(당연) | 広まる(확산되다) | メリット(장점, 메리트) | 夜中(한밤중) | 目が覚める(잠이 깨다) | 安心感(안도감, 안심감) | お金をおろす(인출하다) | 宅配(택배) | 公共料金(공공요금) | 支払い(지불) | 可能(가능) | 深夜(심야) | 万が一(만일) | 危険(위험) | 避難(피난) | 現代(현대) | ~において(~에서) | 単純(단순) | インフラ(인프라) | 機能(기능) | 過言(과언) | 支払う(지불하다) | 休憩(휴식) | 職場環境(직장 환경) | 人手(일손) | 不足(부족) | ~がちだ(~하기 일쑤이다) | 都市(도시) | ~ない限り(~아닌 한) | 時間帯(시간대) | 店主(점주) | 勝手に(마음대로) | 生む(낳다) | 背景(배경) | 近所迷惑(이웃에게 폐를 끼침) | 昔(옛날) | 見直す(재검토하다)

편의점의 24시간 영업에 관해, A와 B는 어떻게 생각하고 있는가?

1 A는 장점이 크다고 하며, B는 다시 생각해 보아야 한다고 말하고 있다.

2 A도 B도 24시간 영업을 하는 것에 의미가 있다고 생각한다.

3 A도 B도 24시간 영업을 하는 것에 의미가 없다고 생각한다.

4 A는 피난처 역할이 있다고 하며, B는 집회소 역할이 있다고 말하고 있다.

해설 A는 편의점 24시간 영업의 긍정적인 측면을 논한 반면, B는 부정적인 측면을 논하고 있으므로 1번이 정답이다. A, B의 의견이 일치하지 않는데, A와 B의 의견을 하나로 묶은 2번, 3번은 답이 될 수 없다. B는 편의점에 늦은 시간에 사람이 모여 남에게 피해를 주고 있다고 했으니 집회소의 역할을 하고 있다고 할 수는 없으므로 4번도 오답이다.

편의점의 존재에 관해, A와 B는 어떻게 말하고 있는가?

1 A는 안심감을 주는 곳이라고 말하고, B는 범죄에 휘말릴 위험을 안고 있다고 말하고 있다.

2 A는 일상생활에 빼놓을 수 없는 사회 인프라라고 말하고, B는 시대에 맞게 변화해야 한다고 말하고 있다.

3 A도 B도, 편의점은 다양한 면에서 편의성이 높기 때문에 더욱 늘려야 한다고 말하고 있다.

4 A도 B도, 편의점은 이제는 빼놓을 수 없는 사회 인프라가 되어 있다고 말하고 있다.

해설 A의 「コンビニは現代社会においては単純なお店ではなく、社会のインフラとして機能していると言っても過言ではありません(편의점은 현대사회에서는 단순한 가게가 아니라 사회의 인프라로서 기능하고 있다고 해도 과언이 아닙니다)」와 B의 「昔は24時間でよかったかもしれませんが、今の時代にあわなくなっているのなら、営業時間を見直すのがよいでしょう(예전에는 24시간으로 괜찮았을지 몰라도, 요즘 시대에 맞지 않게 되었다면 영업시간을 재검토하는 것이 좋을 것입니다)」가 결정적 힌트로 정답은 2번이다. 블랙 바이트(아르바이트)가 될 가능성이 있다고 했지만, 범죄에 휘말린다고는 하지 않았으므로 1번은 오답이다. B는 다양한 편의성보다 부정적 측면을 논하고 있으므로 3번도 오답이며, 사회 인프라 시설로 긍정적으로 보고 있는 것은 A뿐이므로 4번도 오답이다.

問題13 다음 글을 읽고, 질문에 대한 답으로 가장 알맞은 것을 1·2·3·4에서 하나 고르세요.

69~71

직장에서는 상사로부터의 압력, 동료나 후배와의 인간관계, 사생활에서는 친구의 SNS에 대한 댓글 등, 현대인은 '남의 말' 때문에 스트레스가 쌓이기 십상입니다. 때로는 강한 충격을 받거나 분노를 느끼는 경우도 있을 것입니다. 이러한 스트레스로부터 자신을 해방시키기 위하여 주목받는 것이 '스루 스킬(through skill)'입니다.

'스루 스킬'이란 [69] 자신에게 있어 불안이나 스트레스가 되는 말이나 정보를 진지하게 받아들이지 말고, 잘 받아넘기거나 무시하거나 할 수 있는 능력을 말합니다. 예를 들면 상사가 언성을 높여 '어째서 못하는 거냐? 몇 번이고 말했잖아!'라고 했다고 칩시다. 만일 당신이 '그 말이 맞아. 좋아, 좀 더 분발할 테다!'라고 생각했다면 문제없지만, 상사의 난폭한 표현에 상처 입은 경우에는 어떻게 하면 좋을까요?

먼저, 상사가 왜 화가 난 건지, 큰 목소리를 낼 필요가 있는 건지 상대를 객관적으로 분석합니다. 누구에게나 항상 그렇다면 상사의 성격이라고 생각하며 신경 쓰지 말거나, 나잇살이나 먹고 꼴불견이라 생각하고 무시, 즉 '스루(through)'합니다. 동시에 자신의 실수가 무엇이었는지는 생각할 필요가 있습니다. 만약 고쳐야 할 부분이 있다면 다음에도 같은 실수를 하지 않도록 주의하는 것이 좋기 때문에 감정적이 되어 '스루'하지 않는 것이 좋겠지요. 여기까지 침착하게 분석할 수 있다면 생각을 바꾸고 더 이상 신경 쓰지 않는 것입니다. [70] 그리고 감정적이게 되어 버리는 순간은 사람마다 제각각이니, 어떤 말과 태도에 화가 나는 건지, 상처 입는 건지, 자기 자신을 파악해 두는 것도 중요합니다.

그런데, 타인과의 커뮤니케이션에서는 사고 방식이나 입장이 다른 사람의 의견을 듣는 것도 중요합니다. '스루 스킬'은 상대방이 하는 말을 신경 쓰지 않거나 무시한다는 단순한 것이 아닙니다. 또한 부정적인 말을 들었을 때 그대로 받아들이고 그저 참는 것도 아닙니다. [71] 자신의 감정을 잘 처리하여 주위의 언동에 과잉 반응하지 않는 것이 '스루 스킬'이며, 말하자면 둔감력이라고도 바꾸어 말할 수 있습니다. '스루 스킬'을 몸에 익힐 수 있으면 스트레스에 강해지고, 적극적이며 좀 더 편하게 살아갈 수 있음에 틀림없습니다.

어휘 職場(직장) | 上司(상사) | プレッシャー(압력) | 同僚(동료) | 人間関係(인간관계) | 現代人(현대인) | 他人(남, 타인) | たまる(쌓이다) | ~がちだ(~하기 십상이다) | 時には(때로는) | 怒り(분노) | 覚える(느끼다) | 解放(해방) | 注目(주목) | ~にとって(~에게 있어) | 情報(정보) | まともに(진지하게) | 受け取る(받아들이다) | 受け流す(받

아넘기다) | 能力(능력) | 声を荒げる(언성을 높이다) | そ
の通り(그대로) | 乱暴(난폭) | 言い方(표현, 말투) | 傷つ
く(상처 입다) | 怒る(화내다) | 客観的(객관적) | 分析(분
석) | 性格(성격) | 気にする(신경 쓰다) | いい大人(나잇
살 먹은 어른, 조롱의 의미) | みっともない(꼴불견이다) |
無視(무시) | つまり(즉) | 同時に(동시에) | 直す(고치다)
| 感情的(감정적) | 冷静(침착, 냉정) | 切り替える(바꾸
다) | 瞬間(순간) | 態度(태도) | 腹が立つ(화가 나다) | 把
握(파악) | 異なる(다르다) | 単純(단순) | 否定的(부정적)
| 向ける(향하다) | そのまま(그대로) | 受け止める(받아
들이다) | 我慢する(참다) | 処理(처리) | 周囲(주위) | 言
動(언동) | 過剰(과잉) | 反応(반응) | 鈍感力(둔감력) | 言
い換える(바꿔 말하다) | 身につける(몸에 익히다) | 前向
き(적극적) | 楽に(편하게) | 生きる(살다) | ～に違いな
い(~임에 틀림없다)

69 정답 1

'스루 스킬'이란 어떤 것인가?

1 상사의 말이나 태도의 이유를 생각하면서 받아 넘기는 능력

2 점잖지 못한 상사의 말이나 지시는 모두 받아들이지 않는 능
력

3 상사의 말이나 태도의 의미를 생각하지 않고 받아들이는 능
력

4 상사를 비롯 남의 의견이나 생각을 완전히 받아들이는 능력

해설 본문에서 '스루 스킬'이란 「自分にとって不安やストレス
となる言葉や情報をまともに受け取らずに、上手に受
け流したり無視したりできる能力のこと(자신에게 있어
불안이나 스트레스가 되는 말이나 정보를 진지하게 받아들
이지 말고, 잘 받아넘기거나 무시하거나 할 수 있는 능력)」라
고 했으므로 정답은 1번이다. 모든 것을 받아들이지 말라는
것은 아니므로 2번은 오답이고, 또한 모두 완전히 받아들이
는 것도 아니므로 4번 역시 오답이다. 「上司がなぜ怒って
いるのか、～相手を客観的に分析しましょう(상사가 왜
화가 난 건지, ~상대를 객관적으로 분석합시다)」라고 했으므
로 '생각하지 않고 받아들이는 능력'이라고 한 3번도 오답이
다.

70 정답 1

필자에 의하면, '스루 스킬'을 몸에 익히는 데 필요한 능력은 어느
것인가?

1 자기 파악력

2 과잉 반응력

3 감정 고양력

4 실천 행동력

해설 세 번째 단락 끝에서 「そして感情的になってしまう瞬間
は人それぞれですから、どんな言葉や態度に腹が立つ
のか、傷ついてしまうのか、自分自身を把握しておく
ことも大切(그리고 감정적이 되어 버리는 순간은 사람마다
제각각이니, 어떤 말과 태도에 화가 나는 건지, 상처 입는 건
지, 자기 자신을 파악해 두는 것도 중요)」라고 했으니 1번이
정답이다.

71 정답 3

둔감력에 관해, 필자는 어떻게 생각하고 있는가?

1 타인의 말을 참고하여 적극적으로 살아가는 힘과 희망을 갖
는 것

2 사고 방식과 입장의 차이를 이해하고 남의 의견을 듣는 것

3 남의 말을 과장되게 생각하지 말고 침착하게 듣는 것

4 남의 말을 진지하게 받아들이지 않고 무시하는 것

해설 「自分の感情をうまく処理して周囲の言動に過剰に反
応しないのが「スルースキル」であり、いわば鈍感力
とも言い換えられます(자신의 감정을 잘 처리하여 주위
의 언동에 과잉 반응하지 않는 것이 '스루 스킬'이며, 말하자
면 둔감력이라고도 바꾸어 말할 수 있다)」라고 했으므로 3번
이 정답이다. 1번은 '스루 스킬'을 익힌 후의 결과이고, 2번은
'스루 스킬'의 내용이 아니며, 4번은 본문 내용과 전혀 맞지
않는 내용으로 오답이다.

問題 14 오른쪽 페이지는 캠페인 안내이다. 아래 질문에 대한 답으로 가장 알맞은 것을 1·2·3·4에서 하나 고르세요.

【새 생활 응원】봄 설레는 캠페인
매일 선착 100분께! 음식권 500엔 증정

봄 방학에는 친구와! 가족과! 연인과!
일식·양식·중식의 맛집이 모인 쇼핑몰 식당가에서 식사를.
500엔 음식권을 받을 수 있는 봄 스페셜 캠페인을 개최합니다.

이벤트 내용 :
기간 중 음식·식품 점포에서의 구매 금액이 3,000엔 이상인 영수증을 보여주면, 쇼핑몰 내 음식·식품 점포에서 사용할 수 있는 음식권 500엔을 매일 선착 100분께 증정합니다.

72 **대상 기간** : 2023년 3월 1일(수)~3월 13일(월)
대상 점포 : 음식·식품 점포 ※자세한 내용은 하기와 같음
73 **교환일** : 3월 6일(월)~7일(화), 3월 13일(월)~14일(화)
교환 시간 : 11시~18시 ※배포 매수에 도달하는 대로 종료
교환 장소 : 쇼핑몰 1층 서비스 카운터
교환 방법 : 대상 영수증을 교환 장소로 가져와 주세요.
음식권 이용 기간 : 2023년 3월 20일(월)~4월 11일(화)

주의 사항 :
※기간 중의 영수증 합산 가능
※ 73 구매 3,000엔(세금 포함)마다 음식권 1장 증정!
※음식권은 쇼핑몰 내 음식·식품 점포에서만 유효합니다.

대상 점포 :
· 음식점
 이시카와 스시, 규스미비 야키니쿠, 파스타 토마토, 츄우가 시센, 오사카 돈가스, 일식 도미후쿠, 카페 아오조라, 인도 카레 타지, 나카무라 커피, 하카타 라멘 다루마
· 식품 점포
 베이커리 파리젠느, 다코야키 핫짱, 슈크림 나무, 오코노미야키 키친, 한국 김밥 명동, 고로케 아지노야, 도넛 팩토리

어휘 応援(응원) | うきうき(들뜬 모습) | 各日(매일, 각일) | 先着(선착) | 名様(~분) | 飲食券(음식권) | 和(일본, 일식) | 洋(서양, 양식) | 中(중국, 중식) | グルメ店(맛집) | 揃う(모이다) | 開催(개최) | 期間中(기간 중) | 飲食(음식) | 食品(식품) | 店舗(점포) | お買い上げ(구매) | 金額(금액) | レシート(영수증) | 対象(대상) | 詳しい(자세하다) | 下記の通り(하기와 같음) | 引換日(교환일) | 配布(배포) | 枚数(매수) | 達する(도달하다) | ~次第(~하는 대로, 즉시) | 終了(종료) | 事項(사항) | 合算可(합산 가능) | 税込(세금 포함) | ~のみ(~만) | 有効(유효) | 食品(식품)

---

72 **정답 2**

다음 4명은 쇼핑몰 캠페인에 참가하여, 500엔짜리 음식권을 받으려고 한다. 이 중에서 음식권을 받을 수 있는 사람은 누구인가?

이름	날짜	가게 이름	이용 금액
1 고메다 씨	3월 2일	오코노미야키 키친	1,400엔
	3월 12일	카페 아오조라	600엔
2 다나카 씨	3월 10일	일식 도미후쿠	2,000엔
	3월 13일	고로케 아지노야	1,600엔
3 오가와 씨	3월 3일	오사카 돈가스	1,000엔
	3월 14일	하카타 라멘 다루마	950엔
4 우치다 씨	3월 8일	슈크림 나무	550엔
	3월 17일	규스미비 야키니쿠	2,500엔

해설 캠페인에 참가할 수 있는 조건은 대상 기간이 3월 1일부터 13일까지 대상 점포에서 3,000엔 이상 이용해야 한다. 다음 중 참가 조건을 모두 충족한 사람은 다나카 씨이므로 2번이 정답이다. 1번은 합산 금액이 3,000엔이 되지 않으며, 3번과 4번은 대상 기간과 이용 금액이 충족되지 않아 오답이다.

---

73 **정답 2**

기무라 씨는 3월 6일 인도 카레 타지에서 4,000엔, 3월 10일 한국 김밥 명동에서 2,500엔을 사용하고, 음식권을 가지러 가려고 한다. 기무라 씨가 음식권을 받으려면 어떻게 해야 할까? 그리고 음식권은 몇 장 받을 수 있는가?

1 3월 6일 12시에, 영수증을 가지고 쇼핑몰 내 점포로 가면, 1장 받을 수 있다.

2 3월 13일 16시에, 영수증을 가지고 서비스 카운터로 가면, 2장 받을 수 있다.

3 4월 9일 15시에, 영수증을 가지고 쇼핑몰 내 점포로 가면, 1장 받을 수 있다.

4 4월 11일 17시에, 영수증을 가지고 서비스 카운터로 가면, 2장 받을 수 있다.

해설 음식권을 교환할 수 있는 기간은 '3월 6일~7일, 3월 13일~14일'이고, 교환 시간은 '11시~18시'이며, 교환 장소는 '쇼핑몰 1층 서비스 카운터'이며, '영수증'을 가져오라고 했다. 그리고 기무라 씨가 사용한 총액은 6,500엔인데, 본문에서 「お買い上げ3,000円(税込)ごとに、ご飲食券1枚プレゼント！(구매 3,000엔(세금 포함)마다 음식권 1장 증정!)」라고 했다. 따라서 기무라 씨는 2장의 음식권을 받을 수 있고, 이 조건을 모두 충족시키는 2번이 정답이다.

問題1　問題1では、まず質問を聞いてください。それから話を聞いて、問題用紙の1から4の中から、最もよいものを一つ選んでください。

例

レストランの店員と客の女性が話しています。客の女性はサイドメニューに何を選びましたか。

M：いらっしゃいませ。何になさいますか。

F：このランチセットのタラコソース・パスタをお願いします。

M：サイドメニューはいかがなさいますか。本日はポテトサラダ、コーンサラダ、温かいコーンスープ、さつまいもチップスの4つからお選びいただけます。

F：ガーリックトーストは基本で付きますよね。だったら、あまりおなかにたまらない軽いものがいいから……。

M：では、コーンサラダがよろしいかと。酸味のきいたさっぱりしたサラダです。

F：あ、待ってください。やっぱりこれにします。外回りで体が冷えちゃったから。

M：承知しました。では、前菜として先にお持ちいたします。

F：ありがとうございます。

客の女性はサイドメニューに何を選びましたか。

1　ポテトサラダ
2　コーンサラダ
3　コーンスープ
4　さつまいもチップス

문제1　문제 1에서는 먼저 질문을 들으세요. 그리고 나서 이야기를 듣고 문제지의 1부터 4 안에서 가장 알맞은 것을 하나 고르세요.

예　정답 3

레스토랑 점원과 여자 손님이 이야기하고 있습니다. 여자 손님은 사이드 메뉴로 무엇을 선택했습니까?

M : 어서 오십시오. 무엇으로 하시겠습니까?

F : 이 런치 세트인 타라코(명란젓) 소스 파스타 부탁합니다.

M : 사이드 메뉴는 어떻게 하시겠습니까? 오늘은 감자샐러드, 콘샐러드, 따뜻한 옥수수수프, 고구마 칩스 4가지 중에서 선택하실 수 있습니다.

F : 갈릭 토스트는 기본으로 나오는 거지요? 그럼 너무 배에 부담되지 않는 가벼운 게 좋을 테니…….

M : 그럼 콘샐러드가 괜찮으실까 합니다만. 신맛이 나는 산뜻한 샐러드입니다.

F : 아, 잠시만요. 역시 이걸로 할게요. 외근하느라 몸이 차가워져서.

M : 알겠습니다. 그럼 전채를 먼저 가져다 드리겠습니다.

F : 감사합니다.

여자 손님은 사이드 메뉴로 무엇을 선택했습니까?

1　감자샐러드
2　콘샐러드
3　옥수수수프
4　고구마 칩스

電話で女の人と会社の部長が話しています。女の人はまず何をしなければなりませんか。

F：部長、すみません。今、電車の中なんですが、信号機の故障で1時間ほど動かないみたいなんです。

M：1時間も？そりゃ大変だな。満員で座れもしないだろうに。

F：はい、人酔いしそうです。それよりも、ご迷惑をおかけしてしまってすみません。到着次第すぐに明日のプレゼン資料の作成に取り掛かります。

M：おう、そうだな。まあ、とりあえず気をつけてこいよ。あ、ただ、午後4時までには市場分析のデータをまとめて、私の机の上に置いといてほしいんだが。

F：はい、承知しました。間に合わせます。あと、昨日お渡しした新商品に関する提案書のほう、ご確認お願いできますか。

M：うん、今日中に見ておくよ。あ、それと鈴木。会社来る前に駅で遅延証明書もらってこいよ。それないとお前、遅刻扱いになるぞ。

F：はい、忘れずにもらってきます。

M：それじゃ、会社でな。

女の人はまず何をしなければなりませんか。

1　プレゼンしりょうを作成する
2　市場ぶんせきのデータをまとめる
3　遅延しょうめいしょを取りに行く
4　新商品のていあんしょを確かめる

전화로 여자와 회사 부장이 이야기하고 있습니다. 여자는 먼저 무엇을 해야 합니까?

F：부장님 죄송합니다. 지금 전철 안인데 신호기 고장으로 1시간 정도 움직이지 않을 것 같습니다.

M：1시간이나? 그건 큰일이네. 만원이라 앉지도 못할 텐데.

F：네, 사람이 너무 많아 숨 막힐 것 같아요. 그것보다 피해드려 죄송합니다. 도착 즉시 내일 프레젠테이션 자료 작성을 시작하겠습니다.

M：응, 그래. 일단은 조심해서 오도록 해. 아, 다만 오후 4시까지는 시장 분석 데이터를 정리해서 내 책상 위에 갖다 두면 좋겠는데.

F：네, 알겠습니다. 시간에 맞출 수 있습니다. 그리고 어제 건네 드린 신상품에 관한 제안서, 확인 부탁드릴 수 있을까요?

M：응, 오늘 중으로 보지. 아, 그리고 스즈키. 회사 오기 전에 역에서 지연증명서 가져와. 그거 없으면 너 지각 처리된다.

F：네, 잊지 않고 갖고 가겠습니다.

M：그럼, 회사에서 보세.

여자는 먼저 무엇을 해야 합니까?

1　프레젠테이션 자료를 작성한다
2　시장 분석 데이터를 정리한다
3　지연증명서를 가지러 간다
4　신상품 제안서를 확인한다

해설 본문에서는 여자가 해야 할 일로 여러 가지 업무가 언급되고 있다. 그 중 여자가 가장 먼저 할 일은 「会社来る前に駅で遅延証明書もらってこいよ(회사 오기 전에 역에서 지연증명서 가져와)」라고 했으므로 답은 3번이다.

어휘 信号機(신호기) | 故障(고장) | 満員(만원) | 人酔いする(사람이 너무 많아 불쾌함을 느끼다) | ご迷惑をかける(폐를 끼치다, 피해드리다) | 到着次第(도착 즉시) | 資料(자료) | 作成(작성) | 取り掛かる(시작하다) | とりあえず(일단, 우선) | 気をつける(조심하다) | 市場分析(시장 분석) | まとめる(정리하다) | 承知する(알다) | 間に合わせる(시간에 맞추다) | あと(그리고) | 渡す(건네다) | 新商品(신상품) | 提案書(제안서) | 今日中(오늘 중) | 遅延証明書(지연증명서) | 遅刻扱い(지각 처리) | 確かめる(확인하다)

バスターミナルで女の人とバス会社の人が話しています。女の人はまず何をしますか。

F：すみません。バス会社の方ですよね？

M：はい、どうかされましたか。

F：東京へ行くんですけど、高速バスの乗り場がよく分からなくて。

M：乗車券はお持ちでいらっしゃいますか。

F：はい。3週間前にオンラインで予約しました。

M：ちょっと拝見してもよろしいですか。

F：はい。あの、13時10分のバスだから、あと10分くらいで出発してしまうんです。

M：ん？これ、明日11日の出発になっていますね。今日は十日ですが。

F：えっ、うそ、どうしよう。今日、東京に行かないといけないのに。

M：お客様、こちらの乗車券は明日のものですから、払い戻しができます。インターネット予約ですので、出発時間の10分前までネット上で手続きができます。本日出発の乗車券を、いったんあちらの窓口でお求めになってはいかがでしょうか。

F：あ、分かりました。あの、東京行きのバスの座席はまだ残ってるでしょうか。

M：確かなことは窓口で聞いていただいたほうがいいですが、平日ですし、今日はあまり混み合ってないほうなので。

F：そうですよね。ありがとうございました。

女の人はまず何をしますか。
1　東京行きのバス乗り場へ行く
2　空席をインターネットでかくにんする
3　バス会社の窓口へ行く
4　払い戻し手続きをする

2번 정답 3

버스터미널에서 여자와 버스 회사 사람이 이야기하고 있습니다. 여자는 먼저 무엇을 합니까?

F : 실례합니다. 버스 회사 분이시죠?

M : 네, 무슨 일 있으신지요?

F : 도쿄에 갈 건데요, 고속버스 승강장이 어딘지 잘 모르겠어요.

M : 승차권은 갖고 계세요?

F : 네. 3주 전에 온라인으로 예약했어요.

M : 잠깐 봐도 괜찮을까요?

F : 네. 저기, 13시 10분 버스라, 앞으로 10분쯤 후에 출발하거든요.

M : 응? 이거 내일 11시 출발로 되어있는데요. 오늘은 10일입니다만.

F : 네? 진짜요? 어떡하지. 오늘 도쿄에 가야만 하는데.

M : 고객님, 이 승차권은 내일 자이니 환불 가능합니다. 인터넷 예약이니 출발 시간 10분 전까지 인터넷상에서 수속 가능합니다. 오늘 출발 승차권을 일단 저쪽 창구에서 구입하시면 어떨까요?

F : 아, 알겠습니다. 저기, 도쿄행 버스 좌석은 아직 남아 있을까요?

M : 정확한 것은 창구에서 알아보시는 게 좋습니다만, 평일이고 오늘은 그다지 사람이 많지 않은 편이라서.

F : 그렇군요. 감사합니다.

여자는 먼저 무엇을 합니까?
1　도쿄행 버스 승강장으로 간다
2　빈자리를 인터넷으로 확인한다
3　버스 회사 창구로 간다
4　환불 절차를 밟는다

해설 여자가 잘못 구입한 승차권을 갖고 있는 것을 안 남자가 환불된다고 알려주었는데, 여자가 오늘 꼭 도쿄에 가야 한다고 했다. 그러자 남자는 「本日出発の乗車券を、いったんあちらの窓口でお求めになってはいかがでしょうか(오늘 출발 승차권을 일단 저쪽 창구에서 구입하시면 어떨까요?)」라고 했다. 즉, 환불보다도 오늘 꼭 도쿄에 가야 한다면 먼저 승차권부터 구입하라고 조언하였고 여자는 알겠다고 했으므로 가장 먼저 해야 할 일은 환불이 아니라, 도쿄행 승차권 구입이니 답은 3번이다.

어휘 高速(고속) | 乗り場(승강장) | 乗車券(승차권) | お持ちでいらっしゃいますか(갖고 계세요?) | 拝見する(보다, 見る의 겸양어) |

払い戻し(환불) | ネット上(인터넷상) | 手続き(수속) | 本日(오늘) | いったん(일단) | 窓口(창구) | お求めになる(구입하시다) | 座席(좌석) | 平日(평일) | 混み合う(붐비다) | 東京行き(도쿄행) | 空席(빈자리)

3番

会社で女の人と男の人が話しています。男の人はこのあとまず何をしますか。

F：ねえ、近藤さん。平野社長のインタビュー日程は決まった？

M：すみません、それがまだなんです。何度もメールしているんですが、返事が来なくて。

F：そっか。忙しい方だからね。でも、そろそろ決めてもらわないと、こちらの日程の都合もあるから。一度、電話してみてくれない？

M：え？あんな偉い方に僕なんかが直接電話をしていいんですか。

F：何言ってんの。平野社長ご本人に電話するわけないでしょ。広報部に電話するの。広報部長の長井さん宛に電話してね。

M：はい。分かりました。

F：ちょっと待った。近藤さん、もしかして今まで誰にメールしてた？

M：え？もちろん平野社長ですよ。

男の人はこのあとまず何をしますか。
1 長井部長に電話をする
2 平野社長に電話をする
3 長井部長にメールを送る
4 平野社長にメールを送る

3번 정답 1

회사에서 여자와 남자가 이야기하고 있습니다. 남자는 이후 먼저 무엇을 합니까?

F : 저기, 곤도 씨. 히라노 사장님 인터뷰 일정은 정해졌어?

M : 죄송합니다, 그게 아직입니다. 여러 번 메일을 보냈습니다만, 답장이 안 와서.

F : 그래? 바쁘신 분이라서. 하지만 슬슬 정해주지 않으면 안 되는데, 우리 일정 사정도 있으니까. 한번, 전화해 주겠어?

M : 네? 그런 높으신 분께 저따위가 직접 전화해도 괜찮을까요?

F : 무슨 소리야. 히라노 사장님 본인께 전화할 리 있겠어? 홍보부에 전화하는 거지. 홍보부장인 나가이 씨 앞으로 전화해 봐.

M : 네, 알겠습니다.

F : 잠깐만 곤도 씨, 혹시 지금까지 누구한테 메일 보냈어?

M : 네? 물론 히라노 사장님이지요.

남자는 이후 먼저 무엇을 합니까?
1 나가이 부장에게 전화를 한다
2 히라노 사장에게 전화를 한다
3 나가이 부장에게 메일을 보낸다
4 히라노 사장에게 메일을 보낸다

해설 가장 결정적 힌트는 「平野社長ご本人に電話するわけないでしょ。広報部に電話するの。広報部長の長井さん宛に電話してね (히라노 사장님 본인께 전화할 리 있겠어? 홍보부에 전화하는 거지. 홍보부장인 나가이 씨 앞으로 전화해 봐)」로 1번이 답이다. 마지막에 남자가 지금까지 히라노 사장에게 메일로 연락을 했다는 뜻으로, 지금부터 메일을 보내겠다는 것은 아니므로 4번은 오답이다.

어휘 インタビュー(인터뷰) | 日程(일정) | 返事(답장) | そろそろ(슬슬) | 都合(사정) | 偉い(훌륭하다, 지위·신분이 높다) | 直接(직접) | 本人(본인) | 広報部(홍보부) | ～さん宛に(~씨 앞으로) | もしかして(혹시)

博物館の総合案内所で女性と男性が話しています。女性は駐車料金をいくら払いますか。

F：すみません、駐車場の半額券を持ってるんですが、これ、有効期限とかあるんでしょうか。

M：券のほうをちょっと拝見いたします。えっと、期限が今月末のものですね。はい、本日お使いいただけます。

F：あ、そうですか。駐車料金は1時間いくらですか。

M：最初の1時間が220円で、それ以降1時間ごとに200円加算されます。

F：博物館を2時間近く回って、ショッピングモールで1時間くらい買い物をしたから、3時間分になるわね。

M：ショッピングされたのでしたら、お買い上げ金額に応じて駐車料金が割引になります。領収書も見せていただけますか。

F：レシートですか。3枚ありますけど。

M：はい、3枚の合計が2,000円以上ですね。最初の1時間が無料になります。その分はここで精算処理しておきますので、あとは、そちらの半額券を駐車場入り口の自動精算機に入れていただきますと、残りの金額が自動的に半額になります。

女性は駐車料金をいくら払いますか。

1　200円
2　220円
3　310円
4　400円

4번 정답 1

박물관 종합 안내소에서 여자와 남자가 이야기하고 있습니다. 여자는 주차요금을 얼마 냅니까?

F：실례합니다, 주차장 반액권을 가지고 있는데, 이거 유효 기한이 있는 건가요?

M：표를 잠시 보겠습니다. 아, 기한이 이달 말이군요. 네, 오늘 사용하실 수 있습니다.

F：아, 그래요? 주차요금은 시간당 얼마예요?

M：처음 1시간은 220엔이고, 이후 1시간마다 200엔 가산됩니다.

F：박물관을 2시간 가까이 돌고, 쇼핑몰에서 1시간 정도 쇼핑을 했으니까, 3시간분이 되네.

M：쇼핑하셨으면 구매 금액에 맞게 주차요금이 할인됩니다. 영수증도 보여주실 수 있으세요?

F：영수증이요? 3장 있는데요.

M：네, 3장 합계가 2,000엔 이상이네요. 처음 1시간이 무료가 됩니다. 그 금액은 여기에서 정산 처리해 드릴 테니, 나머지는 그 반액권을 주차장 입구의 자동 정산기에 넣어 주시면 나머지 금액이 자동으로 반값이 됩니다.

여자는 주차요금을 얼마 냅니까?

1　200엔
2　220엔
3　310엔
4　400엔

해설　주차요금은 처음 1시간은 220엔, 이후 1시간마다 200엔이 추가된다고 했다. 남자는 구매 금액을 확인하고 처음 1시간(220엔)은 무료가 되고, 나머지 2시간(400엔)은 반액권을 사용하면 된다고 했으니 여자는 200엔만 내면 된다.

어휘　博物館(박물관) | 総合案内所(종합 안내소) | 駐車料金(주차요금) | 払う(내다, 지불하다) | 半額券(반액권) | 有効期限(유효 기간) | 券(표) | 拝見する(보다, 見る의 겸양어) | 本日(오늘) | お使いいただけます(사용하실 수 있습니다) | 以降(이후) | ~ごとに(~마다) | 加算(가산) | 回る(돌다) | ショッピングモール(쇼핑몰) | お買い上げ金額(구매 금액) | ~に応じて(~에 맞게) | 割引(할인) | 領収書(영수증) | レシート(영수증) | 合計(합계) | 精算処理(정산 처리) | 自動精算機(자동 정산기) | 残りの金額(나머지 금액) | 自動的(자동적) | 半額(반액, 반값)

女の人と男の人が書店でイベントの準備について話しています。男の人はこのあと何をしますか。

F：佐々木君、お疲れさま。準備はどう？開始まであと2時間弱だね。

M：はい。参加者のリストはプリントしておきましたし、マイクも準備できました。先輩、確かケーキ店に寄ってお菓子とか買ってくるって言ってませんでした？

F：うん。川島先生はモンブランがお好きだから、いくつか並べておきたいのよね。寄ったんだけど、人気のケーキ店でしょ、長蛇の列でさ。とりあえず会場の確認を始めたいから、買わずに来ちゃった。

M：それはそれは。川島先生が紹介したいとおっしゃってた映画のファイルは届きました？

F：あー、メールで送ってくださることになってるんだけど、まだね。確認してみるわ。それは私がやっとくから心配しないで。あとはテーブルの配置を変えるのと、プレゼントの確認と……。

M：あ、参加者へのプレゼント、まだラッピングが残ってるんです。

F：そう？じゃ、プレゼントは私が包んでおく。佐々木君、ちょっと先にモンブランとコーヒー買ってきてくれる？

M：分かりました。僕がそっちを担当します。

男の人はこのあと何をしますか。
1　川島先生にコーヒーを出す
2　参加者へのプレゼントを包む
3　テーブルの位置を変える
4　ケーキ店の列に並ぶ

여자와 남자가 서점 이벤트 준비에 관해 이야기하고 있습니다. 남자는 이후 무엇을 합니까?

F：사사키 군, 수고 많아. 준비는 어때? 시작까지 이제 2시간 조금 안 남았어.

M：네. 참가자 리스트는 인쇄해 두었고, 마이크도 준비했습니다. 선배님, 분명히 케이크 가게에 들러 과자라든지 사 온다고 하지 않았나요?

F：응. 가와시마 선생님은 몽블랑 좋아하시니까 몇 개 갖다 둘까 해서. 들르긴 했는데 인기 있는 케이크 가게잖아, 줄이 어찌나 길던지. 우선 행사장을 확인하고 싶어서 사지 않고 그냥 왔어.

M：이런, 그랬군요. 가와시마 선생님이 소개하고 싶다고 하신 영화 파일은 도착했나요?

F：아, 메일로 보내주시기로 했는데 아직이야. 확인해 볼게. 그건 내가 해둘 테니 걱정하지 말고. 남은 일은 테이블 배치 바꾸는 거하고 선물 확인하는 거하고…….

M：아, 참가자에게 줄 선물 아직 포장이 남아 있어요.

F：그래? 그럼 선물은 내가 포장해 둘게. 사사키 군, 좀 먼저 몽블랑과 커피 좀 사다 줄래?

M：알겠습니다. 제가 그쪽을 담당할게요.

남자는 이후 무엇을 합니까?
1　가와시마 선생님에게 커피를 드린다
2　참가자에게 줄 선물을 포장한다
3　테이블 위치를 바꾼다
4　케이크 가게에 줄을 선다

해설 이벤트를 위한 준비를 하고 있는데 아직 끝나지 않은 일은 영화 파일 받기, 테이블 배치, 선물 확인과 선물 포장이 남아 있다. 여자는 남자에게 「先にモンブランとコーヒー買ってきてくれる？(먼저 몽블랑과 커피 좀 사다 줄래?)」라며 가와시마 선생님에게 드릴 간식을 사오라고 했고, 남자는 자신이 담당하겠다고 했으므로 답은 4번이다.

어휘 書店(서점) | 準備(준비) | お疲れさま(수고 많아) | 開始(시작, 개시) | ～弱(~밖에 남지 않음) | 参加者(참가자) | リスト(리스트) | 確か(분명히) | 寄る(들르다) | モンブラン(몽블랑, 디저트 종류) | 並べる(늘어놓다) | 長蛇の列(장사진, 줄이 길다) | とりあえず(우선) | 会場(행사장) | 確認(확인) | 届く(도착하다) | 配置(배치) | ラッピング(포장) | 包む(싸다) | 担当(담당) | 列に並ぶ(줄을 서다) | 位置(위치)

問題2では、まず質問を聞いてください。その
あと、問題用紙のせんたくしを読んでくださ
い。読む時間があります。それから話を聞い
て、問題用紙の1から4の中から、最もよいも
のを一つ選んでください。

例

母親と高校生の女の子が話しています。女の子は何を悩ん
でいますか。

F1：ただいま。

F2：おかえりなさい。あれ？どうしたの？元気ないわね。

F1：うん、ちょっと。

F2：何かあった？

F1：うーん、実は今日、みなみとけんかして、仲直りはし
たんだけど。

F2：あら、珍しいわね。でも仲直りできたなら、よかっ
たわね。

F1：うん、ただ、お互い謝って、「仲直り」って言ったん
だけど、なんか気まずくて。

F2：みなみちゃんとなら、きっと大丈夫よ。

F1：そうかな。

F2：うん、明日の朝、明るい笑顔であいさつしたら、きっ
と元に戻るわよ。

F1：そっか、じゃあ明日、頑張ってみる。

F2：うん、うまくいくといいわね。

女の子は何を悩んでいますか。

1　親友とけんか別れしたこと

2　仲直りしたが気まずさが残ったこと

3　笑顔であいさつできなかったこと

4　うまくあやまれなかったこと

문제 2 문제 2에서는 먼저 질문을 들으세요. 그 후 문제지
의 선택지를 읽으세요. 읽을 시간이 있습니다. 그
러고 나서 이야기를 듣고 문제지의 1부터 4 안에서
가장 알맞은 것을 하나 고르세요.

예 정답 2

어머니와 여고생이 이야기하고 있습니다. 여자아이는 무엇을 고민
하고 있습니까?

F1 : 다녀왔습니다.

F2 : 잘 다녀왔니? 응? 무슨 일 있었니? 기운 없어 보이네.

F1 : 응, 좀.

F2 : 무슨 일 있었니?

F1 : 음~, 실은 오늘 미나미랑 싸웠거든, 화해는 했지만.

F2 : 어머, 별일이네. 그래도 화해했다면 다행이네.

F1 : 응, 다만, 서로 사과하고 화해는 했지만, 뭔가 서먹해서.

F2 : 미나미라면 틀림없이 괜찮을 거야.

F1 : 그럴까….

F2 : 응, 내일 아침 밝게 웃는 얼굴로 인사하면, 꼭 원래대로 돌아
올 거야.

F1 : 그래? 그럼 내일 잘해 볼게.

F2 : 응, 잘 되면 좋겠구나.

여자아이는 무엇을 고민하고 있습니까?

1　친한 친구와 싸우고 헤어진 점

2　화해를 했지만, 서먹함이 남아있는 점

3　웃는 얼굴로 인사하지 못한 점

4　제대로 사과하지 못한 점

電話で女の人と男の人が話しています。女の人はどうして
メールを送りましたか。

F：もしもし、お世話になっております。タナカ青果店の田
中と申します。

M：あー、田中さん。いつもお世話になってます。

F：来週、3日間の夏休み休暇があるので、その前にお伝
えしたいことがあり、お電話いたしました。

M：休暇の件は昨日メールで見ました。再来週の発注を今
週分と一緒にしたらいいんですよね。

F：はい、そうなんです。こちらの都合で申し訳ありません
が、よろしくお願いします。それとですね、野菜の値
上がりに伴って、来月から卸価格が変更になる予定で
す。新しい金額表を本日中にメールでお送りしますの
で、こちらも一度ご確認をお願いいたします。

M：はあ、また値上がりするんですね。

F：すみません。ご承知のように天候不順で野菜の価格が
不安定で。その代わりと言ってはなんですが、来月から
野菜の種類を増やす予定なんです。金額表と一緒に、
来月から取り扱う野菜の一覧表も添付しておきます
ね。

M：そうですか。それは楽しみです。

女の人はどうしてメールを送りましたか。
1 再来週の発注書を送るため
2 新しいしょうひんの一覧表を送るため
3 きゅうかの案内を送るため
4 新しい金額表を送るため

1번 정답 3

전화로 여자와 남자가 이야기하고 있습니다. 여자는 왜 메일을 보냈습니까?

F : 여보세요, 안녕하세요. 다나카 청과점의 다나카라고 합니다.

M : 아, 다나카 씨. 안녕하세요.

F : 다음 주에 3일 동안 여름휴가가 있어서, 그전에 전해 드릴 게 있어 전화드렸습니다.

M : 휴가 건은 어제 메일로 봤습니다. 다다음 주 발주를 이번 주분과 같이 하면 되는 거죠?

F : 네, 맞습니다. 저희 쪽 사정으로 죄송합니다만, 잘 부탁드립니다. 그리고요, 채소 가격 인상에 따라 다음 달부터 도매가격이 변경될 예정입니다. 새 금액표를 오늘 안으로 메일로 보내 드릴 테니 이쪽도 확인 한번 부탁드립니다.

M : 하~, 또 가격이 오르는군요.

F : 죄송합니다. 아시는 바와 같이 날씨가 좋지 않아 채소 가격이 불안정해서 그래요. 그 대신이라고 하기에는 좀 그렇지만, 다음 달부터 채소 종류를 늘릴 예정입니다. 금액표와 함께 다음 달부터 취급하는 채소 일람표도 첨부해 두겠습니다.

M : 그래요? 그건 기대되는군요.

여자는 왜 메일을 보냈습니까?
1 다다음 주 발주서를 보내기 위해
2 새 상품 일람표를 보내기 위해
3 휴가 안내를 보내기 위해
4 새 금액표를 보내기 위해

해설 결정적 힌트는 남자가 「休暇の件は昨日メールで見ました(휴가 건은 어제 메일로 봤습니다)」라고 하며 이미 메일로 휴가 건을 확인했다고 했다. 즉, 여자가 먼저 보낸 메일의 내용은 휴가 안내이므로 답은 3번이다. 인상된 금액표와 새로 취급하는 채소 일람표는 이제부터 보내는 메일에 들어갈 내용들이기 때문에 2번, 4번은 오답이다.

어휘 お世話になる(신세를 지다, 안녕하세요) | 青果店(청과점) | 休暇(휴가) | ~件(~건) | 再来週(다다음 주) | 発注(발주) | 今週分(이번 주분) | 都合(사정) | 申し訳ありません(죄송합니다) | 値上がり(인상) | ~に伴って(~에 따라) | 卸価格(도매가격) | 変更(변경) | 金額表(금액표) | 本日中(오늘 안) | ご承知のように(아시는 바와 같이) | 天候不順(날씨가 좋지 않음) | その代わり(그 대신) | 増やす(늘리다) | 取り扱う(취급하다) | 一覧表(일람표) | 添付(첨부) | 発注書(발주서)

交流会で女の人と男の人が話しています。男の人が考える和食の魅力は何ですか。

F：ジャックさんは日本に来て10年ほど経ったと言っていましたよね。そもそも日本に留学しようと思ったきっかけは何ですか。

M：日本料理を学ぶためです。僕は和食が大好きなんです。

F：へー。日本料理のどんなところが好きですか。

M：食材そのものの味を生かしているところですね。その食材の持ち味を生かそうとする調理法や食べ方が好きです。それに、ヘルシーで体にもいいですし。日本人の平均寿命が長いのは、和食に理由がありますよね。

F：確かに、和食は栄養バランスもいいですよね。でもジャックさん、和食によく使われるしょう油やみそに塩分が多く含まれていることは知っていますか。塩分の摂りすぎは、さまざまな病気を引き起こすんですよ。

M：もちろん知っていますよ。最近はスーパーで、塩分の少ない調味料を売っていますよね。調理の工夫次第で、その問題は防げると思いますよ。何より和食は味だけでなく、見た目を大切にしています。盛り付けも美しいし、食器も季節に合わせて使っていたりして。そんなところに引かれたのかもしれないですね。

男の人が考える和食の魅力は何ですか。

1　調味料をほとんど使わないところ
2　工夫次第で病気を治せるところ
3　目でも料理を楽しめるところ
4　塩分のとり方を調整できるところ

교류회에서 여자와 남자가 이야기하고 있습니다. 남자가 생각하는 일식의 매력은 무엇입니까?

F : 잭 씨는 일본에 온 지 10년 정도 지났다고 했지요? 처음에 일본에 유학하려 한 계기는 무엇인가요?

M : 일본 요리를 배우기 위해서예요. 저는 일식을 정말 좋아해요.

F : 아~. 일본 요리의 어떤 점이 좋아요?

M : 식재료 그 자체의 맛을 살리고 있는 점이지요. 그 식재료 본연의 맛을 살리고자 하는 조리법과 먹는 법을 좋아해요. 게다가 건강해서 몸에도 좋고요. 일본인의 평균 수명이 긴 것은 일식에 이유가 있지요.

F : 확실히 일식은 영양 균형도 좋지요. 하지만 잭 씨, 일식에 자주 쓰이는 간장과 된장에 염분이 많이 포함되어 있는 것은 알고 있어요? 염분의 과다 섭취는 여러 가지 병을 일으켜요.

M : 물론 알고 있어요. 요즘은 슈퍼에서 염분이 적은 조미료를 팔고 있잖아요. 조리 아이디어 나름대로 그 문제는 막을 수 있다고 생각해요. 무엇보다 일식은 맛뿐만 아니라, 겉모양을 중시하고 있어요. 플레이팅도 아름답고, 식기도 계절에 맞추어 쓰거나 해요. 그런 점에 끌렸을지도 모르겠군요.

남자가 생각하는 일식의 매력은 무엇입니까?

1　조미료를 거의 쓰지 않는 점
2　(조리법을) 연구하기에 따라서 병을 고칠 수 있는 점
3　눈으로도 요리를 즐길 수 있는 점
4　염분을 섭취 방법을 조정할 수 있는 점

해설 이유를 묻는 문제를 풀 때 주의 깊게 들어야 할 단어가 있는데, 그중에 하나가 「何より(무엇보다)」이다. 이 표현이 들리면 대개 그 뒤에 나오는 내용이 답이 되는 경우가 많다. 남자가 일식을 좋아하는 이유를 몇 가지 언급했지만, 「何より和食は味だけでなく、見た目を大切にしています。～そんなところに引かれたのかもしれない(무엇보다 일식은 맛뿐만 아니라, 겉모양을 중시하고 있어요. ~그런 점에 끌렸을지도 모르겠군요)」라며 「見た目(겉모양)」를 강조하여 말했으므로 답은 3번이다.

어휘 交流会(교류회) | 和食(일식) | 魅力(매력) | 経つ(지나다) | そもそも(처음에, 애당초) | きっかけ(계기) | 食材(식재료) | そのもの(그 자체) | 生かす(살리다) | 持ち味(본연의 맛) | 調理法(조리법) | ヘルシー(건강) | 平均寿命(평균 수명) | 栄養バランス(영양 균형) | しょう油(간장) | みそ(된장) | 塩分(염분) | 含む(포함하다) | 摂りすぎ(과다 섭취) | さまざまな(여러 가지, 다양한) | 病気を引き起こす(병을 일으키다) | 調味料(조미료) | 工夫次第(아이디어 나름) | 防ぐ(막다) | 何より(무엇보다) | 見た目(겉모양, 볼품) | 盛り付け(플레이팅) | 食器(식기) | 季節に合わせる(계절에 맞추다) | 引かれる(끌리다) | 病気を治す(병을 고치다) |

3番

女の人と男の人がハイキングサークルについて話しています。女の人はどうしてこのサークルに興味を持ちましたか。

F：佐藤さん、ハイキングサークルに入っているそうですね。どうですか。

M：季節に合わせて、いろいろなところに行けるので楽しいですよ。それに3、4時間くらい山道を歩くので、いい運動になります。

F：へー。私、自然に囲まれて歩くのに憧れているんです。でも、一人では道も分からないし、なかなか出掛ける機会がないんですよね。

M：じゃあ、私たちのサークルに参加しませんか。よかったらリーダーの連絡先を教えますよ。

F：ほんとですか。サークルの活動はいつですか。私、運動といえば、せいぜい家の近所を散歩するくらいなんです。運動不足だから、ついていけるか、ちょっと心配です。

M：心配しなくても大丈夫ですよ。初心者も多いし、リーダーはとてもやさしい方で、参加者の希望を聞いてくれますから。活動日は毎月第二土曜日ですよ。

女の人はどうしてこのサークルに興味を持ちましたか。

1　運動不足だから
2　自然の中を歩きたいから
3　週末は時間があるから
4　リーダーがやさしいから

3번 정답 2

여자와 남자가 하이킹 동호회에 대해 이야기하고 있습니다. 여자는 왜 이 동호회에 흥미를 가졌습니까?

F : 사토 씨, 하이킹 동호회에 가입했다면서요? 어때요?

M : 계절에 맞춰서 다양한 곳에 갈 수 있어 재미있어요. 게다가 3, 4시간 정도 산길을 걸으니 좋은 운동이 돼요.

F : 어머, 저는 자연에 둘러싸여 걷는 걸 동경하고 있어요. 하지만 혼자서는 길도 모르고, 좀처럼 가 볼 기회가 없어요.

M : 그럼, 우리 동호회에 참가하지 않을래요? 괜찮으면 리더 연락처를 알려 드릴게요.

F : 정말요? 동호회 활동은 언제예요? 저, 운동이라고 하면 기껏해야 집 근처를 산책하는 정도예요. 운동 부족이라 따라갈 수 있을지 좀 걱정돼요.

M : 걱정 안 해도 괜찮아요. 초심자도 많고, 리더는 아주 좋은 분이라 참가자 희망을 들어 주거든요. 활동일은 매월 둘째 토요일이에요.

여자는 왜 이 동호회에 흥미를 가졌습니까?

1　운동 부족이라서
2　자연 속을 걷고 싶어서
3　주말은 시간이 있어서
4　리더가 좋은 사람이라서

해설　여자는「私、自然に囲まれて歩くのに憧れている(저는 자연에 둘러싸여 걷는 걸 동경하고 있다)」라고 했다. 즉, 원래 자연에 둘러싸여 걷는 걸 동경하고 있었기 때문에 남자가 하이킹 동호회에 가입했다는 것을 알고 흥미를 갖고 물어본 것이다. 따라서 답은 2번이다. 1번은 운동 부족이라 따라갈 수 있을지 걱정된다고 했지 직접적인 이유는 아니므로 오답이다.

어휘　ハイキング(하이킹) | サークル(서클, 동호회) | 興味(흥미) | 合わせる(맞추다) | 山道(산길) | 自然(자연) | 囲む(둘러싸다) | 憧れる(동경하다) | 出掛ける(나가다, 외출하다) | 機会(기회) | 連絡先(연락처) | ～といえば(~라고 하면) | せいぜい(기껏해야) | 近所(근처) | 運動不足(운동 부족) | ついていく(따라가다) | 初心者(초심자) | 希望(희망) | 活動日(활동일) | 毎月(매월, 매달) | 第二(둘째, 두 번째)

4番

男の人と女の人が話しています。大家はどうして男の人に電話をしましたか。

M：昨日、大家さんから電話があってね。

F：どうしたの？何かあったの？

M：実は、友達４人くらいと家でお酒を飲んでたんだ。うるさいって近所から苦情が来たのかと思って心配したんだけど。そしたら、資源ごみの捨て方が変わったからっていうお知らせだった。

F：ふーん。普通はアパートの入り口の掲示板で知らせるのにね。わざわざ、どうして？

M：僕もそう言ったんだ。そしたら、最近市役所が厳しくなって、正しい捨て方でないと、ごみを回収してくれないんだって。だから、くれぐれも気をつけてほしいってことだったよ。

F：なるほどね。私もペットボトルを捨てるときにラベルをはがすのを忘れちゃうもの。

大家はどうして男の人に電話をしましたか。

1　近所からの苦情を伝えるため

2　ごみの捨て方をまちがったため

3　市がごみを回収しないと決めたため

4　ごみの正しい捨て方を徹底させるため

4번 정답 4

남자와 여자가 이야기하고 있습니다. 집주인은 왜 남자에게 전화를 했습니까?

M：어제, 집주인한테 전화가 왔어.

F：왜? 무슨 일 있었어?

M：실은, 친구들 4명이서 집에서 술을 마셨어. 시끄럽다고 이웃 주민들이 불평한 줄 알고 걱정했거든. 알고 보니 재활용 쓰레기 버리는 방법이 바뀌었다는 공지였어.

F：흐음, 보통은 아파트 입구 게시판으로 알리는데. 일부러 왜?

M：나도 그렇게 말했지. 그랬더니 최근 시청이 엄격해져서, 제대로 버리지 않으면 쓰레기를 회수해가지 않겠대. 그러니 아무쪼록 주의해 달라는 거였어.

F：그렇군. 나도 페트병 버릴 때 라벨 벗기는 걸 깜빡하는 걸.

집주인은 왜 남자에게 전화를 했습니까?

1　이웃 주민들의 불평을 전하기 위해

2　쓰레기 버리는 법을 잘못했기 때문에

3　시가 쓰레기를 회수하지 않기로 결정했기 때문에

4　쓰레기 제대로 버리는 법을 철저히 하기 위해

해설 처음에 남자는 집주인이 전화한 이유를 1번으로 생각하였다. 그러나 실제 이유는 「最近市役所が厳しくなって、正しい捨て方でないと、ごみを回収してくれないんだって。だから、くれぐれも気をつけてほしいってことだったよ(최근 시청이 엄격해져서, 제대로 버리지 않으면 쓰레기를 회수해가지 않겠다. 그러니 아무쪼록 주의해 달라는 거였어)」를 전하기 위해서이므로 답은 4번이다. 2번은 본문에서 언급하지 않았으므로 답이 될 수 없다.

어휘 大家(집주인) | 実は(실은) | 近所(이웃 주민, 근처) | 苦情(불평) | 資源ごみ(재활용 쓰레기) | 捨て方(버리는 방법) | お知らせ(공지) | 掲示板(게시판) | わざわざ(일부러) | 市役所(시청) | 回収(회수) | くれぐれも(아무쪼록) | ラベルをはがす(라벨을 벗기다) | 伝える(전하다) | まちがう(잘못되다) | 徹底(철저)

新入社員に男の人が話しています。接客をする上で大切なことは何だと言っていますか。

M：新入社員の皆さんには最初の3か月は店舗での接客を経験してもらいます。接客はすべての基本です。直接お客様と接してサービスの基本を学ぶことが今後のさまざまな仕事につながります。私は、接客の基本は明るい笑顔だと思っています。そして清潔感のある身だしなみも重要です。お客様に与える最初の印象はとても大切ですよね。また、皆さんの中にも、お店で商品を見る際に店員に話しかけられるのが苦手という人もいるかもしれませんが、私たちの店では必ず一言はお客様に話しかけるようにしています。お客様によってはその一言で、一歩引くお客様もいらっしゃいます。その場合は、それ以上はしつこくせず、お客様が落ち着いて買い物ができる環境を作りましょう。まずは、みんなであいさつの練習をしましょうか。

接客をする上で大切なことは何だと言っていますか。

1　お客様の買い物を積極的にサポートすること

2　緊張せず落ち着いてあいさつすること

3　常に親しげに話しかけること

4　さわやかな服装と笑顔で応対すること

신입사원에게 남자가 이야기하고 있습니다. 접객을 하는 데 있어 중요한 것은 무엇이라고 말하고 있습니까?

M : 신입사원인 여러분은 처음 3개월은 점포에서의 접객을 경험하도록 하겠습니다. 접객은 모든 일의 기본입니다. 직접 고객님과 접하며 서비스의 기본을 배우는 것이 앞으로의 다양한 업무로 이어집니다. 저는 접객의 기본은 밝은 미소라고 생각합니다. 그리고 청결한 몸가짐도 중요합니다. 고객에게 주는 첫인상은 매우 중요하지요. 또한, 여러분 중에도 가게에서 상품을 볼 때, 점원이 말 걸어오는 것을 탐탁지 않아 하는 사람이 있을지도 모르지만, 우리 가게에서는 반드시 고객님께 한마디는 말을 건네도록 하고 있습니다. 고객님에 따라서는 그 한마디로 한 걸음 물러나는 고객님도 계십니다. 그럴 경우에는 그 이상 귀찮게 (끈질기게) 하지 말고, 고객님이 차분히 쇼핑을 할 수 있는 환경을 만듭시다. 우선 다 같이 인사 연습을 해 볼까요?

접객을 하는 데 있어 중요한 것은 무엇이라고 말하고 있습니까?

1　손님의 쇼핑을 적극적으로 돕는 것

2　긴장하지 않고 차분하게 인사하는 것

3　늘 친근하게 말을 거는 것

4　산뜻한 옷차림과 웃는 얼굴로 응대하는 것

해설　남자는 「私は、接客の基本は明るい笑顔だと思っています。そして清潔感のある身だしなみも重要です。お客様に与える最初の印象はとても大切(저는 접객의 기본은 밝은 미소라고 생각합니다. 그리고 청결한 몸가짐도 중요합니다. 고객에게 주는 첫인상은 매우 중요)」라고 했으니 답은 4번이다. 1번과 3번은 한 마디 말을 건네 보고 반응이 좋지 않으면 그땐 더 이상 귀찮게 굴지 말라고 했으므로 오답이다.

어휘　新入社員(신입사원) | 接客(접객) | ~上で(~하는 데 있어) | 店舗(점포) | 経験(경험) | 基本(기본) | 直接(직접) | 接する(접하다) | 今後の(앞으로의) | さまざまな(다양한) | つながる(이어지다) | 笑顔(밝은 미소) | 清潔感(청결함) | 身だしなみ(몸가짐) | 重要(중요) | 与える(주다) | 印象(인상) | ~際に(~때) | 店員(점원) | 話しかける(말 걸다) | 一言(한마디) | 一歩引く(한 걸음 물러나다) | 場合(경우) | しつこい(끈질기다) | 落ち着く(차분하다) | 環境(환경) | 練習(연습) | 積極的(적극적) | 常に(늘) | 親しげに(친근하게) | さわやかな(산뜻한) | 服装(옷차림, 복장) | 応対(응대, 대응)

テレビで女の人と大学教授が話しています。大学教授が新しい発見だと認めた理由は何ですか。

F：日本でいちばん古い物語「源氏物語」に新たな大発見です。歴史ある家の古い倉庫から未発見の本が見つかりました。専門家に聞いてみます。先生、これはすごいニュースですね。

M：そうですね。今まで4冊しか見つかっていなかったので、これで5冊目になります。また、戦後に見つかったのは、これが初めてです。

F：これが本物であると認められた理由は何ですか。

M：まず、筆跡です。今まで見つかった本と比べてみても、同じ人が書いたものだと判断できます。次に、使われている紙を調べたところ、材質が一致したことが挙げられます。

F：なるほど。

M：そして決定的だったのが墨の色です。今回発見された本には、身分の高い人だけが使った青色の墨が使われていました。

F：この発見は源氏物語の研究に大きな影響を与えるでしょうか。

M：はい。間違いありません。

大学教授が新しい発見だと認めた理由は何ですか。
1 歴史ある家で保存されていたから
2 身分の高い人が書いたから
3 これまでの本と同じ筆跡だから
4 これまでの研究にえいきょうを与えたから

6번 정답 3

TV에서 여자와 대학교수가 이야기를 하고 있습니다. 대학교수가 새로운 발견이라고 인정한 이유는 무엇입니까?

F : 일본에서 가장 오래된 이야기, '겐지모노가타리'의 새로운 대발견입니다. 역사 깊은 가문의 오래된 창고에서 미발견된 책이 발견되었습니다. 전문가에게 물어보겠습니다. 선생님, 이것은 굉장한 뉴스네요.

M : 그렇습니다. 지금까지 4권밖에 발견되지 않았기 때문에 이것으로 5권째가 됩니다. 또 전쟁 후에 발견된 것은 이것이 처음입니다.

F : 이것이 진품이라고 인정된 이유는 무엇입니까?

M : 먼저 필적입니다. 지금까지 발견되었던 책과 비교해 보아도 같은 사람이 쓴 것으로 판단할 수 있습니다. 다음으로 사용된 종이를 조사해 본 바, 재질이 일치한 점을 들 수 있습니다.

F : 그렇군요.

M : 그리고 결정적이었던 것이 먹의 색깔입니다. 이번에 발견된 책에는 신분이 높은 사람만이 사용했던 청색 먹이 사용되어 있었습니다.

F : 이 발견은 겐지모노가타리의 연구에 큰 영향을 줄까요?

M : 네. 틀림없습니다.

대학교수가 새로운 발견이라고 인정한 이유는 무엇입니까?
1 역사 깊은 가문에서 보존되어 있었기 때문에
2 신분이 높은 사람이 썼기 때문에
3 지금까지의 책과 같은 필적이기 때문에
4 지금까지의 연구에 영향을 주었기 때문에

해설 교수가 새로운 발견이라고 한 정확한 근거는「まず、筆跡です。今まで見つかった本と比べてみても、同じ人が書いたもの(먼저 필적입니다. 지금까지 발견되었던 책과 비교해 보아도 같은 사람이 쓴 것)」에서 판단할 수 있다고 했으니 답은 3번이다. 2번의 신분이 높은 사람이 이 책을 썼다는 내용은 등장하지 않았으므로 오답이다. 청색 먹이 사용되었다고 하지만, 이 사실만으로는 이 책을 신분이 높은 사람이 썼다는 증거가 될 수는 없다.

어휘 教授(교수) | 認める(인정하다) | 物語(이야기) | 新たな(새로운) | 大発見(대발견) | 歴史(역사) | 倉庫(창고) | 未発見(미발견) | 見つかる(발견되다) | 専門家(전문가) | 戦後(전쟁 후) | 本物(진품) | 筆跡(필적) | 比べる(비교하다) | 判断(판단) | 材質(재질) | 一致(일치) | 挙げる(들다) | 決定的(결정적) | 墨(먹) | 身分(신분) | 研究(연구) | 影響を与える(영향을 주다) | 間違いない(틀림없다) | 保存(보존)

問題3 問題3では、問題用紙に何もいんさつされていません。この問題は、全体としてどんな内容かを聞く問題です。話の前に質問はありません。まず話を聞いてください。それから、質問とせんたくしを聞いて、1から4の中から、最もよいものを一つ選んでください。

例

ラジオで女の人が話しています。

F：今日は四月一日ですね。新入社員の皆さん、入社おめでとうございます。今日から社会人としての人生がスタートしますね。新入社員といえば、私は初任給をもらった日のことを思い出します。学生時代は勉強ばかりしていたので、アルバイトをしたことがなかったんです。だから、初任給は両親へのプレゼントに使おうと決めていました。両親の喜ぶ顔が今でも忘れられません。皆さんは初任給の使い道は決めていますか。リスナーの皆さんの経験談、コメントお待しております。

女の人は何について話していますか。
1　自分の新入社員時代の思い出
2　新入社員時代に悩んでいたこと
3　初めて働いたときにうれしかったこと
4　両親に感謝していること

1番

男の人がインタビューに答えています。

M：今回の映画は実話をもとにして制作しました。甲子園に初出場した田舎の学校が決勝戦まで進んで感動を集めた年があったのを覚えていますか。実はあの学校、私の故郷の学校なんですよ。野球はあまり強いほうではない地域でして、甲子園で1勝するだけでもすごいことだったのですが、まさか準優勝するなんて想像もしていなかったんです。あのときの感動、そして球児の汗と涙が忘れられず、映画にしようと心に決めたんです。観客の皆さんにも、その感動が伝わるとうれしいです。

문제 3 문제 3에서는 문제지에 아무것도 인쇄되어 있지 않습니다. 이 문제는 전체로서 어떤 내용인지를 묻는 문제입니다. 이야기 전에 질문은 없습니다. 먼저 이야기를 들으세요. 그러고 나서 질문과 선택지를 듣고 1부터 4 안에서 가장 알맞은 것을 하나 고르세요.

예 정답 1

라디오에서 여자가 이야기하고 있습니다.

F：오늘은 4월 1일이지요. 신입사원 여러분, 입사 축하드립니다. 오늘부터 사회인으로서의 인생이 시작되네요. 신입사원이라 하면, 저는 첫 월급을 받았던 날을 떠올립니다. 학창시절에는 공부만 했기 때문에, 아르바이트를 한 적이 없었습니다. 그래서, 첫 월급은 부모님께 드릴 선물에 쓰자고 마음먹고 있었지요. 부모님의 기뻐하던 얼굴을 지금도 잊을 수 없습니다. 여러분은 첫 월급의 용도는 정하셨나요? 청취자 여러분의 경험담, 코멘트를 기다리고 있습니다.

여자는 무엇에 대해서 말하고 있습니까?
1　자신의 신입사원 시절의 추억
2　신입사원 시절에 고민하고 있던 것
3　처음 일했을 때 기뻤던 것
4　부모님께 감사하고 있는 것

1번 정답 4

남자가 인터뷰에 답하고 있습니다.

M：이번 영화는 실화를 바탕으로 제작했습니다. 고시엔(일본 고등학교 야구 대회)에 첫 출전한 시골 학교가 결승전까지 진출하여 감동을 부른 해가 있었던 것을 기억하고 계십니까? 실은 그 학교, 제 고향 학교입니다. 야구는 별로 강하지 않던 지역이라 고시엔에서 1승 하는 것만으로도 대단한 일이었습니다만, 설마 준우승할 줄은 상상도 하지 못했습니다. 그때의 감동, 그리고 야구소년들의 땀과 눈물을 잊을 수 없어, 영화로 만들어 보려고 결심했습니다. 관객 여러분께도 그 감동이 전해진다면 기쁠 것 같습니다.

男の人は何について話していますか。
1　故郷と野球への愛情
2　甲子園で１勝することの難しさ
3　劇場へ集まった観客への感謝
4　映画を制作したきっかけ

남자는 무엇에 대해 이야기하고 있습니까?
1　고향과 야구에 대한 애정
2　고시엔에서 1승 하는 것의 어려움
3　극장에 모인 관객에게 보내는 감사
4　영화를 제작한 계기

해설　나무를 보지 말고 숲을 봐야한다. 남자는「まさか準優勝するなんて想像もしていなかったんです。あのときの感動、そして球児の汗と涙が忘れられず、映画にしようと心に決めた(설마 준우승할 줄 상상도 하지 못했습니다. 그때의 감동, 그리고 야구소년들의 땀과 눈물을 잊을 수 없어, 영화로 만들어 보려고 결심했다)」라고 했다. 즉, 자신의 고향 고등학교 팀이 고시엔에서 준우승한 사실을 소개하며 영화 제작을 결심하게 된 계기를 말하고 있으므로 답은 4번이다. 1번과 2번도 언급하였지만 말하고 싶은 주된 목적이 아니며, 3번의 관객에 대한 감사 내용은 등장하지 않는다.

어휘　実話(실화) | ~をもとにして(~를 바탕으로) | 制作(제작) | 甲子園(고시엔, 일본 고등학교 야구 대회) | 初出場(첫 출전, 첫 출장) | 田舎(시골, 고향) | 決勝戦(결승전) | 進む(진출하다) | 感動(감동) | 実は(실은) | 故郷(고향) | 地域(지역) | 準優勝(준우승) | 想像(상상) | 球児(야구소년) | 汗(땀) | 涙(눈물) | 心に決める(결심하다, 마음먹다) | 観客(관객) | 伝わる(전해지다) | 愛情(애정) | 劇場(극장) | 感謝(감사) | きっかけ(계기)

2番

テレビショッピングの番組で女の人が話しています。

F：二日酔いで胃もたれを起こしている方、食べすぎで消化不良を起こしている方など、胃の調子が悪い方におすすめです。こういった、栄養を補うための健康食品は、苦みがあって飲みにくいという方もいらっしゃいますが、今日ご紹介するこちらの商品は、研究に研究を重ね、飲みやすさも追求しました。胃の調子が悪いときだけでなく、胃の健康を守るために、毎日食後にお飲みいただくこともできます。この機会にぜひいかがですか。

女の人は何について紹介していますか。
1　新しい商品の材料
2　新しい商品の特徴
3　胃の調子が悪いときにやるべきこと
4　二日酔いのときにやるべきこと

2번　정답 2

TV 홈쇼핑 프로그램에서 여자가 이야기하고 있습니다.

F：숙취로 속이 더부룩하신 분, 과식으로 소화 불량에 걸린 분 등, 위 컨디션이 나쁜 분께 추천합니다. 이런 영양을 보충하기 위한 건강식품은 쓴맛이 나서 먹기 힘들다는 분도 계십니다만, 오늘 소개하는 이 상품은 연구에 연구를 거듭하여 먹기 편함도 추구했습니다. 위 컨디션의 나쁠 때뿐만 아니라, 위 건강을 지키기 위해 매일 식후에 드실 수도 있습니다. 이 기회에 꼭 어떠세요?

여자는 무엇에 대해 소개하고 있습니까?
1　새로운 상품의 재료
2　새로운 상품의 특징
3　위 컨디션이 나쁠 때 해야 할 일
4　숙취 시에 해야 할 일

해설　이야기의 전체 내용은 새로 나온 건강식품에 관한 소개를 하고 있으므로 답은 2번이 된다. 1번의 새로운 상품의 재료는 등장하지 않으며, 3번과 4번도 위 컨디션이 나쁘거나 숙취 때 먹으면 효과가 있다고 했지 어떤 일을 해야 한다는 말은 하지 않았으므로 답이 될 수 없다.

어휘　テレビショッピング(TV 홈쇼핑) | 番組(프로그램) | 二日酔い(숙취) | 胃もたれ(속이 더부룩함) | 消化不良(소화 불량) | 胃の調子(위 컨디션) | おすすめ(추천) | 栄養(영양) | 補う(보충하다) | 健康食品(건강식품) | 苦み(쓴맛) | 重ねる(거듭하다) | 追求(추구) | 健康(건강) | 守る(지키다) | 食後(식후) | 材料(재료) | 特徴(특징)

テレビでレポーターが話しています。

M：先日発表になった飛鳥文学賞の授賞式が、本日こちらのホテルで行われています。飛鳥文学賞は、この１年間に日本国内で発表された文学作品の中から最も優れた作品を選ぶもので、今年で70回目を迎えます。今年はなんと、初の外国人作家の受賞ということで、文学界からさらなる注目が集まっています。私もスミスさんの作品を読ませていただきました。日本に留学に来た若者が和菓子の世界に感動し、職人として働きながら成長してゆく物語なのですが、外国人ならではの考え方や感じ方が面白い作品でした。授賞式が終わり次第、スミスさんにインタビューしたいと思いますので、もう少々お待ちください。

レポーターは何について伝えていますか。
1 文学賞の目的
2 文学賞の歴史
3 授賞式会場の様子
4 受賞作品と受賞者の情報

3번 정답 4

TV에서 리포터가 이야기하고 있습니다.

M : 얼마 전 발표된 아스카 문학상 시상식이 오늘 이 호텔에서 거행되고 있습니다. 아스카 문학상은 최근 1년 동안 일본 국내에서 발표된 문학 작품 중에서 가장 뛰어난 작품을 선정하는 것으로, 올해로 70회째를 맞이합니다. 올해는 무려 첫 외국인 작가의 수상이라고 해서, 문학계로부터 더욱더 주목이 모아지고 있습니다. 저도 스미스 씨의 작품을 읽었습니다. 일본에 유학을 온 젊은이가 화과자의 세계에 감동하고, 장인으로 일하면서 성장해 가는 이야기입니다만, 외국인만의 사고방식과 느끼는 방식이 재미있는 작품이었습니다. 시상식이 끝나는 대로, 스미스 씨와 인터뷰하려 하니 조금만 더 기다려 주세요.

리포터는 무엇에 대해 전하고 있습니까?
1 문학상의 목적
2 문학상의 역사
3 시상식장의 모습
4 수상 작품과 수상자의 정보

해설 리포터는 아스카 문학상이 거행되는 시상식장에서 간단히 문학상에 대한 소개를 하고 올해 수상자에 대한 설명을 하고 있는데, 70년 만의 첫 외국인 수상자에 대한 정보와 작품 내용을 소개하고 있으므로 답은 4번이다. 1번의 문학상의 목적은 언급하지 않았고, 2번의 문학상의 역사는 올해로 70회째라는 내용뿐이고, 3번의 시상식장 모습도 등장하지 않았으므로 오답이다.

어휘 先日(얼마 전) | 発表(발표) | 文学賞(문학상) | 授賞式(시상식) | 本日(오늘) | 行う(거행하다) | この１年間に(최근 1년 동안) | 文学作品(문학 작품) | 最も(가장) | 優れる(뛰어나다) | 選ぶ(선정하다) | 迎える(맞이하다) | 初の外国人作家(첫 외국인 작가) | 受賞(수상) | 文学界(문학계) | さらなる(더욱 더) | 注目(주목) | 若者(젊은이) | 和菓子(화과자) | 職人(장인) | 成長(성장) | 物語(이야기) | ~ならではの(~만의, ~고유의) | 終わり次第(끝나는 대로) | 目的(목적) | 歴史(역사) | 授賞式会場(시상식장) | 様子(모습) | 受賞作品(수상 작품) | 受賞者(수상자) | 情報(정보)

子育て教室で助産師が話しています。

F：赤ちゃんが泣くと、「どうして泣いているんだろう」とお父さん、お母さんは心配しますね。そして、新米のお父さん、お母さんは泣いている理由が分からず、困ってしまうこともあると思います。赤ちゃんは言葉

4번 정답 3

육아 교실에서 조산사가 이야기하고 있습니다.

F : 아기가 울면 '왜 우는 걸까?' 아빠, 엄마는 걱정하지요. 그리고 초보 아빠, 엄마는 우는 이유를 몰라 곤혹스러운 경우도 있을 겁니다. 아기는 말을 못합니다. 그래서 울어서 무언가를 전하려 하는 것입니다. 졸릴 때, 배고플 때, 불쾌할 때 등 전하고 싶

を話せません。だから泣くことによって何かを伝えよう
としているのです。眠いとき、おなかが空いていると
き、不快なときなど、伝えたい内容によって泣き方が違
うんですよ。赤ちゃんが泣くときは大抵、不安か不満が
原因です。泣いている原因を考えて、解決してあげま
しょう。ひどく泣いたとしても、腹を立てず、優しく接
してあげましょう。

は内容に따라 우는 법이 다른 거랍니다. 아기가 울 때는 대개
불안 아니면 불만이 원인입니다. 우는 원인을 생각해서 해결해
줍시다. 심하게 울어 대도 화내지 말고, 부드럽게 대해 줍시다.

助産師は何について話していますか。
1　赤ちゃんの不安の感情
2　赤ちゃんを心配する親の感情
3　**泣き声と赤ちゃんの感情**
4　泣き声と赤ちゃんの成長

조산사는 무엇에 대해 이야기하고 있습니까?
1　아기의 불안의 감정
2　아기를 걱정하는 부모의 감정
3　**울음소리와 아기의 감정**
4　울음소리와 아기의 성장

해설　아기는 울어서 자신의 감정을 부모에게 전한다는 것과, 아기의 감정에 따라 울음소리가 다르다는 내용을 주로 설명하고 있으므로 답은
3번이다. 아기의 감정이 불안만 있는 것은 아니므로 1번은 오답이며, 2번은 걱정보다는 곤혹스러운 감정이므로 답이 될 수 없고, 4번은
없는 내용이다.

어휘　子育て(육아)｜助産師(조산사)｜赤ちゃん(아기)｜新米(초보, 햅쌀)｜伝える(전하다)｜眠い(졸리다)｜不快(불쾌)｜内容(내용)｜
泣き方(우는 법)｜違う(다르다)｜大抵(대개)｜不安(불안)｜不満(불만)｜原因(원인)｜解決(해결)｜ひどい(심하다)｜腹を立てる
(화내다)｜接する(대하다, 접하다)｜感情(감정)｜泣き声(울음소리)｜成長(성장)

ラジオで男の人が話しています。

M：夏に人気のレジャーといえばキャンプですが、皆さんは
バーベキューで火を起こすのに苦労した経験、ありませ
んか。火がつきやすくなる着火剤を使うと簡単ですけ
れども、じゃあ、着火剤を買えなかったときは？　炭と
ライターだけで火を起こすのは、なかなか苦労しますよ
ね。実は着火剤がなくても、新聞紙を使うと火を簡単に
起こすことができるんです。まず、新聞紙を何枚か準備
します。そして1枚ずつ丸くして、その上に炭を置き、
また新聞紙を重ねていくんです。私もやってみたんで
すが、思ったよりも簡単でびっくりしました。おすすめ
ですよ。

男の人は何について話していますか。
1　バーベキューの際に大変なこと

5번　정답 3

라디오에서 남자가 이야기하고 있습니다.

M : 여름에 인기 레저라 하면 캠핑입니다만, 여러분은 바비큐에서
불을 피우는 데 고생한 경험 없습니까? 불이 붙기 쉬운 착화제
를 쓰면 간단하겠지만, 그럼 착화제를 못 샀을 때는? 숯과 라
이터만으로 불 피우기란 꽤나 고생스럽지요. 실은 착화제가 없
어도, 신문지를 사용하면 불을 쉽게 피울 수 있습니다. 먼저 신
문지를 몇 장 준비합니다. 그리고 한 장씩 말아서 그 위에 숯을
올리고, 다시 또 신문지를 포개 가는 겁니다. 저도 해 봤는데요,
생각보다 간단해서 깜짝 놀랐습니다. 추천합니다.

남자는 무엇에 대해 이야기하고 있습니까?
1　바비큐할 때 힘든 점

2　新聞紙と炭の関係　　　　　　　　　　2　신문지와 숯의 관계

3　火を起こす方法　　　　　　　　　　　3　불을 피우는 방법

4　着火剤の使い方　　　　　　　　　　　4　착화제 사용법

해설　남자는 바비큐를 하기 위해 착화제를 사용하면 쉽게 불을 피울 수 있다고 하는 방법과 착화제가 없을 때 불 피우는 방법을 소개하고 있으니 답은 3번이다. 1번은 바비큐할 때 힘든 점이 아니라 불 피우기 힘들다는 내용이므로 오답이고 2번, 4번은 나오지 않은 내용이다.

어휘　レジャー(레저) | ~といえば(~라 하면) | キャンプ(캠핑, 캠프) | バーベキュー(바비큐) | 火を起こす(불을 피우다) | 苦労(고생) | 火がつく(불이 붙다) | 着火剤(착화제) | 炭(숯) | ライター(라이터) | 新聞紙(신문지) | 1枚ずつ(한 장씩) | 丸い(둥글다) | 重ねる(포개다) | おすすめ(추천) | ~の際に(~때) | 関係(관계)

[問題4]　問題4では、問題用紙に何もいんさつされていません。まず文を聞いてください。それから、それに対する返事を聞いて、1から3の中から、最もよいものを一つ選んでください。

[문제 4]　문제 4에서는 문제지에 아무것도 인쇄되어 있지 않습니다. 먼저 문장을 들으세요. 그러고 나서 그것에 대한 대답을 듣고, 1부터 3 안에서 가장 알맞은 것을 하나 고르세요.

[例]

F：そのケーキ、どうだった？

M：1　いちごがたっぷり入ってて、おいしかったよ。

　　2　あー、高いだけに、けっこう味気ないね。

　　3　そうか、あまり食べた気がしなかったか。

[예] 정답 1

F：그 케이크 어땠어?

M：1　딸기가 듬뿍 들어있어서 맛있었어.

　　2　아~, 비싼 만큼 꽤나 밋밋해.

　　3　그래? 별로 먹은 것 같지 않았나?

[1番]

F：休んだから心配したのよ。具合が悪かったんだって？

M：1　いえ、少しだけで結構です。

　　2　ええ、かまいませんよ。どうぞご心配なく。

　　3　はい、今日はもう大丈夫です。

[1번] 정답 3

F：쉬어서 걱정했어. 몸이 안 좋았다며?

M：1　아뇨, 조금만 있어도 됩니다.

　　2　예, 상관없습니다. 부디 걱정 마세요.

　　3　네, 오늘은 이제 괜찮습니다.

해설　여자는 남자의 건강을 걱정하고 있으므로 가장 적당한 답은 3번이다. 1번은 양에 관한 내용이므로 맞지 않고, 2번은 「どうぞご心配なく(부디 걱정 마세요)」만 들으면 그럴듯하지만 「かまいませんよ(상관없습니다)」는 상대에게 어떤 일을 허락하는 표현이므로 앞뒤가 맞지 않아 오답이다.

어휘　具合が悪い(몸이 좋지 않다) | 結構だ(괜찮다, 됐다) | かまいません(상관없습니다)

[2番]

M：さやかも嫁に行ったことだし、親の役目もいったん終了だな。

F：1　終わる前に早く行きましょう。

　　2　そうね。ご苦労さまでした。

　　3　引退したいってこと？

[2번] 정답 2

M：사야카도 시집갔겠다, 부모의 역할도 일단 끝이로군.

F：1　끝나기 전에 빨리 갑시다.

　　2　그러게. 수고 많았습니다.

　　3　은퇴하고 싶다는 거야?

해설 남자는 딸을 결혼시켜 일단 부모로서의 책임을 다했다고 하자 수고 많았다고 한 2번이 적당한 대답이다. 「終了(종료)」가 들렸지만 끝나기 전에 어디 가자는 말을 한 건 아니니 1번은 오답이고, 부모로서의 역할이 일단 끝났다는 것은 은퇴를 뜻하는 것은 아니므로 3번도 오답이다. 「~ことだし(~이겠다)」는 어떤 판단이나 결정을 내리게 된 이유, 근거를 의미하는 표현이다.

어휘 嫁に行く(시집가다) | ~ことだし(~이겠다) | 役目(역할) | いったん(일단) | 終了(종료) | ご苦労さまでした(수고 많았습니다) | 引退(은퇴)

3番	**3번** 정답 2
F：さすが元ラグビー部だけに、体格がいいね。	F：과연 전 럭비부인만큼 체격이 좋네.
M：1　ほんと、そうしたいよ。	M：1　정말, 그렇게 하고 싶어.
2　いやあ、そうでもないよ。	2　아냐, 그렇지도 않아.
3　だったら、そうしなよ。	3　그렇다면, 그렇게 해.

해설 여자는 남자의 체격이 좋다고 칭찬하고 있다. 상대가 칭찬할 때는 겸손하게 「そうでもない(그렇지도 않아)」라고 말하는 것이 일본식 매너이기 때문에 답은 2번이다.

어휘 さすが(과연) | 元ラグビー部(전 럭비부) | ~だけに(~인 만큼) | 体格(체격)

4番	**4번** 정답 3
M：なんで焼き肉のときは、いっつも俺が肉を焼く係なわけ？	M：어째서 고기 구울 때는, 항상 내가 고기 굽기 담당인 거야?
F：1　まだお肉が焼けてないからよ。	F：1　아직 고기가 익지 않았으니까.
2　毎日は食べてないでしょ。	2　매일 먹지는 않겠지?
3　だって上手なんだもん。	3　왜냐하면 잘 구우니까 그렇지.

해설 남자는 왜 항상 나만 고기 굽냐고 불만을 말하고 있고, 여자는 3번에서 왜 고기 굽기를 시키는지 이유를 말하고 있으므로 정답이 된다. 1번에서 고기라는 단어가 들렸지만 아직 익지 않았다고 했으니 이유가 될 수 없고, 「いっつも(항상)」가 들렸기 때문에 2번의 '매일'이라는 단어가 연상되어 정답으로 헷갈릴 수 있지만, 빈도와 관계없기 때문에 오답이다.

어휘 なんで(왜, 어째서) | 焼く(굽다) | 係(담당) | 焼ける(구워지다, 익다) | だって~もん(왜냐하면 ~인 걸, ~니까 그렇지)

5番	**5번** 정답 2
F：アンケート結果に基づいて、休暇制度に関する改善提案書をまとめればいいんですね。	F：설문 조사 결과에 근거하여, 휴가 제도에 관한 개선 제안서를 정리하면 좋겠네요.
M：1　早いね。もう書いたんだ。	M：1　빠르네. 벌써 다 썼구나.
2　うん、よろしく頼むよ。	2　응, 잘 부탁해.
3　よくまとまっていたと思うよ。	3　잘 정리되었다고 생각해.

해설 여자는 「まとめればいいんですね(정리하면 좋겠네요)」라고 했으니 이제부터 할 일을 말하고 있다는 것을 알 수 있으므로 2번이 정답이다. 1번, 3번은 이미 끝난 과거를 의미하므로 답이 될 수 없다.

어휘 アンケート(설문 조사, 앙케트) | ~に基づいて(~에 근거하여) | 休暇制度(휴가 제도) | 改善提案書(개선 제안서) | まとめる(정리하다) | まとまる(정리되다)

6番

M : 同窓会で15年ぶりに会う友達がいるんだ。俺のこと、覚えてくれているといいんだけど。

F : 1　すぐ思い出すね。ちょっと待って。

　　 2　15年間も忘れていたなんて、ひどいわね。

　　 3　**そんなに会ってないなら、無理かもよ。**

해설 남자는 15년 만에 만나는 친구가 자신을 기억해 주기를 기대하고 있다. 여자는 그 친구가 아닌 제3자이므로 1번은 오답이고, 2번은 기억하고 있는지 아직 모르는 상태이므로 오답이다. 따라서, 아직 만나지는 않았지만 15년이란 긴 세월 동안 만나지 못했다면 기억 못 할 수도 있다고 한 3번이 적절한 답이다.

어휘 同窓会(동창회) | 思い出す(생각해 내다)

6번　정답 3

M : 동창회에서 15년 만에 만나는 친구가 있어. 나를 기억하고 있으면 좋겠는데.

F : 1　금방 생각해 낼게. 잠깐 기다려.

　　 2　15년 동안이나 잊고 있었다니, 너무하네.

　　 3　**그렇게 못 만났다면 무리일지도 몰라.**

7番

F : あれ、まだいたの？今日、お客さんと打ち合わせって言ってなかった？

M : 1　**出ようとしたところに、中止の電話がかかってきたんだ。**

　　 2　いや、まだ終わっていないよ。

　　 3　それなら、行ってもらうことにするよ。

해설 여자는 고객과 미팅이 있는데 왜 안 나갔냐고 이유를 물었고, 1번에서 그 이유를 말하고 있으므로 답이 된다. 2번은 아직 미팅이 시작하지도 않았으므로 오답이고, 3번은 미팅에 가는 사람은 남자인데 여자한테 대신 가 달라고 했으니 오답이다.

어휘 打ち合わせ(미팅) | 中止(중지)

7번　정답 1

F : 어머, 아직 있었어? 오늘 고객과 미팅이라고 하지 않았어?

M : 1　**나가려고 할 때 중지 전화가 걸려 왔거든.**

　　 2　아니, 아직 안 끝났어.

　　 3　그렇다면, (나 대신) 가는 걸로 할게.

8番

M : なんだか天気が崩れてきたぞ。また予報が外れたか？

F : 1　**ほんと、最近、当てにならないよね。**

　　 2　ね。傘なんか要らないのに。

　　 3　どうりで元気ないと思ったよ。

해설 남자는 일기예보가 빗나갔다고 했는데「また予報が外れたか？(또 예보가 빗나갔나?)」라고 했으니 이미 몇 번 이런 적이 있었다는 것을 알 수 있다. 이 말에 여자가 맞장구 치고 있는 1번이 답이다. 날씨가 나빠졌으면 우산이 필요할 테니 2번은 오답이고, 3번은 전혀 상관없는 내용이다.

어휘 なんだか(어쩐지) | 天気が崩れる(날씨가 나빠지다) | 予報が外れる(예보가 빗나가다) | 当てにならない(믿을 수가 없다) | 要る(필요하다) | どうりで(어쩐지)

8번　정답 1

M : 어쩐지 날씨가 나빠졌어. 또 예보가 빗나갔나?

F : 1　**정말, 요즘 믿을 수가 없어.**

　　 2　그러게. 우산 같은 거 필요 없는데.

　　 3　어쩐지 기운 없다 했어.

9番

F1：ねえねえ、林さん。胸の辺りにシミが付いてるよ。

F2：1　うん、心に染み付いて離れないの。

　　　2　やだ、ランチのときにこぼしたみたい。

　　　3　最近、運がよくて、ついてるんだ。

解説 옷에 얼룩이 묻어 짜증스러울 것이고, 얼룩이 왜 묻었는지 이유를 말하고 있는 2번이 답이다. 1번의 「染み付く(얼룩지다, 사무치다)」도 얼룩에 사용할 수 있으나 주어가 「心(마음)」이므로 답이 될 수 없고, 3번에서 「ついてる(재수 있어)」가 들렸지만 발음만 같을 뿐 전혀 다른 뜻이므로 오답이다.

어휘 胸の辺り(가슴 근처) | シミが付く(얼룩이 묻다) | 心に染み付く(마음에 사무치다) | 離れる(떠나다, 떨어지다) | こぼす(흘리다, 쏟다) | 運がよい(운이 좋다) | ついている(재수 있다, 재수가 좋다)

9번 정답 2

F1：저기, 하야시 씨. 가슴 근처에 얼룩이 묻었어.

F2：1　응, 마음에 사무쳐서 떠나지 않아.

　　　2　짜증나, 점심 때 흘린 모양이야.

　　　3　요즘 운이 좋아 재수가 있어.

10番

F：川村さん、これ急ぎなんです。手伝ってもらえませんか。

M：1　ごめんね。時間さえ合えば、伝えられたんだけど。

　　　2　悪いけど僕、残業してまで稼ぐ気はないんだ。

　　　3　少しなら手助けしてもらってもかまわないよ。

解説 여자는 급한 일이라며 남자에게 도움을 청하였으니, 허락 또는 거절의 표현이 와야 한다. 따라서 확실하게 거절하지는 않았지만 야근까지 하면서 돈 벌고 싶지 않다며 완곡히 거절하고 있는 2번이 답이다. 1번은 「伝える(전하다)」를 들려주며 답을 유도하고 있고, 3번은 반대로 남자가 여자에게 자신을 도와달라고 했으니 오답이다.

어휘 急ぎ(급한 일) | 手伝う(돕다) | ~さえ~ば(~만 ~면) | 悪い(미안하다) | 残業(야근) | ~てまで(~해서까지) | 稼ぐ(돈 벌다) | ~気はない(~할 생각은 없다) | 手助け(도움)

10번 정답 2

F：가와무라 씨, 이거 급한 일인데요. 도와주실 수 없을까요?

M：1　미안해. 시간만 맞으면 전할 수 있었는데.

　　　2　미안한데 나, 야근해서까지 돈 벌 생각은 없어.

　　　3　조금이라면 (나를) 도와줘도 괜찮아.

11番

F：市役所の窓口の人が、対象から外れるかもしれないけど、申請書は出すだけ出してみたらって。

M：1　やってみないと分からないってことか。

　　　2　じゃ、前もって外しておこうよ。

　　　3　出すだけで何とかなりそうだね。

解説 여자는 시청 창구 직원이 한 말을 남자에게 전하고 있다. 대상에서 제외될지도 모르지만 신청서만은 제출해 보라고 했으니 그에 가장 알맞은 반응은 1번이다. 2번은 제외하는 주체가 남자가 아니므로 오답이고, 제출해서 해결되는 상황이 아니므로 3번도 오답이다.

어휘 市役所(시청) | 窓口(창구) | 対象から外れる(대상에서 제외되다) | 申請書(신청서) | 前もって(미리) | 外す(제외하다) | 何とか(어떻게든)

11번 정답 1

F：시청 창구 직원이 대상에서 제외될지도 모르지만, 신청서만은 제출해 보는 게 어떠냐고 하네.

M：1　해 보지 않으면 알 수 없다는 건가?

　　　2　그럼, 미리 제외해 두자.

　　　3　제출하기만 하면 어떻게든 될 것 같군.

<table>
<tr><td>

12番

M：先週、妻と派手に喧嘩してしまってね。出ていったきり帰ってこないんだよ。

F：1　もう戻られたのなら安心ですね。

　　2　ご自宅に入れないなんて大変でしたね。

　　3　早く電話して謝ったほうがいいですよ。

解説「～たきり(～한 채)」는 어떤 행동을 한 것을 끝으로 다른 행동을 하지 않는다는 뜻이다. 즉, 아내가 부부싸움 후 「出ていったきり帰ってこない(나간 채 집에 돌아오지 않아)」라는 말을 들었다면 3번처럼 조언하는 것이 자연스러우므로 답이 된다. 아내는 아직 돌아오지 않았으므로 1번은 오답이며, 2번은 남자가 집에 못 들어갈 이유가 없으므로 오답이다.

어휘 派手に(대판, 심하게)｜喧嘩(싸움)｜ご自宅(댁)｜謝る(사과하다)

</td><td>

12번 정답 3

M：지난주에 아내와 대판 싸웠거든. 나간 채 집에 돌아오지 않아.

F：1　벌써 돌아오셨다면 안심되네요.

　　2　댁에 들어갈 수 없다니 힘들었겠네요.

　　3　어서 전화해서 사과하는 게 좋아요.

</td></tr>
<tr><td>

問題 5　問題5では、長めの話を聞きます。この問題には練習はありません。問題用紙にメモをとってもかまいません。

　　1番、2番

問題用紙に何もいんさつされていません。まず話を聞いてください。それから、質問とせんたくしを聞いて、1から4の中から、最もよいものを一つ選んでください。

1番

病院で歯科医と男の人が話しています。

M1：佐藤さんですね。今日はどうされました？

M2：奥歯に何か挟まったような感じがして、違和感があるんです。それと冷たいものを飲むと少ししみるんです。

F　：はい、じゃ、口を大きく開けてくださいね。

M1：あー、奥歯がちょっと欠けてますね。それで、その隙間に食べ物が挟まっているんですよ。歯磨きをしてもきれいに取れないから、磨き残しのせいで歯茎が少し腫れていますね。それと小さな虫歯もあります。

M2：そうなんですか。これからどんな治療を受けることになりますか。

M1：まず、歯石を取り除きます。隙間の磨き残しも含めて、口の中をすっかりきれいにしましょう。虫歯は大したことありませんから、今日治療します。少し削れば大丈夫でしょう。

</td><td>

문제 5　문제 5에서는 긴 이야기를 듣습니다. 이 문제에는 연습은 없습니다. 문제지에 메모를 해도 됩니다.

1번, 2번

문제지에 아무것도 인쇄되어 있지 않습니다. 먼저 이야기를 들으세요. 그리고 나서 질문과 선택지를 듣고 1부터 4 안에서 가장 알맞은 것을 하나 고르세요.

1번 정답 2

병원에서 치과 의사와 남자가 이야기하고 있습니다.

M1：사토 씨군요. 오늘은 어떻게 오셨어요?

M2：어금니에 뭔가가 낀 것 같은 느낌이 들어 위화감이 있어요. 그리고 찬 걸 마시면 좀 시려요.

F　：네, 그럼 입을 크게 벌려 주세요.

M2：아~, 어금니가 좀 깨져 있네요. 그래서 그 틈에 음식물이 낀 거예요. 양치질해도 깨끗하게 제거되지 않으니까, 제대로 못 닦은 탓에 잇몸이 좀 부어 있네요. 그리고 작은 충치도 있어요.

M2：그래요? 이제 어떤 치료를 받게 되나요?

M1：먼저, 치석을 제거합니다. 틈새의 안 닦인 부분도 포함해서 입 안을 완전히 깨끗하게 합시다. 충치는 별거 아니니까 오늘 치료할게요. 좀 깎으면 괜찮을 거예요.

</td></tr>
</table>

제1회 해설 및 풀이 전략　**43**

M2：先生、虫歯の治療は痛いですか。

M1：うーん。たぶん痛くないと思いますよ。欠けた歯を埋めるのは次回にしますので、今日の治療が終わったら予約をして帰ってください。じゃ、山田さん、**まず歯石の除去をお願いしますね。**

F ：はい、先生。ところで佐藤さん、デンタルフロスを使ったことはありますか。

M2：デンタルフロス？歯の隙間に使う糸ようじのことですか。

F ：はい、そうです。

M2：いえ、ありません。血が出るでしょう？怖くて。

F ：では、**歯石の除去が終わったら、正しい使い方を説明しますね。**

男の人はまず何の治療を受けますか。

1　虫歯を削る
2　**歯石を除去する**
3　欠けた歯を埋める
4　糸ようじの使い方を習う

M2 : 선생님, 충치 치료는 아픈가요?

M1 : 음~ 글쎄요. 아마 아프지 않을 거예요. 깨진 이를 메우는 건 다음에 할 테니 오늘 치료가 끝나면 예약하고 돌아가 주세요. 그럼 야마다 씨, **먼저 치석 제거 부탁할게요.**

F : 네, 선생님. 그런데 사토 씨, 덴탈 플로스(치실)를 사용한 적 있어요?

M2 : 덴탈 플로스? 치아 틈에 사용하는 치실 말인가요?

F : 네, 맞아요.

M2 : 아뇨, 없어요. 피가 나오지요? 무서워서.

F : 그럼, **치석 제거가 끝나면 올바른 사용법을 설명할게요.**

남자는 먼저 무슨 치료를 받습니까?

1　충치를 깎는다
2　**치석을 제거한다**
3　깨진 이를 메운다
4　치실 사용법을 배운다

해설 치과 의사가 「まず、歯石を取り除きます(먼저 치석을 제거합니다)」라고 하며 여자에게 「山田さん、まず歯石の除去(야마다 씨, 먼저 치석 제거)」를 부탁한다고 했다. 따라서 충치 치료 전에 치석 제거가 먼저이기 때문에 답은 2번이다.

어휘 歯科医(치과 의사) | 奥歯(어금니) | 挟まる(끼다) | 違和感(위화감) | しみる(시리다) | 欠ける('치아가' 깨지다) | 隙間(틈) | 歯磨き(양치질) | 磨き残し(안 닦인 부분, 양치질이 제대로 안된 부분) | 歯茎(잇몸) | 腫れる(붓다) | 虫歯(충치) | 治療を受ける(치료를 받다) | 歯石(치석) | 取り除く(제거하다) | 含める(포함하다) | すっかり(완전히) | 大したことない(별일 아니다) | 削る(깎다) | 埋める(메우다) | 次回(다음) | 除去(제거) | デンタルフロス(덴탈 플로스, 치실) | 糸ようじ(치실)

テレビの中継を見て、男の人と女の人が話をしています。

F1：速報です。先ほどスキージャンプ競技の男子部門で鈴木選手が金メダルを獲得しました。鈴木選手は前回のオリンピックで金メダル候補と言われていましたが、オリンピック直前に膝を痛め、やむなく出場を辞退。その後、1年の休養を経て、3年前のワールドカップ出場を果たしたものの、思うような成績を出せず、当時は今季オリンピックへの出場すら危ぶまれていました。しかし、着実に順位を上げ、昨年のワ

TV 중계를 보며 남자와 여자가 이야기하고 있습니다.

F 1 : 속보입니다. 방금 전 스키점프 경기 남자 부문에서 스즈키 선수가 금메달을 획득했습니다. 스즈키 선수는 지난번 올림픽에서 금메달 후보라 했지만, 올림픽 직전에 무릎을 다쳐, 어쩔 수 없이 올림픽 출전을 사퇴. 그 후 1년간의 휴양을 거쳐, 3년 전 월드컵 출전을 이루긴 했지만 생각처럼 성적을 내지 못하여, 당시에는 이번 올림픽 출전마저 우려되고 있었습니다. 하지만 착실히 순위를 올리더니 작년 월드컵에서는 시상대에 올라가고, 올해 올림픽 메달 후보로 평가받게까지 되었

ールドカップでは表彰台に上り、今年のオリンピックメダル候補と言われるまでになりました。今年、スキージャンプの金メダル最有力候補は菊池選手でしたが、1本目のジャンプで飛距離が出ず、2本目のジャンプでは1本目より距離が伸びたものの、惜しくも表彰台には届きませんでした。まもなく表彰式が始まります。表彰式は現地から前川さんが中継してくれます。前川さん、お願いします。

F2：ねえ、あなた。早く来て。インタビュー始まるよ。

M　：え、なになに？何の話だ？

F2：スキージャンプの鈴木選手が金メダル取ったって。

M　：え、本当か？

F2：昔っから応援してたんだけど、前のオリンピック、怪我で出られなくなって、もう無理かと思ってた。きっとすごく努力したんだね。インタビュー見たら、私、泣きそう。

M　：すごいな、あの大怪我からの復活か。スポーツをやってたから分かるけど、怪我からの復帰って本当に大変なんだよな。でも今回、メダル獲得の呼び声が高かったのは菊池選手だったろ。菊池に何かあったのかな？応援してたのに。でも、怪我をしても、いい成績が取れなくても、こつこつ努力を続けた鈴木、尊敬するな。

F2：ほんと、金メダルを取ったこともすごいけど、そういう鈴木選手の姿勢から、うちの子も学んでくれたらいいな。ま、あの子、運動神経はないけどね。

M　：いや、運動じゃなくてもいいんだ。鈴木の精神はすべてに通じるよ。

F2：そうね。うちの子はうちの子の得意分野で頑張ってほしいわ。

M　：うん。夏の甲子園、冬の箱根駅伝もそうだし、スポーツから学ぶことは多いよ。

F2：ええ。スポーツって、いつも感動を与えてくれるわ。

子供にはどんなことを学んでほしいと思っていますか。

1　競争心
2　諦めない姿勢
3　怪我を克服する方法
4　スポーツの素晴らしさ

習す。올해 스키점프의 금메달 최유력 후보는 기쿠치 선수였지만, 첫 번째 점프에서 비거리가 나오지 않았고, 두 번째 점프에서는 첫 번째보다 거리는 늘어났지만, 아쉽게도 시상대에는 이르지 못했습니다. 곧 시상식이 시작됩니다. 시상식은 현지에서 마에카와 씨가 중계하겠습니다. 마에카와 씨, 부탁합니다.

F2：저기, 여보. 빨리 와. 인터뷰 시작해.

M　：응? 뭔데? 무슨 이야기야?

F2：스키점프 스즈키 선수가 금메달 땄대.

M　：뭐? 정말?

F2：예전부터 응원했었는데, 지난번 올림픽에 부상 때문에 못 나가서, 이제 무리인 줄 알았는데. 틀림없이 엄청나게 노력했겠지. 인터뷰 보면 나 울 것 같아.

M　：대단하네, 그렇게 큰 부상에서 부활하다니. 나도 스포츠를 해서 알지만, 부상에서 복귀하는 건 정말 힘든 일이야. 그래도 이번 메달 획득 평판이 높았던 건 기쿠치 선수였지. 기쿠치한테 무슨 일이 있었나? 응원했는데. 하지만 부상을 입어도, 좋은 성적을 내지 못해도, 꾸준히 노력을 계속온 스즈키, 존경스러워.

F2：진짜야, 금메달을 딴 것도 굉장하지만, 그런 스즈키 선수의 자세를 우리 애도 배우면 좋겠어. 뭐 우리 애는 운동 신경은 없지만.

M　：아니, 운동이 아니라도 괜찮아. 스즈키의 정신은 모든 것에 통해.

F2：그러게. 우리 애는 자기가 잘하는 분야에서 열심히 해주면 좋겠어.

M　：응. 여름엔 고시엔(고교 야구 대회), 겨울엔 하코네 역전 마라톤(도쿄와 하코네 간 왕복 대학 역전 마라톤)도 그렇고, 스포츠에서 배우는 게 많아.

F2：맞아. 스포츠는 언제나 감동을 주지.

아이에게는 어떤 것을 배우기 바라고 있습니까?

1　경쟁심
2　포기하지 않는 자세
3　부상을 극복하는 방법
4　스포츠의 훌륭함

3番

まず話を聞いてください。それから、二つの質問を聞いて、それぞれ問題用紙の1から4の中から、最もよいものを一つ選んでください。

3番

お祝い金の相場を伝えるニュースを見て、男の人と女の人が話しています。

F1: もうすぐ卒業入学のシーズンですね。子供たちの成長の節目をお祝いしてあげたいと思う方も多いでしょう。お祝いは、やはり現金が無難なようで、受け取る側からもいちばん喜ばれるようです。さて、そのお祝い金、最近の相場は一体いくらか、ご存じですか。まず、小学校の入学祝いは1万円から3万円、中学校の入学祝いを、祖父母が孫に贈る場合は1万から10万円、親戚の子供に贈る場合には1万円から3万円となっています。高校の入学祝いの場合も同額です。大学の入学祝いは少し金額が上がりまして、祖父母が孫に贈る場合は3万円から30万円、親戚の子供に贈る場合には1万円から5万円となっています。祖父母が贈る金額にかなりの幅があるのは、子供に直接渡すお小遣いとしてだけでなく、教育資金の援助や入学準備の費用として渡す場合があるからです。特に大学進学で一人暮らしを始めるときなどは、パソコンを買う費用を援助したり、家具や電化製品を購

3번

먼저 이야기를 들으세요. 그러고 나서 두 개의 질문을 듣고 각각 문제지의 1부터 4 안에서 가장 알맞은 것을 하나 고르세요.

3번 질문1 정답 1 | 질문2 정답 2

축하금 시세를 전하는 뉴스를 보고, 남자와 여자가 이야기하고 있습니다.

F1: 이제 곧 졸업 입학 시즌이네요. 아이들 성장의 터닝포인트를 축하해 주고 싶은 분도 많겠지요. 축하 선물은 역시 현금이 무난한 듯하며, 받는 사람도 가장 좋아하는 것 같습니다. 그럼, 이 축하금의 요즘 시세는 대체 얼마인지 알고 계십니까? 먼저, 초등학교 입학 축하금은 1만 엔에서 3만 엔, 중학교 입학 축하금을 조부모가 손자에게 줄 경우에는 1만에서 10만 엔, 친척 아이에게 보낼 경우에는 1만 엔에서 3만 엔으로 되어 있습니다. 고등학교 입학 축하금의 경우도 같은 금액입니다. 대학 입학 축하금은 조금 금액이 올라가서, 조부모가 손자에게 보낼 경우에는 3만 엔에서 30만 엔, 친척 아이에게 보낼 경우에는 1만 엔에서 5만 엔으로 되어 있습니다. 조부모가 보내는 금액에 상당한 차이가 있는 것은, 아이에게 직접 건네주는 용돈으로서뿐만 아니라, 교육 자금 지원과 입학 준비 비용으로서 건네주는 경우가 있기 때문입니다. 특히 대학 진학으로 자취를 시작할 때 등에는 컴퓨터를 살 비용을 지원하거나, 가구나 전자제품을 구입하거나 하기 위해, 입학 축하금이 상당히 고액이 되는 것 같습니다.

入したりするため、入学祝いがかなり高額になるようです。

M ：ほほー、最近の入学祝いは結構高いな。僕なんか高校入学の祝いで5千円だった気がする。

F2：あなたの頃とは時代が違うじゃないの。それより、お義姉さんのところのタケシ君とサヨちゃん、今年同時に卒業よね。お祝い、どうする？

M ：サヨちゃんももう高校生か。あんなに小さかったのに、時が経つのは早いね。うーん、相場の最低額でいいんじゃないか。僕たちが無理することはないよ。

F2：そうね。で、タケシ君はどうする？大学受験に失敗して、浪人することになったじゃない。

M ：そうだな。でも、これから参考書とか、いろいろ物入りだろ。何もあげないってのも気まずいよな。

F2：そういう場合は入学祝いじゃなくて、高校卒業祝いとして渡すらしいわ。

M ：なるほどね。サヨちゃんと同じってわけにはいかないし、高校の入学祝いの相場の、最高額にしよう。

質問1　サヨちゃんへの入学祝いに、いくらあげることにしましたか。

1　1万円
2　3万円
3　5万円
4　10万円

質問2　タケシ君への卒業祝いに、いくらあげることにしましたか。

1　1万円
2　3万円
3　5万円
4　10万円

M ：흠, 요즘 입학 축하금은 꽤 비싸네. 나는 고등학교 입학 축하금으로 5천 엔이었던 것 같은데.

F2：당신 때와는 시대가 다르잖아. 그거보다 형님네 다케시하고 사요, 올해 같이 졸업하잖아. 축하금 어떡할까?

M ：사요도 벌써 고등학생이구나. 그렇게 어렸었는데, 세월 참 빠르네. 음~, 시세 최저 금액으로 하면 되지 않을까? 우리가 무리할 필요는 없어.

F2：그래. 그럼 다케시는 어떡하지? 대학 수험 실패해서 재수하게 되었잖아.

M ：글쎄. 근데 앞으로 참고서라든가 이것저것 쓸 데가 많겠지. 아무것도 안주기도 찜찜하군.

F2：그럴 경우에는 입학 축하금이 아니라, 고등학교 졸업 축하금으로 주나 봐.

M ：그렇군. 사요랑 같을 수는 없을 테니, 고등학교 입학 축하금 시세 최고 금액으로 하자.

질문1　사요의 입학 축하금으로 얼마를 주기로 했습니까?

1　1만 엔
2　3만 엔
3　5만 엔
4　10만 엔

질문2　다케시 군의 졸업 축하금으로 얼마를 주기로 했습니까?

1　1만 엔
2　3만 엔
3　5만 엔
4　10만 엔

해설 (질문1) 친척 아이인 다케시 군과 사요가 동시에 졸업하는데 「サヨちゃんももう高校生か(사요도 벌써 고등학생이구나)」에서 사요가 중학교를 졸업하는 것을 알 수 있다. 남자가 「相場の最低額でいいんじゃないか。僕たちが無理することはないよ(시세 최저 금액으로 하면 되지 않을까? 우리가 무리할 필요는 없어)」라고 했는데, 뉴스에서 「親戚の子供に贈る場合には1万円から3万円となっています。高校の入学祝いの場合も同額(친척 아이에게 보낼 경우에는 1만 엔에서 3만 엔으로 되어 있습니다. 고등학교 입학 축하금의 경우도 같은 금액)」라고 했으니 고등학교 입학 축하금의 최저 금액인 1번이 답이 된다.

해설 (질문2) 다케시에 관해 「大学受験に失敗して、浪人することになった(대학 수험 실패해서 재수하게 되었잖아)」라고 했으니 이번에 고등학교를 졸업하는 것을 알 수 있다. 남자가 「サヨちゃんと同じってわけにはいかないし、高校の入学祝いの相場の、最高額 (사요랑 같을 수는 없을 테니, 고등학교 입학 축하금 시세 최고 금액)」로 하자고 했는데, 질문1의 힌트였던 「親戚の子供に贈る場合には 1 万円から 3 万円となっています。高校の入学祝いの場合も同額(친척 아이에게 보낼 경우에는 1만 엔에서 3만 엔이 되어 있습니다. 고등학교 입학 축하금의 경우도 같은 금액)」에서 최고 금액인 3만 엔이란 것을 알 수 있으므로 답은 2번이 된다.

어휘 お祝い金(축하금) | 相場(시세) | 成長の節目(성장의 터닝포인트) | お祝い(축하) | 現金(현금) | 無難(무난) | 受け取る(받다) | 喜ぶ(기뻐하다) | さて(자, 그런데) | 一体(대체) | ご存じですか(알고 계십니까?) | 入学祝い(입학 축하금) | 祖父母(조부모) | 孫(손자) | 贈る(주다, 선물하다) | 親戚(친척) | 同額(같은 금액) | 金額(금액) | 幅(폭, 차이) | 直接(직접) | お小遣い(용돈) | 教育資金(교육 자금) | 援助(지원, 원조) | 入学準備費用(입학 준비 비용) | 大学進学(대학 진학) | 家具(가구) | 電化製品(전자제품, 가전제품) | 購入(구입) | 高額(고액) | 結構(꽤) | 気がする(생각이 들다, 느낌이 들다) | お義姉さん(새언니, 형님) | 同時(동시, 같이) | 時が経つ(세월이 흐르다) | 最低額(최저액, 최저 금액) | ~ことはない(~할 필요는 없다) | 大学受験(대학 수험) | 失敗(실패) | 浪人する(재수하다) | 参考書(참고서) | 物入り(돈 쓸 데가 많음) | 気まずい(찜찜하다, 거북하다) | 高校卒業祝い(고등학교 졸업 축하금) | ~わけにはいかない(~일 수는 없다) | 最高額(최고액, 최고 금액)

JLPT 최신 기출 유형 실전모의고사 N2

제2회 정답

언어지식(문자·어휘·문법)

問題1		問題5		問題7	
1	3	21	3	31	2
2	1	22	2	32	4
3	3	23	2	33	1
4	3	24	4	34	4
5	1	25	4	35	4
問題2		**問題6**		36	1
6	2	26	2	37	3
7	1	27	3	38	4
8	2	28	4	39	4
9	3	29	3	40	2
10	1	30	2	41	3
問題3				42	2
11	2			**問題8**	
12	3			43	2
13	3			44	2
問題4				45	2
14	3			46	1
15	2			47	2
16	4			**問題9**	
17	3			48	2
18	3			49	1
19	3			50	3
20	1			51	4
				52	3

독해

問題10	
53	2
54	4
55	3
56	3
57	4
問題11	
58	1
59	2
60	2
61	3
62	3
63	2
64	4
65	4
66	1
問題12	
67	3
68	4
問題13	
69	4
70	3
71	2
問題14	
72	4
73	4

청해

問題1		問題4	
例	3	例	1
1	2	1	1
2	3	2	2
3	1	3	2
4	4	4	2
5	1	5	1
問題2		6	3
例	2	7	3
1	4	8	3
2	1	9	3
3	4	10	1
4	1	11	3
5	3	12	3
6	4	**問題5**	
問題3		1	3
例	1	2	3
1	2	3	2
2	4		4
3	3		
4	2		
5	1		

1교시 언어지식(문자·어휘)

본책 83 페이지

問題 1 _____ 단어의 읽는 법으로 가장 알맞은 것을 1·2·3·4에서 하나 고르세요.

1 정답 3

폭우 속에서 운전했더니 타이어가 미끄러져서 <u>하마터면</u> 사고를 당할 뻔했다.

해설 「危」의 훈독은 「危ない(위험하다)」와 「危うい(위험하다)」가 있는데 N2에서는 「危うい」가 나올 가능성이 높다. 참고로 「危うく~ところだった(하마터면 ~할 뻔했다)」 표현은 문법에서도 자주 출제되니 꼭 기억해 두자.

빈출 危険(위험) | 危害(위해) | 危機(위기)

어휘 大雨(폭우) | 滑る(미끄러지다) | 事故にあう(사고를 당하다)

2 정답 1

소수 의견이라고 해도 <u>존중</u>해야 한다고 생각한다.

해설 '존중'은 「尊重」라고 읽는데, 「重」의 음독은 특히 조심해야 한다. 「重」의 음독은 「じゅう・ちょう」가 있는데, 시험에는 「ちょう」가 잘 나오니 따로 정리해서 외워 두자.

빈출 尊敬(존경) | 重ねる(거듭하다) | 厳重(엄중) | 重視(중시) | 重圧(중압) | 貴重(귀중) | 偏重(편중) | 慎重(신중)

어휘 少数(소수)

3 정답 3

이 지역은 <u>집세</u>가 비싸다.

해설 「家」의 음독은 「か・や」가 있는데, 「や」로 읽는 단어가 자주 출제되니 정리해 두자. 그리고 「賃」의 음독은 「ちん」이라고 읽으므로 3번이 정답이다.

빈출 家庭(가정) | 家事(가사) | 家具(가구) | 家屋(가옥) | 大家(집주인) | 運賃(운임)

어휘 地域(지역)

4 정답 3

올겨울은 <u>얼어붙</u>을 것 같은 추위로 밖에 나가고 싶지도 않다.

해설 「凍」의 훈독은 「凍える(손·발이 추위로 얼다)」와 「凍る(물이 얼다)」가 있으며, 음독은 「とう」라고 읽는다.

빈출 凍結(동결)

어휘 寒さ(추위) | 外(밖)

5 정답 1

<u>난방</u>을 켠 채로 잠들고 말았다.

해설 「暖」의 음독은 「だん」이며, 「房」의 음독은 「ぼう」이므로 「暖房(난방)」로 읽는다. 「暖」을 우리말 발음으로 '난'으로 읽다 보니 「なん」으로 오해하는 경우가 많다. 하지만 절대 「なん」으로 읽지 않으니 주의하자.

빈출 温暖(온난) | 冷房(냉방) | 文房(문방)

어휘 つける(켜다) | ~たまま(~한 채)

問題 2 _____ 의 단어를 한자로 쓸 때 가장 알맞은 것을 1·2·3·4에서 하나 고르세요.

6 정답 2

12월에 들어서 독감 감염자 수가 증가 <u>추세</u>에 있다.

해설 「けいこう」로 읽는 한자는 「傾向(경향, 추세)」뿐이다. 다른 선택지의 비슷하게 생긴 한자와 혼동하지 않도록 주의하자.

빈출 傾く(기울다) | 傾ける(기울이다) | 向かう(향하다) | 向上(향상) | 意向(의향) | 方向(방향)

어휘 インフルエンザ(독감) | 感染者数(감염자 수) | 増加(증가)

7 정답 1

목욕물 다 <u>끓었으니</u> 씻으세요.

해설 「わく」는 '끓다'라는 동사로 답은 1번 「沸いた(끓었다)」가 된다. 타동사 「沸かす(끓이다)」도 함께 기억해 두자.

빈출 沸騰(끓어오름)

어휘 お風呂(목욕)

8 정답 2

컴퓨터 제조번호를 알려주세요.

해설 「せいぞう」로 읽을 수 있는 한자는 2번 「製造(제조)」이다. 특히 「製」와 「制」는 혼동하기 쉬우니 구별에 각별히 주의하자.

빈출 製品(제품) | 製作(제작) | 強制(강제) | 制限(제한) | 体制(체제) | 制度(제도) | 規制(규제) | 制服(제복)

어휘 番号(번호)

---

9 정답 3

아들은 1,000엔짜리 지폐를 한 손에 쥐고 슈퍼에 갔습니다.

해설 「にぎる」는 '쥐다, 잡다'란 뜻으로 답은 3번 「握って(쥐고)」인데, 「握」의 음독 「あく」도 자주 출제되니 정리해서 공부해 두자.

빈출 握手(악수) | 把握(파악)

어휘 息子(아들) | 札(지폐) | 片手(한 손)

---

10 정답 1

아버지 영향으로 농구를 시작했습니다.

해설 「えいきょう」로 읽을 수 있는 한자는 1번 「影響(영향)」이다. 다른 선택지의 비슷하게 생긴 「景」와 「郷」 한자와 혼동하지 않도록 주의하자.

빈출 影(그림자) | 撮影(촬영) | 響く(울리다)

어휘 バスケットボール(농구) | 始める(시작하다)

[問題 3] ( )에 들어갈 가장 알맞은 것을 1·2·3·4에서 하나 고르세요.

11 정답 2

이 농원에서는 봄이 되면 딸기 (따기)를 할 수 있습니다.

해설 「狩り」는 원래 사냥이란 의미로 사용되었으나, 현재는 「イチゴ狩り(딸기 따기)·ブドウ狩り(포도 따기)·紅葉狩り(단풍놀이)」와 같이 자연의 식물을 채집하거나 감상하는 일이라는 뜻으로도 쓰인다.

빈출 狩猟(수렵, 사냥)

어휘 農園(농원) | イチゴ(딸기)

---

12 정답 3

그는 교과서의 내용을 이해하는 것이 아니라 (통째로) 암기합니다.

해설 우리말에서도 쓰는 '현상 유지'란 표현을 알면 도움이 된다.

해설 「丸」는 '통째로, 전부, 전체, 만(滿)'이란 의미로 쓰이는 접두어로, 「丸暗記する」는 '통째로 암기하다'는 뜻이다.

빈출 丸一日(하루 종일) | 丸ごと(통째로) | 丸10年(만 10년)

어휘 教科書(교과서) | 内容(내용) | 理解(이해) | 暗記(암기)

---

13 정답 3

지진 등의 재해 시에, 의지할 수 있는 사람이 없으면 (불안하다).

해설 「心細い」는 '마음이 불안하다'는 뜻으로, 반대어와 꼭 구분하여 공부해 두자. 「細い(가늘다)」가 나왔다고 해서 반대어인 「太い(굵다)」를 사용하면 안 된다. 반대어는 「強い(강하다)」가 붙어 「心強い(마음 든든하다)」가 된다.

빈출 心強い(마음 든든하다)

어휘 地震(지진) | 災害時(재해 시) | 頼る(의지하다, 기대다)

[問題 4] ( )에 들어갈 가장 알맞은 것을 1·2·3·4에서 하나 고르세요.

14 정답 3

재판소는 국민의 권리와 자유를 지키기 위해 (공정)한 재판을 할 필요가 있다.

해설 뒤에 나오는 「裁判(재판)」과 어울릴 수 있는 단어를 생각해야 하는데, 가장 알맞은 단어는 3번 「公正(공정)」가 된다.

오답 1 公共(공공), 2 公務(공무), 4 公式(공식)

어휘 裁判所(재판소) | 国民(국민) | 権利(권리) | 自由(자유) | 守る(지키다) | 行う(행하다) | 必要(필요)

---

15 정답 2

걱정거리가 있는지 그는 아침부터 (안절부절)못하고 있다.

해설 「心配事(걱정거리)」의 정확한 의미를 알아야 한다. 걱정이 많은 모습을 나타내는 단어는 「そわそわする(안절부절못하다)」라고 하므로 2번이 답이 된다.

오답 1 くたくた(매우 지친 모습), 3 はきはき(또랑또랑, 시원시원한 모습), 4 ひやひや(조마조마한 모습)

어휘 心配事(걱정거리)

---

16 정답 4

조사 결과가 나올 때까지는 (현상)을 유지하게 되었다.

해설 우리말에서도 쓰는 '현상 유지'란 표현을 알면 도움이 된다. 「現状」는 '현재 상태, 상황'이란 뜻으로, 「現状打破(현상 타파)·現状分析(현상 분석)」과 같은 표현도 함께 공부해 두자.

어휘 調査結果(조사 결과) | 維持(유지)

---

17 정답 3

> 진학을 희망하고 있는 아들을 위해 (간신히) 비용을 모았다.

해설 '아들을 위해 비용을 모았다'고 했는데, 어떻게 비용을 모았는지를 생각해 보면 답을 찾을 수 있다. 「何とか(간신히, 가까스로, 그럭저럭, 어떻게든)」는 여러 가지 생각하며, 노력하고 궁리하는 모습을 의미하므로 3번이 답이 된다.

오답 1 何しろ(어쨌든), 2 何とも(정말, 참으로), 4 何だか(왠지)

어휘 進学(진학) | 希望(희망) | 息子(아들) | 費用(비용)

---

18 정답 3

> 응급의료 현장에서는 상황에 맞게 (적확한) 판단을 하는 능력이 필요로 여겨진다.

해설 「判断(판단)」과 가장 자연스럽게 매치할 수 있는 단어는 「的確な(적확한)」이므로 3번이 답이 된다. 참고로 「適切な判断(적절한 판단)」도 같이 기억해 두자. 「適度だ」는 '적당하다'라고 하는 정도를 나타내는 의미로 「適度な運動(적당한 운동)・適度な睡眠時間(적당한 수면 시간)」과 같이 사용하기 때문에 「判断(판단)」과는 매치될 수 없다.

오답 1 有能な(유능한), 2 適度な(적당한), 4 妥協な(타협한)

어휘 救命救急(구명구급, 응급의료) | 現場(현장) | 状況(상황) | ~に応じて(~에 맞게) | 判断(판단) | 能力(능력) | 必要(필요)

---

19 정답 3

> 다양한 지식을 익혀, 활동의 (폭)을 넓히고 싶다고 생각하고 있습니다.

해설 「活動の幅を広げる(활동의 폭을 넓히다)」 관용 표현을 통째로 외워 공부해 두자. 따라서 3번 「幅(폭)」이 답이 된다. 「幅が広い(폭이 넓다)」와 같은 표현도 잘 쓰이니 함께 기억해 두자.

오답 1 率(율), 2 型(형), 4 段(단)

어휘 様々な(다양한) | 知識(지식) | 身に付ける(몸에 익히다) | 活動(활동) | 広げる(넓히다)

---

20 정답 1

> 축제 (계획)을 세우기 위해, 다 같이 의논하기로 했다.

해설 「プラン(계획)」은 일상생활에서도 많이 쓰이는 단어로, 「プランを立てる(계획을 세우다)」와 같이 관용 표현으로 통째로 공부해 두자.

오답 2 フォロー(뒤쫓음, 서포트함), 3 ステータス(지위, 신분), 4 モチーフ(모티브)

어휘 祭り(축제) | 話し合う(의논하다) | ~ことにする(~하기로 하다)

問題 5   _____ 의 단어에 의미가 가장 가까운 것을 1・2・3・4에서 하나 고르세요.

21 정답 3

> 세 자매의 막내인 나는 가족에게 매우 소중히 여겨졌다.

해설 「末っ子」는 형제 중 '막내'라는 뜻이므로 답은 3번 「一番下(맨 아래)」가 답이 된다. 「長男(장남)・長女(장녀)・次男(차남)・次女(차녀)」도 함께 기억해 두자.

오답 1 最後(최후, 마지막), 2 一番上(맨 위), 4 最初(최초, 처음)

어휘 三人姉妹(세 자매) | 大切にする(소중히 여기다)

---

22 정답 2

> 그 건물은 내 상상과 달리 훨씬 훌륭한 것이었습니다.

해설 「はるかに」는 '①아득히(거리가 아주 먼 모양), ②훨씬(차이가 크게 나는 모양)'이란 2가지 의미가 있다. 이 문제에서는 두 번째 의미로 사용되었으므로 답은 2번 「ずっと(훨씬)」가 된다. 참고로 「ずっと」에는 '쭉, 계속'이란 의미도 함께 알아두자.

오답 1 以前から(이전부터), 3 長く(길게), 4 いつでも(언제라도)

어휘 建物(건물) | 想像(상상) | 立派だ(훌륭하다)

---

23 정답 2

> 올겨울 보너스는 여느 해보다 적었다.

해설 「ボーナス」는 '보너스'란 뜻이므로 답은 2번 「賞与(상여, 상여금)」가 된다.

오답 1 賞金(상금), 3 給与(급여), 4 給金(급여)

어휘 いつもの年(여느 해)

---

24 정답 4

> 마라톤 대회를 위해 연습을 하다가 발목을 삐고 말았습니다.

해설 「くじく」는 '삐다, 접질리다'란 뜻으로 답은 4번 「ひねって (삐고)」이다. 「ひねる」는 원래 '비틀다'는 뜻으로 잘 쓰는 단어인데, 신체에 사용하면 '삐다'란 뜻이 된다. 「捻挫する(삐다)」와 같은 동사도 잘 쓰이니 함께 공부해 두자.

오답 1 しぼって(짜고), 2 おさえて(억제하고), 3 もたれて(기대고)

어휘 マラソン(마라톤) | 大会(대회) | ~に向けて(~을 위해) | 練習(연습) | 足首(발목)

---

25 정답 4

역 앞의 <u>혼잡한</u> 길에서 선생님과 딱 마주쳤다.

해설 「込み合う」는 '혼잡하다, 붐비다, 북적이다'는 뜻이므로, 가장 가까운 유의어는 4번 「混雑した(혼잡한)」가 답이 된다.

오답 1 詰まった(막힌), 2 騒がしい(시끄러운), 3 混乱した(혼란스러운)

어휘 駅前(역 앞) | 通り(길) | ばったり(딱, 뜻밖에 마주치는 모습) | 出くわす(우연히 만나다, 마주치다)

問題6 다음 단어의 사용법으로 가장 알맞은 것을 1·2·3·4에서 하나 고르세요.

26 정답 2

여자아이가 길에서 소프트아이스크림을 떨어뜨려 <u>당장이라도</u> 울음을 터트릴 것 같은 얼굴을 하고 있다.

해설 「今にも」는 '금세라도, 당장이라도, 이제라도'라는 뜻으로 가장 맞게 쓰인 문장은 2번이다.

오답 1번은 「今に始まったことではない(지금에 비롯된 것이 아니다, 전부터 흔히 있던 일이다)」라고 하는 관용 표현을 기억해 두자. 3번은 「すぐに(즉시)」, 4번은 「早く(빨리)」가 들어가야 문장이 자연스러워진다.

어휘 遅刻癖(지각하는 버릇) | あきれる(어이없다) | 物も言えない(말도 안 나온다) | 泣き出す(울음을 터트리다) | 3丁目(3가) | 火災発生(화재 발생) | 通報を受ける(통보를 받다) | 消防車(소방차) | 出動(출동) | 宿(숙소) | 出発(출발)

---

27 정답 3

원자력 발전은 전기를 만드는 <u>과정</u>에서 유해 물질이 발생한다.

해설 「過程」는 '과정'이란 뜻으로 3번이 가장 정확하게 쓰인 문장이다.

오답 1번은 「歴史(역사)」, 2번은 「こと(일)」, 4번은 「終了(종료)」가 들어가야 문장이 자연스러워진다.

어휘 象徴(상징) | 幼い(어리다) | 両親を亡くす(부모님을 여의다) | 原子力発電(원자력 발전) | 有害物質(유해 물질) | 発生(발생) | 一次面接(1차 면접) | 無事に(무사히) | ほっとする(안심하다) | 二次(2차) | 対策(대책)

---

28 정답 4

오랜만의 데이트는 피크닉을 예정하고 있었는데, <u>공교롭게</u> 날씨가 좋지 않아 영화관에 가기로 했다.

해설 「あいにく」는 '(타이밍이 좋지 못할 때) 공교롭게도, 마침'이란 뜻으로 가장 정확하게 쓰인 문장은 4번이다. 「あいにくの天気」란 '기대와 달리 좋지 못해 아쉬운 날씨'를 의미한다.

오답 1번은 「よくない(좋지 않다)」, 2번은 「二度と(두 번 다시)」, 3번은 「たぶん・おそらく(아마, 필시)」가 들어가야 문장이 자연스러워진다.

어휘 いくら~といっても(아무리 ~라고 해도) | 親しい(친하다) | 仲(사이) | 長年(오랜 기간) | 親友(친구, 벗) | 大げんか(큰 싸움) | 久々の(오랜만의) | ピクニック(피크닉) | 予定(예정)

---

29 정답 3

쉬는 시간이 되자 학생들은 <u>앞다투어</u> 교실에서 뛰어나갔다.

해설 「あらそう」는 '다투다, 경쟁하다'는 뜻으로 3번이 가장 정확하게 쓰인 문장이다. 「先をあらそう(앞다투다)」와 같이 하나의 관용 표현으로 통째로 공부해 두자.

오답 1번은 「闘いながら(싸우면서)」, 2번은 「逆らって(거역하고, 반항하고)」, 4번은 「競いながら(다투면서, 겨루면서)」가 들어가야 문장이 자연스러워진다. 1번은 「寒さと闘う(추위와 싸우다)」, 4번은 「腕を競う(솜씨를 겨루다)」 관용 표현을 통째로 기억해 두자.

어휘 見どころ(볼거리) | 軍人(군인) | 冬山を進む(겨울산으로 향해가다) | シーン(장면, 신) | どうしても(꼭) | 飛び出す(뛰어나가다) | コンクール(콩쿠르) | ~に向けて(~을 위해) | 練習(연습)

30 정답 2

> 이 티켓은 이번 달 말까지 <u>유효</u>하니 내일이라도 갑시다.

해설 「有効_{ゆうこう}」는 '유효'라는 의미로 2번이 맞게 쓰인 문장이다.

오답 1번은 「有能(유능)」, 3번은 「有利(유리)」, 4번은 「有料(유료)」가 들어가야 문장이 자연스러워진다.

어휘 新入社員_{しんにゅうしゃいん}(신입사원) | 人材_{じんざい}(인재) | 今月末_{こんげつまつ}(이달 말) | 試合_{しあい}(시합) | 審判_{しんばん}(심판) | 相手チーム_{あいて}(상대팀) | 判定_{はんてい}(판정) | 買い物袋_{か ものぶくろ}(쇼핑백, 쇼핑 봉지)

1교시 언어지식(문법)

[問題7] 다음 문장의 (   )에 들어갈 가장 알맞은 것을 1·2·3·4에서 하나 고르세요.

31 정답 2

> 이런 경험은 두 번 (다시) 하고 싶지 않다.

해설 ★もう二度_{に ど}と : 두 번 다시, 다시는
「もう二度_{に ど}と」는 '두 번 다시, 다시는'이란 뜻으로, 뒤에는 부정문이 나와 「もう二度_{に ど}と〜ない(두 번 다시, 다시는 〜않다)」로 자주 사용되니 꼼꼼하게 공부해 두자.

오답 1 〜も(도), 3 〜きり(〜밖에), 4 〜しか(〜밖에)

어휘 経験_{けいけん}(경험)

32 정답 4

> 6년 동안 노력한 (보람도 없이) 국가시험에 떨어지고 말아, 변호사가 되는 꿈을 포기하기로 했다.

해설 ★〜かいがある : 〜보람이 있다
명사에 접속할 때는 「명사＋の」 뒤에 붙여 쓰며, 「治療_{ち りょう}のかいがあった(치료한 보람이 있었다)·応援_{おうえん}のかいもなく(응원한 보람도 없이)」와 같이 쓰인다. 동사에 접속할 때는 ます형과 た형에 접속 가능하며, 각각 「生_いきがいがある(삶의 보람이 있다)·仕事_{し ごと}にやりがいがない(일에 하는 보람이 없다)·がんばったかいがある(열심히 한 보람이 있다)·応援_{おうえん}したかいがあった(응원한 보람이 있었다)」와 같이 활용되기 때문에 함께 공부해 두자.

오답 1 〜に際_{さい}して(〜할 때), 2 〜のもとで(〜밑에서), 3 〜に応_{こた}えて(〜에 부응하여)

어휘 努力_{どりょく}(노력) | 国家_{こっか}(국가) | 弁護士_{べんごし}(변호사) | 夢_{ゆめ}(꿈) | あきらめる(포기하다) | 〜ことにする(〜하기로 하다)

33 정답 1

> 에너지 문제는 앞으로 10년, 20년(과 같은) 미래를 동시에 생각해야 합니다.

해설 ★(Aや)BといったC : (A나) B와 같은 C
「(Aや)BといったC」는 '(A나) B와 같은 C'라는 뜻인데, C에는 A, B를 포함하는 큰 범주가 오게 된다. 예를 들어, 「野球_{や きゅう}やサッカーといったスポーツ(야구나 축구와 같은 스포츠)」와 같이 스포츠라는 범주 안에는 야구, 축구뿐만 아니라 수많은 종목이 들어가게 된다. 즉 언급하고 있는 것은 야구, 축구 2가지뿐이지만 실제로는 더 많다는 것을 의미한다.

오답 2 〜における(〜에 있어서의), 3 〜というと(〜라 하면), 4 〜といったら(〜라 하면)

어휘 エネルギー(에너지) | 今後_{こん ご}(앞으로) | 未来_{み らい}(미래) | 同時_{どう じ}(동시)

34 정답 4

> 가와바타 야스나리는 1968년에 일본인 최초로 노벨 문학상을 수상(했다).

해설 ★Aている : A했다
「Aている」는 여러 가지 용법이 있는데 N2에서는 'A했다'라고 하는 과거의 경험을 표현하는 용법이 시험에 자주 출제된다. 그렇기 때문에 다음 문장을 '수상하고 있다'고 해석하면 안 된다. 다른 예로는 「私_{わたし}はもう10回_{かい}も富士山_{ふ じ さん}に登_{のぼ}っている(나는 이미 10번이나 후지산에 올랐다, 오른 적이 있다)」라고 하는 표현도 있으니 함께 공부해 두자.

오답 1 〜している最中_{さいちゅう}だ(한창 〜하고 있는 중이다), 2 〜したことになっている(〜한 것으로 되어있다), 3 〜したことだ(〜한 것이다)

54　JLPT 최신 기출 유형 실전모의고사 N2

어휘 初(최초) | 文学賞(문학상) | 受賞(수상)

---

35 정답 4

(회사에서)

신입사원 : 술자리 권유를 거절하는 요령을 가르쳐 주세요.

선배 : 제일 처음 권유 받았을 때 (가지 않는 거지).

해설 ★동사 기본형+ことだ : ~하는 게 좋다

★동사 ない형+ことだ : ~하지 않는 게 좋다

「동사 기본형+ことだ」는 '~하는 게 좋다', 「동사 ない형+ことだ」는 '~하지 않는 게 좋다'는 뜻으로 본인의 개인적인 생각, 판단에서 상대에게 조언, 충고할 때 사용하는 표현이다. 다른 예로는 「タバコはやめることだ(담배는 끊는 것이 좋다, 끊어야 한다)」와 같은 표현도 함께 공부해 두자.

오답 1 行かないせいだね(가지 않은 탓이네), 2 行かないものだね(가지 않는군), 3 行かないというものだね(가지 않겠다는 거네)

어휘 飲み会(술자리, 회식) | 誘い(권유) | 断る(거절하다) | 最初(맨 처음) | 誘う(권유하다)

---

36 정답 1

타무라 : 오타 군, 제대로 할 수 있으려나. 걱정이야.

니시모토 : 걱정만 (하고 있어서는) 아무것도 시작할 수 없어.

해설 ★Aようじゃ B : A해서는 B, A라면 B

「Aようじゃ B」는 「Aようでは B」의 회화체로 'A해서는 B, A라면 B'란 뜻으로, 'A라는 불만족스러운 상태라면 B다'란 표현이다. B에는 「~ない(~않다) · だめだ(안 된다) · 困る(곤란하다)」와 같은 부정적인 내용이 온다.

오답 2 ~しとかなくちゃ(~해 두지 않으면), 3 ~されなきゃ(~당하지 않으면), 4 ~してしまっちゃ(~해 버리면)

어휘 ちゃんと(제대로, 정확히)

---

37 정답 3

소년 범죄에 관한 전문가의 이야기를 듣고, 다시금 요즘 교육의 본연의 모습에 관해 (생각하게 되었다).

해설 ★ '사역 수동'에는 크게 2가지 용법이 있다.

첫 번째는 '(하고 싶지 않은 동작이나 행위를 억지로) ~하다'라는 뜻이 있다. 「野菜を食べさせられました((먹고 싶지 않은데 억지로) 채소를 먹게 시킴을 당했습니다)」와 같이 사용하여 자연스럽게 해석하면 '채소를 먹었습니다'라고 할 수 있으며, 결과적으로 먹긴 먹었지만 먹고 싶지 않았다는 뜻을 나타낸다. 두 번째는 '어떤 이유로 어떤 감정이 생기거나 심

리적으로 그렇게 되다'와 같은 뜻으로 사용된다. 예를 들어, 「この映画に感動しました(이 영화에 감동했습니다)」와 같이 자신이 영화를 보고 감동했다고 감정을 말하는 반면, 사역 수동을 활용하여 「この映画に感動させられました(이 영화에 감동하게 되었습니다)」처럼 쓰면 영화의 압도적인 힘에 의해 감동받았다는 느낌을 나타낸다. 따라서 이 문제의 「考えさせられる」는 두 번째 용법으로 사용되어 원래는 아무 생각 없었는데, 전문가의 이야기를 듣고 그렇게 '생각하게 되었다'는 의미를 나타낸다.

오답 1 X, 2 考えさせた(생각하게 했다), 4 考えさせてあげた(생각하게 해 주었다)

어휘 少年犯罪(소년 범죄) | 専門家(전문가) | 改めて(다시금, 새삼) | 教育(교육) | あり方(본연의 모습)

---

38 정답 4

김 사장님, 실은 저희 회사 제품 중에서도, 특히 (보여 드리고 싶은) 물건이 있습니다만….

해설 ★ご覧に入れる : 보여 드리다

「ご覧に入れる(보여 드리다)」는 「見せる(보여주다)」의 겸양어이다. 상대에게 자신이 '보여주는' 행위를 겸손하게 나타내고 있다. 4번 「ご覧になる」는 「見る(보다)」의 존경어로 '보시다'란 뜻이니, 혼동하지 않도록 주의하자.

오답 1 拝見したい(보고 싶은, 見る의 겸양어), 2 X, 4 ご覧になりたい(보고 싶으신, 見る의 존경어)

어휘 実は(실은) | 当社(저희 회사) | 製品(제품) | 特に(특히)

---

39 정답 4

(거래처와의 전화에서)

스즈키 : 다나카 씨, 견적서를 이번 주말까지 보내주셨으면 하는데요….

다나카 : (잘 알겠습니다). 이번 주말까지 견적서를 송부해 드리겠습니다.

해설 ★ 承知する : 알다

「承知」는 '상대의 부탁, 의뢰 등을 들어주다'는 뜻인데, 여기에 「する」를 접속하면 '잘 알겠다'는 뜻이 되며, 「いたす」가 오면 더욱 정중한 표현이 된다. 이 표현은 상사나 고객, 거래처 사람들에게 사용할 수 있는 정중한 표현이니 잘 기억해 두자.

오답 1 受け取る(수취하다, 받다), 2 存じ上げる(알다, 생각하다, 知る · 思う의 겸양어), 3 申し上げる(말씀 드리다, 言う의 겸양어)

어휘 見積書(견적서) | 今週末(이번 주말) | 送る(보내다) | ~てほしい(~하기 바라다) | 送付(송부)

40 정답 2

> 사람과 사람의 인간관계에서 필요한 것은 진심입니다. 진심이 없다면, (오래는) 못 가리라 생각합니다.

해설 ★長くは : 오래는, 길게는

「長くは」는 뒤에 부정문이 와서 「長くは～ない(오래는 ~하지 않는다, 길게는 ~하지 않는다)」와 같이 사용하는 표현이다. 참고로 「長く」의 경우에는 긍정·부정 표현으로 모두 사용할 수 있다. 예를 들어, 「長く使える(오래 사용할 수 있다)·長く使えない(오래 사용할 수 없다)」와 같은 표현으로 사용되니 함께 공부해 두자.

오답 1 長くも(길게도), 3 長くて(길어서), 4 長いこと(긴 것)

어휘 付き合い(인간관계, 교제) | 真心(진심) | 続く(계속되다)

41 정답 3

> 아내 : 어머, 이 생수 유통기한 지났어. 아깝지만 버릴 수밖에 없네.
> 남편 : 아냐, 물은 미개봉이라면 유통기한이 지나도 (마실 수 없는 건 아니)니까 괜찮아.

해설 ★～ないことはない : ~못하는 건 아니다, ~못할 것은 없다

「～ないことはない」는 '~못하는 건 아니다, ~못할 것은 없다'란 뜻으로, '어떤 가능성이 있을 수도 있다, 반드시 ~라고는 할 수 없다'란 뉘앙스를 가지고 있으며, 단정을 피할 때 사용하는 표현이다. 「がんばればできないことはない(열심히 하면 못할 것은 없다)」와 같은 표현으로 쓰이니 함께 공부해 두자.

오답 1 飲まないではいられない(마시지 않을 수 없다), 2 飲まざるを得ない(마시지 않을 수 없다), 4 X

어휘 賞味期限が切れる(유통기한이 지나다) | 捨てる(버리다) | ～しかない(~할 수 밖에 없다) | 未開封(미개봉)

42 정답 2

> (거래처에 보내는 메일에서)
> ABC 모터의 나카무라입니다.
> 며칠 전, 만나 뵈었을 때 문의주신 저희 회사 새로운 서비스에 관해 자세히 설명할 기회를 받고 싶어서 (메일 드렸습니다).

해설 ★～(さ)せていただく : ~하겠다

「～(さ)せていただく」는 직역하면 '~시켜 받겠다'가 되지만 절대 직역하지 않고, 의역해야 하는 것을 꼭 기억해 두자. 이 표현은 상대가 허락하면 화자가 '~하겠다'는 의사를 공손하게 말하는 표현이다. 회화체에서도 많이 사용하지만, 업무상 연락을 할 때도 많이 사용하는 표현이니 반드시 공부해 두자. 「会議資料を送らせていただきます」를 직역하면 '회의 자료를 보내라고 시킴을 받겠습니다'가 되지만, 의역은 '회의 자료를 보내 드리겠습니다'가 된다. 이 표현을 사용하면 더욱 상대에게 공손하고 정중한 인상을 줄 수 있으니 꼭 알아두자.

오답 1 メールしてくださいました(메일해 주셨습니다), 3 メール送ってくださいました(메일 보내 주셨습니다), 4 X

어휘 取引先(거래처) | 先日(며칠 전) | お会いする(만나 뵙다) | ～際に(~때) | お問い合わせ(문의) | 弊社(저희 회사) | 新サービス(새로운 서비스) | 詳しい(자세하다, 상세하다) | 説明(설명) | 機会(기회)

問題8 다음 문장의 ★ 에 들어갈 가장 알맞은 것을 1·2·3·4에서 하나 고르세요.

43 정답 2

> 4 取らない 1 ことには 2 ★海外に 3 行くことは
> 우리 아버지는 회사를 퇴직하면 느긋하게 하와이라도 가고 싶다고 하지만, 여권을 만들지 않으면 ★해외에 갈 수 없다.

해설 「Aないことには(A하지 않고는)」는 보통 「AないことにはBできない」로 쓰여 'A하지 않으면, A하지 않고는 B할 수 없다' 즉, A가 성립되지 않으면 B도 성립되지 않는다는 뜻의 문형으로 쓰인다. 따라서 4번+1번「取らないことには(만들지 않으면)」가 만들어지는데, 「パスポートを取る(여권을 만들다)」란 표현을 알면 4번이 맨 앞에 오는 것을 알 수 있다. 따라서 나열하면 4-1-2-3이 되어야 자연스러운 문맥이 된다.

어휘 退職(퇴직) | ゆっくり(천천히, 느긋하게) | パスポートを取る(여권을 만들다)

44 정답 2

> 4 戻れる 2 ★ものなら 3 悩みのなかった 1 子どもの頃
> 꿈이나 공상이 아니라, 만약 현실에 타임머신이 있어 과거로 돌아갈 수 ★만 있다면 고민 없던 어린 시절로 돌아가고 싶다.

해설 「가능 동사+ものなら」는 '~할 수만 있다면'이란 뜻이다. 가능 동사에 접속하여, '실제로는 거의 불가능한 일을 할 수만 있다면'이라고 하며, 뒤에 보통 「～たい」가 와서 '~할 수만 있다면 ~하고 싶다'로 쓰인다. 따라서 4번+2번「戻れるものなら(돌아갈 수만 있다면)」를 만들고, 그 뒤에는 3번+1번이 되어야 자연스러우므로 나열하면 4-2-3-1이 된다.

어휘 夢(꿈) | 空想(공상) | 現実(현실) | タイムマシン(타임머신) | 過去(과거) | 戻る(돌아가다) | 悩み(고민)

45 정답 2

<u>4 緊張の</u> <u>3 あまり</u> <u>2 ★一睡も</u> <u>1 できなかった</u>

유학 생활의 첫 추억이라고 하면, 일본으로 출발하기 전날 <u>긴장한 나머지 ★한숨도 못 잤기</u> 때문에, 비행기 좌석에 앉자마자 잠에 빠진 거예요.

해설 「Aのあまり」는 'A한 나머지'란 뜻이다. 주로 감정이나 성질, 상태 등을 나타내는 단어에 접속하여 그 정도가 심함을 나타내는 문형인데, 선택지 중에서 감정을 나타내는 단어는 4번뿐이므로 우선 4번+3번「緊張のあまり(긴장한 나머지)」가 만들어지고, '한숨도 못 잤다'는 결과가 뒤에 나와야 자연스러우므로 나열하면 4-3-2-1이 된다. 「一睡もできない(한숨도 못 자다)」표현도 함께 공부해 두자.

어휘 留学生活(유학 생활) | 最初(처음) | 思い出(추억) | ~といえば(~라 하면) | 出発(출발) | 前日(전날) | 緊張(긴장) | 一睡もできない(한숨도 못 자다) | ~たとたん(~하자마자) | 眠りに落ちる(잠에 빠지다)

46 정답 1

<u>4 ために</u> <u>2 できる</u> <u>1 ★ことを</u> <u>3 しよう</u>

여러분, 산과 바다에 둘러싸인 우리 마을과 이 아름다운 자연을 지키기 <u>위해 할 수 있는 ★일을</u> 합시다.

해설 「Aようではないか」는 '(함께) A하자'란 뜻으로, A에는 동사 의지형이 오며, 상대에게 어떤 행위를 함께 하자고 강력히 권유할 때 사용하는 문형이다. 보통 「Aようではないか(함께 A하자)」또는「Aようではありませんか(함께 A합시다)」형태로 잘 쓰인다. 그렇기 때문에 3번「しよう」가 맨 뒤로 가서 「しようではありませんか(합시다)」가 되고, 목적어는 「できることを(할 수 있는 일을)」이므로 「できることをしよう(할 수 있는 일을 합시다)」가 된다. 따라서 나열하면 4-2-1-3이 되어야 자연스러운 문장이 된다.

어휘 囲む(둘러싸다) | 我が町(우리 마을) | 美しい(아름답다) | 自然(자연) | 守る(지키다)

47 정답 2

<u>3 気には</u> <u>2 ★していないが</u> <u>4 安ければ</u> <u>1 安い</u>

꼭 오늘 중으로 사야하기 때문에 가격은 별로 <u>신경 ★쓰지 않지만</u>, 값이 싸면 싼 게 가장 좋다.

해설 「Aに越したことはない」는 '가능하면 A가 좋다, 기왕이면 A가 이상적'이란 뜻인데, 반드시 그래야 한다는 건 아니지만 상식적으로 생각했을 때 A가 좋다는 뜻의 문형이다. 또한「気にする(신경 쓰다)」란 관용 표현을 알고 있으면 쉽게 풀

수 있다. 따라서 3번+2번「気にはしていないが(신경 쓰지 않지만)」가 만들어지며, 「~に越したことはない(~가 가장 좋다)」앞에 올 수 있는 표현은「安い(싸다)」이므로 나열하면 3-2-4-1이 된다.

어휘 どうしても(꼭, 무슨 일이 있어도) | 今日中(오늘 중) | 値段(가격) | 気にする(신경 쓰다)

問題9 다음 문장을 읽고 문장 전체의 내용을 생각하여 48 부터 52 안에 들어갈 가장 알맞은 것을 1·2·3·4에서 하나 고르세요.

48~52

1년 전 고등학교 수험을 앞두고 있던 나는 공부에 필사적이어서 48 놀 상황이 아니었다. 그러던 어느 날, 엄마가 신사에 참배하러 가자고 해서 함께 가기로 했다. 그 신사는 학문의 신이 있는 49 것으로 전국적으로도 유명한 신사였다. 솔직히 신 따위 있겠냐 하고 그다지 관심을 갖지 않았다.

신사에 도착하자, 엄마가 참배 방법을 50 가르쳐 주었다. 참배를 하기 전에 먼저 손과 입을 씻어야 한다고 한다. 이는 마음과 몸을 깨끗이 하기 위해서라고 한다. 신사 안쪽으로 들어가니, 이른 아침이었음에도 불구하고, 참배하는 사람들로 넘쳐흘렀다. 신전(神前)에서는 다들 같은 동작을 하고 있어서 이상하게 생각했다. 엄마에게 물어보니, 이례 이박수 일례(二礼二拍手一礼)라고 해서, 2번 깊이 고개 숙여 인사한 뒤에, 2번 박수를 치고, 마지막으로 다시 한번 인사하는 참배 예절이었다. 신사 앞에 도착하여 나도 모두와 마찬가지로 참배를 했는데, 좀 부끄러웠다.

51 그로부터 몇 달 후, 학교에서 지망학교의 합격을 52 알게 되었다. 공부도 물론 열심히 했지만, 신기하게도 신사에 참배를 간 덕분에 합격할 수 있었던 거라고 생각하지 않을 수 없었다. 조만간 소원을 들어준 신께 감사의 마음을 전하기 위해 감사 참배를 갈 예정이다.

어휘 受験(수험) | 控える(앞두다) | 必死(필사) | 神社(신사) | お参り(참배) | ~ことにする(~하기로 하다) | 学問(학문) | 神様(신) | 全国的(전국적) | 正直(정직, 솔직) | なんて(따위) | 関心(관심) | 奥(안쪽) | 朝方(이른 아침) | 溢れる(넘치다) | 神前(신전) | 動作(동작) | 不思議だ(이상하다, 신기하다) | 二礼二拍手一礼(이례 이박수 일례) | 深く(깊이) | お辞儀(인사) | 拍手(박수) | 作法(예절) | 恥ずかしい(부끄럽다) | 数か月後(몇 달 후) | 志望校(지망학교) | 合格(합격) | ~ことに(~하게도) | ~おかげで(~덕분에) | 近々(조만간) | 願い事(소원) | 感謝(감사) | 伝え

る(전하다) | お礼参(れいまい)り(감사 참배) | 予定(よてい)(예정)

48 정답 2

1 놀 수밖에 없었다	2 놀 상황이 아니었다
3 놀지 않으면 있을 수 없었다	4 놀지 않는 것에 불과했다

해설 「高校受験(こうこうじゅけん)を控(ひか)えていたぼくは、勉強(べんきょう)に必死(ひっし)で(고등학교 수험을 앞두고 있던 나는 공부에 필사적이어서)」라고 했으니 마음 놓고 놀 수 있는 상황이 아니었다는 것을 추측해볼 수 있으므로 답은 2번이 된다. 「~どころではない(~할 상황이 아니다)」라고 하는 표현을 공부해 두자.

49 정답 1

1 것으로	2 이니까	3 것으로	4 이니까

해설 「AはBことで有名(ゆうめい)だ(A는 B인 것으로 유명하다)・AはBことで知(し)られている(A는 B인 것으로 알려져 있다)」라는 관용 표현을 기억해 두자. 뒤에 「全国的(ぜんこくてき)にも有名(ゆうめい)な神社(じんじゃ)(전국적으로도 유명한 신사)」라고 했는데, 「学問(がくもん)の神様(かみさま)がいる(학문의 신이 있다)」라는 것으로 유명하다는 말을 하고 싶은 것이므로 답은 1번이 된다.

50 정답 3

1 가르쳐 받았다	2 (내가) 가르쳐 주었다
3 (나에게) 가르쳐 주었다	4 가르쳐 받았다

해설 「母(はは)がお参(まい)りの方法(ほうほう)を(엄마가 참배 방법을)」라고 했는데, '엄마'가 주어이기 때문에 '(상대가 나에게) 해 주다'인 「くれる」가 들어가야 하므로 3번이 정답이다. 1번 「教(おし)えてもらった(가르쳐 받았다)」는 「母(はは)に(엄마에게)」라면 답이 될 수 있지만, 조사 「が(이/가)」가 사용됐기 때문에 오답이다. 2번

「教(おし)えてあげた」는 '(내가 상대에게) 가르쳐 주었다'이므로 오답이고, 4번 「教(おし)えていただいた(가르쳐 받았다)」는 상대가 가족이라면 쓸 수 없는 표현이다.

51 정답 4

1 나중에	2 그뿐 아니라
3 게다가	4 그로부터

해설 문맥상 4번 「それから(그로부터, 그리고)」가 들어가야 가장 자연스러운 문장이 된다. 「それから+시제 명사」로 쓰여 '그로부터 시제 명사'란 표현을 나타낸다. 따라서 「それから数(すう)か月後(げつご)」는 '그로부터 몇 달 후'라는 뜻이 된다. 다른 예로는 「それから2年後(ねんご)(그로부터 2년 후)・それから数週間後(すうしゅうかんご)(그로부터 몇 주 후)」와 같은 표현도 함께 기억해 두자.

52 정답 3

1 질문받았다	2 들려주었다
3 알게 되었다	4 알려졌다

해설 「知(し)らされる」는 직역하면 '알게 함을 당하다'가 되는데, 관용 표현으로 '알게 되다'로 해석해야 한다. 즉 이 글의 주인공은 본인이 알아낸 정보가 아니라 학교 측에서 알려준 소식으로 합격을 알게 된 것이므로 답은 3번이 된다. 1번 「聞(き)かれた」는 '(상대에게) 질문받았다'는 의미이고, 2번 「聞(き)かせる」는 '들려줬다'는 의미라 오답이고, 4번 「知(し)られた」는 '(어떤 사실 등이) 알려졌다'란 뜻으로 문맥에 맞지 않아 오답이다.

1교시 독해

본책 98 페이지

問題10 다음 (1)부터 (5)의 문장을 읽고, 질문에 대한 답으로 가장 알맞은 것을 1·2·3·4에서 하나 고르세요.

53 정답 2

(1) 다음은 파크 힐즈 입구에 붙여진 문서이다.

파크 힐즈 거주자 여러분
 현재, 파크 힐즈 관리조합의 이사가 중심이 되어 국도 4호선

옆의 가로수길의 미화와 살기 편한 환경 만들기를 목표로, 쓰레기 줍기를 진행하고 있습니다. 거주자 간 커뮤니케이션을 촉진하기 위해서도 4월 10일(월) 10시부터 시작하는 쓰레기 줍기 봉사를 모집합니다. 날씨도 좋아졌으니, 많은 분들의 참가를 기다리고 있습니다. 또한, 참가하실 때는 목장갑, 마스크, 모자는 각자 준비해 주십시오. 비가 올 경우에는 다음 주로 연기됩니다.

파크 힐즈 관리 조합

문서의 제목으로 맞는 것은 어느 것인가?

1 소지품의 주의점과 우천 작업 연기 안내
2 쓰레기 줍기 봉사 참가의 부탁
3 주민 간 커뮤니케이션 안내
4 날씨가 좋아졌으니 밖에 나갈 때의 주의점

해설 가장 결정적 힌트는 「居住者間のコミュニケーションを
促進するために~ゴミ拾いのボランティアを募集しま
す(주민 간 커뮤니케이션을 촉진하기 위해~ 쓰레기 줍기 봉
사자를 모집합니다)」에 나와있다. 쓰레기 줍기 봉사자를 모
집하고 있다고 하며, 참가 시 필요한 목장갑, 마스크 등을 언
급하고 있으므로 제목으로써 가장 어울리는 것은 2번이 정답
이다. 본문에 주민 간 커뮤니케이션 촉진의 목적으로 쓰레기
줍기 봉사활동 참가자를 모집한다고 했으므로 3번 함정에
빠지지 않도록 주의하자.

어휘 住まい(주거) | 管理組合(관리 조합) | 理事(이사) | 国道
(국도) | 並木道(가로수길) | 美化(미화) | 環境づくり(환
경 조성) | ゴミ拾い(쓰레기 줍기) | 促進(촉진) | ボランテ
ィア(봉사활동) | 募集(모집) | 気候(기후) | 参加(참가) |
軍手(목장갑) | 準備(준비) | 延期(연기)

---

54 정답 4

(2)

회의에서 온라인 미팅 툴이 활용되게 되었다. 그래서 새롭게
등장한 것이 '온라인 회의 매너'이다. 자신이 말하지 않을 때는
마이크를 끄는 등 온라인 회의 특유의 주의점 등은 이해할 수
있다. 그러나 역광 피하기, 회의가 끝난 후에는 어떤 순서로 화
면에서 나올 것인가 등 너무 신경을 쓰는 것이 아닌가 생각하
는 것도 있다. 아직 새로운 툴이니까 매너에만 신경을 쓰는 것
이 아니라 사용자끼리 보다 나은 방법을 찾아가면 좋지 않
까?

필자의 생각과 맞는 것은 어느 것인가?

1 온라인 회의에서는 온라인 특유의 새로운 규칙을 따를 필
요가 있다.
2 온라인 회의에서는 실제로 만나지 않으니 세세한 것을 너
무 신경 쓸 필요는 없다.
3 온라인 회의의 활용은 시작된 지 얼마 안 되었으니 매너 등
은 존재하지 않는다.
4 온라인 회의의 매너에 얽매이지 말고 사용하기 쉬운 방법
을 찾아 나가야 한다.

해설 결정적 힌트는 마지막에 나오는 「マナーにばかり神経を
使うのではなく、使用者どうしがよりよい方法を見つ
けていけばよいのではないだろうか(매너에만 신경을 쓰

는 것이 아니라 사용자끼리 보다 나은 방법을 찾아가면 좋지
않을까?)」이다. 즉, 온라인 회의만의 새로운 방법을 찾아보
자고 주장하고 있으므로 답은 4번이다. 2번의 「細かいこと
を気にし過ぎる必要はない(세세한 것을 너무 신경 쓸 필
요는 없다)」는 맞지만, 「オンラインの会議では実際に会
わないので(온라인 회의에서는 실제로 만나지 않으니)」라
는 말은 하지 않았으므로 오답이다.

어휘 会議(회의) | ミーティングツール(미팅 툴) | 活用(활용)
| そこで(그래서) | 新たに(새롭게) | 登場(등장) | 特有
(특유) | 注意点(주의점) | 逆光(역광) | 避ける(피하다) |
順番(순서) | 画面(화면) | 神経(신경) | 使用者(사용자) |
~どうし(~끼리) | 見つける(찾아내다, 발견하다)

---

55 정답 3

(3)

물질은 분자 또는 원자가 모여서 만들어진다. 이 분자 또는
원자가 모이는 방식이 변화해서 기체, 액체, 고체가 되는 것이
상태 변화이다. 상태 변화로는 물질 그 자체는 변화하지 않는
다. 예를 들면 수증기(기체), 물(액체), 얼음(고체)가 되지만 물
질은 같다. 한편, 한 가지 물질이 두 가지 이상의 다른 물질로
나누어지는 화학 변화를 분해라고 한다. 가열해서 분해하는
열분해와 전기를 흘려 분해하는 전기 분해가 있다. 예를 들면
물을 전기 분해하면 수소와 산소로 나눌 수 있다.

상태 변화와 분해에 대해 올바르게 설명하고 있는 것은 어느
것인가?

1 상태 변화는 물이 수증기가 되거나 산소가 되거나 하는 것
을 말한다.
2 상태 변화에서는 모습을 바꾸면 물질이 두 가지 이상의 물
질로 나누어져 버린다.
3 분해는 원래 물질과는 다른 성질을 가진 다른 물질이 만들
어지는 화학 변화이다.
4 물을 가열 분해하면 수소와 산소로 나누어지는 화학 변화
가 일어난다.

해설 「1つの物質が2つ以上の異なる物質に分かれる化学
変化を分解(한 가지 물질이 두 가지 이상의 다른 물질로 나
누어지는 화학 변화를 분해)」라고 한다고 했으니 맞는 내용
은 3번이다. 상태 변화는 물질은 변화하지 않는 것이므로 1
번, 2번은 오답이다. 화학 변화가 일어나는 것은 열분해가 아
니라 전기 분해이므로 4번도 오답이다.

어휘 物質(물질) | 分子(분자) | 原子(원자) | 気体(기체) | 液体
(액체) | 固体(고체) | 状態変化(상태 변화) | 水蒸気(수증
기) | 氷(얼음) | 一方(한편) | 異なる(다르다) | 分かれる

(나누어지다) | 化学(화학) | 分解(분해) | 加熱(가열) | 熱
分解(열분해) | 流す(흘리다) | 電気分解(전기 분해) | 水
素(수소) | 酸素(산소) | 分ける(나누다)

56 정답 3

(4)

나는 '티끌 모아 태산' 이 말이 너무 좋다. 지난번 초등학교 수업에서 선생님이 가르쳐 주신 속담이다. 작은 일도 쌓이면 커진다는 뜻이라고 선생님께 들었다. 내가 집에서 심부름하면 엄마는 하루에 50엔을 나에게 주신다. 매일 도와드리면 한 달에 1,500엔이 된다. 얼마 전까지는 50엔 따위 너무 적다고 생각했는데, 매일 조금씩 노력하면 꼭 목표가 이루어질 것이다. 이 속담은 나에게 용기를 북돋아 주었다.

필자는 속담에서 무엇을 배웠는가?
1 돈 모으는 것의 중요성
2 매일 같은 일을 하는 것의 중요성
3 쌓아 올리는 것이 중요하다는 것
4 엄마를 돕는 중요성

해설 「ちりも積もれば山となる(티끌 모아 태산)」란 「小さなことも積み重ねれば大きくなるという意味(작은 일도 쌓이면 커진다는 뜻)」라고 하는 속담을 배웠다고 하며, 작은 일이라도 거듭하여 쌓아 올리는 것이 중요하다고 말하고 있으니 답은 3번이 된다.

어휘 ちり(티끌) | 積もる(쌓이다) | 言葉(말) | 授業(수업) | ことわざ(속담) | 積み重ねる(겹쳐 쌓다, 거듭하다) | お手伝い(도움) | ～なんて(~따위) | きっと(꼭) | 目標(목표) | 叶う(이루어지다) | 勇気づける(용기를 북돋다)

57 정답 4

(5) 다음은 고난 내과 의원의 공지이다.

내원자 여러분

당일 주의사항을 확인하신 후, 예약 시간에 늦지 않도록 방문을 부탁드립니다. 접수 후, 곧바로 소변 검사가 있으니 직전의 화장실은 삼가 주세요. 또한, 예약 시간 6시간 전부터 취식도 삼가 주세요. 다만 물이나 차는 진찰 직전까지 드셔도 괜찮지만, 당분이 많은 것은 삼가 주시기 바랍니다. 혈액 검사를 하시는 분들 중 당뇨병 약을 복용하고 계시는 분께서는 복용하지 마시고 방문해 주십시오. 그 외의 약은 복용해도 괜찮습니다. 궁금하신 점이 있으신 분은 저희 의원 담당자에게 연락 주시기 바랍니다.

고난 내과 의원

이 공지를 쓴 가장 큰 목적은 무엇인가?
1 건강 진단 예약 방법을 안내하는 것
2 약 복용에 관한 주의사항을 전하는 것
3 당뇨병 환자 혈액 검사를 안내하는 것
4 건강 진단에 대한 주의사항을 전하는 것

해설 의원에서 건강 진단을 받을 예정인 사람들에 대한 주의사항을 전달하기 위한 공지이다. 건강 진단을 위하여 「尿検査がありますので直前のトイレはお控えください～その他の薬は服用して構いません(소변 검사가 있으니 직전의 화장실은 삼가 주세요~그 외의 약은 복용해도 괜찮습니다)」과 같이 주의사항을 나열하고 있기 때문에 이 글을 쓴 첫 번째 목적은 4번이 정답이 된다. 1번은 이미 예약을 마친 사람들을 대상으로 하고 있기 때문에 오답이며, 약 복용이 아닌 건강 진단의 주의사항을 전하고 있으므로 2번도 오답이다. 3번은 당뇨병 환자에 대한 안내이기 때문에 오답이다.

어휘 来院(내원) | 尿検査(소변 검사) | 控える(피하다, 자제하다) | 受診する(진료 받다) | 召し上がる(드시다, 잡수시다) | 糖分(당분) | 血液(혈액) | 糖尿病(당뇨병) | 服用する(복용하다) | お越しください(방문해 주세요, 찾아 주세요, 와 주세요) | 担当者(담당자)

問題11 다음 (1)부터 (3)의 문장을 읽고, 질문에 대한 답으로 가장 알맞은 것을 1·2·3·4에서 하나 고르세요.

58~60

(1)

저희 초등학교에서는 58 매년 한 번 지역에 사시는 어르신들께 편지를 선물하는 이벤트가 있었습니다. 누구에게 쓸지는 학교 선생님이 결정합니다. 쓴 편지는 한 번 모두 모아져, 지구별로 나뉘기 때문에 59 자신이 쓴 편지를 반드시 자신이 전달할 수 있는 것은 아닙니다. 편지를 쓴 상대의 이름은 알아도 얼굴을 볼 수는 없기 때문에 항상 편지를 쓰면서 조금 쓸쓸한 마음이 있었습니다.

그 해에도 예년대로 편지를 쓰고, 그리고 58 각각의 지구의 담당 학생이 어르신의 자택에 편지를 갖다 드렸습니다. 모든 편지를 다 나눠주고 나면 교실에서 각자의 감상을 서로 이야기하는 것도 연례행사였습니다. 올해도 언제나처럼 조금 쓸쓸한 마음으로 끝나는 건가 생각했는데 갑자기 선생님이 제 이름을 불렀습니다. 그리고 저에게 편지와 손수 만든 테다마(작은 형

겊주머니에 팥이나 쌀 등을 넣어 만든 장난감)를 건네주었습니다. 그 편지에는 저에 대한 감사의 마음이 적혀 있었습니다. 세상에나 이 테다마를 보내신 분은 1년 전에 제가 편지를 썼던 할머니였던 것입니다.

저에게 직접 사례를 할 수 없기 때문에 1년에 한 번인 이벤트 날을 위해 1년에 걸쳐 선물을 준비했다는 내용이었습니다. 얼굴은 보이지 않아도 마음이 닿아 있었다는 것을 깨닫고 저는 감동한 나머지 할 말을 잃었습니다. 그리고 60 직접 만나지 못하더라도 마음을 전할 수 있는 것이라고, 이 일에서 저는 배웠습니다.

어휘 地域(지역)｜お年寄り(어르신)｜全て(모두)｜地区(지구, 구역)｜~ごとに(~별로)｜分ける(나누다)｜届ける(전해주다)｜例年通り(예년대로)｜それぞれ(각각)｜担当(담당)｜自宅(자택)｜配る(나누다, 배포하다)｜感想(감상)｜話し合う(서로 이야기하다)｜毎年恒例(연례행사)｜いつも通り(언제나처럼)｜突然(갑자기)｜手作り(손수 만듦)｜お手玉(테다마, 작은 헝겊주머니에 팥이나 쌀 등을 넣어 만든 장난감)｜渡す(건네다)｜感謝(감사)｜なんと(세상에나, 무려)｜送り主(보낸 사람)｜直接(직접)｜お礼(사례, 감사)｜用意(준비)｜届く(도달하다, 전해지다)｜気が付く(깨닫다)｜感動(감동)｜~のあまり(~한 나머지)｜失う(잃어버리다)｜伝える(전하다)｜出来事(일, 사건)｜学ぶ(배우다)

---

58 정답 1

필자에 의하면, 이벤트는 어떤 것인가?

1 어르신의 집을 돌며 편지를 전달하는 이벤트
2 편지와 선물을 어르신들로부터 받는 이벤트
3 담당자가 어르신의 집을 돌며 말을 거는 이벤트
4 어르신과 학생이 학교에 모여 교류하는 이벤트

해설 첫 번째 단락에서 「毎年1回、地域に住むお年寄りに手紙をプレゼントする(매년 한 번 지역에 사시는 어르신들에게 편지를 선물한다)」와 두 번째 단락에서 「それぞれの地区の担当の生徒がお年寄りの自宅へ手紙を届けました(각각의 지구의 담당 학생이 어르신의 자택에 편지를 갖다 드렸습니다)」라고 했으니, 가장 맞는 내용은 1번이 된다. 어르신에게 받는 이벤트가 아니므로 2번은 오답이고, 3번은 없는 내용이며, 학교에 모이는 이벤트가 아니므로 4번도 오답이다.

---

59 정답 2

언제나처럼 조금 쓸쓸한 마음으로 끝나는 건가 생각이라고 있는데, 이유는 무엇인가?

1 매년 누구에게 편지를 쓸 지 선생님이 정하기 때문에
2 얼굴도 모르는 상대에게 편지를 써야 하기 때문에
3 1년에 한 번인 이벤트 날을 위해 1년에 걸쳐 준비하지 않으면 안 되기 때문에
4 편지와 선물은 반드시 같은 사람에게 전달되는 것은 아니기 때문에

해설 첫 번째 단락에서 「自分で書いた手紙を必ずしも自分で届けられるわけではありません(자신이 쓴 편지를 반드시 자신이 전달할 수 있는 것은 아닙니다)」이라고 하며, 그 뒤에 「顔を見ることはできないので、いつも手紙を書きながら少し寂しい気持ちがありました(얼굴을 볼 수 없기 때문에 항상 편지를 쓰면서 조금 쓸쓸한 마음이 있었습니다)」라고 한 부분에서 얼굴도 모르는 상대에게 편지를 써야 하는 것이 조금 쓸쓸하다고 언급하고 있기 때문에 2번이 정답이 된다.

---

60 정답 2

필자가 가장 하고 싶은 말은 무엇인가?

1 어르신들에 대한 감사의 마음을 표현하는 것이 중요하다.
2 마음은 대면이어야만 전달되는 것은 아니다.
3 마음을 편지로 표현하는 것은 매우 좋은 일이다.
4 어르신을 뵙고 싶다는 쓸쓸한 마음을 참을 필요는 없다.

해설 이런 유형의 문제는 마지막 단락에 힌트가 나오는 경우가 대부분이기 때문에 놓치지 않도록 주의하자. 이 문장에서는 초등학교 시절 있었던 연례행사를 예로 들며, 이 이벤트를 통해 배운 것에 관해 말하고 있다. 따라서 결정적 힌트는 「直接会えなくても、気持ちを伝えることはできるんだと、この出来事から私は学びました(직접 만나지 못하더라도 마음을 전할 수 있는 것이라고, 이 일에서 저는 배웠습니다)」이므로 답은 2번이 된다.

61~63

(2)

벌꿀 채취나 채소나 과일의 교배를 위해 꿀벌을 기르는 양봉은 일본에서 소나 돼지 등을 기르는 것과 같은 축산업으로 자리매김되어 있다. 그러나 최근, 집에서 벌을 키워 꿀을 얻으려는 ①취미 양봉이 확산되고 있다.

그 이유로서 건강과 안전에 대한 의식의 고조와 인기 TV 프

로그램에서 양봉이 소개된 것 등이 있다. 특히 주목을 끌고 있는 것이 도시 양봉이다. [61] 산간 지역에서만 가능할 줄 알았던 양봉이 특별한 설비가 없어도 빌딩 옥상 등에서 가능한데다, 꿀벌에 의해 주변 환경의 생태계도 풍부해질 것으로 기대되고 있다.

한편, ②취미 양봉에 의한 트러블이 문제가 되고 있다. 꿀벌은 얌전한 성격이지만, 사람을 쏘는 경우도 있다. 벌집이 이사하는 분봉 시기에는 (注)많은 무리가 하늘을 날아다녀 [62] 이웃에게 공포심을 준다. 그리고 빨래나 자동차에 꿀벌의 똥이 묻기도 한다. 그리고 가을이 되면 꿀벌을 먹이로 하는 말벌이 모여들 가능성이 있어 위험하다.

꿀벌뿐 아니라, [63] 생물을 키우는 데에는 책임이 따른다. 도도부현(일본의 광역자치단체를 묶어 부르는 표현)에 사육 신고 제출은 물론, 꿀벌의 습성을 잘 알고 적절히 관리할 뿐 아니라, '벌=무섭다'는 이미지를 가진 사람들이 많이 있다는 것을 잊어서는 안 될 것이다.

(注) 많은 무리 : 동물 등이 상당히 많이 모여드는 무리

어휘 蜂蜜(벌꿀) | 採取(채취) | 交配(교배) | ミツバチ(꿀벌) | 育てる(기르다) | 養蜂(양봉) | 畜産業(축산업) | 位置付ける(자리매김하다) | 自宅(자택) | 蜂(벌) | 手に入れる(얻다) | 趣味(취미) | 広がる(확산되다, 넓어지다) | 健康(건강) | 高まり(고조) | とりわけ(특히) | 注目(주목) | 都市(도시) | 山間部(산간 지역) | 設備(설비) | 屋上(옥상) | ~上(~인데다) | 周辺環境(주변 환경) | 生態系(생태계) | 豊かだ(풍부하다) | 大人しい(얌전하다) | 性格(성격) | 刺す(쏘다) | 巣(둥지) | 分蜂(분봉) | 大群(대군, 많은 무리) | 隣近所(이웃) | 恐怖心(공포심) | 与える(주다) | フン(똥) | スズメバチ(말벌) | 可能性(가능성) | ~に限らず(~뿐 아니라) | 生き物(생물) | 飼う(키우다) | 責任(책임) | 伴う(따르다, 수반하다) | 都道府県(도도부현, 일본의 광역자치단체를 묶어 부르는 표현) | 飼育届け(사육 신고) | 提出(제출) | 習性(습성) | 適切(적절) | 管理(관리)

---

61 정답 3

①취미 양봉이 확산되고 있다라고 있는데, 필자는 왜 그렇게 말하고 있는가?

1 꿀벌이 산간 지역에서 평지로 벌집을 이사하게 되었기 때문에

2 꿀벌 사육에 신고는 필요 없이 전문가가 아니어도 할 수 있기 때문에

3 꿀벌을 도시에서도 사육할 수 있다는 것이 알려지게 되었기 때문에

4 꿀벌을 키워 수입을 얻는 메리트가 TV에서 소개되었기 때문에

해설 두 번째 단락에서「山間部でしかできないと思われていた養蜂が特別な設備がなくともビルの屋上などで可能(산간 지역에서만 가능할 줄 알았던 양봉이 특별한 설비가 없어도 빌딩 옥상 등에서 가능)」라고 했다. 즉, 도시에서도 양봉이 가능한 사실이 알려진 것이 가장 큰 이유라고 할 수 있으므로 답은 3번이다.

---

62 정답 3

②취미 양봉에 의한 트러블이 문제가 되고 있다의 이유로 맞는 것은 어느 것인가?

1 꿀벌 사육 신고를 제출해야만 한다.

2 꿀벌이 죽어서 일대를 더럽힌다.

3 꿀벌이 있는 것으로 말벌을 불러들이게 된다.

4 꿀벌이 만든 꿀을 얻기가 어렵다.

해설 세 번째 단락에서「隣近所に恐怖心を与える(이웃에게 공포심을 준다)・ミツバチのフンがつく(꿀벌의 똥이 묻는다)・スズメバチが集まってくる(말벌이 모여든다)」등의 취미 양봉의 문제점을 언급하고 있다. 따라서 답은 3번이며, 꿀벌 사육 신고는 의무일 뿐, 양봉으로 인한 문제가 아니기 때문에 1번은 오답이다. 2번은 꿀벌의 똥이 문제가 되지만 꿀벌이 죽어서 일대를 더럽힌다는 설명은 없으므로 오답이며, 꿀을 얻기 어렵다는 내용도 언급이 없으므로 4번도 오답이다.

---

63 정답 2

필자의 생각과 맞는 것은 어느 것인가?

1 꿀벌을 사육함으로써 환경 문제를 다시 생각하는 기회가 될 것이다.

2 양봉을 시작할 때 책임져야 할 것이 무엇인지 파악해야 한다.

3 양봉은 축산업이며, 일반인이 손을 대서는 안 된다.

4 꿀벌은 안전하다는 이미지를 사람들에게 전해야 한다.

해설 필자의 생각을 묻는 문제는 대부분 마지막 단락에 나오니 주의하자. 이 문장에서는 세 번째 단락에서 취미 양봉의 문제점을 제시한 뒤, 네 번째 단락에서「ミツバチに限らず、生き物を飼うことには責任が伴う(꿀벌뿐 아니라, 생물을 키우는 데에는 책임이 따른다)」라고 하며 책임 있는 자세를 가져야 한다고 언급하고 있으므로 답은 2번이 된다.

(3)

　소믈리에라고 하면 와인 전문가를 떠올린다. 그러나 발효식품 소믈리에란 것이 있는 모양이다. 어떤 건지 궁금해서 찾아보니, 발효식품에 관한 자격은 한 가지가 아니라 다양한 단체에서 나온다는 것을 알았다.

　원래 발효식품이란 미생물의 작용에 의해 보존성, 맛과 향, 영양가가 높아진 식품을 말한다. 가까운 식품으로서 낫토나 요구르트, 김치 등이 있다. 게다가 잘 생각해 보면 된장, 간장, 식초 등의 조미료 외에, 일본술, 누카즈케(발효 절임 요리) 등 일본 음식의 기본이 되는 것은 발효식품뿐이다.

　따라서 당연하고 (注1)평범하다고도 할 수 있는 발효식품이지만, 자격까지 등장한 이유 중 하나는 발효식품의 '기능성'이 있다. 64 65 면역력을 높이고 지방을 분해하고 장내 환경을 개선하는 등, 다양한 효과를 기대할 수 있어 건강 붐이 일고 있는 (注2)요즘, 발효식품은 크게 주목받고 있다. 2020년 이후 신종 코로나바이러스가 유행했을 때는 낫토를 사려는 소비자가 몰려들어, 한때 슈퍼에서 상품이 사라진 것은 기억에 새롭다.

　흔히 볼 수 있는 발효식품이라고는 하지만, 확실히 식생활의 다양화로 된장과 누카즈케를 먹을 기회는 줄어들고 있을지도 모른다. 66 앞으로 발효식품이 다른 식품과 경쟁하려면 전문 지식을 가진 사람들에 의한 새로운 먹는 방식의 제안과 건강에 관한 지식을 배우는 것은 좋은 방법일지도 모른다.

(注1) 평범 : 특히 뛰어난 것이 아닌 지극히 당연한 것
(注2) 작금 : 요즘

어휘 ソムリエ(소믈리에) | 専門家(전문가) | 思い浮かべる(떠올리다) | 発酵食品(발효식품) | 気になる(궁금하다) | 資格(자격) | 団体(단체) | そもそも(원래) | 微生物(미생물) | はたらき(작용, 기능) | 保存性(보존성) | 香り(향) | 栄養価(영양가) | 高まる(높아지다) | 身近な(가까운) | 食品(식품) | 納豆(낫토) | 味噌(된장) | 醤油(간장) | 酢(식초) | 調味料(조미료) | ぬか漬け(누카즈케, 발효 절임 요리) | 日本食(일본 음식) | 当たり前(당연) | 平凡(평범) | 登場(등장) | 機能性(기능성) | 免疫力(면역력) | 脂肪(지방) | 分解(분해) | 腸内環境(장내 환경) | 改善(개선) | 効果(효과) | 健康(건강) | 昨今(요즘) | 大注目(크게 주목) | 以降(이후) | 新型(신형, 신종) | コロナウイルス(코로나바이러스) | 流行(유행) | 消費者(소비자) | 押しかける(몰려들다) | 一時期(한때) | 商品(상품) | 記憶(기억) | 珍しい(드물다, 진귀하다) | ～とはいえ(～라고는 하지만)

食生活(식생활) | 多様化(다양화) | 今後(앞으로) | 競争(경쟁) | 専門知識(전문 지식) | 提案(제안)

64 **정답** 4

본문의 내용과 맞는 것은 어느 것인가?

1　낫토는 신종 코로나바이러스에 효과가 있는 식품이다.

2　발효식품 소믈리에 자격을 따기 위해 다양한 단체가 경쟁하고 있다.

3　일본 음식은 기본적으로 발효식품이다.

4　발효식품 효과 중 한 가지로 장내 환경이 좋아지는 것이 있다.

해설 세 번째 단락에서 「免疫力を上げる、脂肪を分解する、腸内環境を改善する(면역력을 높이고 지방을 분해하고 장내 환경을 개선한다)」라고 하며 발효 식품의 장점에 대해서 말하고 있으므로 정답은 4번이 된다. 낫토가 질병에 효과가 있다고 직접적으로 언급하지 않았기 때문에 1번은 오답이다. 첫 번째 단락에서 「発酵食品に関する資格は~団体から出ている(발효식품에 관한 자격은 ~단체에서 나온다)」라고 하며, 자격을 위해 경쟁하고 있다는 것이 아니므로 2번도 오답이며, 일본 음식에 발효식품이 많다고 설명하고 있지만 모든 일본 음식이 기본적으로 발효식품이라고 규정하고 있지 않다. 따라서 3번도 오답이다.

65 **정답** 4

이 글에 의하면, 발효식품의 '기능성'이란 무엇인가?

1　지방을 분해하기 때문에 비만을 개선한다.

2　미생물의 작용에 의해, 바이러스가 체내에 침입하는 것을 막는다.

3　영양 흡수율을 높여 장의 움직임을 좋게 한다.

4　질병으로부터 몸을 지키는 힘을 높인다.

해설 밑줄 친 부분 바로 뒤에 「免疫力を上げる~様々な効果が期待できる(면역력을 높이고 ~다양한 효과를 기대할 수 있다)」라고 하며 발효식품의 기능성에 대해 설명하고 있으므로 정답은 4번이다. 1번은 발효식품이 지방을 분해한다고 했지만, 비만을 개선한다고 언급하지 않았으므로 오답이다. 미생물의 작용에 의한 것은 발효식품에 대한 특징을 말하는 것으로 2번은 오답이며, 3번은 영양가 높다고 말하고 있을 뿐 흡수율을 높인다고 하지 않았으므로 오답이다.

66 정답 1

'발효식품'에 관해, 필자는 어떻게 생각하고 있는가?

1 전통적인 식품 소비에는 지금까지와 다른 시점이 필요하다.

2 사회의 변화에 따라 발효식품의 소비 기회가 줄어드는 것은 어쩔 수 없다.

3 평범한 발효식품에 와인과 같은 전문 자격이 필요하다고는 생각되지 않는다.

4 건강 붐을 타고 발효식품은 더욱 주목받아야 한다.

해설 본문에서 발효식품 소믈리에를 소개하며, 발효식품의 종류와 메리트에 관해 설명하고 있다. 마지막 단락에서 「今後、発酵食品が他の食品と競争するには、~よい方法かもしれない(앞으로 발효식품이 다른 식품과 경쟁하려면, ~좋은 방법일지도 모른다)」라고 하며 발효식품의 나갈 길을 논하고 있으니 답은 1번이 된다. 2번은 소비가 줄어든 사실을 말한 것이므로 오답이다. 3번은 필자의 생각과 반대이므로 오답이고, 4번은 앞으로 더 주목받아야 한다는 말은 하지 않았으므로 오답이다.

問題12 다음 A와 B의 글을 읽고, 질문에 대한 답으로 가장 알맞은 것을 1·2·3·4에서 하나 고르세요.

67~68

A

대학생일 때 회사를 만들어 사업을 시작하겠다고 말했더니 주위로부터 반대당했습니다. '실패하면 어떻게 할 거냐?', '네가 성공할 리가 없다', '생각이 안이하다' 등이라고 들었습니다. 실패하면 다시 하면 되고, 성공할지 어떨지는 해보지 않으면 알 수 없습니다. 68 만일 계획이 안이했다면 도중에 방향 전환하면 그만일 뿐입니다. 사업을 추진하면서 개선하면 되는 것입니다. 그리고 '돈은 있어?'라고도 들었습니다. 물론 자금이 있으면 좋겠지만 인터넷 비즈니스를 시작할 거라면 그렇게 큰 돈은 필요 없습니다. 아무리 반대당해도 하고 싶은 것이 있다면 해보는 것이 중요하다고 생각합니다. 만약 67 반대당해 포기할 것 같으면 결의가 약하다고 할 수 있기 때문에 창업은 어렵다고 생각합니다.

B

요즘 학생 창업이 주목받아 회사를 경영하고 싶어 하는 대학생도 증가하고 있는 것 같습니다. 아르바이트로는 경험할 수 없는 일인 데다가, 68 만일 생각이 바뀌거나 실패해도 취직 활동을 하면 회사에 들어갈 수 있기 때문에 메리트가 많다고 생각되고 있습니다. 그러나 성공하는 사람은 극소수이죠. 창업을 생각하기 전에 어떤 리스크가 있는지 알아둘 필요

가 있을 것입니다. 우선, 창업하면 시간이 부족하여 공부를 하지 않게 되어 대학을 졸업 못하는 경우가 있습니다. 또한 취직 활동도 대학 3학년 여름부터 시작해서 1년 정도 걸리는데, 사업과 동시에 추진할 수 있을 정도로 간단하지 않습니다. 결국 취직 못하는 경우도 있습니다. 67 호기심이나 눈에 띄고 싶은 마음만으로는 잘 되지 않을 수도 있습니다.

어휘 事業(사업) | 周囲(주위) | 反対(반대) | 成功(성공) | ~はずがない(~할 리가 없다) | 甘い(안이하다) | やり直す(다시 하다) | 途中(도중) | 方向転換(방향 전환) | 改善(개선) | 資金(자금) | 大金(큰돈) | 決意(결의) | 起業(창업) | 近頃(요즘) | 注目(주목) | 経営(경영) | 経験(경험) | ~上(~인데다) | 就職活動(취직 활동) | 足りない(부족하다) | 結局(결국) | 好奇心(호기심) | 目立つ(눈에 띄다) | うまくいかない(잘 되지 않다)

---

67 정답 3

학생 창업에 대한 A와 B의 의견과 맞는 것은 어느 것인가?

1 A, B 모두 긍정적이며 대학생일 때 하고 싶은 것을 해보는 것이 좋다고 말하고 있다.

2 A는 긍정적이지만 방침을 굳히도록 말하고 있고, B는 긍정도 부정도 하지 않는 중립적인 입장이다.

3 A는 자신의 의지가 없으면 안 된다고 말하고 있고, B는 호기심만으로는 할 수 없다고 말하고 있다.

4 A는 마음이 바뀌면 취직하면 된다고 말하고 있고, B는 대학을 졸업할 수 없게 된다고 말하고 있다.

해설 대학생 창업에 대해 A는 「反対されてあきらめるようなら、決意が弱いと言えるので起業は難しい(반대당해 포기할 것 같으면 결의가 약하다고 할 수 있기 때문에 창업은 어렵다)」, B는 「好奇心や目立ちたいという気持ちだけではうまくいかないこともあります(호기심이나 눈에 띄고 싶은 마음만으로는 잘되지 않을 수도 있습니다)」라고 했다. 즉, A는 본인의 확고한 의지가 중요하고, B는 단순한 호기심만으로 할 수 있는 것이 아니라고 말하고 있으므로 가장 정확한 의견은 3번이 정답이다.

---

68 정답 4

A와 B에서 공통으로 말하고 있는 것은 무엇인가?

1 자금이 적어도 시작할 수 있다.

2 경영이라고 하는 달리 없는 경험을 할 수 있다.

3 회사에 취직할 때 조건이 좋아진다.

4 마음이 바뀌어도 노선을 변경할 수 있다.

해설 자금에 관한 이야기는 A만 했으므로 1번은 오답이며, 「アル
バイトでは経験できないこと(아르바이트로 경험할 수 없
는 것)」 즉, 경영이라고 하는 경험에 대해 언급한 것은 B뿐으
로 2번도 오답이다. 회사에 취직할 때 조건이 좋아진다는 설
명은 A, B 모두 하지 않았으므로 3번도 오답이다. A는 「も
し計画が甘かったら、途中で方向転換すればいいだけ
(만일 계획이 안이했다면 도중에 방향 전환하면 그만일 뿐)」
라고 하며 마음이 바뀌면 방향 전환 혹은 개선을 하면 된다고
말하고 있고, B는 「もし考え方が変わったり失敗しても
就職活動をすれば会社に入ることができる(만일 생각
이 바뀌거나 실패해도 취직 활동을 하면 회사에 들어갈 수 있
다)」라고 말하고 있으므로 4번이 정답이 된다.

問題 13 다음 글을 읽고, 질문에 대한 답으로 가장 알맞은
것을 1 · 2 · 3 · 4에서 하나 고르세요.

69~71

도쿄 시부야는 해마다 핼러윈 시기가 되면 다양한 코스프레
를 한 젊은이들로 넘쳐난다. 해외의 미디어에서도 다루어질 정
도가 된 통칭 '시부야 핼러윈'은 젊은이들에 의해 자연스레 시
작된 주최자가 없는 이벤트다. 제각각의 코스프레를 하고 시
부야의 거리를 걸으면서 모르는 사람과 교류하거나 사진을 찍
거나 하며 즐기는 젊은이들의 모습을 많이 볼 수 있다. 또한,
71 (注1)아이디어를 짜낸 코스프레를 한 젊은이들을 관찰
하는 것도 '시부야 핼러윈'의 재미 중 하나라고 할 수 있을 것이
다. '시부야 핼러윈'에서 인기 코스프레는 그 해에 유행한 드라
마나 애니메이션의 캐릭터이다.

그러나, 시부야의 도로를 오가면서 한껏 흥이 오르는 젊음이
들과 상관없이 ①'시부야 핼러윈'의 과제는 쌓여 있다. 핼러
윈 당일인 10월 31일, 시부야의 인파는 15만 명이라고도 한다.
먼저 시부야역 앞에서는 꼼짝도 못 할 정도로 사람들이 모이기
때문에 치한이나 몰카와 같은 범죄 행위가 끊이지 않는다. 북
새통에서 모르는 사람들끼리 트러블이 되어 폭행 사건이 발생
한 사례도 있다. 69 경찰이 수백 명 단위로 동원되어도 너
무나도 사람이 많아 경비가 두루 미치지 못하고 있는 것이 현
상태이다.

더 심각한 것은 쓰레기 문제. 핼러윈 다음날의 시부야의
도로에는 코스프레 의상이나 페트병 등 예년 산과 같은 쓰레기
가 버려지고 있다. 도쿄도는 이러한 문제를 조금이라도 해소하
고자 70 핼러윈 당일에 쓰레기 봉지 배포와 쓰레기통 설치
를 실시했다. 또한 청소 자원봉사자를 모집하여 쓰레기 문제에
대한 대책을 강화했다. 이런 대처의 효과도 있어, 길가에 어지
러이 흩어져 있던 쓰레기를 줄일 수 있었다. 그러나 ②이 대책
에는 지자체나 민간 기업 등의 지원이 불가결하며, 막대한 비

용이 든다고 한다. 또한, 쓰레기 자체를 줄이는 대책이 되지는
못하기 때문에, 매년 실시하게 되면 비용은 (注2)불어나기만
할 뿐이다. 이대로는 '시부야 핼러윈'은 없어질지도 모를 것이
다. 경제적이고 또한 누구 한 사람 불쾌해하지 않으며 '시부야
핼러윈'을 즐기기 위해서는 한 사람 한 사람이 매너를 지키며
참가하는 것이 가장 중요하다고 할 수 있다.

(注1) 아이디어를 짜내다 : 이것저것 궁리하여, 좋은 생각이나
　　　방법을 찾아내다

(注2) 불어나다 : 물건 등의 수량이 커지다

어휘 仮装(가장, 코스프레) | 溢れる(넘치다) | 取り上げる(다
루다) | 通称(통칭) | 自然と(자연스레) | 主催者(주최자)
| 思い思い(제각각) | 街(거리) | 交流(교류) | 姿(모습) |
工夫を凝らす(아이디어를 짜다) | 観察(관찰) | 流行(유
행) | 行き来(오감, 왕래) | 盛り上がる(흥이 오르다) | ~
をよそに(~와 상관없이) | 課題(과제) | 山積み(쌓여 있
음) | 当日(당일) | 人出(인파) | 身動きがとれない(꼼짝
할 수 없다) | 痴漢(치한) | 盗撮(도촬, 몰카) | ~といった
(~와 같은) | 犯罪行為(범죄 행위) | 絶えない(끊이지 않
는다) | 人混み(북새통, 붐빔) | 見知らぬ人(모르는 사람)
| ~同士(~끼리) | 暴行事件(폭행 사건) | 発生(발생) | 事
例(사례) | 単位(단위) | 動員(동원) | 警備(경비) | 行き届
く(두루 미치다) | 現状(현 상태) | さらに(더욱) | 深刻(심
각) | 翌日(다음 날) | 衣装(의상) | 例年(예년) | 解消(해
소) | ごみ袋(쓰레기 봉지) | 配布(배포) | ごみ箱(쓰레기
통) | 設置(설치) | 実施(실시) | 募る(모집하다) | 対策(대
책) | 強化(강화) | 取り組み(대처) | 道端(길가) | 散乱(흩
어짐) | 自治体(지자체) | 民間企業(민간 기업) | 支援(지
원) | 不可欠(불가결) | 莫大(막대) | 費用(비용) | 実施(실
시) | かさむ(불어나다) | 経済的(경제적) | かつ(또한) |
不快(불쾌)

---

69 정답 4

①'시부야 핼러윈'의 문제는 무엇인가?

1　캐릭터에 대한 도촬이 이루어지고 있다.
2　만원 전차 안에서 치한 행위가 행해진다.
3　미성년자 간의 싸움 등 폭행 사건이 일어난다.
4　많은 경찰에 의한 경비가 효과적이지 않다.

해설 본문에 '시부야 핼러윈'의 문제로 1번, 2번, 3번 모두 언급됐
으나, 캐릭터에 대한 도촬은 아니므로 1번은 오답이며, 치한

행위는 시부야역 앞에서 이루어졌으므로 2번도 오답이다. 또한 폭행 사건은 연령에 대한 언급이 없으므로 3번도 오답이다. 한편, 「警察が数百人単位で動員されるも、あまりの人の多さに警備が行き届かないのが現状(경찰이 수백 명 단위로 동원되어도 너무나도 사람이 많아 경비가 두루 미치지 못하고 있는 것이 현 상태)」라고 하며, 경비가 효과적이지 못했다는 것을 의미하므로 4번이 정답이다.

70 정답 3

②이 대책이란 구체적으로 무엇을 가리키는가?

1 지자체나 민간 기업이 청소부를 모집했다.
2 시부야에 이동식 쓰레기통을 설치했다.
3 핼러윈에 참가하는 사람들에게 쓰레기 봉지를 배포했다.
4 '시부야 핼러윈'을 없앨 예정이다.

해설 대책을 시행하는 데에 「自治体や民間企業などの支援が不可欠(지자체나 민간 기업 등의 지원이 불가결)」라고 하며, 청소부를 직접 모집했다고 하지 않았기 때문에 1번은 오답이다. 세 번째 단락에서 「ハロウィン当日にごみ袋の配布とごみ箱の設置を実施した(핼러윈 당일에 쓰레기 봉지 배포와 쓰레기통 설치를 실시했다)」라고 언급했기 때문에 3번은 정답이 되며, 쓰레기통이 이동식인지 고정식인지 등의 상세한 정보가 불분명하기 때문에 2번은 오답이다. 필자는 이러한 대책에도 불구하고 개선이 되지 않을 경우 행사가 없어질지도 모른다고 우려하고 있으므로 4번도 오답이다.

71 정답 2

본문의 내용과 맞는 것은 무엇인가?

1 시부야 핼러윈이 없어지면 기업도 장사가 되지 않아 난처하다.
2 유행한 애니메이션이나 캐릭터 등의 아이디어를 짜낸 의상을 보는 것은 즐겁다.
3 시부야 핼러윈의 문제는 해외의 미디어로부터도 비판받고 있다.
4 시부야 핼러윈은 젊은이들이 교류할 수 있도록 지자체와 기업이 만든 문화이다.

해설 시부야 핼러윈에 관하여 기업의 수익에 대해서는 언급하지 않았으므로 1번은 오답이다. 첫 번째 단락에서 「工夫を凝らし~楽しみの一つと言えるだろう(아이디어를 짜낸 ~재미 중 하나라고 할 수 있을 것이다)」라고 설명하고 있기 때문에 2번이 정답이다. 해외 미디어에서 다루고 있는 점은 이벤트의 모습이지 문제점이 아니므로 3번은 오답이며, 이벤트는 「若者たちによって自然と始まった主催者のいないイベント(젊은이들에 의해 자연스레 시작된 주최자가 없는 이

벤트)」라고 설명하고 있기 때문에 4번도 오답이다.

問題 14 오른쪽 페이지는 어느 초등학교의 행사에 대한 안내이다. 아래 질문에 대한 답으로 가장 알맞은 것을 1·2·3·4에서 하나 고르세요.

와카바 초등학교, 봄 (注)워크랠리 대회 안내

본교에서 매년 개최하고 있는 워크랠리는 과제를 해결하면서 걷는 야외 게임입니다. 온 가족이 적극적으로 커뮤니케이션을 취하며, 함께 문제를 해결하는 것으로 협조성과 유대감을 기르는 것이 목적입니다.

◆개최일시 및 집합 장소
· 개최일 : 레이와 5년 4월 17일(월)
· 과제 수 8개 코스(10km) : 오전 8시 30분에 학교 정문 앞에 집합 (고학년)
· 72 과제 수 5개 코스(7km) : 오전 9시에 학교 정문 앞에 집합 (중학년)
· 과제 수 3개 코스(5km) : 오전 10시에 학교 정문 앞에 집합 (저학년)

◆참가 자격
· 본교 학생 및 학부모 혹은 친척
· 체력을 쓰기 때문에 건강상의 문제가 없는 분

◆정원
· 각 코스 정원 20팀까지
· 1팀당 3명까지입니다.

◆신청 방법
· 학교 전용 메신저를 통하여 참가 의사를 담당 교사에게 전달해 주세요.
· 메신저 혹은 73 휴대 전화의 이상으로 참가 신청이 불가능한 경우, 담임선생님에게 구두로 전달하셔도 됩니다. 그때는 자녀분을 통해 별도로 신청서 작성을 받습니다.

◆확인 사항
· 귀중품 등에 대해서는 각자의 책임하에 보관해 주세요.
· 우천 시 대회 개최 여부에 대해서는 오전 6시 30분까지 학교 전용 메신저를 통해 고지합니다.
· 접수 시 번호 카드를 배부하니 반드시 받아 가세요. 본인이 작성한 것은 사용할 수 없습니다. 미수령의 경우, 참가 자격이 없어집니다.
· 당일에는 기념품으로 볼펜을 준비했으니, 접수 시에 수령해 주세요. 참가자에게만 배부합니다.

(注)워크랠리 : 지도를 보면서 정해진 코스에 배치된 문제를 풀고, 목적지까지 향해 가는 경기

어휘 開催(개최)｜ウォークラリー(워크랠리)｜野外(야외)｜親子(부모와 자녀)｜積極的(적극적)｜コミュニケーション(커뮤니케이션)｜協調性(협조성)｜絆(유대)｜深める(깊게 하다)｜集合(집합)｜令和(레이와, 연호)｜コース(코스)｜高学年(고학년)｜中学年(중학년)｜低学年(저학년)｜資格(자격)｜当校(해당 학교, 본교)｜生徒(학생)｜親御様(학부모)｜親族(친족, 친척)｜定員(정원)｜組(조, 팀)｜メッセンジャー(메신저)｜旨(취지, 뜻, 내용)｜担当(담당)｜不具合(고장, 이상)｜担任(담임)｜口頭(구두)｜構う(신경쓰다, 상관하다)｜申込書(신청서)｜別途(별도)｜貴重品(귀중품)｜責任(책임)｜保管(보관)｜雨天(우천)｜可否(가능 불가능)｜告知(안내, 고지)｜際(때, 시)｜配布(배부)｜受け取る(수령하다, 받다)｜未受領(미수령)｜記念品(기념품)｜配置(배치)｜競技(경기, 시합)

72 정답 4

초등학교 4학년인 오하시 노조무군은 어떻게 대회에 참가하면 되는가?

1 오전 10시까지 학교 정문 앞에 집합한다.
2 볼펜 등 필기도구를 준비한다.
3 남동생과 부모님과 함께 참가한다.
4 **7km 코스에 도전한다.**

해설 워크랠리 대회의 코스는 「課題数8個コース(10km)(과제 수 8개 코스(10km))・課題数5個コース(7km)(과제 수 5개 코스(7km))・課題数3個コース(5km)(과제 수 3개 코스(5km))」로 구성되어 있다. 초등학교는 6년제이므로 각각 2개 학년으로 나누어져 저학년은 1, 2학년, 중학년은 3, 4학년, 고학년은 5, 6학년이라는 것을 알 수 있다. 따라서 4학년인 노조미군은 중학년이므로 4번이 정답이 된다. 중학년은 오전 9시에 도착해야 하므로 1번은 오답이며, 볼펜은 기념품으로 배부하는 것이므로 2번도 오답이다. 팀은 한 팀당 3명까지가 정원이기 때문에 4명으로 정원을 초과한 3번은 오답이다.

73 정답 4

참가자의 다음 요구사항 중 학교가 해결해 줄 수 있는 것은 어느 것인가?

1 자기가 만든 오리지널 번호 카드를 사용하고 싶다.
2 워크랠리 중에 지갑을 분실했으니 학교 측에 항의하고 싶다.
3 비로 인해 대회가 중지되어서, 기념품 볼펜만이라고 받고 싶다.
4 **휴대 전화를 수리에 맡겨서 다른 방법으로 신청하고 싶다.**

해설 신청 방법 중에 「携帯の不具合で参加申し込みができない場合は、担任へ口頭で伝えていただいても構いません(휴대 전화의 이상으로 참가 신청이 불가능한 경우는, 담임선생님에게 구두로 전달하셔도 됩니다)」이라고 했으므로 4번이 정답이다. 확인 사항에 참가자는 배부된 번호 카드를 사용해 달라고 안내하고 있기 때문에 1번은 오답이며, 귀중품은 각자의 책임이라고 공지하고 있기 때문에 2번도 오답이다. 우천 시에는 오전 6시 30분에 대회 개최 여부를 미리 공지하기 때문에 기념품을 받으러 갈 수 없으므로 3번도 오답이다.

問題1 問題1では、まず質問を聞いてください。それから話を聞いて、問題用紙の1から4の中から、最もよいものを一つ選んでください。

例

レストランの店員と客の女性が話しています。客の女性はサイドメニューに何を選びましたか。

M：いらっしゃいませ。何になさいますか。

F：このランチセットのタラコソース・パスタをお願いします。

M：サイドメニューはいかがなさいますか。本日はポテトサラダ、コーンサラダ、温かいコーンスープ、さつまいもチップスの4つからお選びいただけます。

F：ガーリックトーストは基本で付きますよね。だったら、あまりおなかにたまらない軽いものがいいから……。

M：では、コーンサラダがよろしいかと。酸味のきいたさっぱりしたサラダです。

F：あ、待ってください。やっぱりこれにします。外回りで体が冷えちゃったから。

M：承知しました。では、前菜として先にお持ちいたします。

F：ありがとうございます。

客の女性はサイドメニューに何を選びましたか。

1 ポテトサラダ

2 コーンサラダ

3 **コーンスープ**

4 さつまいもチップス

문제1 문제 1에서는 먼저 질문을 들으세요. 그리고 나서 이야기를 듣고 문제지의 1부터 4 안에서 가장 알맞은 것을 하나 고르세요.

예 정답 3

레스토랑 점원과 여자 손님이 이야기하고 있습니다. 여자 손님은 사이드 메뉴로 무엇을 선택했습니까?

M : 어서 오십시오. 무엇으로 하시겠습니까?

F : 이 런치 세트인 타라코(명란젓) 소스 파스타 부탁합니다.

M : 사이드 메뉴는 어떻게 하시겠습니까? 오늘은 감자샐러드, 콘샐러드, 따뜻한 옥수수수프, 고구마 칩스 4가지 중에서 선택하실 수 있습니다.

F : 갈릭 토스트는 기본으로 나오는 거지요? 그럼 너무 배에 부담되지 않는 가벼운 게 좋을 테니…….

M : 그럼 콘샐러드가 괜찮으실까 합니다만. 신맛이 나는 산뜻한 샐러드입니다.

F : 아, 잠시만요. 역시 이걸로 할게요. 외근하느라 몸이 차가워져서.

M : 알겠습니다. 그럼 전채를 먼저 가져다 드리겠습니다.

F : 감사합니다.

여자 손님은 사이드 메뉴로 무엇을 선택했습니까?

1 감자샐러드

2 콘샐러드

3 **옥수수수프**

4 고구마 칩스

1番

会社で男の人と女の人が話しています。女の人はこれから何をしますか。

M：田中さん、来週の研修会の準備は進んでる？

F：はい。山田さんと一緒に進めています。内容も一通り決まりました。

M：じゃあ、各部署の参加者に連絡しないとね。

F：はい。金曜日じゅうには連絡するつもりです。参加者リストをまとめたんですが、あとでご確認いただけますか。

M：うん、メールで送っておいてくれるかな。それで、研修会で使う発表の資料のほうは？　作成できた？

F：はい。大方できています。仕上げの作業を山田さんがしているところなので、いつ完成するか、のちほど再度確認します。

M：あー、実は課長が、研修会の内容を今からやる会議で確認したいとおっしゃってるんだ。完成していなくてもかまわないから、それを先に私のほうにメールしてほしいんだ。あ、山田さんに伝えたほうがいいのか。

F：いえ、すぐに私から伝えます。

M：急で申し訳ないけど、よろしく頼むよ。

女の人はこれから何をしますか。

1 　各部署の参加者にれんらくする
2 　男の人の指示を山田さんに伝える
3 　発表のしりょうを課長にメールする
4 　参加者リストを確かめる

1번 정답 2

회사에서 남자와 여자가 이야기하고 있습니다. 여자는 앞으로 무엇을 합니까?

M : 다나카 씨, 다음 주 연수회 준비는 잘 되고 있어?

F : 네. 야마다 씨와 함께 진행 중입니다. 내용도 대략 결정되었습니다.

M : 그럼 각 부서 참가자에게 연락해야겠군.

F : 네. 금요일 중에는 연락할 생각입니다. 참가자 리스트를 정리했는데, 나중에 확인해 주실 수 있을까요?

M : 응, 메일로 보내주게나. 그리고 연수회에서 사용할 발표 자료는? 다 작성했나?

F : 네. 거의 다 만들었습니다. 마무리 작업을 야마다 씨가 하고 있는 중이니, 언제 완성될지 나중에 다시 확인하겠습니다.

M : 아, 실은 과장님이 연수회 내용을 지금부터 하는 회의에서 확인하고 싶다고 말씀하셨거든. 다 완성된 게 아니어도 괜찮으니, 그걸 먼저 나한테 메일로 보내줬으면 해. 아, 야마다 씨에게 전하는 편이 좋을까?

F : 아니에요, 바로 제가 전하겠습니다.

M : 갑작스럽게 미안한데 잘 부탁해.

여자는 앞으로 무엇을 합니까?

1 　각 부서의 참가자에게 연락한다
2 　남자의 지시를 야마다 씨에게 전달한다
3 　발표 자료를 과장에게 메일로 보낸다
4 　참가자 리스트를 확인한다

해설　남자가「あ、山田さんに伝えたほうがいいのか(아, 야마다 씨에게 전하는 편이 좋을까?)」라고 하자 여자는「いえ、すぐに私から伝えます(아니에요, 바로 제가 전하겠습니다)」라고 했으니 답은 2번이다. 1번의 참가자에게 연락하는 것은 금요일이고, 발표 자료를 메일로 보내는 사람은 야마다이므로 3번은 오답이며, 4번의 참가자 리스트를 확인하는 사람은 남자기 때문에 오답이다.

어휘　研修会(연수회) | 準備(준비) | 進む(나아가다, 진행되다) | 進める(진행하다) | 一通り(대략) | 決まる(결정되다) | 各部署(각 부서) | 参加者(참가자) | まとめる(정리하다) | 確認(확인) | 発表(발표) | 資料(자료) | 作成(작성) | 大方(거의) | 仕上げ(마무리) | 作業(작업) | 完成(완성) | のちほど(나중에) | 再度(다시, 재차) | 実は(실은) | 急で(갑작스럽게) | 申し訳ない(미안하다) | 指示(지시) | 確かめる(확인하다)

大学で特別奨学金の申請をしています。男の人はこのあと何をしますか。

M：すみません、特別奨学金の申請をしたいんですが、申請書と必要書類はこれで大丈夫ですか。

F：一度、拝見しますね。えっと、申請書は、こことここに署名をしてください。あと、写真が貼ってありませんが、証明写真はお持ちですか。

M：えっと、サインはここと、ここ。写真は、あれ？おかしいな。持ってきたはずなんだけどな。ちょっと待ってください。今、捜します。

F：もしお持ちでなければ、売店のところに証明写真機があります。写真のサイズだけ間違えないように気をつけてください。あと、こっちの証明書3枚なんですけれども、3か月以内に発行されたものでないと使えないんですよ。すべて取り直しになりますね。隣の証明書窓口で午前中に頼めば、当日発行が可能です。あら、あと30分しかないけど、まだ間に合うんじゃないですか。

M：そうですか。必要なのは、この3つで合っていますか。

F：はい、合っています。すべて揃えて、ここに持ってきてくださいね。

M：分かりました。提出期限は今日の午後5時でしたよね？

F：はい。時間を過ぎると一切受け付けできませんので、お気をつけください。書類に間違いがないか最終確認も忘れないでくださいね。

M：分かりました。ありがとうございます。

男の人はこのあと何をしますか。

1　しょうめいしょを提出する
2　しょうめい写真を撮る
3　**隣の窓口に行く**
4　しょうめいしょにサインをする

대학에서 특별 장학금의 신청을 하고 있습니다. 남자는 이후 무엇을 합니까?

M : 실례합니다. 특별 장학금 신청을 하고 싶은데요, 신청서와 필요 서류는 이걸로 괜찮을까요?

F : 한 번 볼게요. 음, 신청서는, 여기랑 여기에 서명해 주세요. 그리고 사진이 없는데, 증명사진은 갖고 계세요?

M : 아, 사인은 여기랑 여기. 사진은, 어라? 이상하네. 분명히 가져왔는데. 잠시만 기다려 주세요. 지금 찾아볼게요.

F : 만약 없으면, 매점에 증명사진기가 있어요. 사진 사이즈만 틀리지 않도록 주의해 주세요. 그리고 이쪽의 증명서 3장 말인데요, 3개월 이내에 발행된 것이 아니면 사용할 수 없어요. 모두 재발행이 됩니다. **옆 증명서 창구에서 오전 중에 부탁하면, 당일 발행이 가능합니다.** 아, 30분밖에 안 남았지만, 아직 시간에 맞출 수 있겠네요.

M : 그래요? 필요한 건 이 3장이 맞나요?

F : 네, 맞아요. 모두 갖춰 여기로 가져와 주세요.

M : 알겠습니다. 제출 기한은 오늘 오후 5시였지요?

F : 네, 시간을 넘기면 일절 접수 불가하니 주의하세요. 서류에 틀린 부분이 없는지, 최종 확인도 잊지 마시고요.

M : 알겠습니다. 감사합니다.

남자는 이후 무엇을 합니까?

1　증명서를 제출한다
2　증명사진을 찍는다
3　**옆 창구에 간다**
4　증명서에 사인한다

해설 여자는 3개월 이내 발행된 증명서가 아니면 사용할 수 없다고 하며 「隣の証明書窓口で午前中に頼めば、〜あと30分しかない(옆 증명서 창구에서 오전 중에 부탁하면, ~30분밖에 안 남았다)」라고 했다. 즉, 지금 가장 먼저 해야 할 일은 옆 창구에 가서 증명서를 새로 발행하는 것이니 3번이 답이다. 1번의 증명서 제출보다 발행이 먼저이고, 2번은 사진을 갖고 있는지 아직 모르니 사진을 찍을지 말지 알 수 없고, 증명서가 아니라 신청서에 사인하는 것이므로 4번도 오답이다.

3番

会社で男の人と女の人が話しています。商品が届いたら、女の人は最初に何をしますか。

M : 田中さん、ちょっとお願いがあります。

F : はい、何でしょうか。

M : 明日、私が留守の間に、商品サンプルが届くことになっているんですけど、代わりに受け取ってもらえませんか。それで、中身の確認もしてほしいんです。

F : 分かりました。何をチェックすればいいんですか。

M : 伝票を見てもらって、数量とカラーが発注通りなのか。それから、傷がついていないか。もし、問題があったら、私に電話してくれますか。

F : 分かりました。その場合、工場への連絡も私がやっておきましょうか。

M : ありがとう。どちらにせよ、やっぱり届いたらまず私に電話をしてくれますか。

商品が届いたら、女の人は最初に何をしますか。

1 男の人にれんらくする
2 しょうひんを男の人にとどける
3 数と色をかくにんする
4 工場に電話する

3번 정답 1

회사에서 남자와 여자가 이야기하고 있습니다. 상품이 도착하면 여자는 처음에 무엇을 합니까?

M : 다나카 씨, 좀 부탁이 있어요.

F : 네, 무슨 일이신데요?

M : 내일 제가 없을 때 상품 샘플이 도착하기로 되어 있는데요, 대신 받아줄 수 있어요? 그래서 안의 내용물도 확인해 줬으면 좋겠어요.

F : 알겠어요. 뭘 체크하면 될까요?

M : 전표를 보고, 수량과 컬러가 발주 대로인지 하고, 흠집이 나지 않았나 체크해 주세요. 만약 문제가 있으면 저한테 전화 주시겠어요?

F : 알겠습니다. 그 경우에는 공장에 연락하는 것도 제가 할까요?

M : 고마워요. 어쨌든 역시 도착하면 먼저 저한테 전화해 주겠어요?

상품이 도착하면, 여자는 처음에 무엇을 합니까?

1 남자에게 연락한다
2 상품을 남자에게 보낸다
3 수량과 컬러를 확인한다
4 공장에 전화한다

해설 남자가 여자에게 부탁한 내용은 상품 샘플 받는 것과 내용물 체크인데, 마지막에 「どちらにせよ、やっぱり届いたらまず私に電話をしてくれますか(어쨌든 역시 도착하면 먼저 저한테 전화해 주겠어요?)」라고 했으니 상품이 도착했을 때 여자가 가장 먼저 할 일은 남자에게 연락하는 것이므로 1번이 정답이다. 2번은 없는 내용이며, 3번은 연락이 먼저이니 오답이고, 상품에 문제가 있으면 여자가 대신 공장에 전화하겠다고 했지만 상품이 도착했다는 연락이 먼저이니 4번도 오답이다.

어휘 商品(상품) | 届く(도착하다) | 留守の間(없을 때) | 代わりに(대신) | 受け取る(받다, 수취하다) | 中身(내용물) | 確認(확인) | ~てほしい(~하기 바라다, ~해 주면 좋겠다) | 伝票(전표) | 数量(수량) | 発注通り(발주 대로) | 傷がつく(흠집이 나다) | 場合(경우) | 工場(공장) | 連絡(연락) | どちらにせよ(어쨌든) | 届ける(보낸다) | 数(수량, 수)

駅の窓口で男の人が駅員と話しています。男の人はどれに乗りますか。

M：あのう、明日の空港行きの列車を予約したいんですが。

F：はい。どちらからご乗車になりますか。

M：うーん、京都か大阪か、まだはっきり決まっていないんです。時間はどれくらいかかるんですか。

F：はい。京都からの場合は、特急にご乗車で約1時間半かかります。京都から普通電車を利用されますと、大阪で乗り換えとなります。大阪からの場合は、特急で約1時間、普通電車で約1時間20分かかります。

M：京都からの特急列車を予約しておいて、当日キャンセルや変更はできますか。

F：出発の1時間前まででしたら駅の窓口で可能です。

M：1時間前か。じゃ、今日のうちに大阪に移動しておこう。大阪からの普通電車は、どれくらいの間隔で運行してるんですか。

F：昼間は20分に1本、16時以降は10分に1本間隔で運行しています。

M：なんだ、そんなに本数が多いなら、特急を利用しなくても不便はないな。決めた。

男の人はどれに乗りますか。
1 京都から特急列車
2 京都から普通電車
3 大阪から特急列車
4 **大阪から普通電車**

역 창구에서 남자가 역무원과 이야기하고 있습니다. 남자는 어떤 것을 탑니까?

M：저, 내일 공항행 열차를 예약하고 싶은데요.

F：네. 어디서 승차하시나요?

M：음~, 교토 아니면 오사카인데 아직 확실히 정해지지 않았어요. 시간은 어느 정도 걸리나요?

F：네. 교토에서 타실 경우에는 특급에 승차하시면 약 1시간 반 걸립니다. 교토에서 보통 전철을 이용하시면 오사카에서 환승하셔야 합니다. 오사카에서 타실 경우에는, 특급으로 약 1시간, 보통 전철로 약 1시간 20분 걸립니다.

M：교토에서 특급 열차를 예약하고 당일 캔슬이나 변경은 가능할까요?

F：출발 1시간 전까지라면 역 창구에서 가능합니다.

M：1시간 전이라. 그럼 오늘 중에 오사카로 이동해야겠군. 오사카에서 타는 보통 전철은 어느 정도 간격으로 운행되고 있어요?

F：낮에는 20분에 1편, 16시 이후에는 10분에 1편 간격으로 운행하고 있습니다.

M：뭐야, 그렇게 편수가 많다면 특급을 이용하지 않아도 불편하진 않겠군. 결정했어.

남자는 어떤 것을 탑니까?
1 교토에서 특급 열차
2 교토에서 보통 전철
3 오사카에서 특급 열차
4 **오사카에서 보통 전철**

해설 우선 남자가 어디에서 탈지는 「今日のうちに大阪に移動しておこう(오늘 중에 오사카로 이동해야겠군)」라고 했으니 오사카란 것을 알 수 있고, 무엇을 탈지는 「そんなに本数が多いなら、特急を利用しなくても不便はないな。決めた(그렇게 편수가 많다면 특급을 이용하지 않아도 불편하진 않겠군. 결정했어)」라고 했으니 보통 전철을 탄다는 것을 알 수 있다. 따라서 답은 4번이다.

어휘 窓口(창구) | 駅員(역무원) | 空港行き(공항행) | 列車(열차) | 乗車(승차) | 特急(특급) | 普通電車(보통 전철, 일반 열차) | 利用(이용) | 乗り換え(환승) | 当日(당일) | 変更(변경) | 出発(출발) | 可能(가능) | 今日のうちに(오늘 중에) | 移動(이동) | 間隔(간격) | 運行(운행) | 昼間(낮) | 以降(이후) | 本数が多い(편수가 많다, 배차가 많다) | 不便(불편)

会社で男の人と女の人が話しています。女の人はこのあと何をしますか。

M：今月末の日曜日、うちの会社の社員が地域の人たちと一緒に川のごみ拾いをするんだけど、準備を手伝ってもらえないかな。

F：地域貢献の活動ですね。分かりました。まず、参加者を集めないといけませんね。

M：そうだね。いろいろと準備が必要なんだが。

F：じゃあ、お知らせのポスターを作りましょうか。

M：それは地域の小学生が作ってくれることになってるんだ。

F：わあ、楽しみですね。では、ごみ袋とか手袋とか、必要な道具の準備を担当しますか。

M：道具のほうは、私が自治会長と一緒にやるよ。ごみ拾いのあと、会社の一部を開放して簡単な打ち上げをしようと思っていてね。まずは施設利用の申請を総務部に出しておいてほしいんだ。

F：分かりました。すぐに処理します。

M：それから、子供たちが喜びそうなジュースやお菓子も用意しておいて。

F：はい。大体の参加人数が分かってからのほうがよさそうですね。予算は来週の初めには経理部に確認しておきます。

女の人はこのあと何をしますか。

1　しせつ利用の許可を取る
2　活動費をしんせいする
3　社員に活動への参加をよびかける
4　参加人数をかくにんする

5번 정답 1

회사에서 남자와 여자가 이야기하고 있습니다. 여자는 이후 무엇을 합니까?

M：이달 말 일요일에 우리 회사 사원이 지역 사람들과 함께 강 쓰레기 줍기를 하는데, 준비를 도와주지 않을래?

F：지역 공헌 활동이군요. 알겠습니다. 먼저 참가자를 모아야겠네요.

M：그렇지. 여러 가지 준비가 필요한데.

F：그럼, 공지 포스터를 만들까요?

M：그건 지역 초등학생이 만들어 주기로 했어.

F：와, 기대되네요. 그럼, 쓰레기봉투나 장갑 등 필요한 도구 준비를 담당할까요?

M：도구 쪽은 내가 자치회장과 같이 할 거야. 쓰레기 줍기 후에 회사 일부를 개방해서, 간단한 뒤풀이를 하려고 하거든. 우선은 시설 이용 신청을 총무부에 해 줬으면 좋겠어.

F：알겠습니다. 바로 처리하겠습니다.

M：그리고 아이들이 좋아할 만한 주스나 과자도 준비해 두고.

F：네. 대략적인 참가 인원을 알고 나서 진행하는 게 좋을 것 같네요. 예산은 다음 주 초에는 경리부에 확인해 두겠습니다.

여자는 이후 무엇을 합니까?

1　시설 이용 허가를 받는다
2　활동비를 신청한다
3　사원에게 활동 참가를 호소한다
4　참가 인원을 확인한다

해설 남자의 말을 들은 여자는 여러 가지 할 일을 문의하고 있는데, 남자는 쓰레기 줍기 후에 간단한 뒤풀이를 하고 싶다며 여자에게 「まずは施設利用の申請を総務部に出してほしい(우선은 시설 이용 신청을 총무부에 해 줬으면 좋겠어)」라고 하자, 여자는 「分かりました。すぐに処理します(알겠습니다. 바로 처리하겠습니다)」라고 했으므로 가장 먼저 할 일은 1번이다. 예산은 다음 주 초에 확인한다고 했으니 2번은 오답이 된다. 3번은 언급이 없었고, 4번은 언급하였으나 구체적인 시기와 방법은 말하지 않았기 때문에 오답이다.

어휘 今月末(이달 말)ㅣうちの会社(우리 회사)ㅣ地域(지역)ㅣごみ拾い(쓰레기 줍기)ㅣ手伝う(돕다)ㅣ地域貢献(지역 공헌)ㅣ活動(활동)ㅣお知らせ(공지)ㅣ楽しみ(기대)ㅣごみ袋(쓰레기봉투)ㅣ手袋(장갑)ㅣ道具(도구)ㅣ担当(담당)ㅣ自治会長(자치회장)ㅣ一部(일부)ㅣ開放(개방)ㅣ打ち上げ(뒤풀이)ㅣ施設利用(시설 이용)ㅣ申請(신청)ㅣ総務部(총무부)ㅣ処理(처리)ㅣ用意(준비)ㅣ大体(대략)ㅣ参加人数(참가 인원)ㅣ予算(예산)ㅣ経理部(경리부)ㅣ許可を取る(허가를 받다)ㅣ活動費(활동비)ㅣよびかける(호소하다)

<table>
<tr><td>

問題 2

</td><td>

問題 2 では、まず質問を聞いてください。そのあと、問題用紙のせんたくしを読んでください。読む時間があります。それから話を聞いて、問題用紙の 1 から 4 の中から、最もよいものを一つ選んでください。

</td><td>

문제 2

</td><td>

문제 2에서는 먼저 질문을 들으세요. 그 후 문제지의 선택지를 읽으세요. 읽을 시간이 있습니다. 그러고 나서 이야기를 듣고 문제지의 1부터 4 안에서 가장 알맞은 것을 하나 고르세요.

</td></tr>
</table>

例

母親と高校生の女の子が話しています。女の子は何を悩んでいますか。

F 1：ただいま。

F 2：おかえりなさい。あれ？どうしたの？元気ないわね。

F 1：うん、ちょっと。

F 2：何かあった？

F 1：うーん、実は今日、みなみとけんかして、仲直りはしたんだけど。

F 2：あら、珍しいわね。でも仲直りできたなら、よかったわね。

F 1：うん、ただ、お互い謝って、「仲直り」って言ったんだけど、なんか気まずくて。

F 2：みなみちゃんとなら、きっと大丈夫よ。

F 1：そうかな。

F 2：うん。明日の朝、明るい笑顔であいさつしたら、きっと元に戻るわよ。

F 1：そっか、じゃあ明日、頑張ってみる。

F 2：うん、うまくいくといいわね。

女の子は何を悩んでいますか。

1　親友とけんか別れしたこと
2　仲直りしたが気まずさが残ったこと
3　笑顔であいさつできなかったこと
4　うまくあやまれなかったこと

예 정답 2

어머니와 여고생이 이야기하고 있습니다. 여자아이는 무엇을 고민하고 있습니까?

F 1 : 다녀왔습니다.

F 2 : 잘 다녀왔니? 응? 무슨 일 있었니? 기운 없어 보이네.

F 1 : 응, 좀.

F 2 : 무슨 일 있었니?

F 1 : 음~, 실은 오늘 미나미랑 싸웠거든, 화해는 했지만.

F 2 : 어머, 별일이네. 그래도 화해했다면 다행이네.

F 1 : 응, 다만, 서로 사과하고 화해는 했지만, 뭔가 서먹해서.

F 2 : 미나미라면 틀림없이 괜찮을 거야.

F 1 : 그럴까….

F 2 : 응, 내일 아침 밝게 웃는 얼굴로 인사하면, 꼭 원래대로 돌아올 거야.

F 1 : 그래? 그럼 내일 잘해 볼게.

F 2 : 응, 잘 되면 좋겠구나.

여자아이는 무엇을 고민하고 있습니까?

1　친한 친구와 싸우고 헤어진 점
2　화해를 했지만, 서먹함이 남아있는 점
3　웃는 얼굴로 인사하지 못한 점
4　제대로 사과하지 못한 점

女の人と男の人が話しています。男の人はどんなことが俳句の魅力だと言っていますか。

F：田中さん、俳句を始めたんだって？　面白い？

M：サラさんは俳句を知ってるの？　すごいね。

F：もちろん知ってるよ。世界でいちばん短い詩と言われている日本の伝統的な文学のひとつじゃない。アメリカの小学校でも俳句の授業があったもん。ところで、俳句は何が楽しいの？　難しいでしょ？

M：そうだね。意外だったのが、机の前に座って一人で考えるイメージだったんだけど、何人かで集まって、一緒に外に出掛けて俳句を作るんだ。そのあと「句会」という集まりで、自分が作った俳句を発表して、お互いに意見を言い合うから、刺激になるよ。

F：へー。知らなかった。

M：でもいちばん楽しいのは、俳句を作るために、夜明けの空とか、足元の小さな花とか、日常の小さなことに目を向けるようになったことかな。周りの風景が今までより生き生きして見えるんだよ。

F：それは大きな変化ね。

男の人はどんなことが俳句の魅力だと言っていますか。

1　世界でいちばん短い詩であること

2　一人でじっくりと考えて作ること

3　発表会をして意見を言うこと

4　平凡な日常を楽しめること

여자와 남자가 이야기하고 있습니다. 남자는 어떤 것이 하이쿠의 매력이라고 말하고 있습니까?

F：다나카 씨, 하이쿠 시작했다면서? 재미있어?

M：사라 씨는 하이쿠를 알고 있어? 대단하네.

F：물론 알고 있지. 세계에서 가장 짧은 시라고 하는 일본의 전통 문학 중 하나잖아. 미국 초등학교에서도 하이쿠 수업이 있었어. 그런데 하이쿠는 어떤 점이 재미있어? 어렵지?

M：글쎄. 의외였던 것은 책상 앞에 앉아서 혼자서 생각하는 이미지였는데, 몇 명인가 모여 같이 밖에 나가서 하이쿠를 만드는 거야. 그 후 '쿠카이'라고 하는 모임에서 자기가 만든 하이쿠를 발표하고 서로의 의견을 나누니까 자극이 돼.

F：아~. 그건 몰랐어.

M：하지만 가장 즐거운 것은 하이쿠를 만들기 위해서 새벽하늘이라든가 발밑의 작은 꽃이라든가, 일상 속 작은 일에 눈길을 주게 된 걸까? 주변 풍경이 지금까지 보다 더 생생하게 보여.

F：그것은 큰 변화네.

남자는 어떤 것이 하이쿠의 매력이라고 말하고 있습니까?

1　세계에서 가장 짧은 시라는 점

2　혼자서 차분히 생각하고 만드는 점

3　발표회를 해서 의견을 말하는 점

4　평범한 일상을 즐길 수 있는 점

해설 여자가 남자에게 하이쿠의 어떤 점이 재미있냐고 묻자 남자는「そのあと「句会」という集まりで、自分が作った俳句を発表して、お互いに意見を言い合うから、刺激になる(그 후 '쿠카이'라고 하는 모임에서 자기가 만든 하이쿠를 발표하고 서로의 의견을 나누니까 자극이 돼)」라고 했는데, 이 말에 3번이라고 혼동하지 않도록 주의하자. 남자는「でも(하지만)」라고 하며 다른 의견을 말했다.「いちばん楽しいのは、俳句を作るために、夜明けの空とか、足元の小さな花とか、日常の小さなことに目を向けるようになったことかな。周りの風景が今までより生き生きして見えるんだよ(가장 즐거운 것은 하이쿠를 만들기 위해서 새벽하늘이라든가 발밑의 작은 꽃이라든가, 일상 속 작은 일에 눈길을 주게 된 걸까? 주변 풍경이 지금까지 보다 더 생생하게 보여)」라고 했으니, 이 말을 나타내는 표현인 4번이 답이 된다.

어휘 俳句(하이쿠) | 魅力(매력) | 詩(시) | 伝統的(전통적) | 文学(문학) | 授業(수업) | 意外だ(의외이다) | お互い(서로) | 意見(의견) | 刺激(자극) | 夜明け(새벽) | 足元(발밑) | 日常(일상) | 目を向ける(눈길을 주다) | 周り(주위) | 風景(풍경) | 生き生きして(생생하게) | じっくりと(차분히) | 平凡(평범)

2番

レストランの経営者と社員が話しています。社員はランチの営業方法について何が問題だと言っていますか。

M：ランチを食べ放題のバイキング形式にして2週間が経ったけど、宮本さん、何か気づいたこととか改善すべき点とか、意見を聞かせてほしいんですが。

F：あ、はい。えー、そうですね。初めは、時間をかけて食事をするお客様が多くなるかと心配していましたが、制限時間の1時間よりも短い時間で食事を済ませて帰られるお客様がほとんどで、意外でした。

M：うん。我々が考えていた食べ放題のイメージとは少し違っていたね。

F：ただ、肉のメニューだけがすぐに売り切れてしまうのが気になってました。このまま続けると材料費が高くついてしまうので、メニューの内容を考え直さなきゃいけないかと。それから、お客様の目の前で焼くワッフルも、常に最低一人以上はスタッフを置かなければなりませんので。

M：なるほど。ピザやパスタなどを増やそうか。ワッフルについては人件費がかさむから、機械を入れてセルフサービスにできないか検討していこう。

社員はランチの営業方法について何が問題だと言っていますか。

1　利益につながらないメニューがあること

2　メニューを見直したこと

3　客の行動が予想と異なっていたこと

4　客の食事時間が短いこと

2번　정답 1

레스토랑의 경영자와 사원이 이야기하고 있습니다. 사원은 런치 영업 방법에 관해 무엇이 문제라고 말하고 있습니까?

M : 런치를 무한리필 뷔페 형식으로 한지 2주일이 지났는데 미야모토 씨, 뭔가 깨달은 점이라든지 개선해야 할 점이라든지, 의견을 들려줬으면 하는데요.

F : 아, 네. 흠~ 글쎄요. 처음에는 시간을 들여 식사하는 손님이 많아지지 않을까 걱정했습니다만, 제한 시간 1시간보다도 짧은 시간에 식사를 마치고 돌아가시는 손님이 대부분이라 의외였어요.

M : 응. 우리가 생각했던 무한리필의 이미지와는 조금 달랐지.

F : 다만, 고기 메뉴만 금방 다 팔리는 게 마음에 걸렸습니다. 이대로 계속하면 **재료비가 비싸게 드니** 메뉴 내용을 다시 생각해봐야 하지 않을까 했습니다. 그리고 **고객님 눈앞에서 굽는 와플도 항상 최소 1명 이상은 직원을 상주시켜야 하니까요.**

M : 그렇군. 피자나 파스타 등을 늘려볼까? 와플에 관해서는 **인건비가 많아지니까 기계를 들여서 셀프 서비스로 할 수 없는지 검토해 보지.**

사원은 런치 영업 방법에 관해 무엇이 문제라고 말하고 있습니까?

1　이익으로 이어지지 않는 메뉴가 있는 점

2　메뉴를 재검토한 점

3　손님의 행동이 예상과 달랐던 점

4　손님의 식사 시간이 짧은 점

해설　여자는 「初めは、時間をかけて食事をするお客様が多くなるかと心配していましたが、制限時間の1時間よりも短い時間で食事を済ませて帰られるお客様がほとんどで、意外でした(처음에는 시간을 들여 식사하는 손님이 많아지지 않을까 걱정했습니다만, 제한 시간 1시간보다도 짧은 시간에 식사를 마치고 돌아가시는 손님이 대부분이라 의외였어요)」라고 하며 손님들의 식사 시간이 길어질까 걱정했다고 하는 부분에서 3번, 4번 내용을 언급했지만 문제라고 하지 않았기 때문에 오답이고, 2번의 메뉴 내용은 다시 생각해보자고 했지 아직 하지 않았기 때문에 오답이다. 여자는 고기 메뉴만 다 팔려서 「材料費が高くついてしまう(재료비가 비싸게 드니)」라고 하며 비싼 재료비와 와플에 필요한 인건비에 관해서 우려하고 있으니 답은 1번이다.

어휘　経営者(경영자) | 営業方法(영업 방법) | 食べ放題(무한리필) | バイキング形式(뷔페 형식) | 経つ(지나다) | 気づく(깨닫다) | 改善(개선) | 聞かせる(들려주다) | 時間をかける(시간을 들이다) | 制限(제한) | 食事を済ませる(식사를 마치다) | 我々(우리) | ただ(다만) | 売り切れる(다 팔리다) | 材料費(재료비) | 高くつく(비싸게 들다) | 考え直す(다시 생각하다) | 焼く(굽다) | 常に(항상, 늘) | 最低(최저, 최소) | 人件費(인건비) | かさむ(부풀다, 많아지다) | 検討(검토) | 利益(이익) | つながる(이어지다) | 見直す

(재검토하다) | 行動(행동) | 予想と異なる(예상과 다르다)

3番

家で女の人と男の人が話しています。男の人が心配しているのはどんなことですか。

F：あなた、災害用の非常食の確認を手伝ってもらえない？

M：ああ、いいよ。かばんの中にある食品の賞味期限をチェックするのか。ええと、レトルト食品や缶詰は2、3年もつんだな。まだ大丈夫だ。チョコレートは、意外に短いんだね。これは買い替えないと。

F：じゃ、新しいのと交換しないといけないから、出しておいてくれる？

M：分かった。ところで、これで家族4人分の食料なの？何日分？

F：そのかばん1つが、一人分の3日間の食料よ。全員分には足りないんだけど、せっかく防災訓練で習ったことだし、試しにやってみようと思って去年詰めてみたの。

M：そうなんだ。**これだけじゃ全然足りないんだな。**よいしょっと。おー、でも結構重いな。この重さだと子供たちは持てないんじゃないか。

F：そうなのよ。**そのかばんだけだと足りないと思って、こっちの棚にも非常食を保管してあるんだけど、やっぱり足りないわよね。**それ以前に、4人分の食料を最低1週間分なんて、置いておく場所からして問題だもの。

M：そうか。この機会に真剣に考えたほうがよさそうだ。これじゃ災害が起きたときに、たちまち困ったことになりかねないよ。

男の人が心配しているのはどんなことですか。
1　賞味期限を定期的に見なければならないこと
2　防災くんれんが役に立っていないこと
3　子供たちが重い荷物を持つこと
4　**備えが十分でないこと**

3번 정답 4

집에서 여자와 남자가 이야기하고 있습니다. 남자가 걱정하고 있는 것은 어떤 점입니까?

F : 여보, 재해용 비상식량 확인 도와줄 수 있어?

M : 응, 알았어. 가방 안에 있는 식품 유통기한 체크하는 건가? 음, 레토르트 식품이나 통조림은 2, 3년은 가는군. 아직 괜찮아. 초콜릿은 의외로 짧네. 이건 새로 사야겠는데.

F : 그럼 새것과 교환해야 하니까, 꺼내 줄래?

M : 알았어. 그런데, 이걸로 가족 4인분 식량인 거야? 며칠분?

F : 그 가방 하나가 한 사람 3일 치 식량이야. 전원 몫으로는 부족하지만, 모처럼 방재 훈련에서 배운 거니, 시험 삼아 해 보려고 작년에 채워봤어.

M : 그렇군. **이것만으론 한참 부족해.** 영차. 와~ 근데 꽤 무거운데. 이 무게라면 아이들은 못 들 텐데?

F : 맞아. **그 가방만으로는 부족할 것 같아서 이쪽 선반에도 비상식량을 보관해 뒀는데, 역시 부족하지.** 그 이전에 4인분 식량 최소 일주일 치는 있어야 한다고 하는데, 놓아둘 자리부터 해서 문제인걸.

M : 그래? 이 기회에 진지하게 생각하는 게 좋을 것 같아. 이래선 재해가 일어났을 때 금세 난처해질 수도 있어.

남자가 걱정하고 있는 것은 어떤 점입니까?
1　유통기한을 정기적으로 봐야 하는 점
2　방재 훈련이 도움이 안 되는 점
3　아이들이 무거운 짐을 드는 점
4　**대비가 충분하지 못한 점**

해설 일본은 자연재해가 많다 보니, 실제로 이런 재해 용품 산업이 상당히 활발하다. 특히 식량 같은 경우에는 유통기한이 있기 때문에 정기적으로 점검하며 교체도 해야 한다. 남자가 몇 가지 사항을 우려하고 있는데 가장 결정적인 것은 「これだけじゃ全然足りない(이것만으

론 한참 부족해)」라고 했다. 즉, 이 정도로는 충분한 대비가 되지 못한다고 했으니 답은 4번이다. 유통기한을 정기적으로 봐야 한다는 것은 걱정하는 내용이 아니므로 1번은 오답이고, 2번은 언급이 없었으므로 오답이다. 3번은 객관적으로 봤을 때 아이들이 못 들 정도로 무겁다고 하며 들지 못할까봐 걱정하는 내용은 아니므로 오답이다.

어휘 災害用(재해용) | 非常食(비상식량) | 確認(확인) | 手伝う(돕다) | 食品(식품) | 賞味期限(유통기한) | レトルト食品(레토르트 식품) | 缶詰(통조림) | もつ(상하지 않고 오래 가다) | 意外に(의외로) | 買い替える(새로 사다) | 交換(교환) | 4人分(4인분) | 食料(식량) | 何日分(며칠분) | 全員分(전원 몫) | 足りない(부족하다) | せっかく(모처럼) | 防災訓練(방재 훈련) | 試し(시험 삼아) | 詰める(담다, 채우다) | 保管(보관) | ~からして(~자리부터 해서) | 真剣に(진지하게) | たちまち(금세) | 定期的(정기적) | 備え(대비)

4番

学校で先生が話しています。先生は何時までに電話をするように言っていますか。

F : 明日はいよいよ修学旅行に出発する日です。注意事項をもう一度言いますので、よく聞いてください。集合は、東京駅の丸の内南口の団体集合場所に7時半です。時間厳守でお願いします。20分以上遅刻した人は、残念ながら参加できません。万が一、遅れそうな時には、遅くても7時までに担任の先生まで連絡してください。そして、私たちが乗車する列車は、8時17分発、のぞみ45号東京発新大阪行きです。7時50分から21番ホームに移動を開始します。大勢で動きますから、遅れないよう速やかに移動してください。何度も言いますが、修学旅行は団体旅行です。時間を守るということが一番大事になりますよ。

先生は何時までに電話をするように言っていますか。

1 7時
2 7時20分
3 7時30分
4 7時50分

4번 정답 1

학교에서 선생님이 이야기하고 있습니다. 선생님은 몇 시까지 전화를 하도록 말하고 있습니까?

F : 내일은 드디어 수학여행으로 출발하는 날입니다. 주의사항은 한 번 더 말할 테니 꼭 잘 들어주세요. 집합은 도쿄역 마루노우치 남쪽 출구 단체 집합 장소에서 7시 반입니다. 시간 엄수하시길 부탁드립니다. 20분 이상 지각하는 사람은 죄송하지만 참가할 수 없습니다. 만일 늦을 것 같을 때에는, 늦어도 7시까지는 담임선생님께 연락해 주세요. 그리고 우리들이 승차할 열차는 8시 17분 출발, 노조미 45호 도쿄 출발 신오사카행입니다. 7시 50분부터 21번 홈으로 이동을 시작합니다. 많은 인원이 움직이기 때문에 늦지 않도록 신속하게 이동해 주세요. 몇 번이고 말하지만, 수학여행은 단체여행입니다. 시간을 지키는 것은 제일 중요한 것입니다.

선생님은 몇 시까지 전화를 하도록 말하고 있습니까?

1 7시
2 7시 20분
3 7시 30분
4 7시 50분

해설 선생님은 수학여행을 앞두고 시간 엄수를 강조하는 안내를 하고 있다. 안내 내용 중 많은 시간이 등장하지만, 「万が一、遅れそうな時には、遅くても7時までに担任の先生まで連絡してください(만일 늦을 것 같을 때에는, 늦어도 7시까지는 담임선생님께 연락해 주세요)」라고 하며, 늦을 것 같으면 7시까지 연락해 달라고 언급했으므로 답은 1번이 된다.

어휘 学校(학교) | 先生(선생님) | 電話(전화) | 修学旅行(수학여행) | 出発(출발) | 注意事項(주의사항) | 一度(한 번) | 集合(집합) | 東京駅(도쿄역) | 丸の内(마루노우치, 전철 노선명) | 南口(남쪽 입구) | 団体(단체) | 場所(장소) | 厳守(엄수) | 遅刻(지각) | 残念(유감) | 参加(참가) | 万が一(만일) | 担任(담임) | 連絡(연락) | 乗車(승차) | 列車(열차) | のぞみ(노조미, 신칸센의 차량 이름) | 新大阪(신오사카) | 行き(행) | ホーム(홈, 플랫폼) | 移動(이동) | 開始(개시) | 大勢(여럿, 많은 사람) | 動く(움직이다) | 遅れる(늦다) | 速やか(재빠르다, 신속하다) | 何度(몇 번) | 守る(지키다) | 一番(가장) | 大事(중요)

男の人と女の人が話しています。女の人は、男の人が人材募集に応募するにあたり、何が必要だと言っていますか。

M：今度うちの会社、商品開発を担当する新しい部署を立ち上げるんだけど、会社全体から広く人材を募集することになったんだ。

F：へー、そうなんだ。

M：新しいことをやってみたいと思ってたから、経験はないけど応募してみようと思って。

F：いいじゃない。頑張って。

M：うん。でも、経験もないのに生意気だなとか、今担当している仕事だってうまくできないくせにとか、部署の先輩たちがどう思うか、ちょっと心配ではあるんだ。

F：それは気にする必要ないよ。他人は自分が思ってるほど、何も気にしてないから。

M：そうかな。だといいけど。

F：それよりも大事なのは、事前に上司に相談しておくことだと思うよ。私の会社でも似たようなケースがあったんだけどね、ある先輩が上司に黙って応募してしまったから、あとから関係が気まずくなったんだって。

女の人は、男の人が人材募集に応募するにあたり、何が必要だと言っていますか。

1　しょうひん開発の経験があること
2　今の仕事を仕上げておくこと
3　応募の意思を上司に知らせておくこと
4　部署の仲間に秘密にしておくこと

남자와 여자가 이야기하고 있습니다. 여자는 남자가 인재 모집에 응모할 때 무엇이 필요하다고 말하고 있습니까?

M : 이번에 우리 회사 상품개발을 담당할 새로운 부서를 만드는데, 회사 전체에서 널리 인재를 모집하기로 했어.

F : 아~, 그렇구나.

M : 새로운 일을 해보고 싶었기 때문에 경험은 없지만 응모해 볼까 해.

F : 좋네~, 열심히 해봐.

M : 응. 근데 경험도 없으면서 건방지다는 둥, 지금 담당하고 있는 일도 제대로 못하면서라는 둥, 부서 선배들이 어떻게 생각할까 조금 걱정되긴 해.

F : 그건 신경 쓸 필요 없어. 남들은 자기가 생각하고 있는 만큼 아무것도 신경 쓰지 않거든.

M : 그런가? 그럼 좋겠는데.

F : 그것보다 더 중요한 건 사전에 상사와 상의하는 것이라고 생각해. 우리 회사에서도 비슷한 케이스가 있었는데, 어떤 선배가 상사에게 말없이 응모했다가 나중에 관계가 불편해졌대.

여자는 남자가 인재 모집에 응모할 때 무엇이 필요하다고 말하고 있습니까?

1　상품개발의 경험이 있는 것
2　지금의 일을 마무리해 두는 것
3　응모 의사를 상사에게 알려 두는 것
4　부서 동료에게 비밀로 해 두는 것

해설　남자가 새로운 부서로 옮기고 싶다고 하며 선배들과의 관계 등을 걱정하자, 여자는 신경 쓸 필요 없다고 하며 「それよりも大事なのは、事前に上司に相談しておくこと(그것보다 더 중요한 건 사전에 상사와 상의하는 것)」라고 한 뒤, 「私の会社でも似たようなケースがあったんだけどね、ある先輩が上司に黙って応募してしまったから、あとから関係が気まずくなったんだって(우리 회사에서도 비슷한 케이스가 있었는데 어떤 선배가 상사에게 말없이 응모했다가 나중에 관계가 불편해졌대)」라고 조언하고 있으므로 답은 3번이다. 1번의 상품개발 경험에 관해서는 「いいじゃない。頑張って(좋네~, 열심히 해봐)」라고 했으니 오답이고, 2번, 4번은 언급하지 않은 내용이므로 오답이다.

어휘　人材募集(인재 모집) | 応募(응모) | ~にあたり(~할 때, ~에 즈음하여) | 必要(필요) | 商品開発(상품개발) | 担当(담당) | 部署(부서) | 立ち上げる(창설하다, 만들다) | 経験(경험) | 生意気だ(건방지다) | ~くせに(~이면서) | 気にする(신경 쓰다) | 他人(남) | 事前に(사전에) | 上司(상사) | 似る(닮다) | 黙る(말없다, 잠자코 있다) | 気まずい(서먹하다, 불편하다) | 仕上げる(마무리하다, 끝내다) | 意思(의사) | 仲間(동료) | 秘密(비밀)

テレビで男の人と料理研究家が話しています。料理研究家は何がホーロー鍋の良さだと言っていますか。

M：今日は料理研究家の青木さんにお話を伺います。家庭でよく使われるステンレス鍋とホーロー鍋、それぞれ特徴がありますが、どのように違うのですか。

F：はい。まず、ステンレス鍋は軽いので扱いやすいですね。割れることもありません。対してホーロー鍋は重い上に、衝撃に弱いので割れてしまうことがあります。

M：そうなんですね。ホーロー鍋は少し不便ですね。

F：取り扱いの面ではそういう部分もありますが、料理をする上では、ホーロー鍋は熱が逃げにくく、焦げつきにくいというメリットがあります。ステンレス鍋は焦げつきやすいので注意が必要です。

M：それぞれ特徴が違うんですね。

F：はい。ステンレスは電磁調理器、いわゆるIHクッキングヒーターで利用できるものも多いので、やはり利便性は高いです。

M：料理の味わいなどにも影響はあるのでしょうか。

F：ええ。ホーロー鍋は材料の中まで火が通りやすいので、煮込むと食材の甘味を強く感じられます。シチューや煮物にはホーロー鍋がおすすめです。

料理研究家は何がホーロー鍋の良さだと言っていますか。

1　軽量で扱いやすいところ
2　食材が焦げやすいところ
3　電磁調理器で利用できるところ
4　食材の甘さが出るところ

TV에서 남자와 요리연구가가 이야기하고 있습니다. 요리연구가는 무엇이 법랑 냄비의 좋은 점이라고 말하고 있습니까?

M：오늘은 요리연구가인 아오키 씨에게 말씀을 여쭙겠습니다. 가정에서 자주 사용되는 스테인리스 냄비와 법랑 냄비, 각각 특징이 있습니다만 어떻게 다른 겁니까?

F：네. 먼저 스테인리스 냄비는 가볍기 때문에 다루기 쉽습니다. 깨질 일도 없습니다. 그에 비해 법랑 냄비는 무거운데다 충격에 약해 깨지는 경우가 있습니다.

M：그렇군요. 법랑 냄비는 조금 불편하군요.

F：취급하는 면에서는 그런 부분도 있습니다만, 요리를 하는 데 있어서는 법랑 냄비는 열이 잘 빠져나가지 않으며 쉽게 눌어붙지 않는다는 장점이 있습니다. 스테인리스 냄비는 눌어붙기 쉬우니 주의가 필요합니다.

M：각각 특징이 다르군요.

F：네. 스테인리스는 전자 조리기, 이른바 인덕션에서 이용할 수 있는 것도 많아 역시 편리성이 높습니다.

M：요리의 맛 등에도 영향이 있을까요?

F：네. 법랑 냄비는 재료 속까지 잘 익으니, 끓이면 식재료의 단맛을 강하게 느낄 수 있습니다. 스튜나 찜에는 법랑 냄비를 추천합니다.

요리연구가는 무엇이 법랑 냄비의 좋은 점이라고 말하고 있습니까?

1　경량이라 다루기 쉽다는 점
2　식재료가 타기 쉬운 점
3　인덕션에서 이용할 수 있는 점
4　식재료의 단맛이 나오는 점

해설　남자는 스테인리스 냄비와 법랑 냄비의 특징을 비교하며 법랑 냄비의 좋은 점을 묻고 있다. 여자는 법랑 냄비의 좋은 점으로 「料理をする上では、ホーロー鍋は熱が逃げにくく、焦げつきにくい(요리를 하는 데 있어서는 법랑 냄비는 열이 잘 빠져나가지 않으며 쉽게 눌어붙지 않는다)」라고 하며, 「ホーロー鍋は材料の中まで火が通りやすいので、煮込むと食材の甘味を強く感じられます(법랑 냄비는 재료 속까지 잘 익으니, 끓이면 식재료의 단맛을 강하게 느낄 수 있습니다)」라고 했으니 답은 4번이다. 나머지 1번, 2번, 3번은 모두 스테인리스 냄비의 특징을 나타내기 때문에 오답이다.

어휘　料理研究家(요리연구가) | ホーロー鍋(법랑 냄비) | 伺う(여쭙다) | 家庭(가정) | 特徴(특징) | 扱う(다루다) | 割れる(깨지다) | 対して(그에 비해) | ~上に(~인데다) | 衝撃(충격) | 取り扱い(취급) | ~上では(~하는 데 있어서는) | 逃げる(달아나다, 빠져나가다) | 焦げつく(눌어붙다) | 電磁調理器(전자 조리기, 인덕션) | いわゆる(이른바) | IHクッキングヒーター (인덕션) | 利便性(편리성) | 味わい(맛) | 影響(영향) | 材料(재료) | 火が通る(익다) | 煮込む(푹 끓이다) | 甘味(단맛) | おすすめ(추천) | 軽量(경량) | 焦げる(타다) | 食材(식재료)

問題3 問題3では、問題用紙に何もいんさつされていません。この問題は、全体としてどんな内容かを聞く問題です。話の前に質問はありません。まず話を聞いてください。それから、質問とせんたくしを聞いて、1から4の中から、最もよいものを一つ選んでください。

例

ラジオで女の人が話しています。

F：今日は四月一日ですね。新入社員の皆さん、入社おめでとうございます。今日から社会人としての人生がスタートしますね。新入社員といえば、私は初任給をもらった日のことを思い出します。学生時代は勉強ばかりしていたので、アルバイトをしたことがなかったんです。だから、初任給は両親へのプレゼントに使おうと決めていました。両親の喜ぶ顔が今でも忘れられません。皆さんは初任給の使い道は決めていますか。リスナーの皆さんの経験談、コメントお待しております。

女の人は何について話していますか。
1　自分の新入社員時代の思い出
2　新入社員時代に悩んでいたこと
3　初めて働いたときにうれしかったこと
4　両親に感謝していること

1番

フィットネスクラブで男の人が話しています。

M：こちらのフィットネスクラブでは、水泳をはじめエアロビクス、ダンスなど、さまざまなスポーツを楽しむことができます。スポーツ経験のある方には自由に施設をご利用いただいていますし、未経験の方には初心者向けのプログラムもあります。例えばプール一つとっても、学生専用のクラス、社会人専用のクラス、マタニティークラスなど、細かいニーズに対応できるよう、さまざまなクラスがございます。体験授業もありますので、ぜひ一度ご相談ください。

문제3 문제 3에서는 문제지에 아무것도 인쇄되어 있지 않습니다. 이 문제는 전체로서 어떤 내용인지를 묻는 문제입니다. 이야기 전에 질문은 없습니다. 먼저 이야기를 들으세요. 그러고 나서 질문과 선택지를 듣고 1부터 4 안에서 가장 알맞은 것을 하나 고르세요.

예 정답 1

라디오에서 여자가 이야기하고 있습니다.

F : 오늘은 4월 1일이지요. 신입사원 여러분, 입사 축하드립니다. 오늘부터 사회인으로서의 인생이 시작되네요. 신입사원이라 하면, 저는 첫 월급을 받았던 날을 떠올립니다. 학창시절에는 공부만 했기 때문에, 아르바이트를 한 적이 없었습니다. 그래서, 첫 월급은 부모님께 드릴 선물에 쓰자고 마음먹고 있었지요. 부모님의 기뻐하던 얼굴을 지금도 잊을 수 없습니다. 여러분은 첫 월급의 용도는 정하셨나요? 청취자 여러분의 경험담, 코멘트를 기다리고 있습니다.

여자는 무엇에 대해서 말하고 있습니까?
1　자신의 신입사원 시절의 추억
2　신입사원 시절에 고민하고 있던 것
3　처음 일했을 때 기뻤던 것
4　부모님께 감사하고 있는 것

1번 정답 2

피트니스 클럽에서 남자가 이야기하고 있습니다.

M : 이 피트니스 클럽에서는 수영을 비롯해 에어로빅, 댄스 등 다양한 스포츠를 즐길 수 있습니다. 스포츠 경험이 있는 분은 자유롭게 시설을 이용하고 계시고, 경험이 없는 분에게는 초심자용 프로그램도 있습니다. 예를 들어 수영장 하나에도 학생 전용 클래스, 사회인 전용 클래스, 임산부 클래스 등 세세한 요구에 대응할 수 있도록 다양한 클래스가 있습니다. 체험 수업도 있으니 꼭 한 번 상담해 보시기 바랍니다.

男の人は何について話していますか。

1 会員向けのサービス
2 施設とプログラム
3 入会特典の有無
4 体験授業の申し込み方

남자는 무엇에 대해 이야기하고 있습니까?

1 회원용 서비스
2 시설과 프로그램
3 가입 특전의 유무
4 체험 수업 신청 방법

해설 남자가 말하는 이야기의 큰 줄거리는 피트니스 클럽에서 할 수 있는 다양한 스포츠와 시설, 다양한 프로그램 등에 관해서 말하고 있으므로 답은 2번이다. 1번의 회원 서비스는 따로 언급하지 않았으며, 3번의 가입 특전도 없는 내용이다. 4번의 체험 수업은 언급하였으나 그에 따른 신청 방법은 등장하지 않았으므로 역시 오답이다.

어휘 ~をはじめ(~을 비롯해) | 楽しむ(즐기다) | 施設(시설) | 未経験(미경험, 경험이 없음) | 初心者向け(초심자용) | 学生専用(학생 전용) | 社会人専用(사회인 전용) | マタニティー(임산부) | 細かい(세세하다, 자세하다) | ニーズ(요구, 니즈) | 対応(대응) | 体験授業(체험 수업) | 会員向け(회원용) | 入会特典(가입 특전, 입회 특전) | 有無(유무) | 申し込み方(신청 방법)

2番

図書館でアナウンスが流れています。

F：本日は当図書館をご利用いただきまして誠にありがとうございます。当図書館は全館禁煙となっております。喫煙される場合は、入り口外に喫煙コーナーがございますので、そちらをご利用ください。また、館内での飲食は、通常7階のラウンジのみとなっておりますが、夏季期間中は熱中症対策のため、ペットボトル又は水筒に入った飲み物のみ、読書フロア及び閲覧室に持ち込むことができます。お飲み物をお飲みになる際は、くれぐれも書籍にこぼさないようご注意ください。万が一、書籍を汚してしまった場合は、お近くの係員にお声がけください。

女性は何について話していますか。

1 図書館を安全に利用する方法
2 図書館の施設案内
3 飲食禁止フロアについての説明
4 図書館利用の際の注意事項

2번 정답 4

도서관에서 안내 방송이 흐르고 있습니다.

F：오늘은 저희 도서관을 이용해 주셔서 진심으로 감사드립니다. 당 도서관은 전관 금연입니다. 흡연하실 경우에는 입구 밖에 흡연 코너가 있으니 그곳을 이용하시기 바랍니다. 또한 관내에서의 음식 섭취는 통상 7층 라운지에서만 가능합니다만, 하계 기간 중에는 열사병 대책을 위해 페트병 또는 물통에 든 음료만 독서 플로어 및 열람실에 반입할 수 있습니다. 음료수를 드실 때는 아무쪼록 서적에 쏟지 않도록 주의해 주십시오. 만에 하나 서적을 더럽혔을 경우에는 가까이 있는 담당자에게 말씀해 주십시오.

여자는 무엇에 대해서 말하고 있습니까?

1 도서관을 안전하게 이용하는 방법
2 도서관 시설 안내
3 음식 섭취 금지 구역에 관한 설명
4 도서관 이용 시 주의사항

해설 여자가 말하는 정보를 순서대로 정리해 보면 도서관 내 흡연 문제, 음식 섭취 및 서적 오염 등 도서관 이용 시 주의사항에 관한 설명을 하고 있으니 답은 4번이다. 1번의 안전한 이용 방법과 2번의 시설 안내는 언급하지 않았으며, 음식 섭취가 가능한 곳의 설명은 있었으나 금지 구역에 관한 언급은 없었으므로 4번도 오답이다.

어휘 本日(오늘) | 当図書館(당 도서관) | 全館禁煙(전관 금연) | 喫煙(흡연) | 入り口外(입구 밖) | 利用(이용) | 館内(관내) | 飲食(음식) | 通常(통상) | ~のみ(~만, ~뿐) | 夏季期間中(하계 기간 중) | 熱中症対策(열사병 대책) | 又(또는) | 水筒(물통) | 読書フロア(독서 구역, 독서층) | 及び(및) | 閲覧室(열람실) | 持ち込む(반입하다) | ~際は(~때는) | くれぐれも(아무쪼록) | 書籍(서적) |

こぼす(쏟다) | 万が一(만에 하나) | 汚す(더럽히다) | 係員(담당자) | お声がけください(말씀해 주십시오) | 飲食禁止(음식 섭취 금지) | 注意事項(주의사항)

3番

中学校で先生が保護者に話しています。

M : 春休みが終わると、とうとう３年生、受験生になりますね。人生で初めての受験が高校受験という生徒も多いと思います。勉強自体は、夏休みの補習、放課後の特別授業などで教師一同、最大限サポートしたいと思っておりますが、自宅での過ごし方は保護者の皆様のご協力が欠かせません。我々教師が保護者の皆様にお願いしたいのは、生徒の心と体の健康管理です。初めての受験にストレスを抱え、体調を崩す生徒が毎年少なからずいるのが現状です。勉強に集中できるよう、食事のサポートや睡眠時間の管理などをしていただきますよう、お願い申し上げます。

先生は何について話していますか。

1　受験生に対する学校側のサポート
2　自宅での勉強のさせ方
3　**受験生の親として気をつけるべきこと**
4　放課後の特別講義のカリキュラム

3번 정답 3

중학교에서 선생님이 보호자에게 이야기하고 있습니다.

M : 봄 방학이 끝나면 드디어 3학년, 수험생이 되는군요. 인생의 첫 수험이 고등학교 수험이라고 하는 학생도 많을 것입니다. 공부 자체는 여름 방학 보충 수업, 방과 후 특별 수업 등으로 교사 모두가 최대한 서포트하겠습니다만, 집에서 보내는 방법은 보호자 여러분의 협력을 빼놓을 수 없습니다. 저희 교사들이 **보호자 여러분께 부탁드리고 싶은 것은 학생들의 마음과 몸의 건강 관리입니다.** 처음 보는 수험에 스트레스를 떠안아 건강을 해치는 학생들이 매년 적잖이 있는 것이 실정입니다. 공부에 집중할 수 있도록 식사 서포트나 수면 시간 관리 등을 해 주시기 부탁드리겠습니다.

선생님은 무엇에 대해 이야기하고 있습니까?

1　수험생에 대한 학교 측의 서포트
2　집에서 공부시키는 방법
3　**수험생의 부모로서 신경 써야 하는 것**
4　방과 후 특별 강의의 커리큘럼

해설 주제가 무엇인지를 파악해야 하는데 가장 결정적인 힌트는 「保護者の皆様にお願いしたいのは、生徒の心と体の健康管理(보호자 여러분께 부탁드리고 싶은 것은 학생들의 마음과 몸의 건강 관리)」라고 한 부분으로 답은 3번이다. 1번은 조심해야 하는데, 교사 모두 최대한 「サポートしたいと思っておりますが(서포트하겠습니다만)」라고 하며 역접 표현을 사용하여 집에서 보낼 때는 보호자의 협력이 필요하다고 말하며 보호자 이야기로 내용이 옮겨갔으므로 오답이다. 2번은 나오지 않는 내용이며, 방과 후 특별 수업이 있다고 말한 정도이지 구체적인 커리큘럼은 말하지 않으므로 4번도 오답이다.

어휘 保護者(보호자) | とうとう(드디어) | 受験生(수험생) | 人生(인생) | 受験(수험) | 勉強自体(공부 자체) | 補習(보충 수업) | 放課後(방과 후) | 特別授業(특별 수업) | 教師一同(교사 모두) | 最大限(최대한) | 自宅(집, 자택) | 過ごし方(보내는 방법) | 協力(협력) | 欠かす(빼놓다, 빠뜨리다) | 我々(우리) | 健康管理(건강 관리) | ストレスを抱える(스트레스를 떠안다) | 体調を崩す(건강을 해치다) | 少なからず(적잖이) | 現状(실정, 현 상황) | 集中(집중) | 睡眠時間(수면 시간) | 管理(관리) | 特別講義(특별 강의)

ユーチューブで女の人が話しています。

F：今日は、私が最近はまっていることをご紹介したいと思います。えーと、それは、スマートフォンのアプリで中古の服や電化製品を売ることです。**難しいのはですね、売りたい品物の価格を決めて、写真を撮って、サイトにアップロードして、品物を発送するところまで、全部自分でやらなければいけないことです。**また、中古品なので、品物の状態を細かくサイトに書かないと、クレームが来たりトラブルが起きたりします。**経験がないのでいろいろ苦労しています**が、品物が届いた後に、買ってくれた人がサイトにコメントを書いてくれるんです。いい感想があるとうれしいんですよね。ぜひ皆さんもやってみてください。

女の人が伝えたいことは何ですか。
1 品物を売ることの重要性
2 品物を売ることの大変さ
3 流行に乗ることの大切さ
4 クレームに応える難しさ

4번 정답 2

유튜브에서 여자가 이야기하고 있습니다.

F : 오늘은 제가 요즘 푹 빠져 있는 것을 소개해 드리겠습니다. 그건, 스마트폰 앱으로 중고 옷이나 가전 제품을 파는 것입니다. **어려운 점은 말이죠, 팔고 싶은 물건의 가격을 정해 사진을 찍고, 사이트에 업로드해서 물건을 발송하는 부분까지 전부 직접 해야 하는 점입니다.** 또한 중고품이라 물건의 상태를 자세하게 사이트에 쓰지 않으면 클레임이 오거나 문제가 일어나기도 합니다. **경험이 없어 여러모로 고생하고 있습니다만,** 물건이 도착한 후에 사 준 사람이 사이트에 댓글을 달아 줍니다. 좋은 감상이 있으면 기분 좋지요. 꼭 여러분도 해 보세요.

여자가 전하고 싶은 것은 무엇입니까?
1 물건 파는 것의 중요성
2 물건 파는 것의 어려움
3 유행 타는 것의 중요함
4 클레임에 대응하는 어려움

해설 여자는 첫머리에서 「私が最近はまっていることをご紹介したいと思います。えーと、それは、スマートフォンのアプリで中古の服や電化製品を売ること(요즘 푹 빠져 있는 것을 소개해 드리겠습니다. 그건, 스마트폰 앱으로 중고 옷이나 전자 제품을 파는 것)」라고 했다. 그 후「難しいのはですね(어려운 점은 말이죠)」라고 하며, 「全部自分でやらなければいけないこと(전부 직접 해야 하는 점)」, 「経験がないのでいろいろ苦労(경험이 없어 여러모로 고생)」라고 하며 힘든 점을 말하고 있음을 알 수 있으므로 2번이 정답이다. 1번, 3번은 언급이 없었으며, 클레임이 발생하는 경우도 있다고 했으나 대응하기 어렵다는 말은 하지 않았으므로 4번도 오답이다.

어휘 はまる(푹 빠지다) | アプリ(앱) | 中古(중고) | 服(옷) | 電化製品(가전 제품) | 品物(물품, 물건) | 価格(가격) | 発送(발송) | 自分で(직접) | 中古品(중고품) | 細かい(자세하다) | クレーム(클레임) | 苦労(고생) | 届く(도착하다) | 感想(감상) | 重要性(중요성) | 流行(유행) | ～に応える(~에 대응하다, 부응하다)

テレビでリポーターが話しています。

F：**本日、新しい駅が開業する**ということで、ここ、桜みらい駅には、一番電車に乗ろうと早朝から多くの人が集まっていました。この地域での新駅開業は50年ぶりで、近隣の住民からは歓迎の声が上がっています。新駅の開業に伴い、駅周辺の開発が進んでおり、5年後

5번 정답 1

TV에서 리포터가 이야기하고 있습니다.

F : 오늘 **새 역이 개통된다**고 해서 이곳 사쿠라미라이역에는 첫 전철을 타려고 이른 아침부터 많은 사람이 모여들었습니다. 이 지역의 신역 개통은 50년 만으로 인근 주민들로부터는 환영의 목소리가 고조되고 있습니다. 신역 개통에 수반하여 역 주변 개발이 진행되고 있으며, 5년 후에는 역을 중심으로 한 새로운 거리

には駅を中心とした新しい街が完成する予定です。桜みらい駅は新しい乗り換えの中心駅になることも期待されており、1日当たりの利用者数は約5万人と予想されています。一番電車が走り出すと、ホームにいる人は一斉にシャッターを切り、車内からは笑顔で手を振る人々が見られました。以上、中継でした。

リポーターは何を伝えていますか。

1 新しくオープンした駅の様子
2 一番電車が到着する様子
3 新しい街づくりに関する地元の人の声
4 駅の歴史と今後について

가 완성될 예정입니다. 사쿠라미라이역은 새로운 환승 중심역이 될 것도 기대되고 있으며, 하루당 이용자 수는 약 5만 명으로 예상되고 있습니다. 첫 전철이 달리기 시작하자, 승강장에 있던 사람은 일제히 셔터를 눌렀고, 차내에서는 웃는 얼굴로 손을 흔드는 사람들을 볼 수 있었습니다. 이상 중계였습니다.

리포터는 무엇을 전하고 있습니까?

1 새로 오픈한 역의 모습
2 첫 전철이 도착하던 모습
3 새 거리 조성에 관한 현지 주민의 목소리
4 역의 역사와 향후에 관해

해설 가장 핵심이 되는 키워드는 「新しい駅が開業する(새 역이 개통된다)」이다. '신역 개통, 첫 전철을 타려는 사람들, 그 전철을 사진 찍는 사람들'에서 새로 개통한 역의 모습을 전하고 있음을 알 수 있고 답은 1번이 된다. 2번은 도착이 아니라 출발하는 모습이므로 오답이다. 3번은 지역 주민들이 환영한다는 언급은 있었으나 구체적인 내용은 나오지 않았고, 4번은 등장하지 않는 내용이므로 오답이다.

어휘 本日(오늘) | 開業(개업, 개통) | 一番電車(첫 전철) | 早朝(이른 아침) | 地域(지역) | 新駅開業(신역 개통) | 近隣(인근) | 住民(주민) | 歓迎(환영) | 声が上がる(목소리가 고조되다) | ~に伴いて(~에 수반하여) | 駅周辺(역 주변) | 進む(진행되다) | 乗り換え(환승) | 中心駅(중심역) | 1日当たり(하루당) | 利用者数(이용자 수) | 走り出す(달리기 시작하다) | 一斉に(일제히) | シャッターを切る(셔터를 누르다) | 車内(차내) | 笑顔(웃는 얼굴) | 手を振る(손을 흔들다) | 中継(중계) | 様子(모습) | 到着(도착) | 街づくり(거리 조성) | 地元(현지) | 歴史(역사) | 今後(앞으로, 향후)

問題4 問題4では、問題用紙に何もいんさつされていません。まず文を聞いてください。それから、それに対する返事を聞いて、1から3の中から、最もよいものを一つ選んでください。

例

F：そのケーキ、どうだった？

M：1 いちごがたっぷり入ってて、おいしかったよ。
　　2 あー、高いだけに、けっこう味気ないね。
　　3 そうか、あまり食べた気がしなかったか。

1番

F：つまり、頭を下げてまで契約する価値はないということですね？

M：1 うん、そのとおりだ。
　　2 君の言うことなら間違いない。
　　3 分かった。契約しよう。

문제4 문제 4에서는 문제지에 아무것도 인쇄되어 있지 않습니다. 먼저 문장을 들으세요. 그러고 나서 그 것에 대한 대답을 듣고, 1부터 3 안에서 가장 알맞은 것을 하나 고르세요.

예 정답 1

F：그 케이크 어땠어?

M：1 딸기가 듬뿍 들어있어 맛있었어.
　　2 아~, 비싼 만큼 꽤나 밋밋해.
　　3 그래? 별로 먹은 것 같지 않나?

1번 정답 1

F：즉, 머리를 숙여가면서까지 계약할 가치는 없다는 거군요?

M：1 응, 맞아.
　　2 자네가 말하는 거라면 틀림없어.
　　3 알았어. 계약하자.

해설 여자는 머리를 숙여가면서까지 계약할 가치가 없다는 사실을 「~ですね?(~군요?)」라고 확인하고 있다. 즉 여자는 계약에 부정적 견해를 가지고 있고, 이에 맞장구 치고 있는 1번이 답이다. 확인만 하고 있을 뿐이지 의견을 말하지는 않았으므로 2번은 오답이다. 「契約(계약)」이 들렸다고 3번으로 혼동하지 않도록 주의하자. 여자는 계약할 가치가 없다는 사실을 확인하고 있는데, 반대로 「分かった。契約しよう(알았어. 계약하자)」라고 하면 앞뒤가 맞지 않는다.

어휘 頭を下げる(머리를 숙이다) | ～てまで(~하면서까지) | 契約(계약) | 価値(가치) | そのとおりだ(맞다, 그대로이다) | 間違いない(틀림없다)

2番

M：まずい、ハンバーグが真っ黒焦げになっちゃった。

F：1 煮るなり焼くなり好きにしていいわよ。
　　2 えー、おなか空いてるのに。
　　3 大丈夫、弱火にすれば、まずくないわ。

2번 정답 2

M：망했다, 햄버거 까맣게 타버렸네.

F：1 삶아 먹든 구워 먹든 마음대로 해.
　　2 아~, 배고픈데.
　　3 괜찮아, 약불로 하면 맛없지 않아.

해설 「まずい」는 '맛없다'는 의미도 있지만 여기에서는 '망했다, 좋지 않다'란 의미로 쓰였다. 남자가 햄버거 요리를 했는데 그만 태우고 말았다. 이때 상대가 할 수 있는 말로 2번이 가장 적절하다. 1번의 「煮るなり焼くなり(삶아 먹든 구워 먹든)」는 주로 뒤에 「好きにしろ(마음대로 해)」가 와서, 상대에게 '하고 싶은 대로 마음대로 하라'는 뜻을 나타낸다. 3번에서 「まずくないわ(맛없지 않아)」가 들렸지만 남자가 말한 「まずい」와 다른 용법이니 주의하자.

어휘 まずい(맛없다, 난처하다, 좋지 않다) | 真っ黒焦げ(까맣게 탐) | 煮るなり焼くなり(삶아 먹든 구워 먹든) | 好きにする(마음대로 하다) | 弱火(약불)

3番

F：田中さん、あなたの部署の新入社員、いきなり会社辞めたんだって?

M：1 うん、もっと働きたいんだ。
　　2 もう聞いたの?耳が早いね。
　　3 ああ、まだ帰ったばっかりなのにな。

3번 정답 2

F：다나카 씨, 당신네 부서 신입사원, 갑자기 회사 그만뒀다면서?

M：1 응, 더 일하고 싶어.
　　2 벌써 들었어? 귀가 밝네.
　　3 아, 아직 돌아온 지 얼마 안 됐는데.

해설 여자가 남자에게 신입사원이 갑자기 그만둔 사실을 확인하고 있고, 그에 대한 확인을 해준 2번이 답이다. 「耳が早いね(귀가 밝다, 소문 등을 빨리 알다)」라는 관용 표현을 기억해 두자. 1번은 「もっと働きたい(더 일하고 싶어)」라고 본인의 희망을 말하고 있으므로 오답이며, 신입사원이란 단어가 들렸다고 해서 3번의 「～たばかりだ(막 ~했다)」와 같이 연상되는 표현의 함정에 빠지지 않도록 주의하자.

어휘 部署(부서) | 新入社員(신입사원) | いきなり(갑자기) | 耳が早い(귀가 밝다, 소문을 잘 듣다)

4番

M：この前、トムさんと話していたら、日本酒にすごく詳しくて、びっくりした。

F：1 そりゃ、トムさんも驚くよ。
　　2 へー、なんでそんなによく知ってるんだろう。
　　3 彼って、お酒に弱いんだね。

4번 정답 2

M：얼마 전에 톰 씨와 이야기하다가, 일본 술에 관해 엄청 잘 알고 있어서 깜짝 놀랐어.

F：1 그야, 톰 씨도 놀랄걸.
　　2 와~, 어떻게 그렇게 잘 아는 거지?
　　3 그 친구, 술이 약하군.

해설 남자는 톰이라는 외국인이 일본 술에 관해 많은 지식을 갖고 있어 놀랐다고 했다. 그러자 상대 여자도 외국인이 어떻게 그렇게 잘 아느냐고 의아하게 생각하며 말한 2번이 가장 적당하므로 정답이다. 1번에는 톰이라는 이름을 들려주며 오답을 유도하고 있고, 일본 술에 관해 잘 안다고 했지 술이 세다, 약하다는 내용이 아니므로 3번도 '오답이다.

어휘 驚く(놀라다) | 詳しい(잘 알다, 상세하다) | なんで(왜, 어떻게)

5番

F：山田さん、新商品のサンプル、先方に届いたかどうか確認取ってもらっていいかな。

M：1　分かりました。今、連絡してみます。

　　2　はい、すぐに届けます。

　　3　ええ、今から受け取りにいくところです。

5번 정답 1

F：야마다 씨, 신상품 샘플, 상대편에 도착했는지 확인해 주겠나?

M：1　알겠습니다. 지금, 연락해 보겠습니다.

　　2　네, 즉시 보내겠습니다.

　　3　예, 지금부터 받으러 가려던 참입니다.

해설 여자는 남자에게 샘플이 도착했는지 여부를 확인해 달라고 부탁했다. 그러자 남자가 「連絡してみます(연락해 보겠습니다)」라며 도착 여부를 확인하는 연락을 하겠다고 했으니 답은 1번이다. 이미 발송한 샘플의 도착 여부 확인을 부탁하는 것이지 샘플을 보내라는 말이 아니므로 2번은 맞지 않고, 대화에 등장하는 남녀는 샘플을 보낸 회사 측 직원이므로 3번도 오답이다.

어휘 新商品(신상품) | 先方(상대편) | 届く(도착하다) | 確認取る(확인하다) | 届ける(보내다, 갖다 주다) | 受け取り(수취, 받음)

6番

M：いい絵に仕上がっていますよ。前田さん、さらに腕を上げましたね。

F：1　いいんですか。では、お邪魔します。

　　2　うまくいってよかったですね。

　　3　いえいえ、とんでもないです。

6번 정답 3

M：좋은 그림으로 완성되었어요. 마에다 씨, 솜씨가 더 늘었네요.

F：1　괜찮으세요? 그럼 실례하겠습니다.

　　2　잘 돼서 다행이네요.

　　3　아닙니다, 당치도 않습니다.

해설 「腕を上げる(솜씨가 늘다)」라는 관용 표현을 먼저 공부해 두자. 상대에게 칭찬을 들으면 겸손하게 답하는 것이 일본식 매너이므로 3번이 정답이다. 1번은 상대에게 허가를 받고 어떤 행위를 하겠다는 표현이므로 오답이고, 2번은 어떤 일이 잘 되었다고 좋아하고 있는 표현으로 문제의 내용과 관계없으므로 오답이다.

어휘 仕上がる(완성되다) | さらに(더, 더욱) | 腕を上げる(솜씨가 늘다) | お邪魔します(실례하겠습니다) | うまくいく(잘 되다) | とんでもない(당치도 않다)

7番

F：先輩、私、この仕事に向いてないんじゃないでしょうか。

M：1　え、違ってた？ 数え直してみるよ。

　　2　難しいなら、僕が剝いてあげようか。

　　3　ん？ 何かあった？ 相談に乗るよ。

7번 정답 3

F：선배님, 저는 이 일에 맞지 않는 게 아닐까요?

M：1　어라, 틀렸다고? 다시 세 보지.

　　2　어려우면, 내가 까 줄까?

　　3　응? 무슨 일 있었어? 상담해 줄게.

해설 「～に向く(~에 맞다)」라는 표현을 알면 쉽게 풀 수 있는 문제이다. 후배가 고민을 하고 있어 상담 준다는 대답이 가장 자연스러우므로 3번이 정답이다. 여자의 고민을 듣고 「数え直す(다시 세다)」라는 반응은 적절하지 않으므로 1번은 오답이다. 2번에서도 「剝く(까다, 벗기다)」라는 동사가 들렸지만 여자가 말한 「向く(맞다)」와는 관계가 없으므로 같은 발음의 함정에 빠지지 않도록 주의하자.

어휘 ～に向いている(~에 맞다, 적성이 맞다) ┃ 数え直す(다시 세다) ┃ 剥く(까다, 벗기다) ┃ 相談に乗る(상담에 응하다)

8番

M：すみません、お手洗いはどちらですか。

F：1　手はそちらで洗うのがおすすめです。

　　2　お手洗いはトイレのことですよ。

　　3　はい、ご案内します。

8번 정답 3

M : 실례합니다. 화장실은 어디 있습니까?

F : 1　손은 그쪽에서 씻는 걸 추천합니다.

　　2　'오테아라이'는 화장실을 뜻해요.

　　3　네, 안내해 드리겠습니다.

해설 남자가 원하는 대답은 「お手洗い(화장실)」의 위치이므로 3번이 정답이다. 화장실에서 손을 씻을 수 있지만, 남자가 손을 씻기 위해 화장실을 찾고 있는 것인지 알 수 없기 때문에 1번은 오답이다. 「お手洗い(화장실)」의 의미를 물어보는 질문이 아니므로 2번도 오답이다.

어휘 お手洗い(화장실) ┃ おすすめ(추천) ┃ 案内(안내)

9番

F：このバッグ、かわいい。さすが、ゆう君。私の好み、よく分かってるね。

M：1　君には本当に頭が上がらないよ。

　　2　手が離せなかったけど、気に入ってよかった。

　　3　だって、前から欲しがってたからね。

9번 정답 3

F : 이 가방 귀엽다. 역시 유우 군, 내 취향 잘 알고 있네.

M : 1　너에게는 정말 고개를 들 수 없어.

　　2　일손을 놓을 수 없었는데, 마음에 들어 다행이다.

　　3　왜냐하면, 전부터 갖고 싶어 했었으니까.

해설 여자는 남자에게 가방을 선물 받고 좋아하고 있다. 「さすが、ゆう君。私の好み、よく分かってるね(역시 유우 군, 내 취향 잘 알고 있네)」라며 남자의 센스를 칭찬하고 있고, 이 칭찬에 대해 이 가방을 선택한 이유를 설명하고 있는 3번이 답이다. 1번의 「頭が上がらない(고개를 들 수 없다)」는 여자가 한 말과 전혀 맞지 않는 대답이며, 2번은 「手が離せなかった(일손을 놓을 수 없었다)」는 내용상 맞지 않으므로 역시 오답이다.

어휘 かわいい(귀엽다) ┃ さすが(역시, 과연) ┃ 好み(취향) ┃ 頭が上がらない(고개를 들 수 없다) ┃ 手が離せない(일손을 놓을 수 없다) ┃ 気に入る(마음에 들다) ┃ だって(왜냐하면) ┃ 欲しがる(갖고 싶어 하다)

10番

M1：部長、わかば電気の新製品、もうご覧になったそうですね。

M2：1　ああ。競争相手ながら、すばらしかったよ。

　　2　サンプルを送ったんだね。ご苦労さま。

　　3　ちょうど今、面接しているところだよ。

10번 정답 1

M 1 : 부장님, 와카바 전기의 신제품, 벌써 보셨다면서요.

M 2 : 1　아. 경쟁 상대지만, 훌륭했어.

　　2　샘플을 보냈군. 수고했어.

　　3　마침 지금 면접 보고 있는 중이야.

해설 부하 직원이 상사에게 상대 회사의 신제품을 보셨냐고 확인하는 대답으로 신제품에 대한 소감을 말한 1번이 답이 된다. 상대 회사의 신제품을 보았냐는 질문에 샘플 보내느라 수고했다는 2번은 적절하지 않으며, 마찬가지로 면접보고 있다는 3번도 대답으로 맞지 않아 오답이다.

어휘 新製品(신제품) ┃ ご覧になる(보시다) ┃ 競争相手ながら(경쟁 상대지만) ┃ ご苦労さま(수고했어) ┃ 面接(면접) ┃ ～ているところだ(~하고 있는 중이다)

11番

F：ここの焼き肉弁当、肉の質もボリュームも、文句なしだね。

M：1　お弁当屋さんに直接苦情を言うべきだよ。

　　2　ほんと、値段が安いだけあるね。

　　3　うん、かなりの満足感だ。

11번 정답 3

F：이 집 불고기 도시락, 고기 질도 양도 흠잡을 데가 없네.

M：1　도시락 가게에 직접 불평을 해야 해.

　　2　진짜, 값이 싼 만큼이군.

　　3　응, 상당히 만족스러워.

해설 여자가「文句なし(흠잡을 데 없음, 불만 없음)」란 말을 했으므로 도시락에 상당히 만족하고 있음을 알 수 있고, 대답으로 맞장구 치는 표현이 나와야 하므로 공감을 한 3번이 답이 된다. 1번은「文句(불만)」를 들려주고「苦情を言う(불평을 하다)」를 답으로 유도하고 있는 표현이니 함정에 빠지지 않도록 주의하자. 2번에서「安いだけあるね(싼 만큼이군)」라고 했는데, 이 표현은「AだけあってB(A인 만큼 B이다)」의 줄임말이다. 즉「安いだけあっておいしくない(싼 만큼 맛없다)」라고 말하고 있으므로 대답으로 적절하지 않아 오답이다.

어휘 焼き肉弁当(불고기 도시락) | 肉の質(고기 질) | ボリューム(양) | 文句なし(흠잡을 데 없음, 불만 없음) | お弁当屋さん(도시락 가게) | 直接(직접) | 苦情を言う(불평을 하다) | かなり(상당히, 꽤) | 満足感(만족스러움)

12番

M：先輩。この仕事、部長に期限の延長を頼んだんですが、今週中に終わらせないとだめだって言われちゃいました。

F：1　じゃ、延ばしたほうがいいね。

　　2　禁止されているなら仕方ないか。

　　3　部長もまた無理なことを言うわね。

12번 정답 3

M：선배님. 이 일, 부장님께 기한 연장을 부탁드렸습니다만, 이번 주 안에 끝내지 않으면 안 된다고 한 소리 들었습니다.

F：1　그럼, 연장하는 게 좋겠군.

　　2　금지되어 있는 것이라면 어쩔 수 없나?

　　3　부장님도 또 억지 부리시는군.

해설 남자가 부장에게 기한 연장을 부탁했는데 거절당했다고 하자, 여자는「部長もまた無理なことを言うわね(부장님도 또 억지 부리시는군)」라며 남자의 말에 공감하고 있다. 따라서 3번이 답이다. 기한 연장이 안 된다고 했는데「延ばしたほうがいいね(연장하는 게 좋겠군)」라고 한 1번은 내용상 맞지 않으며, 남자는 기한 연장 여부 문제를 말하고 있으므로 2번의「禁止(금지)」와는 관계없으므로 오답이다.

어휘 期限(기한) | 延長(연장) | 頼む(부탁하다) | 終わらせる(끝내다) | 延ばす(연장하다) | 禁止(금지) | 仕方ない(어쩔 수 없다) | 無理なことを言う(억지 부리다)

問題 5　問題5では、長めの話を聞きます。この問題には練習はありません。問題用紙にメモをとってもかまいません。

1番、2番

問題用紙に何もいんさつされていません。まず話を聞いてください。それから、質問とせんたくしを聞いて、1から4の中から、最もよいものを一つ選んでください。

文제 5　문제 5에서는 긴 이야기를 듣습니다. 이 문제에는 연습은 없습니다. 문제지에 메모를 해도 됩니다.

1번, 2번

문제지에 아무것도 인쇄되어 있지 않습니다. 먼저 이야기를 들으세요. 그리고 나서 질문과 선택지를 듣고 1부터 4 안에서 가장 알맞은 것을 하나 고르세요.

デパートのベビー用品売り場で男の人と女の人が話しています。

M ：今日こそプレゼントを決めようよ。ミカの出産予定日、もうすぐだろ。何がいいかな。

F1：ベビー服はどう？ 二人で出し合えば、それなりに高級なものが買えると思うの。普段使いのものじゃなくて、お出掛け用のかわいい服がいいよ。

M ：でも、病院の先生から性別を教えてもらってないって言ってたし、性別が分からないと、ベビー服って選ぶの結構難しくないか？ おもちゃがいいんじゃないかな。あ、このおもちゃ、赤ちゃんが口に入れても安全って書いてあるよ。ちょっと高級感もあってプレゼントにちょうどよさそうだ。

F2：いらっしゃいませ。何かお探しでいらっしゃいますか。

M ：あ、出産祝いを探してるんです。ベビー服か、おもちゃかで悩んでます。

F2：さようでございますか。こちらのお洋服は、弊社の子育て経験のある女性スタッフたちが企画したもので、品質や使いやすさにこだわった商品です。お値段もお手頃ですよ。ほかには、赤ちゃんとのお出掛けのときに活躍する、こちらのマザーズバッグも人気です。

F1：うーん、なるほど。ねえねえ、でもさ、ミカって結構こだわりが強いでしょ。自分で好きなものを選べるように、お祝い金をあげたほうがいいような気がしてきた。

M ：そりゃ現金のほうが何かといいだろうけどさ、なんか味気なくない？ 同級生の仲間で初めての赤ちゃんだぞ。ミカが喜ぶようなものを選ぼうよ。

F1：うーん、そうだよね。じゃ、赤ちゃんが使えるものにしよう。やっぱり私たちじゃ分かんないから、経験者の意見を生かしたもので。デザインもかわいいし、質もいいし、値段も思ったより安いし。

M ：うん、そうだね。

백화점의 유아용품 매장에서 남자와 여자가 이야기하고 있습니다.

M ：오늘이야말로 선물을 정하자. 미카의 출산 예정일, 얼마 안 남았지? 뭐가 좋으려나.

F1：아기 옷은 어때? 우리 둘이서 돈 내면 나름 고급스러운 옷을 살 수 있을 거야. 평소 사용하는 물건 말고 외출용 귀여운 옷이 좋겠지.

M ：근데 병원 선생님이 성별을 알려주지 않았다고 했으니, 성별을 모르면 아기 옷은 고르기 꽤 어렵지 않을까? 장난감이 좋지 않겠어? 아, 이 장난감 아기가 입에 넣어도 안전하다고 쓰여 있어. 좀 고급스러워 보이기도 하고 선물로 딱 좋을 것 같아.

F2：어서 오세요. 찾으시는 물건 있으세요?

M ：아, 출산 축하 선물을 찾고 있어요. 아기 옷 할지 장난감 할지 고민하고 있습니다.

F2：그러시군요. 이쪽 옷들은 저희 회사에서 육아 경험이 있는 여성 스태프들이 기획한 것으로, 품질이나 편의성에 신경을 쓴 상품입니다. 가격도 적당해요. 다른 제품으로는 아이와 외출할 때 활약하는 이 마더스 백도 인기입니다.

F1：흠, 그렇군요. 저기 근데 말이야, 미카는 꽤나 자기 취향이 강하잖아. 자기가 좋아하는 걸 고를 수 있도록 축하금을 주는 게 좋을 것 같기도 해.

M ：그야 현금 쪽이 여러모로 좋겠지만, 뭔가 성의 없는 것 같지 않아? 동창들 중에서 첫 아기잖아. 미카가 좋아할 만한 걸 고르자고.

F1：응, 그렇지. 그럼, 아기가 쓸 수 있는 걸로 하자. 역시 우리는 잘 모르니까 경험자 의견을 살린 걸로. 디자인도 귀엽고, 질도 좋고 가격도 생각한 것보다 저렴하고.

M ：응, 그러자.

二人は友達の出産祝いに何を選びましたか。

1 かばん

2 お祝い金

3 ベビー服

4 おもちゃ

두 사람은 친구의 출산 축하 선물로 무엇을 골랐습니까?

1 가방

2 축하금

3 아기 옷

4 장난감

해설 여자는「赤ちゃんが使えるものにしよう(아기가 쓸 수 있는 걸로 하자)」라고 했고 남자도 이에 동의했다. 따라서 1번, 2번은 오답인 것을 확인할 수 있고, 아기가 직접 쓸 수 있는 것은 3번 아기 옷과 4번 장난감인데, 결정적인 힌트는「やっぱり私たちじゃ分かんないから、経験者の意見を生かしたもので。デザインもかわいいし、質もいいし、値段も思ったより安いし(역시 우리는 잘 모르니까 경험자 의견을 살린 걸로. 디자인도 귀엽고, 질 좋고, 가격도 생각한 것보다 저렴하고)」이다. 앞에서 직원이「こちらのお洋服は、弊社の子育て経験のある女性スタッフたちが企画したもので、品質や使いやすさにこだわった商品です。お値段もお手頃ですよ(이쪽 옷들은 저희 회사에서 육아 경험이 있는 여성 스태프들이 기획한 것으로, 품질이나 편의성에 신경을 쓴 상품입니다. 가격도 적당해요)」라고 했으니, 이들이 선택한 선물은 3번 아기 옷이 정답이다.

어휘 ベビー用品(유아용품) | 売り場(매장) | 出産予定日(출산 예정일) | ベビー服(아기 옷) | それなりに(나름) | 高級(고급) | 普段使い(평소 사용하는 물건) | お出掛け用(외출용) | 性別(성별) | おもちゃ(장난감) | お探しでいらっしゃいますか(찾으시는 물건 있으세요?) | 出産祝い(출산 축하 선물) | 悩む(고민하다) | さようでございますか(그러시군요, 그렇습니까의 정중한 표현) | お洋服(옷) | 弊社(저희 회사) | 子育て経験(육아 경험) | 企画(기획) | 品質(품질) | 使いやすさ(편의성) | こだわる(신경 쓰다, 집착하다) | お手頃だ(가격이 적당하다) | 活躍(활약) | こだわりが強い(자기 취향이 강하다) | お祝い金(축하금) | 現金(현금) | 何かと(여러모로, 여러 가지로) | 味気ない(재미없다, 성의 없다) | 同級生(동급생) | 仲間(동료) | 赤ちゃん(아기) | 経験者(경험자) | 意見を生かす(의견을 살리다) | 質(질)

2番

男の人と女の人が本の選び方について話しています。

M:佐藤さんは本を選ぶとき、どうしてる？ 僕、どうしても好きな作家の作品ばかりになってしまうんだよね。

F:それ、私もおんなじ。でも、最近は本をネットで買うことも増えたから、ユーザーレビューはチェックするかな。あと、電子書籍だと試し読みもできるから、それを見たりする。

M:僕は、新聞や雑誌の書評はよく読むんだけど、それを読むと本まで読んだ気になっちゃって、実際に本は買わずに終わってしまうこともあるんだ。

F:あ、何となく分かる。日曜日の新聞の書評欄、私も昔から好きだったもの。

M:何ていうか、こう、もうちょっと新鮮な感覚を味わいながら本を読みたい気分なんだよね。

2번 정답 3

남자와 여자가 책 고르는 법에 대해 이야기하고 있습니다.

M : 사토 씨는 책 고를 때 어떻게 골라? 난 아무래도 좋아하는 작가 작품만 고르게 되더라고.

F : 그건 나도 마찬가지야. 근데 요즘은 책을 인터넷으로 사는 경우도 많아져서 사용자 리뷰는 체크하는 정도라 할까? 그리고 전자 서적이라면 미리보기도 가능하니까 그걸 보기도 해.

M : 난 신문이나 잡지 서평은 자주 읽는데, 그걸 읽으면 책까지 읽은 기분이 들어서 실제론 책을 안 사고 끝나는 경우도 있어.

F : 아, 왠지 알 것 같아. 일요일 신문 서평란, 나도 옛날부터 좋아했거든.

M : 뭐랄까, 이렇게 좀 더 신선한 감각을 맛보면서 책을 읽고 싶은 기분이야.

F：じゃ、文学賞を受賞したのを片っ端から読むのはどう？芥川賞、直木賞はもとより、結構な数の文学賞があるでしょ。純文学から推理小説、SF、ファンタジーまで、いろいろ楽しめるわよ。

M：そうだね。文学賞の受賞作なら、たいてい本の帯にも書いてあるし、書店でも探しやすいね。

F：あ、新人賞なんかは書籍化されていないものもあるから、文芸雑誌とかでチェックしないと読めないよ。そうそう、私は書店の店員さんの手書きPOPを参考にするわ。あれは店員さんの個性とセンスが表れて面白いんだよね。

M：そうだね。このデジタルの時代に手書きで本の紹介をして売り場に貼り付けるなんて、アナログで旧時代的だけど僕も好きだよ。

F：ねえ、知ってた？ あのPOPひとつで本の売り上げが変わるらしいよ。「いかにして売れるPOPを作るか」って専門の本まで出てるんだから。

M：やっぱり本屋の魅力はさ、いつも自分が読まない本もPOPとかのおかげで手に取ることができるのがいいよね。

F：そうね。私もあの、ネットの自動おすすめ機能？ 便利だけど、うんざりするときもたまにあるのよね。

二人は何が書店の魅力だと言っていますか。
1 ユーザーレビューを手書きのPOPで紹介していること
2 文学賞を受賞した作品をすべて販売していること
3 自分の好みとは違う本の存在に気づかせてくれること
4 自分の好みの傾向に合わせておすすめしてくれること

F：그럼 문학상 수상한 책을 모조리 읽는 건 어때? 아쿠가와상, 나오키상은 물론이고 꽤 많은 문학상이 있잖아. 순수문학부터 추리소설, SF, 판타지까지 다양하게 즐길 수 있어.

M：그러게. 문학상 수상작이라면 대개 책띠에도 쓰여 있고, 서점에서도 찾기 쉽지.

F：아, 신인상 같은 건 서적화 되지 않은 것도 있으니까 문예잡지 같은 데서 확인하지 않으면 읽을 수 없어. 맞아, 난 서점 점원들이 손으로 쓴 POP를 참고해. 거기엔 점원들의 개성과 센스가 나타나서 재미있거든.

M：그러게. 이런 디지털 시대에 손으로 써서 책 소개를 하고, 매장에 붙이다니 아날로그 방식이고 구시대적이지만 나도 좋아해.

F：있잖아, 그거 알고 있어? 그 POP 하나로 책의 매상이 바뀌는 모양이야. '어떻게 인기 있는 POP를 만들 것인가'라는 전문 책까지 나왔으니.

M：역시 서점의 매력은 말이야, 평소 자신이 읽지 않는 책도 POP 같은 거 덕분에 집어 볼 수 있다는 게 좋아.

F：맞아. 나도 그 인터넷 자동 추천 기능? 편리하지만 지겨울 때도 가끔 있거든.

두 사람은 무엇이 서점의 매력이라고 말하고 있습니까?
1 사용자 리뷰를 손으로 쓴 POP로 소개하고 있는 점
2 문학상을 수상한 작품을 모두 판매하고 있는 점
3 자신의 취향과는 다른 책의 존재를 깨닫게 해주는 점
4 자신이 좋아하는 경향에 맞추어 추천해주는 점

해설 두 사람이 생각하는 서점의 매력에 관해 묻고 있는데, 결정적 힌트는 「やっぱり本屋の魅力はさ(역시 서점의 매력은 말이야)」라고 한 부분부터 나오게 된다. 「いつも自分が読まない本もPOPとかのおかげで手に取ることができるのがいいよね(평소 자신이 읽지 않는 책도 POP 같은 거 덕분에 집어 볼 수 있다는 게 좋아)」라고 하며 평소 읽지 않던 책에도 관심이 생겨 집어 보게 되는 점이 서점의 매력이라고 하고 있으니 답은 3번이다. 사용자 리뷰는 서점이 아니라 인터넷에서 구입했을 때 쓰는 것이니 1번은 오답이다. 「新人賞なんかは書籍化されていないものもある(신인상 같은 건 서적화 되지 않은 것도 있다)」라고 했으니 2번도 오답이며, 자신의 취향에 맞게 추천해주는 것은 인터넷 자동 추천 기능이므로 4번도 오답이다.

어휘 選び方(고르는 법) | どうしても(아무래도) | 作家(작가) | 作品(작품) | おんなじ(마찬가지, 같음, 同じ의 회화체) | ユーザーレビュー(사용자 리뷰) | あと(그리고) | 電子書籍(전자 서적) | 試し読み(미리보기) | 雑誌(잡지) | 書評(서평) | 実際に(실제로) | 何となく(왠지) | 書評欄(서평란) | 新鮮だ(신선하다) | 感覚(감각) | 味わう(맛보다) | 文学賞(문학상) | 受賞(수상) | 片っ端から(모조리, 닥치는 대로) | ~はもとより(~은 물론) | 数(수, 숫자) | 純文学(순수문학) | 推理小説(추리소설) | 受賞作(수상작) | たいてい(대개) | 本の帯(책띠) | 新人賞(신인상) | 書籍化(서적화) | 文芸雑誌(문예잡지) | 手書きPOP(손으로 쓴 POP) | 参考(참고) |

個性(개성) | 表れる(나타나다) | 時代(시대) | 売り場(매장) | 貼り付ける(붙이다) | 旧時代的(구시대적) | 売り上げ(매상) | いかにして(어떻게) | 専門(전문) | 魅力(매력) | 手に取る(손에 들다, 집어 보다) | 自動おすすめ機能(자동 추천 기능) | うんざりする(지겹다) | たまに(가끔) | 好み(취향) | 存在(존재) | 傾向(경향)

<table>
<tr>
<td>

3番

まず話を聞いてください。それから、二つの質問を聞いて、それぞれ問題用紙の1から4の中から、最もよいものを一つ選んでください。

3番

母親と息子が家で話しています。

F：聡、引き出しの奥から遊園地のチケットみたいのが出てきたんだけど、これ、まだ使えるものじゃない？

M：母さん、これ、閉園しちゃった「としまえん」の乗り物回数券だよ。22枚綴り、丸々使ってない。

F：あー、前に甥っ子の陽介君と康介君が東京に来たとき、あなたが連れていってあげたわね。余らせないで全部乗ってくればよかったのに。

M：いっぱい乗ってるうちに体調が悪くなっちゃってさ。さすが双子だよね、具合が悪くなるのも一緒のタイミングだった。由紀子叔母さんは二人の世話で、もう遊んでる場合じゃなくなっちゃって。

F：あなたも小さい頃、よく吐きそうになってたわよね。ぐるぐる回るコーヒーカップに何度も何度も乗って、よく飽きないもんだと思ったわ。

M：え、そうだっけ？ ねえねえ。今、検索したんだけど、「未使用券の払い戻しについて、詳細が決まり次第、改めてお知らせいたします。未使用券をお持ちのお客様はお手元に保管いただきますよう、お願いいたします」だって。

F：払い戻せるの？ でも、お金に変えちゃうのも何だかちょっと切ないわ。

M：西部ゆうえんちの管理部が公式発表してるってことは、未使用券を持ったままの人が結構いるんだろうね。

F：みんな思い出として取っておいてるんじゃないかしら。分かるわ、その気持ち。私と由紀子も数えきれないくらい行ったから。

</td>
<td>

3번

먼저 이야기를 들으세요. 그러고 나서 두 개의 질문을 듣고 각각 문제지의 1부터 4 안에서 가장 알맞은 것을 하나 고르세요.

3번 | 질문1 정답 2 | 질문2 정답 4

엄마와 아들이 집에서 이야기하고 있습니다.

F : 사토시, 서랍 안에서 놀이동산 티켓 같은 게 나왔는데 이거 아직 쓸 수 있는 거 아니야?

M : 엄마, 그거 폐원한 '토시마엔' 놀이 기구 회수권이야. 22장짜리 묶음인데 전혀 쓰지 않았어.

F : 아~, 전에 조카들 요스케와 코스케가 도쿄에 왔을 때, 네가 데려갔었지. 남기지 말고 다 타고 오지 그랬어.

M : 많이 타는 동안에 컨디션이 나빠졌거든. 역시 쌍둥이는 쌍둥이인가 봐. 몸 상태가 나빠지는 것도 같은 타이밍이었어. 유키코 이모는 쌍둥이 돌보느라 놀고 있을 상황이 아니었거든.

F : 너도 어릴 적에 자주 토할 것 같았어. 뱅뱅 도는 커피잔을 수없이 타기에 잘도 질리지도 않고 타는구나 했지.

M : 아, 그랬나? 저기, 지금 검색해 봤는데, '미사용 티켓의 환불에 관해 세부 사항이 정해지는 대로 다시 공지하겠습니다. 미사용 티켓을 소지하신 고객님은 버리지 마시고 보관해 주시기 바랍니다'라고 하네.

F : 환불할 수 있는 거야? 근데 돈으로 바꾸는 것도 왠지 좀 아쉽네.

M : 서부 놀이동산 관리부가 공식 발표했다는 건, 미사용 티켓을 갖고 있는 사람이 꽤 있다는 거겠지.

F : 다들 추억으로 간직하고 있는 게 아닐까? 이해해, 그 마음. 나와 유키코도 셀 수 없을 정도로 갔으니까.

</td>
</tr>
</table>

M：そのうち「懐かしの乗り物券！」なんて、プレミアがついて、お宝になるかもよ。

F：そう？ 手元に保管してる人がいっぱいいるなら、希少価値は低いんじゃない？

M：あ、そっか。まあ、追加でお知らせがあるまで引き出しに戻しておけば？

F：陽介君たちは元気かしら。もう随分大きくなったでしょうね。ちょっと久しぶりに由紀子に電話してみようっと。

質問1 なぜ回数券が余っていたのですか。
1 としまえんが閉園したから
2 双子が体調をくずしたから
3 大事に取っておいたから
4 双子が乗り物にあきたから

質問2 母親が由紀子に電話をする気になったのはなぜですか。
1 双子の安否が心配だから
2 券を使い切れなかったことがくやしいから
3 券の処理について相談したいから
4 なつかしい気持ちになったから

M : 곧 '추억의 놀이 기구 티켓!'이라고 프리미엄이 붙어서 보물이 될지도 몰라.

F : 그래? 버리지 않고 보관하고 있는 사람이 많이 있다면, 희소가치는 낮지 않겠어?

M : 아, 그런가? 뭐, 추가 공지가 있을 때까지 서랍 안에 다시 넣어 두는 게 어때?

F : 쌍둥이들은 잘 있으려나? 이제 꽤 많이 컸겠네. 오랜만에 유키코한테 전화해 봐야지.

질문1 왜 회수권이 남아 있던 것입니까?
1 토시마엔이 폐원했기 때문에
2 쌍둥이가 컨디션이 나빠졌기 때문에
3 소중히 간직해 두었기 때문에
4 쌍둥이가 놀이 기구에 싫증 났기 때문에

질문2 어머니가 유키코에게 전화할 마음이 든 이유는 무엇입니까?
1 쌍둥이의 안부가 걱정되어서
2 회수권을 다 사용하지 못한 것이 아쉬워서
3 회수권 처리에 관해 상담하고 싶어서
4 그리운 마음이 들어서

해설 (질문1) 어머니가 22장짜리 티켓을 아깝게 왜 사용하지 않았냐고 묻자, 아들은 「いっぱい乗ってるうちに体調が悪くなっちゃってさ(많이 타고 있는 동안에 컨디션이 나빠졌거든)」라고 했다. 즉, 쌍둥이 둘이 한꺼번에 컨디션이 나빠지는 바람에 놀이 기구 회수권을 다 쓰지 못하고 남긴 것이므로 답은 2번이다. 1번의 토시마엔 폐원은 그 후에 일어난 일이기 때문에 오답이다. 놀이 기구 회수권은 그냥 서랍 속에 들어있던 것뿐이며 소중하게 간직해 놓으려고 사용하지 않은 것이 아니므로 3번도 오답이며, 쌍둥이가 놀이 기구에 싫증 나서 타지 않았다는 말은 나오지 않으므로 4번도 오답이다.

해설 (질문2) 어머니는 아들이 쌍둥이들을 데리고 놀이공원에 갔던 추억을 이야기하다 갑자기 쌍둥이들이 보고 싶어져서 「陽介君たちは元気かしら。もう随分大きくなったでしょうね(쌍둥이들은 잘 있으려나? 이제 꽤 많이 컸겠네)」라고 하며 유키코에게 전화하고 싶어진 것이기 때문에 답은 4번이다. 1번의 「安否(안부)」는 한국어와 의미가 다르게 쓰이는 점을 기억해 두자. 일본에서는 사고, 질병, 자연재해 등을 당한 상대의 생명, 건강 등을 걱정할 때 쓰는 표현이므로 오답이다. 회수권을 다 쓰지 않은 이유로 유키코에게 전화하고 싶어졌다고 할 수는 없으므로 2번도 오답이다. 회수권 처리에 관해 상담하고 싶다면 놀이공원 측에 전화하는 것이 적절하므로 3번 역시 오답이다.

어휘 引き出し(서랍) | 奥(안) | 遊園地(놀이공원) | 閉園(폐원) | 乗り物(놀이 기구) | 回数券(회수권) | ~枚綴り(~장 묶음) | 丸々(전혀) | 甥っ子(남자 조카) | 連れていく(데려 가다) | 余る(남다) | ~ているうちに(~하고 있는 동안에) | 体調が悪い(컨디션이 나쁘다) | さすが(역시, 과연) | 双子(쌍둥이) | 具合が悪い(몸 상태가 나쁘다) | 叔母さん(이모) | 世話(돌봄) | 吐く(토하다) | ぐるぐる(뱅뱅) | 回る(돌다) | 飽きる(질리다, 싫증 나다) | 検索(검색) | 未使用券(미사용권) | 払い戻し(환불) | 詳細(상세, 세부 사항) | 決まり次第(정해지는 대로) | 改めて(다시) | 手元(자기 주위, 주변) | 保管(보관) | 払い戻す(환불하다) | 切ない(아쉽다, 애달프다) | 管理部(관리부) | 公式発表(공식 발표) | 思い出(추억) | 数えきれない(셀 수 없다) | 懐かしの乗り物券(추억의 놀이 기구 티켓) | プレミアがつく(프리미엄이 붙다) | お宝(보물) | 希少価値(희소가치) | 追加(추가) | 随分(꽤) | 安否(안부) | 使い切れる(다 사용하다) | 券の処理(회수권 처리) | なつかしい(그립다, 보고 싶다)

언어지식(문자·어휘·문법)

問題1		問題5		問題7	
1	3	21	4	31	1
2	2	22	1	32	4
3	4	23	3	33	3
4	2	24	2	34	2
5	2	25	3	35	2
問題2		問題6		36	1
6	1	26	1	37	2
7	1	27	1	38	1
8	3	28	2	39	2
9	3	29	1	40	3
10	2	30	3	41	2
問題3				42	1
11	2			問題8	
12	1			43	2
13	3			44	2
問題4				45	2
14	3			46	3
15	1			47	4
16	3			問題9	
17	1			48	1
18	2			49	2
19	4			50	2
20	3			51	3
				52	2

독해

問題10	
53	2
54	1
55	1
56	1
57	3
問題11	
58	2
59	3
60	4
61	4
62	3
63	2
64	1
65	3
66	3
問題12	
67	4
68	2
問題13	
69	2
70	4
71	3
問題14	
72	4
73	2

청해

問題1		問題4	
例	3	例	1
1	2	1	1
2	1	2	1
3	4	3	3
4	3	4	3
5	2	5	1
問題2		6	2
例	2	7	3
1	3	8	1
2	4	9	1
3	2	10	2
4	1	11	3
5	1	12	3
6	4	問題5	
問題3		1	2
例	1	2	2
1	2	3	2
2	3		4
3	2		
4	1		
5	1		

제3회 해설 및 풀이 전략

본책 137 페이지

1교시　언어지식(문자·어휘)

問題 1 ＿＿＿ 단어의 읽는 법으로 가장 알맞은 것을 1·2·3·4에서 하나 고르세요.

1 정답 3

시금치는 겨울 동안에도 잘 자라는 작물입니다.

해설 「作」의 음독은 「さ・さく」이며, 「物」의 음독은 「ぶつ・もつ」이다. 따라서 「作物(작물)」은 「さくもつ」라고 읽으므로 3번이 답이다. 난이도가 아주 높은 한자는 아니지만 한자 읽기가 헷갈리기 쉬우니 잘 정리해서 공부해 두자.

빈출 作文(작문) | 著作(저작) | 耕作(경작) | 作成(작성) | 製作(제작) | 作家(작가) | 動作(동작) | 作動(작동) | 作法(예의범절) | 作業(작업) | 作用(작용) | 物質(물질) | 物理(물리) | 人物(인물) | 異物(이물) | 見物(구경) | 生物(생물) | 荷物(짐) | 貨物(화물) | 禁物(금물) | 書物(책)

어휘 ホウレンソウ(시금치) | 育つ(자라다)

2 정답 2

봄부터 도쿄에 취직하기 때문에 기다리고 기다리던 자취를 시작한다.

해설 「就」의 음독은 「しゅう」이며, 「職」의 음독은 「しょく」로 답은 2번 就職(취직)가 된다. 「就」의 훈독 「つく(취직하다, 취임하다)」는 시험에 자주 출제되니 외워 두자.

빈출 就く(취직하다, 취임하다) | 就任(취임) | 就業(취업)

어휘 待ちに待った(기다리고 기다리던) | 一人暮らし(혼자 살기, 자취)

3 정답 4

선생님 병이 빨리 낫도록 신사에서 간절히 빌기로 했다.

해설 「拝」는 훈독하면 「おがむ(간절히 빌다, 절하다)」라고 읽으므로 답은 4번이 된다. 추가로, 음독은 「はい」라고 읽으니 함께 공부해 두자.

빈출 拝見する(보다, 見る의 겸양어)

어휘 治る(낫다, 회복하다) | 神社(신사) | 頼む(부탁하다)

4 정답 2

시간만은 누구에게나 평등하게 흐르고 있다.

해설 「平等(평등)」는 자주 시험에 나왔던 단어이다. 「平」의 음독은 「へい」이고 「等」의 음독은 「とう」이므로 「へいとう」라고 읽어야 하지만, 「平等」은 예외로 「びょうどう」라고 읽어야 한다. 「へいとう」로 읽지 않도록 꼭 주의해서 외워 두자.

빈출 平和(평화) | 平日(평일) | 公平(공평) | 不平(불평) | 平均(평균) | 平凡(평범) | 等しい(같다, 동등하다) | 対等(대등) | 同等(동등) | 高等(고등)

어휘 流れる(흐르다)

5 정답 2

설 연휴로 3일간은 주문을 받을 수 없습니다.

해설 「承」의 훈독은 「承る(받다)」로 「受ける(받다)」의 겸양어이다. 비즈니스에서 많이 쓰이는 단어 중 하나이니 공부해 두자. 또한 음독은 「しょう」라고 읽으니 함께 정리해 두자.

빈출 承知する(알다) | 承認(승인) | 伝承(전승) | 継承(계승)

어휘 正月(정월, 설 연휴) | ～につき(~이므로)

問題 2 ＿＿＿ 의 단어를 한자로 쓸 때 가장 알맞은 것을 1·2·3·4에서 하나 고르세요.

6 정답 1

그는 입사했을 때부터 영업 성적이 좋아, 부장님으로부터 신뢰받고 있다.

해설 「せいせき」는 '성적'이란 뜻으로 답은 1번 「成績(성적)」가 된다. 특히 「績」과 「積」을 정확히 구별할 수 있는지 물어보는 문제가 자주 출제되니 꼭 정리해서 공부해 두자.

빈출 功績(공적) | 業績(업적) | 積む(쌓다) | 積もる(쌓이다) | 面積(면적) | 体積(체적) | 容積(용적)

어휘 営業(영업) | 信頼(신뢰)

7 정답 1

사회인이 되면 많은 세금을 <u>내야</u> 한다.

해설 「おさめる」로 읽는 한자는 4가지가 있는데 이 문제에서는 '세금 등을 내다, 납품하다'는 뜻으로 사용되어 1번이 답이 된다.

빈출 納税(납세) | 納期(납기) | 納得(납득) | 収める(거두다, 성과를 올리다) | 成功を収める(성공을 거두다) | 収納(수납) | 治める(다스리다, 수습하다) | 国を治める(나라를 다스리다) | 修める(닦다, 수양하다) | 身を修める(몸을 수양하다)

어휘 多額(다액, 많은 금액) | 税金(세금)

8 정답 3

올여름은 <u>야외</u>에서 맥주 파티를 즐기고 싶다.

해설 「おくがい」로 읽을 수 있는 한자는 3번 「屋外(야외, 실외)」이다. 반대말은 「屋内(실내)」라고 쓰기 때문에 함께 공부해 두자.

빈출 屋内(실내) | 家屋(가옥) | 屋上(옥상) | 外見(외견) | 意外(의외) | 案外(뜻밖) | 外出(외출) | 外交(외교) | 郊外(교외) | 外科(외과)

어휘 楽しむ(즐기다)

9 정답 3

지금의 경험에 <u>기초한</u> 소설을 써야겠다고 생각하고 있다.

해설 「もとづく」는 '기초하다, 의거하다, 기반으로 하다'는 뜻으로 한자로 쓰면 「基づく」가 되므로 3번이 답이 된다. 이 단어는 문법에서도 「〜に基づいて(〜에 근거하여, 기반하여)」란 뜻으로 자주 출제되니 꼭 정리해서 공부해 두자.

빈출 基本(기본) | 基礎(기초) | 基準(기준)

어휘 経験(경험) | 小説(소설)

10 정답 2

어렸을 때부터 용돈을 저금했더니 꽤 많은 <u>액수</u>가 되었다.

해설 「がく」는 「額」의 음독으로 '액수, 금액'이라는 뜻이 있다. 따라서 답은 2번이 된다. 「額」의 훈독은 「ひたい」로 읽을 수 있는데 '이마'란 뜻이 있으니 함께 기억해 두자.

빈출 額(이마) | 金額(금액)

어휘 小さいころ(어렸을 때) | おこづかい(용돈) | 貯金(저금) | 結構な(꽤, 상당한)

問題 3 ( )에 들어갈 가장 알맞은 것을 1 · 2 · 3 · 4에서 하나 고르세요.

11 정답 2

충전(기)를 잊어버리면 휴대전화를 사용할 수 없어 곤란하다.

해설 「器」는 간단한 도구 또는 기구를 뜻하는 접미사이다. 따라서 「充電器(충전기)」라고 쓰기 때문에 2번이 답이 된다. 비슷한 접미사로 「機」가 있는데, 이 한자는 동력을 구비하거나 정교한 구조를 가지고 있는 기계 장비를 가리킨다. 쓰임새가 헷갈릴 수 있는 한자이기 때문에 꼭 정리해서 공부해 두자.

빈출 受話器(수화기) | 航空機(항공기) | 掃除機(청소기)

어휘 携帯電話(휴대전화) | 使う(사용하다, 쓰다) | 困る(곤란하다)

12 정답 1

신상품의 팔림(새)는 순조롭습니까?

해설 「売れ」를 접두사로 활용하였을 때 「行き」와 「残り」가 뒤에 올 수 있다. 그러나 선택지 중 「売れ行き(팔림새, 팔리는 상태)」가 가장 자연스럽게 연결되므로 답은 1번이 된다. 「売れ」를 접두사로 쓰는 단어를 정리해서 공부해 두자.

빈출 売れ高(매상고) | 売れ残り(팔다 남은 물건)

어휘 新商品(신상품) | 順調(순조)

13 정답 3

대학 병원에서는 소개(장)이 없으면 좀처럼 진찰해 주지 않는다.

해설 「状」에는 2가지 용법이 있다. 첫 번째는 '증서, 편지' 뜻과 두 번째는 '성질, 모양' 뜻으로 사용되는데, 여기에서는 첫 번째 뜻으로 사용되었으므로 3번이 답이 된다.

빈출 招待状(초대장) | クリーム状(크림 상태) | ボール状(공 모양)

어휘 なかなか(좀처럼) | 診察(진찰)

問題 4 ( )에 들어갈 가장 알맞은 것을 1 · 2 · 3 · 4에서 하나 고르세요.

14 정답 3

농작물의 품종 (개량)을 거듭한 결과, 맛있다고 평판이 나서 잘 팔리게 되었다.

해설 앞에 나온 「品種(품종)」가 힌트가 되며, 함께 매치되는 단어는 「改良(개량)」뿐이므로 3번이 답이 된다.

오답 1 改革(개혁), 2 改正(개정), 4 改装(개장, 리모델링)

어휘 農作物(농작물) | 品種(품종) | 重ねる(거듭하다) | 結果 (결과) | 評判(평판) | 売れる(팔리다)

15 정답 1

> 매달 (조금)이지만 저금을 하고 있다.

해설 「~だが(~이지만)」는 역접의 뜻이므로 '저금을 하고 있다' 는 플러스 내용과 반대되는 마이너스 내용이 와야 하므로 답 은 1번 「わずか(조금, 약간)」가 된다. 「わずかながら(적지 만, 얼마 안 되지만)」라고 하는 표현도 함께 공부해 두자.

오답 2 あきらか(분명), 3 さわやか(상쾌), 4 ほがらか(명랑)

어휘 貯金(저금)

16 정답 3

> 좀 더 연구의 (초점)을 좁히는 게 좋겠습니다.

해설 우선 뒤에 나오는 「しぼる」의 뜻을 알아두자. 「しぼる」는 '(범위 등) 좁히다'라는 뜻과 '(물기 등을) 짜다'라는 뜻이 있는데, 이 문제에서는 첫 번째 용법이 사용되었으므로 답은 3번 「焦点(초점)」이 된다. 이외에도 「範囲(범위)・問題(문 제)・的(대상)」와도 함께 자주 쓰이는 표현이니 공부해 두 자.

오답 1 拠点(거점), 2 中心(중심), 4 関心(관심)

어휘 研究(연구) | しぼる(좁히다, 짜다)

17 정답 1

> 우리 아버지는 평소에는 (온화한) 사람이지만 화내면 매우 무섭 다.

해설 「私の父(우리 아버지)」가 주어인데, 뒤에서 「怒るととて も怖い(화내면 매우 무섭다)」라고 했으므로, 괄호 안에 사람 의 성격을 나타내는 단어가 온다는 것을 알 수 있다. 따라서 1번 「穏やかな(온화한)」가 답이 된다.

오답 2 見事な(멋진), 3 あいまいな(애매한), 4 そっくりな(쏙 닮은)

어휘 普段(평소) | 怒る(화내다) | 怖い(무섭다)

18 정답 2

> 단어는 외울 수 있어도 (기껏해야) 하루 100개 정도일 것이다.

해설 우선 뒤에 나오는 「~といったところだ」를 공부해 두자. 「~といったところだ」는 '~정도이다, ~쯤 된다'라는 뜻인 데, 앞에 「多くても(많아야)」 또는 「せいぜい(기껏해야, 고 작해야)」 등이 잘 온다. 따라서 답은 2번이 되며 「せいぜい ~といったところだ(기껏해야 ~정도이다)」라고 하는 관

용 표현을 꼭 기억해 두자.

오답 1 ほんの(겨우), 3 いよいよ(드디어), 4 あいにく(공교롭 게)

어휘 単語(단어) | 覚える(외우다) | ~個(개)

19 정답 4

> 스즈키 선생님은 의학 발전에 크게 (공헌)해 왔습니다.

해설 앞에서 나온 의학 발전과 매치할 수 있는 단어는 「貢献(공 헌)」이 가장 적절하므로 4번이 답이 된다.

오답 1 反映(반영), 2 評判(평판), 3 普及(보급)

어휘 医学(의학) | 発展(발전)

20 정답 3

> 그와 함께 있으면 진심으로 (릴랙스)할 수 있다.

해설 선택지 중에서 뒤에 「する」가 올 수 있는 단어는 1, 3, 4번이 다. 문장을 보면 '그와 함께 있으면 진심으로 ~할 수 있다'고 했는데, 선택지 중에서 괄호 안에 들어가 문맥이 자연스러운 단어는 3번뿐이다. 「リラックスする」는 '긴장을 풀고 마음 편하게 쉬다'는 뜻이니 꼭 기억해 두자.

오답 1 リサイクル(리사이클, 재활용), 2 フレッシュ(신선함), 4 コントロール(컨트롤)

어휘 心から(진심으로)

問題 5 _____의 단어에 의미가 가장 가까운 것을 1・2・ 3・4에서 하나 고르세요.

21 정답 4

> 이 벽은 매우 약하다.

해설 「もろい」는 '약하다, 깨지기 쉽다'는 뜻이므로 가장 가까운 유의어는 4번 「壊れやすい(깨지기 쉽다)」가 정답이다. 「も ろい」는 「涙にもろい(잘 운다)」와 같은 표현으로도 자주 사용하니 함께 공부해 두자.

오답 厚い(두껍다), 2 薄い(얇다, 연하다), 3 丈夫だ(튼튼하다)

어휘 壁(벽)

22 정답 1

> 그런데, 너의 집은 어디였더라?

해설 「それはそうと」는 '그런데, 그건 그렇고'란 뜻으로, 화제를 전환할 때 사용하며 가장 가까운 유의어는 1번 「ところで (그런데)」이다.

오답 2 再び(다시), 3 さらに(더욱), 4 あるいは(혹은)

어휘 君(너, 자네) | 〜っけ？(〜인가?, 〜였나?)

---

23 정답 3

> 풍선이 부풀어 있다.

해설 「ふくらむ」는 '부풀다'는 뜻이므로 바꾸어 쓸 수 있는 유의어는 3번 「大きくなっている(커져 있다)」가 된다.

오답 1 飛んでいる(날고 있다), 2 落ちている(떨어져 있다), 4 小さくなっている(작아져 있다)

어휘 風船(풍선)

---

24 정답 2

> 눈이 내린 것은 지난주인데 아직 군데군데 남아 있네.

해설 「所々」는 '군데군데, 여기저기, 곳곳'이라는 뜻으로 가장 가까운 유의어는 2번 「部分的に(부분적으로)」이다.

빈출 1 全面的に(전면적으로), 3 一面に(한 면에), 4 片側に(한쪽에)

어휘 残る(남다)

---

25 정답 3

> 내가 회사에 갓 들어왔을 때는 야근 같은 건 당연했어.

해설 「동사 ます형＋たて」는 '갓 ～한, 막 ～한'이란 뜻이 있다. 따라서 「入りたて」는 '갓 들어옴, 들어온 지 얼마 안 됨'이란 뜻이므로 답은 3번 「入ってすぐ(들어와서 바로)」가 된다. 「동사 ます형＋たて(갓 ～한, 막 ～한)」는 문법에서도 자주 출제되니 꼭 기억해 두자. 「焼きたてのパン(갓 구운 빵)・とれたての野菜(갓 딴 채소)」와 같은 표현으로 자주 쓰이니 함께 공부해 두자.

오답 1 入ったとき(들어갔을 때), 2 入ってから(들어가고 나서), 4 入ったとたん(들어가자마자)

어휘 残業(잔업, 야근) | 〜なんか(〜같은 건, 〜따위) | 当たり前だ(당연하다)

問題 6 다음 단어의 사용법으로 가장 알맞은 것을 1·2·3·4에서 하나 고르세요.

---

26 정답 1

> 서점에서 딱 마주친 중학교 시절 선생님이 내 이름을 기억해 주셨다.

해설 「ばったり(딱)」는 예정에 없이 뜻밖에 마주치는 모양을 나타내며, 가장 맞게 쓰인 문장은 1번이다.

오답 2번은 「きっぱり(딱 잘라, 단호히)」, 3번은 「さっぱり(전혀)」, 4번은 「ばっちり(빈틈없이, 완벽하게)」가 들어가야 문장이 자연스러워진다. 특히 2번 「きっぱり」는 「きっぱり(と)断る(딱 잘라 거절하다)」를 관용 표현처럼 통째로 외워 두자.

어휘 覚える(기억하다, 외우다) | 退社(퇴근) | 直前(직전) | 上司(상사) | 頼む(부탁하다) | 断る(거절하다) | 時間をかける(시간을 들이다)

---

27 정답 1

> 가정과 수업에서는 조리 실습은 즐거웠지만, 재봉만큼은 좋아질 수 없었다.

해설 「裁縫」는 '바느질, 재봉'이란 뜻으로 가장 맞게 쓰인 문장은 1번이다. 한자 문제로도 나올 수 있는 단어이니 주의해서 꼭 기억해 두자.

오답 2번은 「生産(생산)」, 3번은 「加工(가공)」, 4번은 「裁判(재판)」이 들어가야 문장이 자연스러워진다.

어휘 家庭科(가정과) | 授業(수업) | 調理実習(조리 실습) | 2万食分(2만 끼분) | 我が社(우리 회사) | 近年(근년, 최근) | 穴をあける(구멍을 뚫다) | 削る(깎다) | 金属(금속) | 受注(수주) | 増える(늘어나다) | 騒音(소음) | とうとう(결국) | 発展(발전)

---

28 정답 2

> 지금까지 여러 번 오른 산속 오두막까지의 길이었지만, 나이 든 아버지에게 있어서는 쉽지 않았다.

해설 「容易」는 '쉬움, 용이'라는 뜻으로 2번이 가장 정확하게 쓰인 문장이다.

오답 1번은 「難しいこと(어려운 일)」, 3번은 「簡単(간단)」, 4번은 「快適(쾌적)」가 들어가야 문장이 자연스러워진다.

어휘 専門分野(전문 분야) | 評論家(평론가) | 長年の経験 (오랜 경험) | 〜さえあれば(〜만 있으면) | 実は(실은) | 山小屋(산속 오두막) | 販売(판매) | 登録(등록) | 適度に(적당하게, 알맞게)

---

29 정답 1

> 아버지는 크리스마스이브에 한쪽 무릎을 꿇고 어머니에게 프러포즈했다고 한다.

해설 「膝」는 '무릎'이란 뜻으로 「膝をつく(무릎을 꿇다)」란 관용 표현을 기억해 두자. 가장 맞게 쓰인 문장은 1번으로 「片膝をつく(한쪽 무릎을 꿇다)」란 뜻이다.

오답 2번은 「体(몸)」, 3번은 「肩(어깨)」, 4번은 「ひじ(팔꿈치)」가 들어가야 문장이 자연스러워진다.

어휘 年末(연말) | 時期(시기) | 足りない(부족하다) | 重たい(무겁다) | リュック(배낭) | 背負う(메다) | こる(결리다) | ~て仕方ない(매우 ~하다) | 幼い頃(어렸을 때) | 怒られる(혼나다) | ~ものだ(~하곤 했다)

30 정답 3

너무 당황하여, 아이 손을 <u>잡아당겨</u> 울리고 말았다.

해설 「引っ張る」는 '잡아당기다, 잡아 끌다'는 뜻으로 가장 맞게 쓰인 문장은 3번이다. 「足を引っ張る(발목을 잡다, 방해하다)」란 표현도 함께 기억해 두자.

오답 1번은 「引っかかって(걸려)」, 2번은 「引っこんだ(틀어박혔다)」, 4번은 「引き返した(되돌아갔다)」가 들어가야 문장이 자연스러워진다.

어휘 倉庫(창고) | くもの巣(거미집) | ずっと(계속, 쭉) | ~にもかかわらず(~에도 불구하고) | 恥ずかしがりや(수줍음 잘 타는 사람) | 奥(안쪽) | 慌てる(당황하다) | 空港行き(공항행) | 直前に(직전에) | 気づく(깨닫다)

1교시 언어지식(문법)

問題7 다음 문장의 (   )에 들어갈 가장 알맞은 것을 1·2·3·4에서 하나 고르세요.

31 정답 1

집안일은 전혀 하지 않는 남편이지만, 자기가 먹은 접시 (정도)는 직접 설거지했으면 좋겠다.

해설 ★~ぐらい : ~정도, ~쯤
「~ぐらい」는 '~정도, ~쯤'이란 뜻으로, 「~ほど(~정도)」도 같은 뜻을 가지고 있다. 「~ぐらい」와 「~ほど」는 대부분 호환이 가능하지만 모두 가능한 것은 아니다. 「~ぐらい」는 '최소한의 예를 들어 그 정도는'이란 용법이 있는데, 「~ほど」에는 해당 용법이 없다. 따라서 4번은 오답이며, 다른 예로는 「いくら忙しいといっても電話一本ぐらいくれてもいいのに(아무리 바쁘다고 해도 전화 한 통 정도 줘도 좋을 텐데)」가 있다. 큰 걸 바라지 않으니 최소한 전화 정도는 달라는 의미로, 이 문장에서도 「電話一本ほど」는 사용할 수 없는 점 꼭 기억해 두자.

오답 2 ~しか(~밖에), 3 ~だけ(~만), 4 ~ほど(~정도)

어휘 家事(집안일) | 一切(전혀, 일절) | 主人(남편) | 皿(접시) | 洗う(씻다, 설거지하다)

32 정답 4

색상 등이 이미지와는 다르다와 같은 고객 사정에 의 한 반품·교환은 (받을 수 없습니다).

해설 ★동사 ます형+かねる : ~할 수 없다, ~하기 어렵다

「동사 ます형+かねる」는 '~할 수 없다, ~하기 어렵다'는 뜻으로 반드시 주의해야 할 점은 긍정 표현이지만 부정으로 해석해야 한다. 덧붙여 「동사 ます형+かねない」는 '~할 수 있다, ~할지도 모른다'라는 뜻이다. 이때는 반대로 부정 표현이지만 반드시 긍정으로 해석해야 한다는 점도 주의해서 공부해 두자.

오답 1 X, 2 お受けいたしかねません(받을 수 있습니다), 3 お受けできます(받을 수 있습니다)

어휘 都合(사정, 형편) | 返品(반품) | 交換(교환) | お受けいたす(받다)

33 정답 3

오늘은 신사옥 개설 기념 축하회를 개최함에 있어, 제가 한 말씀 인사(드리겠습니다).

해설 ★ごあいさつ申し上げます : 인사드리겠습니다

「ごあいさつ申し上げます」는 '인사드리겠습니다'라는 뜻의 관용 표현으로 통째로 외워 두자. 본문을 보면 「私から(제가, 저로부터)」가 나와 있으므로 인사를 남에게 부탁하는 것이 아니라 본인이 하려는 것임을 알 수 있다. 따라서 답은 3번이 되어야 한다. 1번의 「おっしゃる」는 '말씀하시다'라는 뜻의 존경어이므로 자신에게 사용할 수 없고, 2번의 「承る(받다)」는 「受ける(받다)」의 겸양어이며, 4번 「いただく」는 '받다'라는 뜻이므로 모두 오답이다.

오답 1 おっしゃいます(말씀하십니다), 2 承ります(받습니다), 4 いただきます(받습니다)

100 JLPT 최신 기출 유형 실전모의고사 N2

어휘 本日(오늘) | 新社屋(신사옥) | 開設(개설) | 記念(기념) | 祝賀会(축하회) | 開催する(개최하다) | ~にあたり(~에 있어, ~에 즈음하여) | 一言(한 말씀, 한 마디)

---

34 정답 2

겨울도 깊어지고, 크리스마스 일루미네이션이 행인들의 눈을 (즐겁게 해 주는) 계절이 되었습니다.

해설 ★~(さ)せてくれる : ~하게 해 주다, ~하게 만들어 주다
「~(さ)せてくれる」는 '~하게 해 주다, ~하게 만들어 주다'는 뜻으로, '사역형'과 'くれる(주다)'가 결합된 표현이다. 이 문장에서 「楽しませる(즐겁게 하다)」의 주체는 '크리스마스 일루미네이션'이고, '즐거움'을 사람들에게 '주는' 것이므로 답은 2번 「楽しませてくれる(즐겁게 해 주다)」가 된다. 1번 「楽しませてあげる」는 '(내가 상대를) 즐겁게 해 주다' 이므로 답이 될 수 없다.

오답 1 楽しませてあげる(즐겁게 해 주다), 3 X, 4 X

어휘 深まる(깊어지다) | 季節(계절)

---

35 정답 2

남 : 다나카 씨는 황금연휴에 뭔가 예정이 있다고 했던가?
여 : 글쎄. 여행 좋아하는 그녀(니까) 또 해외여행 가지 않을까? 본인에게 물어보지 그래?

해설 ★Aのことだから : A이니까
「Aのことだから」는 'A이니까'란 뜻으로, A에는 보통 사람이 오는데 화자가 평소에 잘 알고 있는 사람이 온다. 앞 문장에는 A라는 사람의 특징이 오고, 뒤 문장에는 그 A의 특징을 생각하여 예상, 추측되는 결과가 온다. 「彼のことだから(그니까)・彼女のことだから(그녀니까)・~さんのことだから(~씨니까)・~君のことだから(~군이니까)」와 같이 쓰이므로 함께 기억해 두자.

오답 1 ~にしては(~치고는), 3 ~のこととなると(~와 관련되면), 4 ~にほかならないし(~나 다름없고)

어휘 大型連休(황금연휴, 긴 연휴) | 予定(예정) | 旅行好き(여행 좋아함) | 本人(본인)

---

36 정답 1

조금씩이기는 하지만, 예전의 활기를 (되찾고 있는) 관광지를 취재하고 왔습니다.

해설 ★동사 ます형+つつある : ~하고 있다, ~하는 중이다
「동사 ます형+つつある」는 '~하고 있다, ~하는 중이다'라는 뜻이다. 다른 품사에는 접속하지 않으므로 꼭 주의해서 기

억해 두자. 그리고 「つついる」는 없는 형태이기 때문에 2번은 답이 될 수 없다.

오답 2 X, 3 取り戻したうえで(되찾은 다음에), 4 取り戻しながらも(되찾으면서도)

어휘 少しずつ(조금씩) | 以前(이전) | 活気(활기) | 取り戻す(되찾다) | 観光地(관광지) | 取材(취재)

---

37 정답 2

(선술집에서)
오가와 : 술을 마시면, 스트레스가 없어지고 힘이 나.
다카하시 : 그렇군. 술이 몸에 (무조건) 나쁘다(고만 할 수는 없겠)군.

해설 ★~とばかりはいえない : (무조건) ~라고만 할 수 없다
「~とばかりはいえない」는 '(무조건) ~라고만 할 수 없다'는 뜻으로, '그렇지 않은 경우도 있다'는 의미를 나타내는 문형이다. 즉 '대부분 ~라고 할 수 있으나, 그렇지 않은 경우도 있다, 예외도 있다'는 표현을 나타낸다. 「お金持ちがみんな幸せだとばかりはいえない(부자가 모두 행복하다고만은 할 수 없다)」와 같은 예문처럼 '예외적으로 행복하지 않은 사람도 있다'는 의미를 나타내는 문장과 함께 공부해 두자.

오답 1 X, 3 X, 4 だけだったといえない(뿐이었다라고만 할 수 없다)

어휘 居酒屋(선술집) | なくなる(없어지다) | 元気が出る(힘이 나다, 기운이 나다)

---

38 정답 1

정면에서 싸우는 것이 불리하다면, 어떤 더러운 방법을 (써서라도) 나에게 있어 소중한 것을 끝까지 지켜내겠다고 마음먹었다.

해설 ★동사 て형＋でも : ~해서라도
「동사 て형 + でも」는 '~해서라도'라는 뜻으로, 어떤 목적을 달성하기 위해서는 극단적인 수단도 사용할 수 있다는 의미의 문형이다. 「家を売ってでも留学に行きたい(집을 팔아서라도 유학가고 싶다)」와 같은 예문을 참고하여 함께 공부해 두자.

오답 2 抜きにして(빼고), 3 使うどころか(사용하기는커녕), 4 使い方次第で(사용법에 따라)

어휘 正面(정면) | 戦う(싸우다) | 不利(불리) | 汚い手(더러운 방법) | ~にとって(~에게 있어) | 守り抜く(끝까지 지키다) | 心に決める(마음먹다)

39 정답 2

집은 짓고 (끝이라고 할 수) 없습니다. 유지해 가는 비용도 생각해야 합니다.

> **해설** ★Aというものではない: (항상, 반드시) A라고는 할 수 없다, A인 것은 아니다
>
> 「Aというものではない」는 '(항상, 반드시) A라고는 할 수 없다, A인 것은 아니다'라는 뜻으로, 어떤 생각이나 주장이 항상, 반드시 옳은 것은 아니라고 소극적으로 부분 부정할 때 사용하는 표현이다. 「Aというものでもない(A라는 것도 아니다)」라고 쓰면 조금 더 완곡한 뉘앙스가 된다.

> **오답** 1 X, 3 終わるからには(끝날 바에는), 4 X

> **어휘** 建てる(짓다) | 維持(유지) | 費用(비용)

40 정답 3

(빵집에서)
점원 : 손님, 포인트 카드는 (가지고 계십니까?)
손님 : 아니, 없습니다만….
점원 : 실례했습니다.

> **해설** ★お+동사 ます형+ですか : ~하십니까?
>
> 「お+동사 ます형+ですか」는 '~하십니까'란 뜻으로 상대의 행위를 높여 부르는 존경 공식이다. 「今お帰りですか(지금 돌아가십니까?)・どのようにお考えですか(어떻게 생각하십니까?)」와 같은 예문도 함께 공부해 두자. 1번「お持ちになりますか(가지고 가십니까?)」와 혼동하지 않도록 주의하자. 「お持ちですか」는 '지금 이 순간 갖고 있는가?'를 뜻하며, 「お持ちになりますか」는 '이제부터 갖기를 원하는가?'를 나타낸다.

> **오답** 1 お持ちになりますか(가지고 가십니까?), 2 お持ちいたしましょうか(가져다 드릴까요?), 4 X

> **어휘** パン屋(빵집) | ポイントカード(포인트 카드)

41 정답 2

산 위에 있는 그 동물원은 언덕뿐이어서, 안든 유모차를 밀든, 아이를 동반하기에는 (전혀) 적합하지 않다.

> **해설** ★まるで : (뒤에 부정 표현이 와서) 전혀, 아주, 완전
>
> 「まるで」에는 「~ようだ」 등과 어울려 '마치 ~같다'란 용법 이외에 '(뒤에 부정 표현이 와서) 전혀, 아주, 완전'이란 용법도 있으니 꼭 기억해 두자. 「まるで違う(전혀 다르다)・まるでだめだ(전혀 소용없다)・漢字はまるで読めない(한자는 전혀 못 읽는다)」와 같이 쓰이니 함께 공부해 두자.

> **오답** 1 あたかも(마치, 흡사), 3 おのずから(저절로), 4 あらためて(다른 기회에)

> **어휘** 動物園(동물원) | 坂(언덕) | 抱っこする(안다) | ベビーカー(유모차) | 押す(밀다) | ~にしろ~にしろ(~이든 ~이든) | 子連れ(아이 동반) | 不向き(맞지 않음, 적합하지 않음)

42 정답 1

어제는 비가 오는 중에, 일본 산업기계 공업회 분들이 당사를 시찰하러 (와 주셨습니다).

> **해설** ★お越しくださる : 와 주시다
>
> 「お越しくださる」는 '와 주시다'는 뜻으로, 「お越し(가심, 오심)」는 「行く(가다)・来る(오다)」의 존경어이다. 2번「お越しいただく(오심을 받다)」와 쓰임새를 잘 구분하도록 주의하자. 「お越しくださる(와 주시다)」는 상대가 주어이고 상대를 높여 표현할 때 사용하며, 「会長がお越しくださいました(회장님이 와 주셨습니다)」와 같이 사용한다. 반면에 「お越しいただく(오심을 받다)」는 화자가 주어가 되어 스스로를 낮추어 표현할 때 사용한다. 「(私は)会長にお越しいただきました」를 직역하면 '저는 회장님이 오심을 받았습니다'가 되며, 의역하면 '회장님이 와 주셨습니다'가 되어 두 문장은 같은 내용을 말하고 있는 것을 알 수 있다. 따라서 2번이 답이 되기 위해서는 「日本産業機械工業会の方々に(일본 산업기계 공업회 분들이)」가 되어야 하므로 정답은 1번이 된다.

> **오답** 2 お越しいただきました(와 주셨습니다), 3 X, 4 X

> **어휘** 日本産業機械工業会(일본 산업기계 공업회) | 方々(분들) | 弊社(당사) | 視察(시찰)

問題 8 다음 문장의 ___★___ 에 들어갈 가장 알맞은 것을 1·2·3·4에서 하나 고르세요.

43 정답 2

4 忖度　2 ★とは　3 どういう　1 意味

신문이나 TV에서 '忖度'란 단어를 봤는데, 忖度(추측) ★란 어떤 뜻인가 사전에서 찾아본 것만으로는 잘 이해할 수 없었다.

> **해설** 「Aとは」는 'A란' 뜻으로, A의 의미, 내용 등을 논할 때 사용하는 표현이다. 「Aとは」 앞에 올 수 있는 단어는 4번이므로 4번+2번「忖度とは(추측이란)」를 만들고, 뒤에는 '어떤 뜻'이 와야 자연스럽다. 따라서 나열하면 4-2-3-1이 된다.

> **어휘** 忖度(미루어 짐작함, 헤아림, 추측) | 見かける(보다, 발견하다)

選択(선택) | 正しい(옳다, 맞다) | 迷う(망설이다) | 進む (나아가다) | 決心(결심)

---

47 정답 4

1 結果 4 ★はともかく 2 努力してきた 3 過程が

저는 스포츠에 있어 시합의 승패는 그다지 중시하고 있지 않습니다. 시합의 결과 ★는 어떻든 간에 노력해 온 과정이 중요하다고 생각하고 있습니다.

해설 「AはともかくB」는 'A는 어쨌든 B'라는 뜻이다. A는 문제 삼지 않고, A보다 B에 더 중점을 두고 싶을 때 사용하는 문형이다. 선택지를 보면 '결과'와 '과정'이란 단어가 보이는데 2번「努力してきた(노력해 온)」는 '과정'을 수식해야 자연스러우므로 2번+3번「努力してきた過程が(노력해 온 과정이)」가 되고 4번 앞에는 '결과'가 와야 문맥이 자연스럽다. 따라서 나열하면 1-4-2-3이 된다.

어휘 ~において(~에 있어) | 試合(시합) | 勝ち負け(승패) | 重視(중시) | 結果(결과) | 努力(노력) | 過程(과정) | 大切だ(중요하다)

---

44 정답 2

3 季節や 1 予算に 2 ★応じた 4 料理

이 레스토랑에서는 손님이 메뉴를 정하지 않아도, 계절이나 예산에 ★맞는 요리를 만들어 준다.

해설 「Aに応じたB」는 'A에 맞는 B'라는 뜻인데 B에는 명사가 오며, A가 바뀌면 그에 맞추어 B를 정하거나 바꾼다라고 하는 표현이다. 따라서 1번+2번「予算に応じた(예산에 맞는)」가 만들어진다. 나머지 단어는 '계절'과 '요리'인데, 문맥상 '계절이나 예산'에 맞는 '요리'가 되어야 자연스러우므로 나열하면 3-1-2-4가 된다.

어휘 客(손님) | 季節(계절) | 予算(예산) | 料理(요리)

---

45 정답 2

1 勉強 3 にかけては 2 ★クラスの 4 誰にも

체육 성적만은 그다지 좋지 않지만, 책상에 앉아서 하는 공부에 관해서는 ★반 누구에게도 지지 않을 자신이 있다.

해설 「Aにかけては」는 'A에 관해서는'이란 뜻으로, 뒤에는 '자신 있다, 최고다'라는 문장이 와서, 어떤 일에 대한 기술, 능력 등에 관한 자신이 있음을 뜻한다. 이 문장에서 자신 있는 분야가 될 수 있는 단어는 1번「勉強(공부)」이니 우선 1번+3번「勉強にかけては(공부에 관해서는)」가 된다. 뒤에는 '누구에게도 지지 않을 자신이 있다'가 되어야 자연스러우므로 나열하면 1-3-2-4가 된다.

어휘 体育(체육) | 成績(성적) | 机に向かう(책상 앞에 앉다, 공부하다) | 負ける(지다) | 自信(자신)

---

46 정답 3

2 正しかったのか 3 ★迷いながらも 4 前に 1 進んでいこう

화가로서 살아가겠다고 결정한 이상은, 내 선택이 옳았는지 ★망설이면서도 앞으로 나아가기로 결심했다.

해설 「Aながらも」는 'A하면서도, A이면서도'라는 역접 표현이다. 「~ながら」는 '①~하면서(동시 동작), ②~이지만(역접)' 두 가지 의미가 있으나, 「~ながらも(~하면서도)」는 오로지 역접 표현으로만 쓰인다. 3번「迷いながらも」는 '망설이면서도'란 뜻으로, 「自分の選択が正しかったのか(자신의 선택이 옳았는지)」가 앞에 와야 문맥이 맞으므로, 우선 2번+3번「正しかったのか迷いながらも(옳았는지 망설이면서도)」가 된다. 그리고 마지막「決心した(결심했다)」의 앞에는 '앞으로 나아가기로'가 와야 자연스러운 문장이 된다. 따라서 나열하면 2-3-4-1이 된다.

어휘 画家(화가) | 生きる(살다) | ~からには(~한 이상은) |

問題9 다음 문장을 읽고 문장 전체의 내용을 생각하여 48 부터 52 안에 들어갈 가장 알맞은 것을 1·2·3·4에서 하나 고르세요.

48~52

고령자에 의한 자동차 사고의 뉴스가 다뤄질 48 때마다 운전면허의 자진 반납이 화제가 되고 있다. 이 운전면허 반납이란 유효 기한이 남아 있는 운전면허를 본인의 의사로 반납하는 것이다. 그러나, 차를 운전할 수 없으면 쇼핑이나 통원 등의 일상생활이 불편해진다고 생각하여 면허 반납을 망설이는 고령자도 49 적지 않다.

한편, 면허 반납을 촉진하기 위하여 자치 단체나 기업에서 다양한 대처가 행해지고 있다. 50 예를 들면, 운전면허가 없어져도 이동 수단에 어려움을 겪지 않도록 공공 교통 기관인 전철이나 버스 요금 할인이나 택시 운임 할인 등이 실시되고 있다. 또한 차가 없으면 51 옮길 수 없을 것 같은 무거운 것이나 큰 것을 구입한 경우에 자택까지 무료로 배달해 주거나 배송료를 할인해주는 서비스를 하는 슈퍼도 있다. 특전 내용은 자치 단체나 기업에 따라 다른데, 홈페이지 등에서 알아볼 수 있다.

면허를 반납함으로써 생활의 불편함은 피할 수 없지만, 고령 자분들은 교통사고를 미연에 방지하는 데 공헌하고 있다는 자부심을 가져 주기 바란다. 동시에 고령 사회의 교통사고 대책은 우물쭈물 대고 있을 수 없다. 고령자의 면허 반납을 진행하는 52 데 있어서, 고령자가 외출하기 좋은 환경 만들기를 서둘러 정비해 가는 것이 불가결해질 것이다.

어휘 高齢者(고령자) | 事故(사고) | 取り上げる(다루다) | 免許(면허) | 自主(자주, 자진) | 返納(반납) | 話題(화제) | 有効期限(유효기한) | 本人(본인) | 意思(의사) | 通院(통원) | 日常生活(일상생활) | 一方で(한편) | 促進(촉진) | 自治体(지자체, 자체 단체) | 企業(기업) | 様々な(다양한) | 取り組み(대처) | 行う(행하다) | 移動手段(이동 수단) | 公共(공공) | 交通機関(교통 기관) | 料金(요금) | 割引(할인) | 運賃(운임) | 重たい(무겁다) | 購入(구입) | 自宅(자택) | 無料(무료) | 届ける(배달하다) | 配送料(배송료) | 特典(특전) | 内容(내용) | 異なる(다르다) | 避ける(피하다) | 未然(미연에) | 防ぐ(방지하다, 막다) | 貢献(공헌) | 自負(자부, 자부심) | 同時に(동시에) | 対策(대책) | ぐずぐず(우물쭈물) | 進める(진행하다) | 外出(외출) | 環境作り(환경 만들기) | 早急に(서둘러) | 整備(정비) | 不可欠(불가결)

---

48 정답 1

| 1 때마다 | 2 한창 중에 | 3 동안에 | 4 탓인가 |

해설 뒤에서 「運転免許の自主返納が話題になっている(운전 면허의 자진 반납이 화제가 되고 있다)」라고 했다. 문맥의 흐름을 보아 '고령자에 의한 사고가 다루어질 때마다'가 되어야 자연스러우니 답은 1번이다. 「〜たびに(〜때마다)」는 '어떤 일이 일어날 때마다 반드시 〜하다'라는 뜻이다.

---

49 정답 2

| 1 많지 않다 | 2 적지 않다 |
| 3 드물다 | 4 있을 리가 없다 |

해설 앞에 나온 「しかし(그러나)」란 역접 접속사가 결정적 힌트가 된다. 「車を運転できないと買い物や通院などの日常生活が不便になると考え、免許返納をためらう高齢者も〜(차를 운전할 수 없으면 쇼핑이나 통원 등의 일상생활이 불편해진다고 생각하여 면허 반납을 망설이는 고령자도〜)」라는 내용으로 보아, '반납을 망설이는 고령자도 많다'는 것을 알 수 있으므로 정답은 2번이 된다.

---

50 정답 2

| 1 순식간에 | 2 예를 들면 |
| 3 좀처럼 | 4 요컨대 |

해설 앞에서 「免許返納を促進するために自治体や企業で様々な取り組みが行われている(면허 반납을 촉진하기 위하여 자치 단체나 기업에서 다양한 대처가 행해지고 있다)」라고 했다. 그리고 뒤에는 '교통 요금 할인, 무료 배달, 배송료 할인'과 같은 구체적인 내용을 제시하고 있으므로 2번「例えば(예를 들면)」가 들어가야 문장의 흐름이 자연스러워진다.

---

51 정답 3

| 1 옮기지 않을 수 없는 | 2 옮기지 않고는 견딜 수 없는 |
| 3 옮길 수 없을 것 같은 | 4 옮기지 않아도 되는 |

해설 앞에서 「車がないと(차가 없으면)」라고 했고, 뒤에서는 「重たいものや大きいものを購入した場合(무거운 것이나 큰 것을 구입한 경우)」라고 했다. 근력이 떨어지는 고령자가 차 없이, 무겁거나 큰 물건을 옮기기는 쉽지 않을 것이다. 따라서 3번이 문맥이 맞는 내용이 된다.

---

52 정답 2

| 1 이래 | 2 데 있어서 | 3 데다가 | 4 때마다 |

해설 앞에서 「高齢者の免許返納を進める(고령자의 면허 반납을 진행한다)」라고 했고, 뒤에 「高齢者が外出しやすい環境作りを早急に整備していくことが不可欠となる(고령자가 외출하기 좋은 환경 만들기를 서둘러 정비해 가는 것이 불가결해진다)」라고 했다. 따라서 2번「〜上で(〜하는 데 있어서, 〜하는 과정에서)」가 들어가서 '진행하는 데 있어서'가 되어야 문장이 자연스러워진다.

問題 10 다음 (1)부터 (5)의 문장을 읽고, 질문에 대한 답으로 가장 알맞은 것을 1·2·3·4에서 하나 고르세요.

53 정답 2

(1) 다음은 사내에 보낸 메일 내용이다.

수신처 : abc@abc.co.jp
제목 : 12일 미팅에 관하여

사원 여러분

안녕하세요.
총무과의 다나카입니다.

일전에 연락드린 **12일 사내 미팅 건입니다만**, 시간이 변경되어 안내해 드립니다. 처음에는 12일 13시 시작 예정이었습니다만, 빌딩 유지 보수 작업으로 인해 회의실 사용 가능 시간이 변경되었습니다. 이에 따라 **미팅 시작 시간을 14시로 변경하였으니, 잘 부탁드립니다.**
또한, 참가가 어려운 경우는 별도 자료를 송부드리니, 그때는 총무과 다나카에게 연락해 주십시오.

갑작스러운 변경으로 불편을 끼쳐 대단히 죄송합니다만, 아무쪼록 잘 부탁드립니다.

총무과 다나카 타카시

이 메일을 보낸 목적은 무엇인가?
1 빌딩 정비 작업이 들어갔음을 알리기 위해
2 **회의 시간이 변경된다는 것을 알리기 위해**
3 자료를 받는 방법을 알리기 위해
4 빌딩의 유지 보수 작업 시간이 변경된 것을 전하기 위해

해설 메일 제목이 「12日のミーティングに関して(12일 미팅에 관하여)」이니 회의와 관련된 내용을 찾아야 한다. 3번은 회의 참가가 어려운 사람에게 별도 자료를 송부하겠다고 했지만, 이 글의 주요 목적이라 할 수 없으므로 회의 시간 변경을 알려주는 2번이 답이 된다.

어휘 宛先(수신처, 받는 사람) | 件名(제목) | 各位(여러분) | 総務課(총무과) | 先日(일전, 요전) | 変更(변경) | 当初(당초) | 開始(개시, 시작) | メンテナンス(관리, 유지) | 作業(작업) | ～に伴う(~에 따라) | 別途(별도) | 資料(자료) | 送付(송부) | その際は(그때는)

54 정답 1

(2)
　일본에서는 선상지라고 불리는 지형을 많이 볼 수 있습니다. 선상지는 어떻게 만들어지는 것일까요? **하천은 산지를 흐를 때 힘차게 (注1)산의 표면을 깎아서 하류로 토사를 운반합니다.** 그러나 계곡을 빠져나와 평지로 나오면 물살이 약해집니다. 그 때문에 강물에 포함되어 있던 토사가 계곡의 출구에 쌓입니다. 오랜 세월을 거쳐 이것이 반복된 결과, 계곡의 출구에서 평지를 향해 부채꼴로 펼쳐진 지형이 만들어집니다. 이것이 선상지입니다. 일본에 선상지가 많은 것은 하천의 (注2)경사가 가파르고 거리가 짧기 때문입니다.

(注1) 산기 : 산의 표면
(注2) 경사 : 수평면에 대한 기울기 정도

선상지의 내용과 맞는 것은 어느 것인가?
1 **선상지는 하천이 산의 표면을 깎은 결과로 만들어진 지형이다.**
2 선상지는 계곡 출구에 쌓인 토사로 만들어진 산이다.
3 선상지는 경사가 완만하고 긴 강에 만들어지는 경우가 많다.
4 선상지는 일본에서 흔히 볼 수 있는 지형의 하나로 계곡에 만들어진다.

해설 본문에서 선상지에 대한 설명으로 「河川は山地を流れる時、勢いよく山肌を削って、～扇の形に広がった地形が作られます(하천은 산지를 흐를 때 힘차게 산의 표면을 깎아서, ~부채꼴로 펼쳐진 지형이 만들어집니다)」라고 했기 때문에 1번이 답이 된다. 산이 아니므로 2번은 오답이고, 경사가 급하고 거리가 짧아야 하므로 3번도 오답이며, 만들어지는 장소는 계곡이 아니므로 4번도 오답이다.

어휘 扇状地(선상지, 삼각주) | 地形(지형) | 河川(하천) | 山地(산지) | 勢いよく(힘차게, 기세 좋게) | 山肌(산의 표면) | 削る(깎다) | 下流(하류) | 土砂(토사) | 谷(계곡) | 抜ける(빠져나오다) | 平地(평지) | 含む(포함하다) | たまる(쌓이다) | 年月(세월) | 繰り返す(반복하다) | 向かう(향하다) | 扇の形(부채꼴) | 広がる(펼쳐지다) | 勾配(경사) | 急で(가파르고) | 距離(거리)

(3) 다음은 메일 내용이다.

주식회사 노비루 귀중

항상 신세를 지고 있습니다.
닛토 상사의 사토입니다.

일전에 귀사에서 보내주신 청구서에 미비한 점이 있었기에,
재발행을 부탁드리고자 연락드립니다.
2월 20일자 리빙 카탈로그의 상품 대금(번호 A-0987)의 금
액이 잘못 기재되어 있었습니다.
번거로우시겠지만, 재차 확인하신 후, 재발행해 주시기 부탁드
리겠습니다.

이번 주말까지 보내주신다면, 예정대로 입금해 드리겠습니다.
만약 다음 주가 되면, 죄송하지만 다음 달에 지불하겠습니다.
아무쪼록 잘 부탁드립니다.

이 메일에서 가장 전하고 싶은 것은 무엇인가?
1 새로운 청구서를 다시 만들어 이번 주 중으로 보내줬으면
   좋겠다.
2 바쁠 텐데 청구서를 다시 만들게 해서 미안하다.
3 다음 주에 청구서가 도착한다면 지불이 늦어지는 것은 당
   연하다.
4 청구서의 오류가 있기 때문에 거래는 하고 싶지 않다.

해설 이 메일을 보낸 목적이 「先日、~再発行をお願いしたく
ご連絡いたします(일전에 ~재발행을 부탁드리고자 연락
드립니다)」에 나와 있다. 즉 청구서를 다시 만들어 달라는 용
건으로 보낸 것이므로 1번이 정답이다. 상대가 바쁠 텐데 미
안하다는 말은 없으니 2번은 오답이며, 청구서가 늦어지면
지불이 늦어질 것이라고 양해를 구하고 있으므로 3번도 오답
이다. 또한, 거래를 중단하겠다는 말도 없으므로 4번도 오답
이다.

어휘 株式会社(주식회사) | 御中(귀중) | 商事(상사) | 先日(일
전에) | 貴社(귀사) | 請求書(청구서) | 不備(미비) | 再発
行(재발행) | ~付け(~자, ~부) | 商品代金(상품 대금) |
金額(금액) | 記載(기재) | お手数ですが(번거로우시겠지
만) | 再度(재차) | ~の上(~한 뒤) | ~のほど(~해 주시
기) | 予定通り(예정대로) | 入金(입금) | 勝手ながら(죄
송하지만) | 翌月(다음 달) | 支払い(지불, 지급)

(4)

   보자기는 일본 전통 천으로 예로부터 물건을 싸기 위해 사용
되었으나, 일회용 비닐봉지나 종이봉투에 밀려 좀처럼 그 모습
을 볼 수 없게 되었다. 그러나 최근 친환경적인 에코라이프가
주목받게 되면서 조금씩 보자기에 대한 관심이 높아지기 시작
했다. 2020년 7월 일본에서는 비닐봉지가 유료화되며, 보자기
를 사용한 적이 없는 세대에게도 인기가 높아지고 있다. 일본
의 문화와 친환경 그 두 가지를 양립할 수 있는 보자기, 앞으로
도 보자기 인기는 계속될 것 같다.

보자기의 인기가 생기게 된 이유는 무엇인가?
1 보자기는 일본문화의 좋은 점을 가지고 있고, 친환경적이
   기 때문에
2 보자기는 친환경적이라고 세계적으로도 유명하기 때문에
3 보자기는 최근 에코라이프 붐뿐만 아니라 그 저렴함으로
   주목받았기 때문에
4 보자기를 사용해 본 적 없는 세대에게는 신기하기 때문에

해설 본문 마지막 줄에서 「日本の文化とエコその2つを両立
できる(일본의 문화와 친환경 그 두 가지를 양립할 수 있
다)」라고 하며, 보자기의 좋은 점 두 가지를 말하고 있으므로
1번이 정답이다. 2번은 보자기가 친환경인 것은 맞지만, 세
계적으로 유명하다고 언급하지 않았기 때문에 오답이며, 보
자기의 가격이 저렴하다는 것이 주목받지는 않았으므로 오
답이다. 4번은 비닐봉지의 유료화 때문에 사용하기 시작해
서 보자기를 사용해 본 적이 없는 세대에게 인기가 높아지고
있다고 했기 때문에 오답이다.

어휘 風呂敷(보자기) | 古来(전통) | 布(천) | 包む(싸다) | 使い
捨て(1회용) | レジ袋(비닐봉지) | 紙袋(종이봉투) | 押さ
れる(밀리다) | 近年(최근) | 地球環境にやさしい(친환
경적이다) | 高まる(높아지다) | 有料化(유료화) | 世代(세
대) | 両立(양립) | 今後も(앞으로도)

(5)

   엄지손가락을 구부리거나 펼 때 손목이 아픈 경우는, 드퀘
르뱅병(손목 협착성 건초염)일 가능성이 있다. 건초염의 일
종으로 엄지손가락의 과다 사용으로 일어난다. 컴퓨터 조
작을 하는 사람, 기타나 피아노 등의 연주자, 스포츠를 하
는 사람이 일으키기 쉬운 병이지만, 최근에는 스마트폰의 장
시간 이용으로 증상이 나타나는 케이스도 적지 않다. 예방
을 위해서는 스마트폰은 양손으로 들고 조작하도록 하고, 1
시간당 10분은 엄지손가락과 손목을 쉬도록 해 주기 바란다.

드퀘르뱅병의 설명으로 올바른 것은 어느 것인가?

1 손가락을 움직이면 손등에 붓기나 통증이 있다.

2 스마트폰을 양손으로 조작하면 증상이 나타나기 쉽다.

3 기타나 피아노 등의 악기를 연주하는 사람에게 많다.

4 드퀘르뱅병의 예방에 생활 습관은 관계가 없다.

해설 드퀘르뱅병에 관해「ギターやピアノなどの演奏者(えんそうしゃ)、スポーツをする人が起(お)こしやすい病気(びょうき)(기타나 피아노 등의 연주자, 스포츠를 하는 사람이 일으키기 쉬운 병)」라고 했으니 3번이 정답이다. 드퀘르뱅병은 손목이 아픈 병이므로 1번은 오답이며, 예방을 위해 스마트폰을 양손으로 조작하라고 했으니 2번도 오답이고, 생활 습관으로 드퀘르뱅병 예방이 된다고 했으니 4번도 오답이다.

어휘 親指(おやゆび)(엄지손가락) | 曲(ま)げる(구부리다) | 広(ひろ)げる(펴다) | 手首(てくび)(손목) | 痛(いた)む(아프다) | ドケルマン病(びょう)(드퀘르뱅병) | 可能性(かのうせい)(가능성) | けんしょう炎(えん)(건초염) | 一種(いっしゅ)(일종) | 操作(そうさ)(조작) | 演奏者(えんそうしゃ)(연주자) | 近年(きんねん)(최근) | 発症(はっしょう)(증상이 나타남, 발증) | 予防(よぼう)(예방) | ~につき(~당) | 休(やす)ませる (쉬게 하다)

問題 11 다음 (1)부터 (3)의 문장을 읽고, 질문에 대한 답으로 가장 알맞은 것을 1·2·3·4에서 하나 고르세요.

58~60

(1)

왕고모의 집은 지은 지 100년 이상의 오래된 일본식 집이다. 매년 추석이 되면 왕고모 집에 친척 일동이 모여 왕고모와 함께 선조의 산소에 성묘하러 간다. [59] 왕고모 집에는 보물이 많이 잠들어 있다. 매년 새로운 보물을 발견하는 것이 나와 사촌 여동생의 재미이다.

아버지 쪽 집안은 옛날부터 의사와 교사가 많고, [58] 나의 숙부도 할아버지도, 증조할아버지도 사실은 의사다. 그 때문에 왕고모 집에는 지금은 쓰이지 않는 전문 서적이나 의료기구가 많이 있다. 요전에 나와 사촌 여동생은 성묘 후, 증조 할아버지의 방에 들어갔다. [58] 내가 태어났을 때는 이미 증조할아버지는 (注1)타계하셨기 때문에 증조할아버지를 만난 적은 없다.

하지만 방에 들어서자 왠지 그리운 느낌이 들었다. 방을 둘러보고 있으니 오래된 앨범이 눈에 들어왔다. 증조할아버지 학창 시절 앨범이다. 앨범에는 증조할아버지 외에 당시 증조할아버지와 함께 의료의 길에 (注2)뜻을 두었던 동료와의 사진들이 많이 남아 있었다. 만난 적 없는 증조할아버지의 젊은 시절 모습

을 보니 이상한 기분이 든다. 증조할아버지의 방에는 앨범 외에 오래된 훌륭한 현미경도 있었다. 분명히 이 현미경을 사용해서 여러 가지 질병의 연구를 하고 계셨겠지. [60] 이렇게 옛날 일을 상상하는 것이 참을 수 없이 즐겁다. 내년에는 어떤 보물을 만날 수 있을지, 생각하는 것만으로도 마음이 설레는 것이다.

(注1) 타계하다 : 돌아가시다

(注2) 뜻을 두다 : 이루고자 하는 목표를 가슴에 새기다

어휘 大叔母(おおおば)(왕고모) | 築(ちく)100年(ねん)(지은 지 100년) | 家屋(かおく)(가옥) | お盆(ぼん)(오봉, 일본 추석) | 親戚(しんせき)(친척) | 一同(いちどう)(일동) | 先祖(せんぞ)(선조, 조상) | お墓(はか)(산소) | お参(まい)り(성묘) | お宝(たから)(보물) | 従妹(いとこ)(사촌 여동생) | 父方(ちちかた)(아버지 쪽) | 家系(かけい)(집안) | 教師(きょうし)(교사) | 叔父(おじ)(숙부) | 祖父(そふ)(할아버지) | 曽祖父(そうそふ)(증조할아버지) | 専門書(せんもんしょ)(전문 서적) | 医療器具(いりょうきぐ)(의료기구) | 数多(かずおお)く(수많이) | 先日(せんじつ)(요전) | お墓参(はかまい)り(성묘) | 他界(たかい)(타계, 죽음) | 懐(なつ)かしい(그립다) | 見渡(みわた)す(둘러보다) | 当時(とうじ)(당시) | 志(こころざ)す(뜻을 두다) | 仲間(なかま)(동료) | 沢山(たくさん)(많이) | 立派(りっぱ)だ(훌륭하다) | 顕微鏡(けんびきょう)(현미경) | たまらなく(참을 수 없이) | 躍(おど)る(춤추다, 설레다)

58 정답 2

증조할아버지의 설명으로 올바른 것은 어떤 것인가?

1 상냥하게 많은 환자를 치료하던 의사이다.

2 의사였는데 필자가 태어나기도 전에 이미 세상을 떠났다.

3 동료들과 사진 찍기를 좋아한 사람이었다고 생각된다.

4 현미경을 이용해 여러 가지 질병을 연구하고 치료법을 발견해왔다.

해설 두 번째 단락에서「私(わたし)の叔父(おじ)も祖父(そふ)も曽祖父(そうそふ)も実(じつ)は医者(いしゃ)だ(나의 숙부도 할아버지도, 증조할아버지도 사실은 의사다)」라고 하고, 마지막 문장에서「私(わたし)が生(う)まれたときにはすでに曽祖父(そうそふ)は他界(たかい)していた(내가 태어났을 때에는 이미 증조할아버지는 타계하셨다)」라고 했으니 답은 2번이다. 어떤 의사였는지에 대한 언급은 없으니 1번은 오답이고, 3번은 없는 내용이다. 4번은 필자의 추측일 뿐 사실인지는 알 수 없으므로 오답이다.

> 필자에 의하면, 보물이란 무엇인가?
>
> 1 필자의 선조가 남긴 현금
> 2 비싼 값에 팔리는 고급 의료기구
> 3 왕고모 집에 있는 물건
> 4 저명한 의학자가 찍은 앨범

해설 첫 번째 단락에서「大叔母の家にはお宝がたくさん眠っている(왕고모 집에는 보물이 많이 잠들어 있다)」라고 했으니 답은 3번이다. 본문에서 돈에 대한 언급은 없으니 1번은 오답이며, 옛날 의료기구는 있으나 가격에 대한 말은 없으니 2번도 오답이다. 앨범은 왕고모 집에 있는 보물 중 한 가지일지는 모르지만 보물 전체가 될 수는 없으므로 4번도 오답이다.

60 정답 4

> 마음이 설레는이라고 있는데, 그것은 어째서인가?
>
> 1 내년에 또 증조할아버지 이야기를 왕고모한테 듣는 것이 기대되니까
> 2 선조의 성묘를 하는 것은 중요한 일이라고 생각하고 있으니까
> 3 고가의 보물을 찾는 것을 고대하고 있으니까
> 4 선조에 얽힌 여러 가지 물건에서 옛날 일을 상상하는 것이 즐거우니까

해설 「心が躍る(마음이 설레다)」의 바로 앞에서「こうやって昔のことを想像するのがたまらなく楽しい。来年はどんなお宝に出会えるのか、考えるだけで(이렇게 옛날 일을 상상하는 것이 참을 수 없이 즐겁다. 내년에는 어떤 보물을 만날 수 있을지, 생각하는 것만으로도)」라고 했으니 4번이 정답이다. 1번, 2번은 언급하지 않은 내용으로 오답이며, 여기서 말하는 보물은 금전적 가치가 있는 보물을 가리키는 것이 아니므로 3번도 오답이다.

61~63

(2)

2020년부터 세계적으로 유행한 신종 코로나바이러스. 처음에는 사람들은 외출할 수도 없었고 집에 있는 시간이 길어졌다. 그래서 '집콕 시간'을 즐기려고 궁리하는 움직임이 생겨 소비 활동에도 변화가 있었다.

우선 집안에서도 멋을 즐기면서 릴랙스할 수 있는 홈웨어 수요가 늘어났다. 61 재택근무 중에 원격회의 기회가 증가하면서 여성들 사이에서는 특히, 깔끔해 보이면서도 입고 있으면 편안한 원피스가 인기였다고 한다. 이 밖에 재택근무가 증가

한 영향으로, 자택에서 일하는 환경 만들기가 주목받아 장시간 앉아도 피곤하지 않은 의자나, 차분한 색상의 데스크의 매출이 호조였다고 한다. 또 외출하지 못하는 탓에 운동 부족이 되는 사람도 많아서, 요가 매트나 덤벨 등의 매출도 증가했다.

그 후, 62 외출이 가능해지고 나서도 사람과의 접촉을 피하는 움직임이 계속되었기 때문에 야외 레저가 유행. 특히 인기 급상승한 것이 캠프다. 텐트와 작은 테이블 등 캠핑 용품이 잘 팔렸다. 코로나 수습 후에도 캠프 인기는 꺾이지 않고 붐이 이어지고 있다.

63 제한된 생활 속에서도 작은 즐거움으로 기분 전환을 하려고 사람들은 노력하여, 새로운 소비도 생겨났다. 짧은 기간 동안의 라이프스타일의 변화를 직접 보면서 과장일지도 모르지만, 인간의 적응력과 적극적인 자세에는 어두운 뉴스 속에서도 희망을 찾지 않을 수 없었다.

어휘 新型(신형, 신종) | 当初(당초, 처음) | 外出(외출) | 工夫(궁리) | 消費活動(소비 활동) | ~つつ(~하면서) | 需要(수요) | 伸びる(늘어나다) | 在宅勤務中(재택근무 중) | 影響(영향) | 自宅(자택) | 環境づくり(환경 만들기) | 長時間(장시간) | 落ち着く(차분하다) | 売れ行き(매상) | 好調(호조) | 外出(외출) | ~せいで(~탓에) | 運動不足(운동 부족) | 売上(매상, 매출) | 接触(접촉) | 野外(야외) | 流行(유행) | 急上昇(급상승) | 収束後(수습 후) | 衰える(쇠퇴하다, 꺾이다) | 制限(제한) | 気晴らし(기분 전환) | 努力(노력) | 目の当たりにする(눈앞에서 보다) | 大げさ(과장) | 適応力(적응력) | 前向き(적극적) | 姿勢(자세) | 希望(희망) | 見出す(찾아내다) | ~ずにはいられない(~하지 않을 수 없다)

61 정답 4

> '집콕 시간'의 소비 활동 중, 내용과 맞는 것은 어느 것인가?
>
> 1 집에서 지내는 데 부담이 되지 않을 것 같은 차분한 색상의 옷 수요가 늘었다.
> 2 집에서 일을 해야 하므로, 원격회의를 할 기회가 늘어났다.
> 3 가급적 소비를 하지 않는 라이프스타일이 나타났다.
> 4 운동 부족이 된 사람들이 운동할 수 있는 도구를 샀다.

해설 두 번째 단락 마지막에서 필자는 외출이 어려운 집콕 시간이 늘어나면서 「運動不足になる人も多かったため、ヨガマットやダンベルなどの売上も伸びた(운동 부족이 되는 사람이 많아서, 요가 매트나 덤벨 등의 매출도 증가했다)」라고 하며, 운동 도구의 매출이 증가했다고 설명하고 있다. 따라서 운동 부족이 된 사람들이 운동할 수 있는 도구를 샀다

고 한 4번이 정답이 된다. 1번은 차분한 색상이 인기를 끈 것은 옷이 아니라 책상과 같은 가구이므로 오답이며, 2번은 업무와 관계된 활동이므로 오답이다. 3번은 소비가 감소했다는 설명은 본문에 없기 때문에 오답이다.

62 정답 3

이 글에 의하면, 캠핑이 인기를 끈 것은 어째서인가?

1 '집콕 시간'을 즐길 수 있는 레저였기 때문에
2 붐이 계속되어 인기 있는 레저가 되었기 때문에
3 다른 사람과 만나지 않아도 되는 레저였기 때문에
4 오래 계속할 수 있는 레저였기 때문에

해설 세 번째 단락에서 「外出(がいしゅつ)が可能(かのう)になってからも人(ひと)との接(せっ)触(しょく)を避(さ)ける動(うご)きが続(つづ)いたため、野外(やがい)レジャーが流行(りゅうこう)。特(とく)に人気(にんき)急(きゅう)上昇(じょうしょう)したのがキャンプ(외출이 가능해지고 나서도 사람과의 접촉을 피하는 움직임이 계속되었기 때문에 야외 레저가 유행. 특히 인기 급상승한 것이 캠프)」라고 캠핑이 인기를 끈 이유를 설명하고 있으니 3번이 정답이다. 캠핑은 야외 활동이므로 1번은 오답이다. 코로나 상황에서 인기가 급상승하여 인기있는 레저가 된 것이므로 2번도 오답이며, 4번은 언급하지 않았다.

63 정답 2

필자가 생각하는 희망에 대해 맞는 것은 어느 것인가?

1 '집콕 시간'을 즐기려는 움직임에 따른 소비 활동의 변화
2 어떤 상황이 되어도 즐기는 마음을 잊지 않는 자세
3 외출뿐만 아니라 사람과의 접촉이 가능해지는 것
4 재택근무 등 전에 없던 새로운 라이프스타일의 도입

해설 앞에서는 신종 코로나바이러스의 출현으로 생긴 사회 현상에 관해 객관적으로 말하지만, 마지막 단락에서는 필자의 생각을 말하고 있다. 「制限(せいげん)された生活(せいかつ)の中(なか)でも小(ちい)さな楽(たの)しみで気晴(きば)らしをしようと人々(ひとびと)は努力(どりょく)し、~暗(くら)いニュースの中(なか)でも希望(きぼう)を見出(みいだ)さずにはいられなかった(제한된 생활 속에서도 작은 즐거움으로 기분 전환을 하려고 사람들은 노력하여, ~어두운 뉴스 속에서도 희망을 찾지 않을 수 없었다)」라고 했다. 즉, 코로나라는 어려운 상황에서도 마음먹기에 따라 희망을 찾을 수도 있으니 그 마음을 잊지 말라고 당부하고 있으니 2번이 정답이다.

64~66

(3)
　상품의 구입 이유를 묻는 설문조사에서 '싼 가격' 등에 이어 많은 것이 '포장 용기에 흥미를 끌려서'라는 대답이다. 색상, 디자인, 모양 등 많은 상품 중에서 눈에 들어오는 무언가가 있으니 소비자의 손이 갈 것이다.
　64 포장 용기는 소비자의 구입 의욕을 좌우하는 중요한 역할을 짊어지고 있기 때문에, '말 없는 판매원'이나 '마케팅의 마지막 5초' 등이라고도 불린다. 기업의 마케팅 담당자는 단시간에 얼마나 정확하게 상품의 특징과 매력을 전할지, 고민하고 있다. 동시에 포장 용기는 브랜드 이미지 그 자체라고 할 수 있다. 예를 들어 어릴 때 먹던 과자 포장 용기를 떠올리기 바란다. ①디자인이 지금도 같은 상품인 것도 적지 않다. 65 포장 용기=브랜드이기 때문에 인기 상품의 포장 용기 변경이 뉴스가 되는 것을 생각해도 그 중요성이 얼마나 큰지 알 수 있다.
　포장 용기는 간단히 바꿀 수 없는 반면, 포장 용기를 이유로 구입하는 소비자들의 심리 ②'포장 용기 구매'를 이용하는 경우도 있다. 대표적인 것은 화장품이다. 봄용, 여름용, 크리스마스용 등 내용물은 같아도 계절에 맞춘 포장 용기로 소비자들의 구입 의욕을 자극한다. 66 중요한 것은 내용물이란 것을 알고 있어도, 무심코 '외형'으로 판단하는 것이 포장 용기의 신기함이며, 힘일 것이다.

어휘 商品(しょうひん)(상품) | 購入(こうにゅう)(구입) | たずねる(묻다) | 次(つ)ぐ(뒤를 잇다) | パッケージ(포장 용기) | 興味(きょうみ)(흥미) | 回答(かいとう)(회답, 대답) | 形(かたち)(모양) | 飛(と)び込(こ)む(뛰어들다) | 消費者(しょうひしゃ)(소비자) | 手(て)が伸(の)びる(손이 가다) | 意欲(いよく)(의욕) | 左右(さゆう)(좌우) | 役割(やくわり)(역할) | 担(にな)う(짊어지다) | 物言(ものい)わぬ(말 없는) | 販売員(はんばいいん)(판매원) | 企業(きぎょう)(기업) | 担当者(たんとうしゃ)(담당자) | いかに(얼마나) | 正確(せいかく)(정확) | 魅力(みりょく)(매력) | 変更(へんこう)(변경) | 反面(はんめん)(반면) | パケ買(が)い(포장 용기 구매) | 代表的(だいひょうてき)(대표적) | 化粧品(けしょうひん)(화장품) | 春用(はるよう)(봄용) | 夏用(なつよう)(여름용) | 中身(なかみ)(내용물) | 刺激(しげき)(자극) | ついつい(무심코) | 見(み)た目(め)(외형, 겉보기) | 不思議(ふしぎ)だ(신기하다, 이상하다)

64 정답 1

포장 용기가 '말 없는 판매원'이라고 불리는 것은 어째서인가?

1 소비자가 상품을 살지 말지를 결정하는 데 영향을 주기 때문에
2 소비자에게 상품 설명을 하는 마케팅 담당자가 난처하기 때문에
3 소비자가 상품의 특징에 관해 물어도 대답하지 않기 때문에
4 소비자가 상품을 고르려고 할 때의 시간이 짧기 때문에

해설 바로 앞줄에서 「パッケージは消費者の購入意欲を左右する重要な役割を担っていることから(포장 용기는 소비자의 구입 의욕을 좌우하는 중요한 역할을 짊어지고 있기 때문에)」라고 이유를 설명하고 있으므로 1번이 답이 된다. 실제로 사람이 상품에 관해 설명하는 것이 아니므로 2번, 3번은 오답이고, 4번은 뒤에 있는 「マーケティングにおける最後の5秒(마케팅의 마지막 5초)」에 관한 내용이므로 오답이다.

---

65 **정답 3**

필자는 왜 ①디자인이 지금도 같은 상품이 존재하고 있다고 말하고 있는가?

1 포장 용기보다 내용물이 중요하다고 생각하고 있으므로
2 포장 용기를 바꾼 것에 의해 비판당하고 싶지 않으므로
3 포장 용기가 브랜드 이미지를 나타내고 있으므로
4 포장 용기를 바꾼 것이 뉴스가 되므로

해설 바로 다음 줄에 결정적 힌트가 있다. 「パッケージ＝ブランド(포장 용기=브랜드)」이므로 기업 입장에서도 쉽게 포장 용기를 바꾸지 못하는 것이고, 오랜 세월 같은 디자인인 상품이 존재하게 되는 것이다. 1번, 2번은 언급이 없으므로 오답이며, 4번은 포장 용기가 바뀐 것이 뉴스가 된 것은 사실이지만, 디자인이 같은 상품이 존재하는 이유는 될 수 없으므로 오답이다.

---

66 **정답 3**

②'포장 용기 구매'에 관련된 설명으로 올바른 것은 어느 것인가?

1 '포장 용기 구매'를 하는 소비자들은 상품을 이해하지 않고 사기 때문에 낭비가 많다.
2 '외형'만으로 소비자 심리를 자극하는 것은 기업으로서 문제가 있다.
3 상품을 구입하는 계기로서 '외형'은 무시할 수 없는 요소이다.
4 화장품 업계에서는 상품기획을 중시하여 '포장 용기 구매'를 가볍게 보는 경향이 있다.

해설 마지막 단락에서 「重要なのは中身とわかっていても、ついつい「見た目」で判断してしまうのがパッケージの不思議であり、力なのだろう(중요한 것은 내용물이란 것을 알고 있어도, 무심코 '외형'으로 판단하는 것이 포장 용기의 신기함이며, 힘일 것이다)」라고 했으니 정답은 3번이다. 1번, 2번은 언급하지 않았고, 4번은 반대되는 내용이 적혀 있으므로 오답이다.

問題 12 다음 A와 B의 글을 읽고, 질문에 대한 답으로 가장 알맞은 것을 1·2·3·4에서 하나 고르세요.

67~68

A

역사가 있는 거리, [68] 교토는 외국인을 비롯한 많은 여행자로 언제나 북적거리고 있습니다. 그러나 땅을 파면 문화재가 나오는 경우도 있고, 지하철망도 다른 도시에 비해 빈약합니다. 유명한 관광지에 가고 싶어도 근처에 역이 없는 경우도 자주 있습니다. 그리고 지하철역 구내는 상당한 거리를 걷습니다. 같은 역이라도 출구가 여러 군데 있어서 목적지까지 생각한 것 이상으로 걷는 경우도 있습니다. 또한 계단밖에 없다는 오래된 역도 있습니다. 그 대신, 거리 구석구석까지 시내버스가 돌아다니고 있습니다. 그래서 교토 관광에는 버스를 추천합니다. 버스는 많이 운행되고 있어 대기 시간도 적고, 10~15분 간격입니다. 같은 이름의 버스 정류장인데 타는 곳이 여러 개 있거나 해서 알기 어려운 곳이 있지만, 익숙해지면 괜찮습니다.

B

[67] 교토의 관광에는 버스가 편리합니다. 많은 관광객이 이용하고 있습니다. 다만, [67] [68] 관광 시즌이 되면 버스를 타기 위한 긴 줄, 버스 안은 만원, 도로도 정체로 쾌적하지 않습니다. 오히려 시간대로 운행하는 지하철이 더 편리합니다. 또한 교토의 관광지는 절이나 신사 등의 문화재가 많기 때문에 버스 정류장의 바로 앞에 입구가 없고, 난젠지나 기요미즈데라 등도 버스 정류장에서 내려 10분 이상 걸어야 합니다. 어르신이나 몸이 불편한 사람에게는 부담이 되겠지요. 그 경우에는 택시를 추천합니다. 일본의 택시는 요금이 비싸다고 꺼려지기 십상이지만, 교토와 같이 가까운 거리를 이동할 때에는 그다지 많은 요금이 들지 않기 때문에 추천합니다. 행선지에 맞게 구분해 사용해 보세요.

어휘 歴史(역사) ┃ ～をはじめとする(~을 비롯한) ┃ 賑わう(북적거리다) ┃ 地面(지면) ┃ 掘る(파다) ┃ 文化財(문화재) ┃ 地下鉄網(지하철망) ┃ ～に比べて(~에 비해) ┃ 貧弱(빈약) ┃ 観光地(관광지) ┃ 構内(구내) ┃ 距離(거리) ┃ 目的地(목적지) ┃ その代わり(그 대신) ┃ 隅々まで(구석구석까지) ┃ 駆け巡る(돌아다니다) ┃ おすすめ(추천) ┃ 間隔(간격) ┃ 複数(복수) ┃ 慣れる(익숙해지다) ┃ 行列(줄) ┃ 車内(차내) ┃ 満員(만원) ┃ 快適(쾌적) ┃ むしろ(오히려) ┃ 時間通りに(시간대로) ┃ 運行(운행) ┃ 寺(절) ┃ 神社(신사) ┃ 下車(하차) ┃ お年寄り(어르신) ┃ 不自由(불편) ┃ 負担がかかる(부담이 되다) ┃ 料金(요금) ┃ 敬遠(꺼림) ┃ ～がちだ

(~하기 십상이다) | 移動(이동) | さほど(그다지) | 行先(행선지) | ~に応じて(~에 맞게) | 使い分ける(구분해 사용하다)

67 정답 4

교토의 교통에 대하여, A와 B의 의견과 맞는 것은 어느 것인가?

1 A는 교토의 교통 기관은 버스밖에 없기 때문에 버스를 타야 한다고 말하고 있다.

2 A도 B도 교토에서는 버스를 이용해야 하며, 지하철이나 택시는 필요 없다고 말하고 있다.

3 A도 B도 교토의 버스는 편리하지만, 지하철은 이용하기 힘들다고 말하고 있다.

4 B는 버스와 지하철과 택시 각각에 장점과 단점이 있다고 말하고 있다.

해설 B는 앞에 교통 기관별로 장단점을 나열하며, 마지막에 「行先(いき)に応じて使(つか)い分(わ)けてみてください(행선지에 맞게 구분해 사용해 보세요)」라고 했으니 4번이 정답이다. 교토에 지하철도 있으니 1번은 오답이다. A, B 모두 버스의 편리함을 말했지만 지하철이나 택시가 필요 없다는 말은 안 했으니 2번은 오답이며, B는 지하철이 더 편리한 경우도 설명하고 있으므로 3번도 오답이다.

68 정답 2

교토에 대하여, A와 B는 어떻게 말하고 있는가?

1 A도 B도 교토의 지하철 구내는 매우 좁다고 말하고 있다.

2 A도 B도 많은 여행자로 인해 교토는 혼잡하다고 말하고 있다.

3 A는 교토의 버스 정류장은 문화재 보호를 위해 멀리 떨어져 있다고 말하고 있다.

4 B는 짧은 거리에 교토의 택시를 이용하면 저렴하지만 운전수가 싫어한다고 말하고 있다.

해설 A는 「京都(きょうと)は外国人(がいこくじん)をはじめとする多(おお)くの旅行者(りょこうしゃ)でいつも賑(にぎ)わっています(교토는 외국인을 비롯한 많은 여행자로 북적거리고 있습니다)」라고 했고, B는 「多(おお)くの観光客(かんこうきゃく)が利用(りよう)(많은 관광객 이용)」, 「観光(かんこう)シーズンになるとバスに乗(の)るための長(なが)い行列(ぎょうれつ)、バスの車内(しゃない)は満員(まんいん)、道路(どうろ)も渋滞(じゅうたい)(관광 시즌이 되면 버스를 타기 위한 긴 줄 버스 안은 만원, 도로도 정체)」라고 하며 공통적으로 많은 여행자들로 혼잡하다고 말하고 있으므로 2번이 정답이다. A, B 모두 지하철 구내가 좁다고 언급하지 않았기 때문에 1번은 오답이며, 버스 정류장이 멀리 있다고 하지 않았으므로 3번은 오답, 운전수가 짧은 거리는 싫어한다고 하지 않았기 때문에 4번은 오답이다.

問題13 다음 글을 읽고, 질문에 대한 답으로 가장 알맞은 것을 1·2·3·4에서 하나 고르세요.

69~71

'はく(신다, 입다)'라는 동사가 있다. 신발을 신다, 바지를 입다의 'はく'이다. 사전에 따르면 사람의 하반신이나 발 언저리를 덮는 물건을 몸에 걸치는 것을 나타내는 동사라고 한다. 'はく'는 여기서 더 세분화되어, 신발에 장착하는 스키도 履(は)く(신다), 칼이나 검을 허리에 장착하는 것도 履(は)く(차다), 자동차 타이어도 履(は)く(신다)이다. 69 즉, 머리를 덮는 것은 被(かぶ)る(쓰다)이고, 몸을 덮는 것은 着(き)る(입다), 발 언저리는 履(は)く(신다)가 되는 거 아닌가? 이는 일본어를 논리적으로 설명할 수 있는 잡학이다(라고 생각하여, 누군가에게 자랑하려고 ①좋아하고 있었는데, 장갑을 'はく'라고 말하는 지역이 있다고 한다.

홋카이도이다. 장갑은 물론 발 언저리를 덮는 것이 아니다. 그런데도 'はく'라고 한다. 알아보니 장갑을 'はく'라고 말하는 것은 홋카이도뿐만 아니라, 아오모리, 아키타, 가가와, 오키나와 등이 있다고 한다. 덧붙여 70 공통어에서는 'する(하다), つける(걸치다), はめる(끼우다)'라고 말한다. 공통어라고 하지만 관동에서는 'する', 관서에서는 'はめる'가 다수를 차지하고 있어 지역 차가 있다. 그러나 사용법에 있어서 ②'はく'라는 말만큼 이미지의 차이를 주는 것은 아니다.

왜 장갑을 'はく'라고 하는 지역이 있는 걸까? 일본에는 에도 시대 무렵부터 무사가 사용하는 손등 가리개나 농작업 등에서 사용하는 팔 토시라고 불리는 장갑을 닮은 형상의 것이 있었는데, 메이지 시대가 되어 서양식 장갑, 이른바 글로브가 본격적으로 들어왔다. 그것을 손 신발이라고 했다고 한다. 손의 신발이니까 'はく', 그 후 장갑으로 이름이 바뀌어도 'はく'라고 하는 동사가 남았다. 그리고 메이지 시대에 장갑의 생산이 활발해진 것이 가가와이고, 그 가가와 사람들이 많이 홋카이도로 이주했기 때문이라는 것이 유력한 설이라고 한다.

말이라는 것은 마치 식물과 같다. 씨앗이 새나 바람에 옮겨져서 어딘가의 토지에 도달하고, 그 땅에서 싹을 틔우듯, 인간에게 옮겨진 말도 또한 그 땅에서 숨 쉬고 퍼져 나간다. 'はく'도 온난한 가가와에서 한랭한 홋카이도로 이주하면서 지금은 홋카이도의 말로 알려져 있다. 이러한 말의 여행은 현재까지 몇 번이고 일어났으며, 독특한 분포도를 넓혀왔음에 틀림없다. 이렇게 생각해 보니 71 논리적으로 설명이 되지 않는 말이 더 숨겨진 기억으로 남아 있을지도 모르겠다.

어휘 動詞(どうし)(동사) | 下半身(かはんしん)(하반신) | 足元(あしもと)(발 언저리) | 覆(おお)う(덮다) | 身(み)に着(つ)ける(몸에 걸치다) | 表(あらわ)す(나타내다) | 枝分(えだわ)かれ(갈라져 나옴, 나눠짐) | 装着(そうちゃく)(장착) | 刀(かたな)(칼) | 剣(けん)(검) | 雑学(ざつがく)(잡학) | 自慢(じまん)(자랑) | 地域(ちいき)(지역) | ちなみに(덧붙여) | 共通語(きょうつうご)(공통어) | 関東(かんとう)(관동) | 関西(かんさい)(관서) | 多数(たすう)(다

수)｜占める(차지하다)｜地域差(지역 차)｜武士(무사)｜手覆(손등 가리개)｜農作業(농작업)｜手指(팔 토시)｜似る(닮다)｜形状(형상)｜西洋式(서양식)｜いわゆる(이른바)｜本格的(본격적)｜手靴(손 신발)｜盛んだ(활발하다)｜移り住む(이주하다)｜有力(유력)｜説(설)｜種子(씨앗)｜土地(토지)｜たどり着く(도달하다)｜芽(싹)｜息づく(숨쉬다)｜広がる(퍼지다)｜温暖だ(온난하다)｜寒冷だ(한랭하다)｜旅(여행)｜幾たびも(몇 번이고)｜独特(독특)｜分布図(분포도)｜広げる(넓히다)｜秘める(숨기다)｜記憶(기억)

---

69 정답 2

①좋아하고 있었는데와 같이 필자가 좋아한 것은 어째서인가?

1 일본어 동사의 의미를 정확하게 알 수 있었기 때문에

2 몰랐던 일본어의 규칙성을 알 수 있었기 때문에

3 친구에게 일본어 잡학을 자랑할 수 있는 기회가 생겼기 때문에

4 장갑을 'はく'라고 말하는 지역이 있다는 것이 재미있었기 때문에

해설 바로 앞줄에서 「これは日本語を論理的に説明できる雑学だ、誰かに自慢してやろうと思って(이는 일본어를 논리적으로 설명할 수 있는 잡학이다(라고 생각하여), 누군가에게 자랑하려고)」라고 했으니 2번이 답이 된다. 일본어 동사의 의미를 알게 된 것을 좋아한 게 아니므로 1번은 오답이고, 3번은 실제 자랑할 기회가 생긴 것은 아니므로 오답이다. 장갑을 「はく」라고 말하는 지역이 있다는 것을 알고 재미있어 하지만, 이 사실 때문에 좋아한 것은 아니므로 4번도 오답이다.

---

70 정답 4

②'はく'라는 말만큼 이미지의 차이를 주는 것은 아니다란 어떤 것을 말하고 있는 것인가?

1 장갑이라는 명사에 이어지는 동사가 홋카이도 등에서 사용되는 말과 공통어에 차이는 없는 것

2 공통어에서는 장갑이라는 명사에 이어지는 동사가 여러 개 있어 사용법을 예상할 수 없는 것

3 공통어에서는 장갑이라는 명사에 이어지는 동사가 여러 개 있지만 지역에 따른 차이는 없는 것

4 공통어에서는 장갑이라는 명사에 이어지는 동사가 여러 개 있지만 사용법이 예상에서 벗어나지 않은 것

해설 첫 번째 단락에서 「はく」의 다양한 사용법을 말하고, 두 번째 단락에서 홋카이도에서는 장갑을 「はく」라고 사용한다

고 했다. 그런네 이런 「はく」와 달리, 공통어에서 장갑을 '끼다'라는 의미로 사용하는 「する(하다)・つける(걸치다)・はめる(끼우다)」는 「はく」와는 다르게 사용법이 예상 가능하다는 의미의 말이므로 답은 4번이 된다.

---

71 정답 3

필자가 하고 싶은 말은 무엇인가?

1 논리적으로 설명할 수 없는 단어가 존재하고 있는 유력한 증거를 모아야 한다.

2 지방의 말은 식물이 크게 자라는 것과 똑같아서 변화하는데 시간이 걸린다.

3 설명할 수 없는 말속에야말로 사람의 삶의 영위의 역사가 담겨 있는 경우가 있다.

4 지방의 말이 독특한 분포도를 갖고 있는 것은 사람의 이동이 있었기 때문이다.

해설 본문에서는 「はく」를 예로 들어 다양한 사용법과 왜 그런 사용법이 생겼는지에 대해 설명하고 있다. 마지막 단락에서 말을 식물에 비유하며 「論理的に説明がつかない言葉のほうが、秘められた記憶が残っているのかもしれない(논리적으로 설명이 되지 않는 말이 더 숨겨진 기억이 남아 있을지도 모르겠다)」라고 했는데, 이 「秘められた記憶(숨겨진 기억)」란 표현이 '사람의 삶의 영위의 역사'를 가리키고 있으므로 답은 3번이 된다.

問題 14 오른쪽 페이지는 아르바이트 구인 광고이다. 아래 질문에 대한 답으로 가장 알맞은 것을 1·2·3·4에서 하나 고르세요.

≪ 아르바이트 구인 광고 ≫

가게 이름	시급	근무 시간 및 조건	업무 내용
복고풍 찻집 포플러	900엔	12시~20시 ※주 2일 이상 근무 가능한 분 ※시간 조정 가능 ※외국인 OK (일본어 중급 이상) ※미경험인 분도 OK	• 홀 스태프 모집 (커피나 차를 끓이거나, 간단한 플레이팅 작업 포함) • 메뉴가 많으니, 빨리 암기하기에 자신 있는 분 환영.
실버 스푼 베이커리	850엔	[73] 오전 근무: 7시~11시 오후 근무 : 11시~17시 ※ [73] 평일 이틀 추가하여 주말이나 공휴일에도 근무 가능한 분 ※많이 벌고 싶은 분은 오전, 오후 양쪽 근무 가능합니다. ※ [73] 18세 이상 여성 (외국인 OK)	• 판매 스태프 모집 • 정중한 고객 응대에 자신 있는 분으로 6개월 이상 일해 주실 분 바람직합니다.
도키도키 스테이크	1,200엔	16시~23시 ※주 3일 이상 근무 가능한 분 ※힘쓰는 일이 많으니 주로 젊은 남성분 희망 ※외국인 OK (일본어 중급 이상)	• 홀 스태프 모집 • 업무 내용에는 각 테이블에서 스테이크 (10kg 정도)의 불 쇼와 커팅 등도 포함됩니다.
선술집 논베	1,000엔	[72] 18시~26시 사이에서 조정 가능 ※주 3일 이상 근무 가능한 분 ※금토일 출근 가능한 분 우대 ※ [72] 22시 이후 근무자는 심야수당이 붙습니다. (시급 1,250엔) ※20세 이상	• 홀 스태프 모집 • 활기 있는 선술집으로 유명하니, 에너지 넘치는 분의 응모를 기다리고 있습니다.

어휘 店名(가게 이름) | 時給(시급) | 勤務(근무) | および(및) | 条件(조건) | 業務(업무) | 可能(가능) | 調整(조정) | 中級(중급) | 未経験(미경험) | 募集(모집) | 盛り付け(플레이팅, 담기) | 作業(작업) | 含む(포함하다) | 物覚え(기억

력) | 歓迎(환영) | 平日(평일) | ~に加え(~에 추가하여) | 祝日(공휴일) | 稼ぐ(벌다) | 両方(양쪽) | 販売(판매) | ていねいな(정중한) | 接客(접객, 고객 응대) | 望ましい(바람직하다) | 力仕事(힘쓰는 일) | 主に(주로) | 希望(희망) | 含む(포함하다) | 居酒屋(선술집) | 優遇(우대) | 以降(이후) | 深夜(심야) | 手当(수당) | 活気(활기) | 応募(응모)

72 정답 4

대학생인 야마모토 씨(남성)는 평일 18시 이후에 주 3일 정도 일하고 싶다. 가능한 한 높은 시급이 좋으며, 오토바이가 있어 늦은 시간도 상관없다. 어느 아르바이트가 맞는가?

1 복고풍 찻집 포플러
2 실버 스푼 베이커리
3 도키도키 스테이크
4 선술집 논베

해설 야마모토 씨가 원하는 조건은 시급이 높고, 평일 18시 이후 늦은 시간도 괜찮다고 했으니 4번이 답이 된다. 단순히 시급만 보면 3번이 더 높지만, 심야수당이 붙으면 4번이 더 높아지므로 야마모토 씨가 원하는 조건과 맞게 된다.

73 정답 2

JLPT N1을 갖고 있는 대학원생 장 씨(여성)는 수업이 없는 오전과 주말도 포함하여 주 4일 정도 일하고 싶다. 체재 기간도 앞으로 2년 있다. 어느 아르바이트가 맞는가?

1 복고풍 찻집 포플러
2 실버 스푼 베이커리
3 도키도키 스테이크
4 선술집 논베

해설 장 씨의 조건은 오전, 주말 근무와 주 4일 근무인데 시급에 대한 희망은 없으며 외국인 여성이다. 외국인이 일할 수 있는 곳은 1번, 2번, 3번인데, 1번과 3번은 오후 근무이므로 답이 될 수 없고, 오전 근무가 가능한 2번이 답이 된다.

본책 173 페이지

問題1 問題1では、まず質問を聞いてください。それから話を聞いて、問題用紙の1から4の中から、最もよいものを一つ選んでください。

例

レストランの店員と客の女性が話しています。客の女性はサイドメニューに何を選びましたか。

M：いらっしゃいませ。何になさいますか。

F：このランチセットのタラコソース・パスタをお願いします。

M：サイドメニューはいかがなさいますか。本日はポテトサラダ、コーンサラダ、温かいコーンスープ、さつまいもチップスの4つからお選びいただけます。

F：ガーリックトーストは基本で付きますよね。だったら、あまりおなかにたまらない軽いものがいいから……。

M：では、コーンサラダがよろしいかと。酸味のきいたさっぱりしたサラダです。

F：あ、待ってください。やっぱりこれにします。外回りで体が冷えちゃったから。

M：承知しました。では、前菜として先にお持ちいたします。

F：ありがとうございます。

客の女性はサイドメニューに何を選びましたか。

1　ポテトサラダ
2　コーンサラダ
3　コーンスープ
4　さつまいもチップス

문제1 문제 1에서는 먼저 질문을 들으세요. 그러고 나서 이야기를 듣고 문제지의 1부터 4 안에서 가장 알맞은 것을 하나 고르세요.

예 정답 3

레스토랑 점원과 여자 손님이 이야기하고 있습니다. 여자 손님은 사이드 메뉴로 무엇을 선택했습니까?

M : 어서 오십시요. 무엇으로 하시겠습니까?

F : 이 런치 세트인 타라코(명란젓) 소스 파스타 부탁합니다.

M : 사이드 메뉴는 어떻게 하시겠습니까? 오늘은 감자샐러드, 콘샐러드, 따뜻한 옥수수수프, 고구마 칩스 4가지 중에서 선택하실 수 있습니다.

F : 갈릭 토스트는 기본으로 나오는 거지요? 그럼 너무 배에 부담되지 않는 가벼운 게 좋을 테니…….

M : 그럼 콘샐러드가 괜찮으실까 합니다만. 신맛이 나는 산뜻한 샐러드입니다.

F : 아, 잠시만요. 역시 이걸로 할게요. 외근하느라 몸이 차가워져서.

M : 알겠습니다. 그럼 전채를 먼저 가져다 드리겠습니다.

F : 감사합니다.

여자 손님은 사이드 메뉴로 무엇을 선택했습니까?

1　감자샐러드
2　콘샐러드
3　옥수수수프
4　고구마 칩스

電話で男の人と飲食店の店員が話しています。男の人はこのあと何をしますか。

M：もしもし。先ほど、火曜日の午後9時に4名で予約した田中なんですが。

F：いつもご利用いただき、ありがとうございます。田中様、どうされましたか。

M：今週の違う曜日に予約を変更したいんですが、可能ですか。

F：時間帯は同じ午後9時でよろしいですか。

M：はい。

F：今週の9時からですと、木曜日以外はご予約が可能です。

M：え？ あー、困ったな。木曜日に変更したかったんです。

F：そうでしたか。木曜日ですと、午後7時ならお席をご用意できるんですが。

M：じゃあ、来週の木曜の9時は予約取れますか。

F：申し訳ございませんが、その日は店の改装工事のため臨時休業となっております。

M：そうですか。じゃ、日程を調整してから改めて連絡します。

F：はい、恐れ入ります。ひとまず火曜日のご予約はお取りしておきますので、ご連絡のほう、お待ちしております。

男の人はこのあと何をしますか。

1　予約を今週木曜の午後7時にへんこうする
2　4人のスケジュールをちょうせいする
3　予約を来週木曜の午後7時にへんこうする
4　この店の予約をキャンセルする

전화로 남자와 음식점 점원이 이야기하고 있습니다. 남자는 이후 무엇을 합니까?

M : 여보세요. 방금 전 화요일 오후 9시 4명으로 예약한 다나카입니다만.

F : 항상 이용해 주셔서 감사합니다. 다나카 님, 어떻게 도와드릴까요?

M : 이번 주 다른 요일로 예약을 변경하고 싶은데, 가능할까요?

F : 시간대는 같은 오후 9시로 괜찮으신가요?

M : 네.

F : 이번 주 9시부터면, 목요일 이외에는 예약 가능하십니다.

M : 네? 아, 안 되는데. 목요일로 변경하고 싶었는데요.

F : 그러시군요. 목요일이면 오후 7시라면 자리를 준비해 드릴 수 있습니다만.

M : 그럼, 다음 주 목요일 9시는 예약할 수 있나요?

F : 죄송합니다만, 그날은 가게 리뉴얼 공사 때문에 임시 휴업입니다.

M : 그렇습니까. 그럼, 일정을 조정하고 나서 다시 연락하겠습니다.

F : 네, 죄송합니다. 일단 화요일 예약은 잡아 두겠으니, 연락 기다리겠습니다.

남자는 이후 무엇을 합니까?

1　예약을 이번 주 목요일 오후 7시로 변경한다
2　4명의 스케줄을 조정한다
3　예약을 다음 주 목요일 오후 7시로 변경한다
4　이 가게의 예약을 취소한다

해설 결정적 힌트는 남자가 「じゃ、日程を調整してから改めて連絡します(그럼 일정을 조정하고 나서 다시 연락하겠습니다)」라고 했으므로 답은 2번이 된다. 남자가 이번 주 목요일 9시로 변경을 원하자 여자는 7시라면 가능하다고 했으나, 남자는 이 말에 대해 다음 주 목요일은 가능한지 묻고 있다. 그러나 리뉴얼 공사로 인해 임시 휴업한다고 했으므로 1번, 3번은 오답이 된다. 또한, 마지막에 여자가 「ひとまず火曜日のご予約はお取りしておきますので、ご連絡のほう、お待ちしております(일단 화요일 예약은 잡아 두겠으니, 연락 기다리겠습니다)」라고 했으니 4번도 오답이다.

어휘 飲食店(음식점) | 店員(점원) | 先ほど(방금 전) | 変更(변경) | 可能(가능) | 時間帯(시간대) | 以外(이외) | 用意(준비) | 予約を取る(예약을 하다) | 改装工事(리뉴얼 공사) | 臨時休業(임시 휴업) | 日程(일정) | 調整(조정) | 改めて(다시) | 恐れ入ります(죄송합니다) | ひとまず(일단, 우선)

会社で女の人と男の人が話しています。このあと男の人は何をしますか。

F：西田さん、ＴＹビルの一次設計図は完成してますか。

M：まだですが、もしかして急いだほうがいいですか。

F：いえ、最終的な仕上がりは予定通り、まだ先でいいと思うんですけど、課長が４時からの会議の前に一度、目を通したいそうなんです。

M：そうですか。それならある程度、形になっていなくちゃならないですね。もう少し手直しが必要な状態なんですよ。

F：３時半頃までに可能ですか。

M：実は、明日の建築セミナーで使うスライドショーのほうに時間を取られてまして。

F：あのう、私、去年、新入社員を対象に似たようなプレゼンをしたんです。資料を頂いて私が引き継ぐのはどうでしょう。西田さんは設計図のほうに集中していただいて。

M：本当ですか。じゃ、今やってるスライドのデザインだけ片づけて、要点を整理したプレゼン資料と一緒にメールします。ありがとうございます。

このあと男の人は何をしますか。

1　スライドを１枚完成させる

2　しりょうとスライドを送る

3　しりょうの要点をまとめる

4　ＴＹビルの一次設計図を完成させる

2번 정답 1

회사에서 여자와 남자가 이야기하고 있습니다. 이후 남자는 무엇을 합니까?

F：니시다 씨, TY 빌딩의 1차 설계도는 완성되었나요?

M：아직입니다만, 혹시 서두르는 게 좋을까요?

F：아니요, 최종적인 마무리는 예정대로, 나중에 해도 될 것 같은데, 과장님이 4시부터 하는 회의 전에 한번 보고 싶다고 해서요.

M：그렇군요. 그렇다면 어느 정도 형태가 갖춰져 있어야겠네요. 조금 더 수정이 필요한 상태거든요.

F：3시 반쯤까지 가능할까요?

M：실은, 내일 건축 세미나에 사용할 슬라이드 쇼에 시간을 뺏겨서 그래요.

F：저기, 저 작년에 신입사원을 대상으로 비슷한 프레젠테이션을 했거든요. 자료를 받아 제가 인계하는 건 어떨까요? 니시다 씨는 설계도 쪽에 집중해 주시고요.

M：정말요? 그럼, 지금 하고 있는 슬라이드 디자인만 마무리 짓고, 요점 정리한 프레젠테이션 자료와 함께 메일로 보내드릴게요. 감사합니다.

이후 남자는 무엇을 합니까?

1　슬라이드 쇼를 1장 완성시킨다

2　자료와 슬라이드를 보낸다

3　자료의 요점을 정리한다

4　TY 빌딩의 1차 설계도를 완성시킨다

해설 남자가 해야 할 일로 빌딩 설계도, 슬라이드 쇼, 프레젠테이션 준비 등이 등장하고 있다. 과장님이 회의 전에 빌딩 설계도를 먼저 보고 싶다는 말이 들려 4번을 선택하지 않도록 주의하자. 결정적 힌트는 남자가 「じゃ、今やってるスライドのデザインだけ片づけて、要点を整理したプレゼン資料と一緒にメールします(그럼 지금 하고 있는 슬라이드 디자인만 마무리 짓고, 요점 정리한 프레젠테이션 자료와 함께 메일로 보내드릴게요)」라고 했으므로 지금 당장 해야 할 일은 슬라이드 쇼이니 답은 1번이다. 자료와 슬라이드를 보내는 건 지금 하고 있는 슬라이드를 완성하고 나서이니 2번은 오답이며, 남자는 「要点を整理したプレゼン資料(요점 정리한 프레젠테이션 자료)」라고 했으니 이미 자료의 요점은 정리되어 있음을 알 수 있으므로 3번도 오답이다.

어휘 一次(1차) | 設計図(설계도) | 完成(완성) | もしかして(혹시) | 急ぐ(서두르다) | 最終的(최종적) | 仕上がり(마무리) | 予定通り(예정대로) | 目を通す(보다, 훑어보다) | ある程度(어느 정도) | 形(형태) | 手直し(수정) | 可能(가능) | 建築(건축) | 時間を取られる(시간을 빼앗기다) | 新入社員(신입사원) | 対象(대상) | 似る(닮다) | 資料(자료) | 引き継ぐ(인계하다) | 集中(집중) | 片づける(마무리 짓다, 끝내다) | 要点(요점) | 整理(정리) | まとめる(정리하다)

家で母親と子供が話しています。子供はこのあとまず何をしなければなりませんか。

F：拓哉。お母さんが必要な物をかばんに入れておいたから、ちゃんと入ってるか、足りない物はないか、今、自分で確認してみて。

M：はい。えっと、お財布と、新幹線のチケットと、おじいちゃんに渡すお土産と、保険証と。あれ？ このチケット、なんで2枚あるの？

F：それは行きと帰り用だからよ。特に大事だから、なくしちゃだめよ。チケットと保険証は、お金と一緒にお財布の中に入れちゃうね。じゃあ、あとは二日分の着替えだけ準備すればいいわね。それが済んだらお昼を食べて出掛けましょう。

M：うん。おじいちゃんに電話して、もうすぐ出発するよって言おう。

F：おじいちゃんのところに着くのは夜だから、まだ早いわよ。駅で新幹線に乗る前にしましょう。

子供はこのあとまず何をしなければなりませんか。

1　おじいちゃんに電話する
2　新幹線のチケットをさいふに入れる
3　昼ごはんを食べる
4　服を用意する

집에서 어머니와 아이가 이야기하고 있습니다. 아이는 이후 먼저 무엇을 해야 합니까?

F : 타쿠야, 엄마가 필요한 물건 가방에 넣어두었으니 제대로 들어 있는지, 부족한 건 없는지, 지금 직접 확인해 봐.

M : 네. 지갑이랑 신칸센 티켓, 할아버지께 드릴 선물하고 보험증이랑. 어라? 이 티켓 왜 2장 있어?

F : 갈 때용 1장하고, 올 때용 1장이니 그렇지. 특히 중요한 거니 잃어버리면 안 된다. 티켓하고 보험증은 돈이랑 같이 지갑 안에 넣을게. 그럼, 나머지는 이틀 치 갈아입을 옷만 준비하면 되겠네. 그거 끝나면 점심 먹고 나가자.

M : 응. 할아버지한테 전화해서 곧 출발한다고 해야지.

F : 할아버지 댁에 도착하는 건 밤이니까, 아직 일러. 역에서 신칸센에 타기 전에 하자.

아이는 이후 먼저 무엇을 해야 합니까?

1　할아버지한테 전화한다
2　신칸센 티켓을 지갑에 넣는다
3　점심을 먹는다
4　옷을 준비한다

해설 출발하기 전에 물건을 잘 챙겼는지 확인하고 있는 내용인데, 어머니는 「あとは二日分の着替えだけ準備すればいいわね。それが済んだらお昼を食べて出掛けましょう (나머지는 이틀 치 갈아 입을 옷만 준비하면 되겠네. 그거 끝나면 점심 먹고 나가자)」라고 했다. 즉, 두 사람이 지금 가장 먼저 할 일은 이틀 치 옷을 준비하는 것이니 답은 4번이고, 옷 준비가 끝나면 점심 먹고 나가자고 했으니 3번은 오답이다. 할아버지께 전화드리는 것은 역에 도착한 후이니 1번은 오답이며, 어머니가 「チケットと保険証は、お金と一緒にお財布の中に入れちゃうね(티켓하고 보험증은 돈이랑 같이 지갑 안에 넣을게)」라고 했지만 가장 먼저 해야 할 일은 아니므로 2번도 오답이다.

어휘 ちゃんと(제대로, 정확히) | 足りない(부족하다) | 自分で(직접) | 確認(확인) | お財布(지갑) | 渡す(주다) | 保険証(보험증) | なんで(왜) | 行きと帰り用(갈 때용과 올 때용) | なくす(잃어버리다) | 二日分(이틀 치) | 着替え(갈아 입을 옷) | 済む(끝나다) | 服を用意する(옷을 준비하다)

男の人と女の人が話しています。女の人はこれから誰に電話をしますか。

M：佐藤さん、大変だよ。

F：何？慌てて。

M：今夜のお花見、取引先の人たちも招待したって、今、部長から電話が。

F：えー、大変。何人増えるの？

M：5人。公園の席を確保しに、田中たちはもう出発しただろ？　すぐに電話しなきゃ。

F：そうね。ござも足りないわ。田中君に言っておいて。

M：いや、それは僕が途中で買って持っていくよ。

F：じゃ、私はこれから会計の山田さんに連絡するわ。

M：うん。山田さんと話がついたら、買い出し担当の鈴木さんにすぐ連絡して。食事とビールも大急ぎで追加だよ。

女の人はこれから誰に電話をしますか。

1　佐藤さん
2　田中さん
3　山田さん
4　鈴木さん

남자와 여자가 이야기하고 있습니다. 여자는 앞으로 누구에게 전화합니까?

M : 사토 씨, 큰일 났어.

F : 뭔데? 왜 그리 허둥대?

M : 오늘 밤 꽃놀이에 거래처 사람들도 초대했다고 지금 부장님한테 전화가 (왔어).

F : 이런, 큰일 났네. 몇 명이나 늘어나는 거지?

M : 5명. 공원 자리 확보하러 다나카와 다른 직원들은 벌써 출발했지? 당장 전화해야겠어.

F : 그러네. 돗자리도 부족하겠네. 다나카 군에게 말해 둬.

M : 아냐, 그건 내가 도중에 사 갈게.

F : 그럼, 내가 지금부터 회계 야마다 씨한테 연락할게.

M : 응. 야마다 씨랑 이야기 끝나면, 구매 담당 스즈키 씨한테 당장 연락해. 식사와 맥주도 급히 서둘러 추가해야 해.

여자는 앞으로 누구에게 전화합니까?

1　사토 씨
2　다나카 씨
3　야마다 씨
4　스즈키 씨

해설 대화에 등장하는 이름은 사토 씨, 다나카 씨, 야마다 씨, 스즈키 씨이다. 1번의 사토 씨는 여자 본인이므로 오답이며, 다나카 씨에게는 돗자리를 더 사라는 용건으로 전화해야 하는데, 남자가 사 가겠다고 했으니 전화할 필요가 없어졌으므로 2번도 오답이다. 여자가「私はこれから会計の山田さんに連絡するわ(내가 지금부터 회계 야마다 씨한테 연락할게)」라고 했으므로 답은 3번 야마다 씨가 정답이다. 대화에 등장하는 사람이 많은 경우에는 반드시 순서를 필기하며 풀도록 연습해 두자.

어휘 大変だ(큰일이다)｜慌てる(허둥대다)｜花見(꽃놀이)｜取引先(거래처)｜招待(초대)｜増える(늘어나다)｜確保(확보)｜ござ(돗자리)｜足りない(부족하다)｜途中(도중)｜会計(회계)｜話がつく(이야기가 끝나다)｜買い出し担当(구매 담당)｜大急ぎ(당장, 급히)｜追加(추가)

会社で男の人と女の人が話しています。女の人はこのあと何をしますか。

M：明日の会議の準備、進んでる？

F：はい。資料のコピーをこれからやるところです。

M：鈴木課長も会議に参加することになったって聞いてる？

F：えっ、そうなんですか。知らなかったです。お弁当が1つ足りないので、すぐ追加の電話をします。

M：あ、ちょっと待って。会議には参加するって聞いたけど、そのあとの昼食会まで参加するかは確認取れてない。鈴木課長に直接聞いておいて。

F：分かりました。電話しておきます。

M：会議室の用意は大丈夫？ プロジェクターのテストはした？

F：あ、まだです。今日中にやります。

M：今日の会議室の空き状況は分かってる？ 今日は月曜だから、会議室の予約、いつもいっぱいだよ。

F：そうですね。そっちを最優先で確認します。

女の人はこのあと何をしますか。

1　しりょうをコピーする
2　会議室の予約じょうきょうを確かめる
3　鈴木課長に電話する
4　べんとうの注文数を追加する

5번 정답 2

회사에서 남자와 여자가 이야기하고 있습니다. 여자는 이후 무엇을 합니까?

M : 내일 회의 준비 잘 되고 있나?

F : 네. 자료 복사를 이제 하려는 참이에요.

M : 스즈키 과장님도 회의에 참가하시게 되었다는 거 들었어?

F : 아, 그래요? 몰랐어요. 도시락이 하나 부족하니까, 바로 추가 전화하겠습니다.

M : 아, 잠깐만. 회의에는 참가한다고 들었는데, 그 후 오찬 모임까지 참가하는지는 확인 못 했어. 스즈키 과장님한테 직접 물어봐 줘.

F : 알겠습니다. 전화해 두겠습니다.

M : 회의실 준비는 괜찮나? 프로젝터 테스트는 했어?

F : 아, 아직입니다. 오늘 안으로 하겠습니다.

M : 오늘 회의실 예약 상황은 알고 있어? 오늘은 월요일이라 회의실 예약이 항상 꽉 차 있거든.

F : 그렇네요. 그쪽을 최우선으로 확인하겠습니다.

여자는 이후 무엇을 합니까?

1　자료를 복사한다
2　회의실 예약 상황을 확인한다
3　스즈키 과장에게 전화한다
4　도시락 주문 수량을 추가한다

해설 남자는 여자에게 회의 준비를 잘 하고 있는지 확인하며 여러 가지 지시를 하고 있는데, 마지막 부분에서 「今日の会議室の空き状況は分かってる？ 今日は月曜だから、会議室の予約、いつもいっぱいだよ(오늘 회의실 예약 상황은 알고 있어? 오늘은 월요일이라 회의실 예약이 항상 꽉 차 있거든)」라고 하자 여자는 「そっちを最優先で確認(그쪽을 최우선으로 확인)」라고 했으므로 정답은 2번이다. 자료 복사는 지금부터 하겠다고 했지만 최우선으로 할 일은 회의실 예약 상황 확인이니 1번은 오답이다. 도시락 추가 주문은 스즈키 과장에게 오찬 모임에 참석할 것인지 확인한 후이므로 3번, 4번은 오답이다.

어휘 進む(진행되다, 잘 되다) | 資料(자료) | ~ところだ(하려는 참이다) | 足りない(부족하다) | 追加(추가) | 昼食会(오찬 모임) | 確認を取る(확인하다) | 直接(직접) | 用意(준비) | 今日中(오늘 안) | 空き状況(빈 상황, 예약 상황) | 最優先(최우선) | 状況(상황) | 確かめる(확인하다)

問題2では、まず質問を聞いてください。その
あと、問題用紙のせんたくしを読んでくださ
い。読む時間があります。それから話を聞い
て、問題用紙の1から4の中から、最もよいも
のを一つ選んでください。

例

母親と高校生の女の子が話しています。女の子は何を悩ん
でいますか。

F 1：ただいま。

F 2：おかえりなさい。あれ？どうしたの？元気ないわね。

F 1：うん、ちょっと。

F 2：何かあった？

F 1：うーん、実は今日、みなみとけんかして、仲直りはし
たんだけど。

F 2：あら、珍しいわね。でも仲直りできたなら、よかっ
たわね。

F 1：うん、ただ、お互い謝って、「仲直り」って言ったん
だけど、なんか気まずくて。

F 2：みなみちゃんとなら、きっと大丈夫よ。

F 1：そうかな。

F 2：うん。明日の朝、明るい笑顔であいさつしたら、きっ
と元に戻るわよ。

F 1：そっか、じゃあ明日、頑張ってみる。

F 2：うん、うまくいくといいわね。

女の子は何を悩んでいますか。

1　親友とけんか別れしたこと

2　仲直りしたが気まずさが残ったこと

3　笑顔であいさつできなかったこと

4　うまくあやまれなかったこと

문제 2에서는 먼저 질문을 들으세요. 그 후 문제지
의 선택지를 읽으세요. 읽을 시간이 있습니다. 그
러고 나서 이야기를 듣고 문제지의 1부터 4 안에서
가장 알맞은 것을 하나 고르세요.

예 정답 2

어머니와 여고생이 이야기하고 있습니다. 여자아이는 무엇을 고민
하고 있습니까?

F 1 : 다녀왔습니다.

F 2 : 잘 다녀왔니? 응? 무슨 일 있었니? 기운 없어 보이네.

F 1 : 응, 좀.

F 2 : 무슨 일 있었니?

F 1 : 음~, 실은 오늘 미나미랑 싸웠거든, 화해는 했지만.

F 2 : 어머, 별일이네. 그래도 화해했다면 다행이네.

F 1 : 응, 다만, 서로 사과하고 화해는 했지만, 뭔가 서먹해서.

F 2 : 미나미라면 틀림없이 괜찮을 거야.

F 1 : 그럴까….

F 2 : 응, 내일 아침 밝게 웃는 얼굴로 인사하면, 꼭 원래대로 돌아
올 거야.

F 1 : 그래? 그럼 내일 잘해 볼게.

F 2 : 응, 잘 되면 좋겠구나.

여자아이는 무엇을 고민하고 있습니까?

1　친한 친구와 싸우고 헤어진 점

2　화해를 했지만, 서먹함이 남아있는 점

3　웃는 얼굴로 인사하지 못한 점

4　제대로 사과하지 못한 점

大学で男の学生と女の学生が選挙について話しています。
二人はどうして現職知事が当選したと考えていますか。

M：昨日の東京の都知事選挙、今の知事がほかの候補に大きく差をつけて、また当選したね。投票に行った？

F：うん。行ったよ。

M：僕も行ったけど、今回の選挙、投票率がまた下がったみたいだね。最近は政治に関心のある人が増えたような印象だったんだけど。

F：候補者が22人もいて、それぞれの訴えがあまり伝わらなかったせいじゃないかな。誰が何を言っているのか、よく分からなかったもの。

M：そうだね。コロナのせいで今までみたいな選挙活動ができなくなったから、知名度のある現職知事に有利に働いたと言われているね。

F：うん。それに何より社会が混乱しているときだから、知事が変わるより、今までの人が続けてくれたほうが政治が安定するって考え方も納得できるよね。

二人はどうして現職知事が当選したと考えていますか。

1　とうひょうに行く人が少なくなったから

2　自分の考えをていねいに説明したから

3　変化よりも安定をもとめる人が多かったから

4　せんきょ活動をさかんに行ったから

대학에서 남학생과 여학생이 선거에 관해 이야기하고 있습니다. 두 사람은 왜 현직 지사가 당선됐다고 생각하고 있습니까?

M : 어제 도쿄도지사 선거, 지금 지사가 다른 후보에게 큰 차로 또 당선되었네. 투표하러 갔었니?

F : 응, 갔어.

M : 나도 갔는데 이번 선거, 투표율이 또 떨어진 모양이네. 요즘은 정치에 관심 있는 사람이 늘었난 것 같은 인상이었는데.

F : 후보자가 22명이나 되니, 각자의 호소가 잘 전달되지 않은 탓이 아닐까? 누가 무슨 말을 하는지도 잘 모르겠던데.

M : 맞아. 코로나 탓에 여태까지 해왔던 선거 활동을 할 수 없게 되었으니, 지명도가 높은 현직 지사에게 유리하게 작용했다고 하더라.

F : 응, 게다가 무엇보다 사회가 혼란스러운 때니까, 지사가 바뀌는 것보다 지금까지 하던 사람이 계속해 주는 편이 정치가 안정된다는 사고방식도 납득할 수 있지.

두 사람은 왜 현직 지사가 당선됐다고 생각하고 있습니까?

1　투표에 가는 사람이 적어졌기 때문에

2　자신의 생각을 세심하게 설명했기 때문에

3　변화보다도 안정을 추구하는 사람들이 많았기 때문에

4　선거 활동을 왕성하게 행했기 때문에

해설 본문에 투표율이 떨어졌다고 언급했지만, 현직 지사의 당선 여부와 관계있다는 내용은 나오지 않으므로 1번은 오답이고, 2번도 언급하지 않았으므로 오답이다. 여자가 마지막에 「それに何より社会が混乱しているときだから、知事が変わるより、今までの人が続けてくれたほうが政治が安定するって考え方も納得できるよね(게다가 무엇보다 사회가 혼란스러운 때니까, 지사가 바뀌는 것보다 지금까지 하던 사람이 계속해 주는 편이 정치가 안정된다는 사고방식도 납득할 수 있지)」라고 하며 변화보다 안정을 추구한다는 의미이므로 3번이 답이다. 「コロナのせいで今までみたいな選挙活動ができなくなった(코로나 탓에 여태까지 해왔던 선거 활동을 할 수 없게 되었다)」라고 했으니 4번도 오답이다.

어휘 選挙(선거) | 現職(현직) | 知事(지사) | 当選(당선) | 都知事選挙(도지사 선거) | 候補(후보) | 差をつける(차를 내다) | 投票(투표) | 投票率(투표율) | 下がる(떨어지다, 내려가다) | 政治(정치) | 印象(인상) | 候補者(후보자) | 訴え(호소) | 伝わる(전달되다) | ~のせいで(~탓에) | 選挙活動(선거 활동) | 知名度(지명도) | 有利に(유리하게) | 混乱(혼란) | 納得(납득) | ていねいに(세심하게) | 変化(변화) | 求める(추구하다) | 行う(행하다)

テレビで男の人と女の人が話しています。女の人が学校に
行けるようになったきっかけは何ですか。

M：近年、夏休み明けに学校に行けず、そのまま不登校にな
ってしまう児童が増えています。今日は小学校教師の
佐藤先生にお話を伺います。先生ご自身も小学生のと
きに不登校だったそうですね。

F：はい。5年生のときに夏休みの生活に慣れてしまって、
朝早く起きて学校に行くのが、突然すごく嫌になってし
まったんです。

M：無気力症みたいなものですか。

F：ええ、そうですね。友達が家まで迎えに来てくれました
し、担任の先生も熱心に何度も話をしに家に来てくだ
さいました。でも、なぜか学校に行く気にならなかった
んです。家の中の居心地がよくてゲームばかりしていま
した。

M：そうですか。

F：そしたら、私の叔母がボランティアでやっている一人
暮らしの高齢者への弁当配達を手伝えと言ってきたんで
す。初めは緊張しましたが、私が行くとすごく喜んで
くださるので、そのうちお年寄りと仲よくなりました。
新しい人間関係ができたことがきっかけで、また学校
に通うようになりました。

M：先生はご自身の経験から不登校の問題に取り組んでおら
れるのですね。

F：はい。学校だけでは子供たちを支えることは難しく、
地域の手助けが必要だと思っています。

女の人が学校に行けるようになったきっかけは何ですか。
1 家でゲームをするのにあきたこと
2 学校での人間関係にささえられたこと
3 地域のお年寄りにしかられたこと
4 新しい環境で喜びをえたこと

TV에서 남자와 여자가 이야기하고 있습니다. 여자가 학교에 갈 수
있게 된 계기는 무엇입니까?

M : 요즘 여름 방학이 끝난 후 학교에 못 가고 그대로 등교 거부해
버리는 아동이 늘어나고 있습니다. 오늘은 초등학교 교사인 사
토 선생님에게 말씀을 여쭙겠습니다. 선생님께서도 초등학교
때 등교 거부를 하셨다고 하네요.

F : 네. 5학년 때 여름방학 생활에 익숙해져서, 아침 일찍 일어나
학교에 가는 게 갑자기 너무 싫어졌습니다.

M : 무기력증 같은 건가요?

F : 네, 그렇습니다. 친구들이 집까지 데리러 와 주었고, 담임 선생
님도 열심히 여러 번 이야기하러 집에 와 주셨습니다. 하지만
왠지 학교에 갈 기분이 들지 않았습니다. 집에 있는 게 편해서
게임만 하고 있었어요.

M : 그렇습니까?

F : 그랬더니, 저의 고모가 자원봉사로 하고 있는 독거노인분들
을 위한 도시락 배달을 도와 달라고 했어요. 처음에는 긴장했
지만, 제가 가면 너무 좋아해 주셨기 때문에, 곧 어르신들과 친
해졌습니다. 새로운 인간관계가 생긴 것을 계기로 다시 학교에
다니게 되었습니다.

M : 선생님은 자신의 경험에서 등교 거부 문제에 임하고 계시는군
요.

F : 네. 학교만으로는 아이들을 지탱하기란 어려우니, 지역의 도움
이 필요하다고 생각하고 있습니다.

여자가 학교에 갈 수 있게 된 계기는 무엇입니까?
1 집에서 게임하는 것에 싫증난 것
2 학교에서의 인간관계에 지탱된 것
3 지역의 어르신들에게 혼난 것
4 새로운 환경에서 기쁨을 얻은 것

해설 여자는 도시락 배달이란 자원봉사 활동을 하면서 「新しい人間関係ができた(새로운 인간관계가 생겼다)」라고 하며, 이 일을 계기로
「また学校に通うようになりました(다시 학교에 다니게 되었다)」라고 했다. 지금까지 경험해 보지 못했던 '새로운 환경'에서 「私が
行くとすごく喜んでくださる(제가 가면 너무 좋아해 주시다)」라고 하며 '기쁨'을 얻어 다시 학교에 갈 수 있는 계기가 된 것이니 답은
4번이다. 게임에 싫증났다는 말은 없으니 1번은 오답이며, 본문에서 친구들과 담임선생님이 본인을 위해 애써주었다고 언급했지만 「で
も、なぜか学校に行く気にならなかった(하지만 왠지 학교에 갈 기분이 들지 않았다)」라고 했으니 2번은 오답이며, 3번은 등장하지

않는 내용이다.

3番

スーパーのレジで男の人と女の人が話しています。女の人は何を心配していますか。

M：では、レジの使い方を説明します。まずはバーコードをレジの読み取り部分にかざしてください。ピッと音がしたら、かごに入れてください。ここでのこつは、読み取り部分にまっすぐバーコードを向けることです。

F：バーコードのついていない商品はどうしたらいいですか。商品の値段を覚えないといけないんでしょうか。

M：それはこちらのリストから探してください。このリストにバーコードがありますから、バーコードリーダーで読み取ればいいですよ。

F：分かりました。

M：大体、特売の商品が多いですから、朝、出勤したらこのリストを見て、どんな商品があるのか確認しておくといいと思いますよ。

F：はい、分かりました。私はレジの仕事が初めてなので、たくさんのお客さんを長くお待たせしないかと緊張します。

M：大丈夫です。私も横についていますし、最初のうちはスピードより正確さですよ。

女の人は何を心配していますか。

1　バーコードのないしょうひんがあること
2　レジの操作に時間がかかること
3　しょうひんの値段を覚えなければならないこと
4　一人で仕事をしなければならないこと

3번 정답 2

슈퍼 계산대에서 남자와 여자가 이야기하고 있습니다. 여자는 무엇을 걱정하고 있습니까?

M：그럼 계산대 사용법을 설명하겠습니다. 우선 바코드를 계산대 판독 부분에 찍어주세요. 삐 소리가 나면, 바구니에 넣어 주세요. 이때 요령은 판독기 부분에 똑바로 바코드를 향하게 하는 것입니다.

F：바코드가 붙어 있지 않은 상품은 어떻게 해야 하나요? 상품 가격을 외워야 하나요?

M：그런 상품은 이쪽 리스트에서 찾아 주세요. 이 리스트에 바코드가 있으니까 바코드 리더로 판독하면 됩니다.

F：알겠습니다.

M：대개 특가 상품이 많으니까 아침에 출근하면 이 리스트를 보며 어떤 상품이 있는지 확인해 두는 게 좋을 겁니다.

F：네, 알겠습니다. 저는 계산대 일이 처음인지라, 많은 손님들을 오래 기다리게 하는 게 아닐까 긴장됩니다.

M：괜찮습니다. 저도 옆에 붙어 있을 것이고, 처음에는 스피드보다 정확함이에요.

여자는 무엇을 걱정하고 있습니까?

1　바코드가 없는 상품이 있는 것
2　계산대 조작에 시간이 걸리는 것
3　상품의 가격을 외워야 하는 것
4　혼자서 일을 해야만 하는 것

해설 여자는 계산대 일이 처음이라고 하며 「たくさんのお客さんを長くお待たせしないかと緊張します(많은 손님들을 오래 기다리게 하는 게 아닐까 긴장됩니다)」라고 했으므로, 여자가 가장 걱정하는 것은 2번이다. 바코드가 없는 상품에 대한 질문과 가격이 없는 상품은

리스트를 보면 된다고 했으니 1번, 3번은 오답이다. 여자가 긴장된다고 하자, 남자는 자신이 옆에 붙어 있겠다고 했으니 혼자 일하는 것은 아니므로 4번도 오답이다.

어휘 レジ(계산대) ┃ 読み取り部分(판독 부분) ┃ かざす(찍다) ┃ 音がする(소리가 나다) ┃ かご(바구니) ┃ こつ(요령) ┃ まっすぐ(똑바로) ┃ 向ける(향하다) ┃ 商品(상품) ┃ 覚える(외우다) ┃ 探す(찾다) ┃ 読み取る(판독하다) ┃ 大体(대개) ┃ 特売(특가 상품) ┃ 出勤(출근) ┃ 確認(확인) ┃ 緊張(긴장) ┃ 横についている(옆에 붙어 있다) ┃ 最初のうちは(처음에는) ┃ 正確さ(정확함) ┃ 操作(조작) ┃ 時間がかかる(시간이 걸리다)

電話で男の人と女の人が話しています。男の人はどうしてメールが届かなかったと言っていますか。

M：はい。桜ホール、チケットセンターです。

F：もしもし。来月の25日に開催されるバイオリンの音楽会のチケットを公式サイトから予約したんですけど。メールで送られてくるはずのバウチャーが届かないんです。

M：かしこまりました。お調べしますので、会員予約か非会員予約か、それとお名前とお電話番号を教えていただけますでしょうか。

F：えーっと、非会員でオオグロマキです。電話番号は090-3323-4444です。

M：少々お待ちください。オオグロマキ様、先週の水曜日にA席2枚でご予約いただいております。ただ、ご予約は会員でされてますね。**会員予約の場合は、バウチャーはメールではなく、マイページからご確認いただけることになっています。**

F：あら。やだ、どうして勘違いしたんだろう。分かりました。じゃあ、マイページを確認してみます。

M：はい。また何かありましたら、ご連絡ください。お電話ありがとうございました。

男の人はどうしてメールが届かなかったと言っていますか。

1 会員で予約をしたから
2 非会員で予約をしたから
3 公式サイトから予約をしなかったから
4 公式サイトから予約をしたから

4번 정답 1

전화로 남자와 여자가 이야기하고 있습니다. 남자는 왜 메일이 도착하지 않았다고 말하고 있습니까?

M：네. 사쿠라 홀, 티켓 센터입니다.

F：여보세요. 다음 달 25일에 개최되는 바이올린 음악회 티켓을 공식 사이트에서 예약했는데, 메일로 와야 하는 바우처가 안 왔어요.

M：잘 알겠습니다. 알아볼 테니 회원 예약인지 비회원 예약인지, 그리고 성함과 전화번호를 알려 주시겠습니까?

F：음, 비회원이고 오오구로 마키입니다. 전화번호는 090 – 3323 – 4444입니다.

M：잠시만 기다려 주세요. 오오구로 마키님, 지난주 수요일에 A석 2장으로 예약하셨습니다. 다만, 예약이 회원으로 되어 있네요. **회원 예약일 경우에는, 바우처는 메일이 아니라 마이페이지에서 확인하실 수 있게 되어 있습니다.**

F：어머, 웬일이야, 왜 착각했지? 알겠습니다. 그럼, 마이페이지를 확인해 볼게요.

M：네, 또 궁금하신 점이 있으면 연락해 주세요. 전화 감사했습니다.

남자는 왜 메일이 도착하지 않았다고 말하고 있습니까?

1 회원으로 예약했기 때문에
2 비회원으로 예약했기 때문에
3 공식 사이트에서 예약을 하지 않았기 때문에
4 공식 사이트에서 예약을 했기 때문에

해설 여자가 예약을 했는데 왜 바우처가 안 오는지 문의하고 있다. 이에 남자는 회원, 비회원 여부를 물었고 여자는 「非会員(비회원)」이라고 답했다. 남자는 예약 내용을 확인한 후 예약한 사실은 맞지만, 「ただ、ご予約は会員でされてますね。会員予約の場合は、バウチ

ャーはメールではなく、マイページからご確認いただける(다만, 예약이 회원으로 되어 있네요. 회원 예약일 경우에는, 바우처는 메일이 아니라 마이페이지에서 확인하실 수 있다)」라고 했다. 즉 여자는 비회원인데, 착각하여 회원으로 예약을 했고, 그래서 비회원이 받아볼 수 있는 메일이 도착하지 않은 것이니 답은 1번이 되고, 같은 이유로 2번은 오답이다. 공식 사이트 예약 여부와 바우처 발송 관계에 관한 언급은 없으므로 3번, 4번도 오답이다.

어휘 届く(도착하다) | 開催(개최) | 音楽会(음악회) | 公式サイト(공식 사이트) | 送る(보내다) | バウチャー(바우처) | かしこりました(잘 알겠습니다) | 会員予約(회원 예약) | 非会員予約(비회원 예약) | ただ(다만) | 確認(확인) | やだ(웬일이야, いやだ의 회화체) | 勘違い(착각)

5番

女の人と男の人が話しています。男の人はどうして妻に本当のことを言いませんでしたか。

F：山本さん、新しい自転車を買ったんですって？ スポーツ用のいい自転車だから高かったでしょう？

M：まあね。軽自動車一台分くらいかな。

F：うわあ。本格的なサイクリングをする人は違いますね。私は初心者だからいちばん安いのを買ったのに、夫に「自転車のくせに高すぎる」って文句を言われたんですよ。

M：へへ。僕は妻に自転車を買ったことを言ってないよ。

F：そんなに高い買い物なのに？ でも、新しい自転車が家にあれば、普通「いくらで買ったの？」って聞くでしょう。

M：うん。だから、サイクリングサークルの先輩からもらったって言ったんだ。妻は僕が何を買っても怒ったりはしないんだけど、代わりに同じ値段のものを買えって言ってくるんだ。だって、僕は自分のお小遣いをためて買ったんだから、何を買おうと僕の自由だよ。

F：じゃあ、本当のことを言えばいいのに。

男の人はどうして妻に本当のことを言いませんでしたか。

1 高い品物を買わされるから
2 怒られるのがいやだから
3 もんくを言われるから
4 個人の自由だと思っているから

5번 정답 1

여자와 남자가 이야기하고 있습니다. 남자는 왜 아내에게 사실을 말하지 않았습니까?

F：야마모토 씨, 새로운 자전거 샀다면서요? 스포츠용 좋은 자전거니까 비쌌겠네요?

M：뭐 그렇지. 경차 한 대분 정도 하려나?

F：우와. 본격적으로 사이클링하는 사람은 다르네요. 저는 초심자라서 제일 싼 걸로 샀는데, 남편한테 '무슨 자전거가 이렇게 비싸냐'고 한소리 들었거든요.

M：헤헤. 나는 아내한테 자전거 산 거 말 안 했어.

F：그렇게 비싼 물건인데요? 그래도 새 자전거가 집에 있으면 보통 '얼마에 샀어?'라고 물어보잖아요.

M：응. 그래서 사이클링 서클 선배한테 받은 거라고 했지. 아내는 내가 뭘 사도 화내지는 않는데, 대신에 같은 가격의 물건을 사달라고 하거든. 하지만 나는 내 용돈을 모아서 샀으니까, 뭘 사든 내 마음이야.

F：그럼 사실대로 말하면 좋을 텐데.

남자는 왜 아내에게 사실을 말하지 않았습니까?

1 비싼 물건을 억지로 사게 되기 때문에
2 혼나는 것이 싫기 때문에
3 불평을 듣기 때문에
4 개인의 자유라고 생각하고 있기 때문에

해설 남편이 아내에게 고가의 자전거를 산 사실을 밝히지 않는 이유는 「代わりに同じ値段のものを買えって言ってくるんだ(대신에 같은 가격의 물건을 사달라고 하거든)」라는 말이 결정적 힌트가 된다. 아내에게 사줘야 하는 물건도 상당히 고가의 물건이 될 수밖에 없기 때문에 아내에게 사실대로 말하지 않은 것이니 답은 1번이다. 아내는 뭘 사든 화내지 않는다고 했으니 2번은 오답이고, 불평을 들은 것은 여자이므로 3번도 오답이다. 무엇을 사든 자유라고 했지만, 아내에게 사실을 말하지 않은 이유는 아니므로 4번도 오답이다.

제3회 해설 및 풀이 전략

妻(아내) | スポーツ用(스포츠용) | 軽自動車(경차) | 一台分(한 대분) | 本格的(본격적) | 初心者(초심자) | 夫(남편) | ~のくせ に(~이면서, ~인 주제에) | 文句を言う(한소리 하다, 불평하다) | 普通(보통) | 怒る(화내다) | 代わりに(대신에) | だって(하지만) | お小遣いをためる(용돈을 모으다) | 品物(물품, 물건) | 買わされる(억지로 사게 되다) | 怒られる(혼나다) | 個人の自由(개인의 자유)

6番

ラジオで男の人が話しています。男の人は作品の何が良い と言っていますか。

M：えー、今日は、今注目の小説家、川原かおりの作品に ついてお話ししたいと思います。この作家の作品では、 少年が主人公であることが多いのですが、問題を乗り越 えながら成長していく過程がみずみずしく描かれてい ます。人物の描き方は群を抜いています。川原かおりな らではの感性ですね。常に社会的な問題を取り上げてい るとか、表現が現代的で映像的であるとか、そういった 点に注目する方も多いですが、私は、彼女の作品の魅 力は主人公にあると思います。

男の人は作品の何が良いと言っていますか。

1　少年を主人公にしていること
2　少年の問題行動を取り上げていること
3　現代社会にありがちな成長物語であること
4　**登場人物から活力が感じられること**

6번 정답 4

라디오에서 남자가 이야기하고 있습니다. 남자는 작품의 무엇이 좋 다고 말하고 있습니까?

M : 음~, 오늘은 지금 주목받는 소설가 가와하라 카오리의 작품에 관해 이야기하려고 합니다. 이 작가의 작품은 소년이 주인공인 경우가 많습니다만, **문제를 극복하면서 성장해 가는 과정이 생 기 있게 묘사되어 있습니다.** 인물 묘사 방법은 아주 뛰어납니 다. 가와하라 카오리만의 감성이지요. 항상 사회적인 문제를 다루고 있다든가, 표현이 현대적이고 영상적이라든가, 이런 점 에 주목하는 분도 많습니다만, 저는 그녀 작품의 매력은 주인 공에게 있다고 생각합니다.

남자는 작품의 무엇이 좋다고 말하고 있습니까?

1　소년을 주인공으로 하고 있는 점
2　소년의 문제 행동을 다루고 있는 점
3　현대사회에 흔히 있는 성장 이야기라는 점
4　**등장인물로부터 활력을 느낄 수 있다는 점**

해설 남자는 작품의 매력이 주인공에게 있다고 했는데, 작품 속에서 주인공이 「問題を乗り越えながら成長していく過程がみずみずしく 描かれています(문제를 극복하면서 성장해 가는 과정이 생기 있게 묘사되어 있습니다)」라고 하였으므로 4번이 답이다. 소년을 주인공 으로 한 경우가 많다는 것은 단순한 사실을 설명한 것이므로 1번은 오답이며, 2번은 등장하지 않는 내용으로 오답이다. 소년의 성장 이야 기란 점은 사실이지만 남자가 주목하고 있는 점은 생기 있게 묘사한 점이므로 3번도 오답이다.

어휘 作品(작품) | 注目(주목) | 小説家(소설가) | 作家(작가) | 少年(소년) | 主人公(주인공) | 乗り越える(극복하다) | 成長(성장) | 過 程(과정) | みずみずしい(생기있다) | 描く(그리다, 묘사하다) | 人物(인물) | 描き方(묘사 방법) | 群を抜く(발군이다, 아주 뛰어나 다) | 感性(감성) | 常に(항상) | 取り上げる(다루다) | 表現(표현) | 現代的(현대적) | 映像的(영상적) | 魅力(매력) | 問題行動(문 제 행동) | 現代社会(현대사회) | ありがちな(흔히 있는) | 成長物語(성장 이야기) | 登場人物(등장인물) | 活力(활력)

問題3 問題3では、問題用紙に何もいんさつされていません。この問題は、全体としてどんな内容かを聞く問題です。話の前に質問はありません。まず話を聞いてください。それから、質問とせんたくしを聞いて、1から4の中から、最もよいものを一つ選んでください。

例

ラジオで女の人が話しています。

F：今日は四月一日ですね。新入社員の皆さん、入社おめでとうございます。今日から社会人としての人生がスタートしますね。新入社員といえば、私は初任給をもらった日のことを思い出します。学生時代は勉強ばかりしていたので、アルバイトをしたことがなかったんです。だから、初任給は両親へのプレゼントに使おうと決めていました。両親の喜ぶ顔が今でも忘れられません。皆さんは初任給の使い道は決めていますか。リスナーの皆さんの経験談、コメントお待ちしております。

女の人は何について話していますか。

1　自分の新入社員時代の思い出
2　新入社員時代に悩んでいたこと
3　初めて働いたときにうれしかったこと
4　両親に感謝していること

1番

テレビでコメンテーターが話しています。

M：今や主流になったテレワークですが、自宅で働くことで、ついつい遅くまで作業をしてしまったり、休日にも働いてしまう人が増加しているそうです。在宅でどのように働いているのか、上司からは見えにくいですよね。そのため残業申請をためらい、サービス残業をしている人も多いようです。出勤時間がなく働きやすいという声もある一方、残業時間が増えるという欠点が見えてきたわけです。まだまだテレワークに慣れない企業もあるようですから、今後どのように管理すべきか、考える必要がありそうですね。

문제3 문제 3에서는 문제지에 아무것도 인쇄되어 있지 않습니다. 이 문제는 전체로서 어떤 내용인지를 묻는 문제입니다. 이야기 전에 질문은 없습니다. 먼저 이야기를 들으세요. 그리고 나서 질문과 선택지를 듣고 1부터 4 안에서 가장 알맞은 것을 하나 고르세요.

예　정답 1

라디오에서 여자가 이야기하고 있습니다.

F：오늘은 4월 1일이지요. 신입사원 여러분, 입사 축하드립니다. 오늘부터 사회인으로서의 인생이 시작되네요. 신입사원이라 하면, 저는 첫 월급을 받았던 날을 떠올립니다. 학창시절에는 공부만 했기 때문에, 아르바이트를 한 적이 없었습니다. 그래서, 첫 월급은 부모님께 드릴 선물에 쓰자고 마음먹고 있었지요. 부모님의 기뻐하던 얼굴을 지금도 잊을 수 없습니다. 여러분은 첫 월급의 용도는 정하셨나요? 청취자 여러분의 경험담, 코멘트를 기다리고 있습니다.

여자는 무엇에 대해서 말하고 있습니까?

1　자신의 신입사원 시절의 추억
2　신입사원 시절에 고민하고 있던 것
3　처음 일했을 때 기뻤던 것
4　부모님께 감사하고 있는 것

1번　정답 2

TV에서 뉴스 해설자가 이야기하고 있습니다.

M：지금은 주류가 된 재택근무이지만, 집에서 일하다 보니 그만 밤 늦게까지 작업을 하거나, 휴일에도 일하는 사람이 증가하고 있다고 합니다. 집에서 어떻게 일하고 있는지 상사에게는 잘 보이지 않지요. 그래서 야근 신청하기를 주저하며, 서비스 야근을 하고 있는 사람도 많은 것 같습니다. 출근 시간이 없어 일하기 편하다는 목소리도 있는 한편, 야근 시간이 늘어난다는 결점이 보이기 시작한 것입니다. 아직 재택근무에 익숙하지 않은 기업도 있는 것 같으므로, 앞으로 어떻게 관리해야 할지 생각할 필요가 있을 것 같습니다.

コメンテーターは何について話していますか。

1　テレワークの流行

2　在宅で働くことによる欠点

3　テレワークを効率的に取り入れる方法

4　残業時間を減らす方法

뉴스 해설자는 무엇에 관해 말하고 있습니까?

1　재택근무의 유행

2　집에서 일하는 것에 따른 결점

3　재택근무를 효율적으로 도입하는 방법

4　야근 시간을 줄이는 방법

해설 문제를 푸는 키워드로 「遅くまで作業をする(늦게까지 작업하다)・休日にも働く(휴일에도 일하다)・サービス残業(서비스 야근)・残業時間が増える(야근 시간이 늘어나다)」를 들 수 있다. 즉, 전체 내용은 재택근무가 안고 있는 문제점에 대한 지적이란 것을 알 수 있으니 답은 2번이다. 재택근무가 주류가 된 사실은 말했지만 유행에 대한 언급은 하지 않았으니 1번은 오답이며, 재택근무의 효율적인 도입은 언급하지 않으므로 3번은 오답이다. 재택근무에서 야근 시간이 늘어나는 문제가 있다는 지적은 있었지만 줄이는 방법은 말하지 않았으므로 4번도 오답이다.

어휘 コメンテーター(뉴스 해설자) | 今や(지금은) | 主流(주류) | 自宅(자택, 집) | ついつい(그만) | 遅くまで(늦게까지) | 作業(작업) | 休日(휴일) | 増加(증가) | 在宅(재택) | 上司(상사) | 残業申請(야근 신청) | ためらう(주저하다) | サービス残業(서비스 야근) | 出勤時間(출근 시간) | 一方(한편) | 欠点(결점) | 慣れる(익숙해지다) | 企業(기업) | 今後(앞으로) | 管理(관리) | 流行(유행) | 効率的(효율적) | 取り入れる(도입하다, 받아들이다) | 減らす(줄이다)

ラジオで女の人が話しています。

F：皆さん、お洗濯をするときって洗濯機任せになっていませんか。今日はですね、洗濯機で洗うときのこつを一つ、お教えします。それは、洗濯物を洗濯機に入れる際に、服を裏返して入れることです。「なんだ、そんな簡単なこと？」なんて言われちゃいそうですけれども、服を裏返すことで、色が落ちるのを防いだり、服の内側の汚れをきれいに取る効果があるんだそうです。ただし、何でもかんでも裏返しにすればいいというものではありませんよ。表面の汚れがひどい場合はそのままのほうがいいですし、服の素材なんかにもよりますよね。ぜひですね、脱いだ服をそのままの状態で洗濯機にぽいっと放り込む前に、ちょっとだけひと手間かけて、手に取って見てみることを習慣づけてはどうでしょうか。

女の人は何について話していますか。

1　洗濯物を干す際のポイント

2　洗濯物が縮まないようにするこつ

3　衣類を洗濯機で洗う際のこつ

4　色が濃い服をきれいに洗う方法

2번 정답 3

라디오에서 여자가 이야기하고 있습니다

F：여러분, 빨래할 때 세탁기에 다 맡기고 있지 않으신가요? **오늘은 세탁기로 빨 때의 팁을 하나 알려드리겠습니다.** 그 팁은 빨래를 세탁기에 넣을 때, 옷을 뒤집어 넣는 것입니다. '뭐야, 그렇게 간단한 거?'라고 하실 것 같지만, 옷을 뒤집어 빨면 색이 빠지는 걸 방지하거나, 옷 안쪽의 때를 깨끗하게 제거하는 효과가 있다고 합니다. 다만, 그렇다고 모든 빨래를 다 뒤집는다고 좋은 건 아니에요. 표면의 때가 심한 경우에는 그대로 하는 편이 좋고, 옷의 소재 등에 따라서도 다르겠지요. 꼭, 벗은 옷을 그 상태 그대로 세탁기에 휙 하고 던져 넣기 전에, 조금만 작은 수고를 들여 손에 들고 확인하는 습관을 들이는 것은 어떨까요?

여자는 무엇에 대해서 이야기하고 있습니까?

1　빨래를 말릴 때의 포인트

2　빨래가 줄어들지 않도록 하는 요령

3　의류를 세탁기로 빨 때의 요령

4　색이 짙은 옷을 깨끗하게 빠는 방법

해설 이 글의 주제는 「今日はですね、洗濯機で洗うときのこつを一つ、お教えします(오늘은 세탁기로 빨 때의 팁을 하나 알려드리겠습니다)」라는 말에서 알 수 있고, 전체 내용에서 세탁기로 빨래할 때의 팁과 그 효과, 주의사항, 그리고 습관화하자는 말 등을 하고 있으므로 답은 3번이다. 1번, 2번, 4번은 본문에 나오지 않았으니 모두 오답이다.

어휘 洗濯機任せ(세탁기에다 맡김) | こつ(요령, 팁) | 洗濯物(빨래) | ~際に(~때에) | 裏返す(뒤집다) | 色が落ちる(색이 빠지다) | 防ぐ(방지하다, 막다) | 内側(안쪽) | 汚れを取る(때를 제거하다) | 効果(효과) | ただし(다만) | 何でもかんでも(뭐든지) | 表面(표면) | ひどい(심하다) | 素材(소재) | ぽいっと(휙 하고) | 放り込む(던져 넣다) | ひと手間かける(작은 수고를 들이다) | 手に取る(손에 들다, 집다) | 習慣づける(습관을 들이다) | 干す(말리다) | 縮む(줄어들다) | 衣類(의류) | 濃い(진하다)

3番

学校の教室で女の人が話しています。

F : 皆さん、こんにちは。私は栄養士の山本と申します。私の仕事は、皆さんが毎日食べている給食の献立を考えることです。バランスの取れたメニューになるように一生懸命考えています。それ以外にも、食材を選んで、材料を買うことも私の仕事です。皆さんから頂いている給食費をうまく使えるように頑張っています。普段は皆さんと直接顔を合わせることはありませんが、実は皆さんが授業をしている間、毎日１階の調理室で給食を作っているんですよ。

女の人は何について話していますか。
1　給食の作り方
2　栄養士の仕事
3　献立の作り方
4　栄養士の働き方

3번 정답 2

학교 교실에서 여자가 이야기하고 있습니다.

F : 여러분, 안녕하세요. 저는 영양사 야마모토라고 합니다. 제 일은 여러분이 매일 먹고 있는 급식의 식단을 생각하는 것입니다. 균형 잡힌 메뉴가 되도록 열심히 생각하고 있습니다. 그 밖에도, 식재료를 선택하고 재료를 사는 것도 저의 일입니다. 여러분들이 주시는 급식비를 제대로 사용할 수 있도록 노력하고 있습니다. 평소에는 여러분과 직접 얼굴을 마주할 일은 없지만, 실은 여러분이 수업하고 있는 동안, 매일 1층 조리실에서 급식을 만들고 있는 거지요.

여자는 무엇에 관해 이야기하고 있습니까?
1　급식 만드는 법
2　영양사의 일
3　식단 짜는 법
4　영양사가 일하는 방식

해설 이 여자는 자신의 직업이 영양사라고 밝힌 후,「私の仕事は、皆さんが毎日食べている給食の献立を考えること(제 일은 여러분이 매일 먹고 있는 급식의 식단을 생각하는 것)」라고 하며,「食材を選んで、材料を買うこと(식재료를 선택하고 재료를 사는 것)」도 자신이 하는 일이라고 했으니, 이 글의 전체 주제는 2번 '영양사의 일'이다. 영양사로서 급식은 만든다고 했지만 어떻게 만드는지에 대한 언급은 없으므로 1번은 오답이며, 3번은 균형 잡힌 메뉴를 생각한다고 언급 후 어떻게 짜는지에 대한 말은 없으므로 오답이다. 또한 영양사가 하는 일의 내용 등은 소개했지만 일하는 방식에 관한 내용은 나오지 않았으므로 4번도 오답이다.

어휘 栄養士(영양사) | ~と申します(~라고 합니다) | 給食(급식) | 献立(식단) | バランスが取れる(균형이 잡히다) | 食材(식재료) | 材料(재료) | 給食費(급식비) | 普段は(평소에는) | 顔を合わせる(얼굴을 마주하다) | 実は(실은) | 授業(수업) | 調理室(조리실)

4番

テレビでリポーターが話しています。

M：子供の頃、「無人島に行くとしたら何を持っていく？」なんて話を友達として、あれこれ想像して楽しんだご記憶、誰しもお持ちではないでしょうか。実は今、無人島ツアーがひそかに人気を集めているそうなんです。今日はですね、私が撮影してきた無人島の様子と共に、ツアーの楽しみ方を皆さんにお伝えしたいと思います。まずは、こちらの映像をご覧ください。無人島は、その名のとおり、人が住んでいない島ですので、開発されていない場所が多いわけです。そのため、このように、手つかずの自然を楽しむことができるんです。見てください、この美しさ。思わずうっとりしてしまいますよね。

男の人は何について伝えていますか。

1　無人島ツアーの魅力
2　無人島の自然と動植物
3　無人島ツアーの内容
4　ツアーへの参加の仕方

4번 정답 1

TV에서 리포터가 이야기하고 있습니다.

M：어렸을 때, '무인도에 간다면 뭘 가져 갈래?'와 같은 이야기를 친구와 하며, 이것저것 상상하며 즐거웠던 기억, 누구나 갖고 계시지 않을까요? 실은 지금, 무인도 투어가 조용히 인기를 끌고 있다고 합니다. 오늘은 제가 촬영해온 무인도의 모습과 함께 투어 즐기는 법을 여러분에게 전해드리려 합니다. 먼저 이쪽 영상을 봐 주십시오. 무인도는 그 이름대로 사람이 살지 않는 섬이기 때문에 개발되지 않은 곳이 많습니다. 그래서 이처럼 사람의 손이 닿지 않은 자연을 즐길 수 있습니다. 보세요, 이 아름다움을. 나도 모르게 사로잡히게 되고 맙니다.

남자는 무엇에 대해 전하고 있습니까?

1　무인도 투어의 매력
2　무인도의 자연과 동식물
3　무인도 투어의 내용
4　투어 참가 방법

해설　「無人島ツアーがひそかに人気を集めている(무인도 투어가 조용히 인기를 끌고 있다)」라고 하는 말에서 이 글의 주제를 파악할 수 있다. 「手つかずの自然を楽しむことができる(사람의 손이 닿지 않은 자연을 즐길 수 있다)」라고 하며 무인도 투어의 매력을 어필하고 있음을 알 수 있으므로 답은 1번이다. 무인도의 자연을 즐길 수 있다고 했지만, 동식물에 관한 내용은 없으므로 2번은 오답이며, 무인도 투어 즐기는 법을 전하고 싶다고는 했지만, 구체적인 투어 내용이나 요금, 참가 방법 등에 관한 내용은 나오지 않았으므로 3번, 4번도 오답이다.

어휘　無人島(무인도) | ～としたら(~라면) | 想像(상상) | 記憶(기억) | ひそかに(조용히, 살그머니) | 撮影(촬영) | 様子(모습) | ～と共に(~와 함께) | 伝える(전하다) | 映像(영상) | ご覧ください(봐 주십시오) | その名のとおり(그 이름대로) | 島(섬) | 開発(개발) | 手つかずの自然(사람의 손이 닿지 않은 자연) | 美しさ(아름다움) | 思わず(나도 모르게) | うっとりする(마음이 사로 잡히다) | 魅力(매력) | 動植物(동식물)

5番

日本語学校の先生が話しています。

F：では、ここまで日本の結婚式について紹介してきましたが、最後に、結婚式に持っていく「ご祝儀」について話したいと思います。ご祝儀は結婚式のときに渡すお祝い金のことですが、このご祝儀にも実はマナーがあるんです。例えば、ご祝儀をあげる際は、お札の枚

5번 정답 1

일본어 학교의 선생님이 이야기하고 있습니다.

F：그럼, 지금까지 일본의 결혼식에 대해 소개했습니다만, 마지막으로 결혼식에 가져가는 '축의금'에 관해 말해 보겠습니다. 축의금은 결혼식 때 건네는 축하의 돈을 가리킵니다만, 이 축의금에도 실은 매너가 있습니다. 예를 들면, 축의금을 줄 때는 지폐의 장수를 홀수로 하는 관습이 있습니다. 짝수, 예를 들어 2

数を奇数にする習慣があります。偶数、例えば2万円、4万円は割り切れる数字なので、別れを連想させるためよくないと言われています。また、お札は折り目のない新札を入れるのもマナーのうちの一つです。ご祝儀の金額は、新郎新婦との関係性にもよるので、必ずしもこの額でなくてはいけないというのはありませんが、一般的には友人だと3万円が相場だと思います。

만 엔, 4만 엔은 딱 나누어떨어지는 숫자라서, 이별을 연상시키기 때문에 좋지 않다고 합니다. 그리고, 지폐는 접힌 부분이 없는 신권을 넣는 것도 매너 중 하나입니다. 축의금의 금액은 신랑 신부와의 관계에 따라서도 다르므로, 반드시 이 금액이어야만 한다는 것은 없습니다만, 일반적으로는 친구라면 3만 엔이 시세라고 생각합니다.

先生は何について話していますか。

1 ご祝儀を贈る際に気をつけること
2 結婚式でやってはいけないこと
3 日本における結婚観
4 ご祝儀を渡す理由

선생님은 무엇에 대해 이야기하고 있습니까?

1 축의금을 보낼 때 주의할 점
2 결혼식에서 해서는 안 되는 일
3 일본의 결혼관
4 축의금을 주는 이유

해설 여자는 '축의금'에 관해 말하겠다고 하며, 「このご祝儀にも実はマナーがある(이 축의금에도 실은 매너가 있다)」라고 하며, 지폐 장수는 홀수로 할 것, 신권을 줄 것, 축의금 시세 등에 관해 언급하였다. 매너란 당연히 지켜야 할 예의, 예법 등을 의미하므로, 1번이 답이 된다. 2번과 3번은 언급되지 않은 내용이며, 축의금을 줄 때 지켜야 하는 매너에 대해 말하며 이유에 관한 설명은 없었으므로 4번도 오답이다.

어휘 ご祝儀(축의금) | 渡す(건네다) | お祝い金(축의금) | 実は(실은) | お札(지폐) | 枚数(장수) | 奇数(홀수) | 習慣(습관, 관습) | 偶数(짝수) | 割り切れる(딱 나누어떨어지다) | 数字(숫자) | 別れ(이별) | 連想(연상) | 折り目(접힌 부분) | 新札(신권) | 金額(금액) | 新郎新婦(신랑 신부) | 関係性(관계성) | 額(액수, 금액) | 一般的(일반적) | 友人(친구) | 相場(시세) | 贈る(보내다) | 結婚観(결혼관)

問題4 問題4では、問題用紙に何もいんさつされていません。まず文を聞いてください。それから、それに対する返事を聞いて、1から3の中から、最もよいものを一つ選んでください。

문제4 문제 4에서는 문제지에 아무것도 인쇄되어 있지 않습니다. 먼저 문장을 들으세요. 그러고 나서 그것에 대한 대답을 듣고, 1부터 3 안에서 가장 알맞은 것을 하나 고르세요.

例

F：そのケーキ、どうだった？
M：1 いちごがたっぷり入ってて、おいしかったよ。
　　2 あー、高いだけに、けっこう味気ないね。
　　3 そうか、あまり食べた気がしなかったか。

예 정답 1

F：그 케이크 어땠어?
M：1 딸기가 듬뿍 들어있어 맛있었어.
　　2 아~, 비싼 만큼 꽤나 밋밋해.
　　3 그래? 별로 먹은 것 같지 않았나?

1番

M：山本さん、僕たち、降りるべき駅を通過しちゃってない？

F：1 えっ？次、どこの駅？

2 大丈夫だよ、通り過ぎたら教えてあげる。

3 えっと、どこで乗るんだっけ？

1번 정답 1

M : 야마모토 씨, 우리 내릴 역 지나친 거 아냐?

F : 1 어라? 다음이 어느 역인데?

2 괜찮아, 통과하면 알려 줄게.

3 아, 어디서 타는 거였지?

해설 남자는 내릴 역을 지나친 것이 아니냐고 걱정하고 있다. 다음 역이 어디인지 확인하여, 자신들의 현재 위치를 확인하고 있는 1번이 가장 적절한 반응이므로 정답이 된다. 내릴 역을 지나쳤을까 봐 걱정하는 상대에게 지나가면 알려 주겠다는 말은 앞뒤가 맞지 않으므로 2번은 오답이며, 어디서 타는지를 물어보는 3번도 적절하지 않으므로 오답이다.

어휘 降りる(내리다) ｜ 通過(통과) ｜ 通り過ぎる(통과하다, 지나가다)

2番

M：田舎からみかんが一箱届きましてね。よかったらどうぞ、お好きなだけ取ってください。

F：1 こんなにたくさんですか。いいんですか。

2 一箱もくれるんですか。すみません。

3 10個だと、おいくらでしょう。

2번 정답 1

M : 고향에서 귤이 한 상자 도착했어요. 괜찮으시면 원하시는 만큼 가져가세요.

F : 1 이렇게나 많이 왔어요? 그래도 돼요?

2 한 상자나 주시는 거예요? 감사합니다.

3 10개면 얼마일까요?

해설 남자는 고향에서 귤이 왔고 여자에게 가져가라고 호의를 베풀고 있는데, 귤이 많이 온 것에 놀라면서 그래도 되겠냐고 되묻고 있는 1번이 가장 적절한 대답이다. 남자는 「お好きなだけ取ってください(원하는 만큼 가져가세요)」라고 했으므로 2번은 오답이며, 3번은 과일가게에서 가격을 묻는 표현이므로 오답이다.

어휘 田舎(시골, 고향) ｜ 一箱(한 상자) ｜ 届く(도착하다) ｜ お好きなだけ(원하시는 만큼) ｜ ～個(~개)

3番

F：そんなに行きたかったんなら、行けばよかったのに。

M：1 行きたくて行ったんじゃないから。

2 行けなかったかもしれないからね。

3 時間がなくて、どうしても行けなかったんだよ。

3번 정답 3

F : 그렇게 가고 싶었으면, 가면 좋았을 텐데.

M : 1 가고 싶어서 간 게 아니니까.

2 못 갔을지도 모르니까.

3 시간이 없어서 도저히 갈 수 없었어.

해설 그렇게 가고 싶었는데 왜 안 갔냐고 묻고 있으므로, 시간이 없어서 못 갔다고 이유를 답한 3번이 가장 적당한 반응이다. 1번은 갔다는 것을 나타내므로 오답이다. 2번은 어떤 사정이 있었으면 못 갔을지도 모른다고 하며, 그곳에 갈 수 있어서 다행이었다는 것을 나타낸다. 따라서 결과적으로는 그곳에 갔다는 내용이므로 오답이다.

어휘 ～ばよかったのに(~하면 좋았을 텐데) ｜ どうしても(도저히)

4番

M：もう満員電車に乗りたくないよ。田舎に引っ越したいな。

F：1　最終電車まで、まだ時間があるわよ。

　　2　田舎だと電車は1時間に1本くらいだもんね。

　　3　パソコンさえあれば、どこでも仕事できるもんね。

4번 정답 3

M：더 이상 만원 전철을 타고 싶지 않아. 시골로 이사하고 싶어.

F：1　막차까지 아직 시간 있어.

　　2　시골이라면, 전철은 1시간에 한 대 정도야.

　　3　컴퓨터만 있다면, 어디서든 일할 수 있어.

해설 남자는 복잡한 도시를 떠나 시골에서 여유롭게 살고 싶다고 한 말에, 컴퓨터만 있으면 장소에 관계없이 일할 수 있다고 한 3번이 가장 적절한 대답이다. 1번의 「最終電車(막차)」는 '만원 전철'과 비슷하여 오답을 유도하고 있으므로 함정에 빠지지 않도록 주의하자. 2번은 시골 전철의 배차 간격을 묻는 내용에 대한 대답이므로 오답이다.

어휘 満員電車(만원 전철) | 田舎(시골, 고향) | 引っ越す(이사하다) | 最終電車(막차) | 1時間に1本(1시간에 1대) | ~さえあれば(~만 있으면)

5番

F：SNSでここまで批判されたら、気にするなというほうが無理じゃない？

M：1　うん、ぼくも気になってしょうがないよ。

　　2　誰だよ、気にするなって批判したやつは。

　　3　無理しないように言ってあげたら？

5번 정답 1

F：SNS에서 이렇게까지 비판당하면, 신경 쓰지 말라는 게 무리 아냐?

M：1　응, 나도 너무 신경 쓰여 죽겠어.

　　2　누구야, 신경 쓰지 말라고 비판한 녀석은.

　　3　무리하지 말라고 말해 주는 게 어떨까?

해설 여자는 비판의 정도가 너무 심하여 그 누구라도 신경 쓰지 않을 수 없을 것이라고 했고, 이에 동의하는 1번이 가장 적당한 반응이다. SNS에서 비판당한 내용을 신경 쓰지 말라고 하지 않았으므로 2번은 오답이다. 「気にする(신경 쓰다)」, 「批判(비판)」을 들려주고, 오답을 유도하고 있으므로 함정에 빠지지 않도록 주의하자. 마찬가지로 3번에서도 「無理(무리)」가 들렸지만 여자가 말한 「無理じゃない？(무리 아냐?)」는 불가능에 가깝다는 뜻으로 한 말이기 때문에 3번의 「無理しないように(무리하지 말라고)」는 불가능한 일을 억지로 하지 말라는 의미이므로 역시 오답이다.

어휘 批判(비판) | 気にする(신경 쓰다) | ~な(~하지마) | 気になる(신경 쓰이다) | ~てしょうがない(매우 ~하다, ~해 죽겠다) | やつ(녀석, 놈)

6番

M：山田さん、工場から連絡は？　故障の原因は分かった？

F：1　分かりました。工場に連絡してみます。

　　2　それが、まだ工場と連絡が取れていなくて。

　　3　結果は分かったんですが、原因は今、分からないところでした。

6번 정답 2

M：야마다 씨, 공장에서 연락은? 고장 원인은 알아냈나?

F：1　알겠습니다. 공장에 연락해 보겠습니다.

　　2　그게, 아직 공장하고 연락이 안 돼서.

　　3　결과는 알아냈습니다만, 원인은 지금 밝혀지지 않을 뻔 했습니다.

해설 고장 원인에 대한 질문에 긍정 또는 부정의 답이 와야 하는데, 아직 연락이 안 돼서 원인을 모르겠다고 간접적으로 부정의 답을 한 2번이 정답이다. 1번에서 「分かりました(알겠습니다)」라고 했지만, 이 말은 고장의 원인을 알아냈다는 대답이 아니라 남자의 지시를 이해했다는 의미이고, 남자는 '공장에서 연락이 오는가'와 '고장의 원인을 알아냈나'라는 2가지에 관해서 질문하고 있으므로 대답으로 적당하지 않다. 남자는 '고장 났다'라는 결과는 이미 알고 있으므로 3번도 오답이며, 「分からないところでした(밝혀지지 않을 뻔 했습니다)」란 표현은 문법적으로도 잘못된 표현이므로 오답이다.

어휘 故障(고장) | 原因(원인) | 連絡が取れる(연락이 되다) | 結果(결과)

M：伊藤先生、山本がどうぞよろしくお伝えくださいと申し
　ておりました。

F：1　承知しました。申し伝えます。

　　2　山本さんとおっしゃるのね。どうぞよろしく。

　　3　あら、山本さんはお元気でいらっしゃる？

7번 정답 3

M：이토 선생님, 야마모토가 아무쪼록 안부 전해 달라고 했습니다.

F：1　잘 알겠습니다. 전해 드리겠습니다.

　　2　야마모토 씨라고요. 잘 부탁드립니다.

　　3　어머, 야마모토 씨는 잘 지내고 계셔?

해설 남자는 여자에게 「山本(야마모토)」라는 사람이 안부 전해 달라고 한다고 했다. 이 말을 전해 들은 사람의 반응으로 가장 적당한 것은 안부를 물은 사람의 근황을 묻고 있는 3번이다. 「よろしくお伝えください(안부 전해 주세요)」는 제3자의 안부를 물어볼 때 잘 쓰이는 표현으로 1번의 「申し伝える(중간에서 다른 사람에게 말을 전달하다)」와는 전혀 다른 뜻이니 혼동하지 않도록 주의하자. 2번의 「山本さんとおっしゃる(야마모토 씨라고요)」는 상대의 이름을 확인할 때 쓰는 표현이다. 하지만 대화에 등장하는 남자는 야마모토가 아니므로 오답이다.

어휘 どうぞよろしくお伝えください(아무쪼록 안부 전해주세요) | 申す(말하다, 言う의 겸양어) | 承知する(알다) | 申し伝える(중간에서 말을 전하다) | ～とおっしゃる(~라고 하시다, ~이시다)

M：この棚、組み立てるの、なんかすごく難しいんだけど。
　ちょっと手伝ってくれない？

F：1　うん、伝えてあげるつもりだったよ。

　　2　えー、説明書はちゃんと読んだの？

　　3　なら、修理に出せばいいじゃない。

8번 정답 2

M：이 선반, 조립하는 거 뭔가 매우 어려운데. 좀 도와주지 않을래?

F：1　응, 전해줄 생각이었어.

　　2　아~, 설명서는 제대로 읽었어?

　　3　그럼, 수리 맡기면 되잖아?

해설 남자는 「手伝う(돕다, 거들다)」를 써서 여자에게 도움을 청하고 있다. 1번의 「伝える(전하다)」는 발음이 비슷하여 오답을 유도하고 있기 때문에 함정에 빠지지 않도록 주의하자. 3번은 고장 난 물건을 수리하는 것이 아니라 조립을 도와달라고 요청하고 있으므로 오답이다. 2번은 조립을 도와달라는 남자의 말에 여자가 「説明書はちゃんと読んだの？(설명서 제대로 읽었어?)」라며 하기 싫다는 의사를 간접적으로 표현하고 있으므로 답이 된다.

어휘 棚(선반) | 組み立てる(조립하다) | 手伝う(돕다, 거들다) | 伝える(전하다) | 説明書(설명서) | ちゃんと(제대로) | 修理(수리)

F：加藤さん、納得がいかないのに、この仕事、引き受けるんですか。

M：1　会社員は、ただ命令に従うのみだよ。

　　2　まさか。行くに決まってるじゃないですか。

　　3　納得して引き返したので大丈夫ですよ。

9번 정답 1

F：가토 씨, 납득이 가지 않는데도, 이 일 맡을 건가요?

M：1　회사원은 그저 명령에 따를 뿐이야.

　　2　설마. 갈 게 뻔하지 않아요?

　　3　납득하고 되돌아갔으니 괜찮아요.

해설 여자는 「納得がいく(납득이 가다)」라는 관용 표현을 사용해, 그래도 일을 맡을 거냐고 남자에게 묻고 있다. 「ただ～のみ(그저 ~뿐)」 표현은 그것 외에는 없다는 의미로, 납득할 수 없지만 맡을 수밖에 없다고 대답한 1번이 답이 된다. 2번에서 「行く」가 들렸지만 실제로 어딘가에 가겠다는 뜻이 아니므로 오답이다. 3번에서도 「納得(납득)」가 들렸지만, 이 말은 남자 본인이 납득한 게 아니라 제3자가 납득하고 돌아갔다는 의미이므로 오답이다.

어휘 納得がいかない(납득이 가지 않다) | 引き受ける(맡다, 인수하다) | ただ(그저) | 命令(명령) | 従う(따르다) | ～のみ(~만, ~뿐) |
まさか(설마) | ～に決まっている(~일게 뻔하다) | 引き返す(되돌아가다)

10番

M : ほんと言うと、酒の席に付き合わされるのが嫌で嫌でた
まらないんだ。

F : 1　好きでもないのに付き合い始めたの？
2　我慢せずに上司に言ったら？
3　もっと貯めてから行ってみたら？

10번 정답 2

M : 솔직히 말하면, 술자리에 억지로 어울리는 게 정말 싫어 죽겠
어.

F : 1　좋아하지도 않는데, 사귀기 시작했어?
2　참지 말고 상사에게 말하는 게 어때?
3　좀 더 모은 다음에 가보는 게 어때?

해설 「付き合う」는 첫 번째 '(술자리 등에) 어울리다'와 두 번째 '(남녀가) 사귀다'란 2가지의 뜻이 있는데, 남자가 한 말은 첫 번째의 뜻으로
사용했다. 또한 「付き合わされる」는 사역 수동 표현으로, '(어울리고 싶지 않은데) 억지로 어울린다'라고 회식에 대한 불평을 나타내고
있다. 이에 따라서 참지 말고 상사에게 말해보라고 조언한 2번이 가장 적당한 대답이다. 1번의 「付き合う(사귀다)」는 두 번째 뜻인 남
녀의 교제를 의미하므로 오답이다. 남자가 말한 「～てたまらない」는 '~해 죽겠다, 못 견디겠다'란 뜻을 나타내는데, 3번의 「貯める」는
'(돈을) 모으다'란 뜻으로 대답으로 적절하지 않으므로 오답이다.

어휘 ほんと言うと(솔직히 말하면) | 酒の席(술자리) | 付き合う(어울리다, 사귀다) | 嫌で嫌でたまらない(싫어 죽겠다, 너무 싫다) |
我慢する(참다) | 上司(상사) | もっと(좀 더) | 貯める(모으다, 저금하다)

11番

F : 教授に論文を提出したら、矛盾だらけだって言われた
わ。

M : 1　そんなにたくさん書いたの？
2　最高の誉め言葉じゃないか。
3　せっかく頑張って書いたのに？

11번 정답 3

F : 교수님께 논문 제출했더니, 모순투성이라고 하셨어.

M : 1　그렇게 많이 썼어?
2　최고의 찬사 아니야?
3　힘들게 열심히 썼는데?

해설 「～だらけ」는 '~투성이'란 뜻으로 여자는 교수님께 논문 제출했다가 '모순이 너무 많다'라는 지적을 받았다고 했다. 많다고 지적받은 것
은 논문의 분량이 아니므로 1번은 오답이며, 2번에 「誉め言葉(찬사, 칭찬)」가 나오는데, 모순이 많다는 것은 칭찬이 아니므로 2번도 오
답이다. 3번은 여자의 푸념에 공감해주고 있으므로 가장 적당한 대답이다.

어휘 教授(교수) | 論文(논문) | 提出(제출) | 矛盾(모순) | ～だらけ(~투성이) | 誉め言葉(찬사, 칭찬) | せっかく(힘들게, 모처럼)

12番

M : まったく最近の若い奴は、挨拶からしてろくにできない。

F : 1　ほんと、ろくなことがないですよね。
2　挨拶からしても、心がこもっていないとだめです
よね。
3　どうしたんですか、部長？　何かあったんですか。

12번 정답 3

M : 도대체가 요즘 젊은 녀석들은 인사부터 해서 제대로 못해.

F : 1　정말, 제대로 된 일이 없죠?
2　인사부터 해도, 진심이 담겨 있어야 하지요.
3　왜 그러세요, 부장님? 무슨 일 있었나요?

問題5 問題5では、長めの話を聞きます。この問題には練習はありません。問題用紙にメモをとってもかまいません。

1番、2番

問題用紙に何もいんさつされていません。まず話を聞いてください。それから、質問とせんたくしを聞いて、1から4の中から、最もよいものを一つ選んでください。

1番

キッチンのリノベーションについて、建築士の説明を聞いて、夫婦が相談しています。

M1：キッチンのリノベーションをお考えということですね。分かりやすくタイプ別にご説明しましょう。まず、壁に対するキッチンの位置で考えると三つのタイプがあります。「壁付けキッチン」、こちらは「ウォール型」とも言うんですが、システムキッチン本体が壁に密着してるタイプです。リビングスペースを広く確保できるのがメリットです。二つ目は「ペニンシュラキッチン」で、「ペニンシュラ」は「半島」という意味です。キッチンの端の一つが壁に接している対面キッチンになります。そして、まったく壁に接していない完全に独立したタイプが「アイランドキッチン」になります。

F　：私、大人数でホームパーティーができて、おしゃれなアイランドキッチンにずっと憧れてたんです。

M2：でも、リビングの中にどかんと台所がある感じにならないかな？

M1：確かにリビングが狭くなってしまうリスクはあります。

問題5 문제 5에서는 긴 이야기를 듣습니다. 이 문제에는 연습은 없습니다. 문제지에 메모를 해도 됩니다.

1번, 2번

문제지에 아무것도 인쇄되어 있지 않습니다. 먼저 이야기를 들으세요. 그리고 나서 질문과 선택지를 듣고 1부터 4 안에서 가장 알맞은 것을 하나 고르세요.

1번 정답 2

주방 개조에 관해, 건축사의 설명을 듣고 부부가 상의하고 있습니다.

M1 : 주방 개조를 생각하고 계시는군요. 알기 쉽게 유형별로 설명해 드리겠습니다. 우선 벽에 대한 주방의 위치로 생각하면 3가지 유형이 있습니다. '벽면형 키친'은 '월 형'이라고도 하는데, 시스템 키친 본체가 벽에 밀착되어 있는 유형입니다. 거실 공간을 넓게 확보할 수 있는 것이 장점입니다. **두 번째는 '페닌슐라 키친'으로 '페닌슐라'는 '반도'라는 뜻입니다. 주방 사이드 중 한쪽이 벽에 붙어있는 대면 주방입니다.** 그리고 전혀 벽에 붙지 않는 완전히 독립된 유형이 '아일랜드 키친'입니다.

F　: 저는 많은 인원이 홈 파티를 할 수 있고, 멋진 아일랜드 키친을 계속 동경해 왔어요.

M2 : 근데 거실 안에 떡하니 주방이 있는 느낌이 되지 않을까?

M1 : 확실히 거실이 좁아지는 리스크는 있습니다.

F ：でもね、壁付けだと壁に向かって料理してる感じがして、とても孤独なのよ。

M2 ：それは僕も実際、料理をしているときに感じていた部分だ。

F ：その点、ペニンシュラキッチンだと、リビングにいるみんなとコミュニケーションを取りやすいし、開放感もあるわ。

M1 ：ある意味、壁付けとアイランドのいいとこ取りと言えますね。あとはですね、コンロとシンクの配置の違いで選んでいくアプローチ方法もございます。一般的な一列の配置がI型、それからL型、二つの調理台が平行に並んでいるⅡ型の中から決めていくんです。

M2 ：Ⅱ型もL型も広いスペースが必要ですよね。そもそも、うちの広さには合わないよ。

F ：そうね。それに私、作業の動線はどんなふうになっても、慣れれば大丈夫だと思うの。やっぱり忙しく料理をしている間も子供たちに目が届くタイプにしましょ。

どんなタイプのキッチンにリノベーションすることにしましたか。

1 壁付けキッチン

2 ペニンシュラキッチン

3 アイランドキッチン

4 I型キッチン

F ：근데 벽면형 키친은 벽 보고 요리하는 느낌이 들어서, 너무 고독해.

M2 ：그건 나도 실제로 요리할 때 느꼈던 부분이야.

F ：그 점에서 페닌슐라 키친이라면, 거실에 있는 모두와 커뮤니케이션하기 좋고, 개방감도 있어.

M1 ：어떻게 보면 벽면형 키친과 아일랜드 키친의 장점만 취합했다고 할 수 있죠. 그리고, 가스레인지와 싱크대의 배치 차이로 선택해가는 접근 방법도 있습니다. 일반적인 일렬의 배치가 I형, 그리고 L형, 2개의 조리대가 평행으로 나란히 있는 Ⅱ형 중에서 결정해 가는 겁니다.

M2 ：Ⅱ형도 L형도 넓은 공간이 필요하죠? 애초에 우리 집 넓이에는 맞지 않아.

F ：그러게. 그리고 난 작업 동선은 어떤 식으로 되어도, 익숙해지면 괜찮을 것 같아. 역시 바쁘게 요리하는 동안에도 아이들이 보이는 유형으로 해요.

어떤 유형의 주방으로 개조하기로 했습니까?

1 벽면형 키친

2 페닌슐라 키친

3 아일랜드 키친

4 I형 키친

해설 대화에 등장하는 주방 유형은 「壁付けキッチン(벽면형 키친)・ペニンシュラキッチン(페닌슐라 키친)・アイランドキッチン(아일랜드 키친)」3가지이다. 아일랜드 키친은 거실이 좁아진다는 단점이 있고, 벽면형 키친은 벽 보고 요리해서 고독감을 느낀다고 했다. 결정적 힌트는 「その点、ペニンシュラキッチンだと、リビングにいるみんなとコミュニケーションを取りやすいし、開放感もあるわ(그 점에서 페닌슐라 키친이라면, 거실에 있는 모두와 커뮤니케이션하기 좋고, 개방감도 있어)」와 「ある意味、壁付けとアイランドのいいとこ取りと言えますね(어떻게 보면 벽면형 키친과 아일랜드 키친의 장점만 취합했다고 할 수 있죠)」라고 했으므로 답은 2번이 된다. 벽면형 키친은 고독감을 느낀다고 부부가 함께 공감하고 있으니 1번은 오답이며, 아일랜드 키친은 거실이 좁아진다는 단점이 있고 부부의 집이 별로 넓지 않다고 했으니 3번도 오답이다. I형은 가스레인지와 싱크대 배치 차이에 의한 호칭이지 주방 유형이 아니므로 4번도 역시 오답이다.

어휘 建築士(건축사) ┃ 夫婦(부부) ┃ リノベーション(리노베이션, 개조) ┃ タイプ別に(유형별) ┃ 壁(벽) ┃ 位置(위치) ┃ 壁付けキッチン(벽면형 키친) ┃ ウォール型(월 형) ┃ 本体(본체) ┃ 密着(밀착) ┃ 確保(확보) ┃ ペニンシュラキッチン(페닌슐라 키친) ┃ 半島(반도) ┃ 端(사이드, 가장자리) ┃ 接する(붙다, 접하다) ┃ 対面キッチン(대면 주방) ┃ まったく(전혀) ┃ 完全(완전) ┃ 独立(독립) ┃ アイランドキッチン(아일랜드 키친) ┃ 大人数(많은 인원) ┃ おしゃれな(멋진) ┃ 憧れる(동경하다) ┃ どかんと(떡하니) ┃ 台所(주방, 부엌) ┃ 向かう(향하다) ┃ 孤独(고독) ┃ 実際(실제) ┃ コミュニケーションを取る(커뮤니케이션하다) ┃ 開放感(개방감) ┃ いいとこ取り(장점만 취합) ┃ コンロ(가스레인지) ┃ シンク(싱크대) ┃ 配置(배치) ┃ アプローチ方法(접근 방법) ┃ 一般的(일반적) ┃ 一列(일렬) ┃ 調

理台(조리대) | 平行(평행) | 並ぶ(나란히 서다) | そもそも(애초에) | 作業(작업) | 動線(동선) | どんなふうに(어떤 식) | 慣れる (익숙해지다) | 目が届く(눈이 미치다, 보이다)

大学の国際交流課で学生二人と職員が話しています。

F ：菊池と申します。交換留学を希望してるんですが、希望の大学へ行くには試験を受けないといけないんでしょうか。

M1：いえ、まず、アメリカ、イギリス、カナダ、オーストラリアにある12の提携大学の中から、第一希望から第三希望まで選んで、計画書を提出してもらいます。それぞれ定員がありますが、希望者数が定員以内なら、そのまま決定になります。

F ：もし定員よりも希望者が多かった場合はどうなりますか。

M1：その場合は成績優秀者から順番に希望の学校に行くことができます。

M2：あのう、成績って、いつの成績ですか。

M1：いちばん重視されるのが、来月の末にある英語の試験です。その次に2年生までの英語の成績も考慮されます。まあ、2年生までの成績は参考程度ですね。そんなに気にしなくても大丈夫だと思います。それよりも計画書が大事です。なぜその大学で学びたいのかという理由と、実際に留学してからの学習計画をしっかり書いてください。

M2：そうなんですね。希望者の少ない大学って、教えてもらうことはできませんか。確実に行けそうとところを狙っていきたいと思うんですよね。

F ：それよりも、まだ2か月近くあるから勉強しようよ。行きたい学校を目指さないと、計画書だってちゃんとしたものが書けないよ。

M1：菊池さんの言う通りですね。提出期限は試験のあとですから、まだ時間があります。大学についてもじっくり調べてみてください。

M2：分かりました。まずは語学に集中したいと思います。

대학의 국제교류과에서 학생 두 명과 직원이 이야기하고 있습니다.

F ：기쿠치라고 합니다. 교환 유학을 희망하고 있습니다만, 희망 대학에 가려면 시험을 봐야 하나요?

M1：아뇨, 우선 미국, 영국, 캐나다, 호주에 있는 12개의 제휴 대학 중에서 1지망부터 3지망까지 선택하고 계획서를 제출합니다. 각각 정원이 있습니다만, 희망자 수가 정원 이내라면 그대로 결정됩니다.

F ：만약 정원보다도 희망자가 많은 경우에는 어떻게 되나요?

M1：그럴 경우에는 성적 우수자부터 순서대로 희망 학교에 갈 수 있습니다.

M2：저기, 성적은 언제 성적인가요?

M1：가장 중시되는 건, 다음 달 말에 있을 영어 시험입니다. 그다음으로 2학년까지의 영어 성적도 고려됩니다. 뭐, 2학년까지의 성적은 참고 정도예요. 그렇게 신경 쓰지 않아도 괜찮을 것 같습니다. 그것보다 계획서가 중요합니다. 왜 그 대학에서 공부하고 싶은지 이유와, 실제로 유학 가서의 학습 계획을 잘 작성해 주세요.

M2：그렇군요. 희망자가 적은 대학이 어딘지 알려주실 수 없을까요? 확실히 갈 수 있을 만한 대학을 노리고 싶어서요.

F ：그런 거보다 아직 두 달 가까이 남았으니 공부나 하자. 가고 싶은 학교를 목표로 하지 않으면 제대로 된 계획서를 못 써.

M1：기쿠치 씨가 말하는 대로입니다. 제출 기한은 시험 끝나고 나서니까 아직 시간 있어요. 대학에 관해서도 찬찬히 찾아보세요.

M2：알겠습니다. 우선은 어학에 집중하도록 하겠습니다.

男の学生は交換留学に行くために何をすることにしましたか。

1 希望者の少ない大学を調べる
2 来月の英語の試験勉強をする
3 計画書を書く準備をする
4 行きたい大学について調べる

남학생은 교환 유학을 가기 위해 무엇을 하기로 했습니까?

1 희망자가 적은 대학을 조사한다
2 다음 달 영어 시험 공부를 한다
3 계획서 쓸 준비를 한다
4 가고 싶은 대학에 관해 조사한다

해설 여자가 희망 대학에 가려면 시험을 봐야 하냐고 물었지만, 직원은 아니라고 했다. 그러면서 「いちばん重視されるのが、来月の末にある英語の試験(가장 중시되는 건, 다음 달 말에 있을 영어 시험)」이라고 했는데, 이 시험은 유학 시험이 아닌 학교에서 치르는 통상적 시험이고, 희망자 수가 많을 때 영어 시험 성적이 중시된다고 했다. 여학생이 아직 시간이 있으니 우선 공부나 하자고 했고 직원도 이 말에 공감하고 있다. 이 때 남학생이 「まずは語学に集中したいと思います(우선은 어학에 집중하도록 하겠습니다)」라고 했으니 답은 2번이 된다. 남학생은 희망자가 적은 학교를 알고 싶어 하지만, 그에 대한 반응으로 여학생과 직원 모두 부정적이므로 1번은 오답이다. 3번의 계획서 제출 기한은 시험 이후고, 우선은 어학 공부에 집중하겠다고 했으니 오답이다. 직원은 시험이 끝나고 나서 「大学についてもじっくり調べてみてください(대학에 관해서도 찬찬히 찾아보세요)」라고 했으므로 가고 싶은 대학에 관한 조사도 시험 이후로 4번도 오답이다.

어휘 国際交流課(국제교류과) | 職員(직원) | ～と申します(~라고 합니다) | 交換留学(교환 유학) | 希望(희망) | 試験を受ける(시험을 보다) | 提携大学(제휴 대학) | 計画書(계획서) | 提出(제출) | それぞれ(각각) | 定員(정원) | 希望者数(희망자 수) | 以内(이내) | 決定(결정) | 成績優秀者(성적 우수자) | 順番に(순서대로) | 重視(중시) | 来月の末(다음 달 말) | 考慮(고려) | 参考程度(참고 정도) | 実際に(실제로) | 学習計画(학습 계획) | しっかり(제대로, 잘) | 確実に(확실히) | 狙う(노리다) | 目指す(목표로 하다) | ちゃんとしたもの(제대로 된 것) | 言う通り(말하는 대로) | 提出期限(제출 기한) | じっくり(찬찬히, 차분히) | 語学(어학) | 集中(집중)

3番

まず話を聞いてください。それから、二つの質問を聞いて、それぞれ問題用紙の1から4の中から、最もよいものを一つ選んでください。

3번

먼저 이야기를 들으세요. 그러고 나서 두 개의 질문을 듣고 각각 문제지의 1부터 4 안에서 가장 알맞은 것을 하나 고르세요.

3番

女の学生と男の学生がスマホについて話しています。

F：中田君、真剣な顔でスマホのマニュアルなんて読んで、どうしたの？ 携帯、変えたの？

M：いや、うちのばあちゃんが初めてスマホを使い始めたんだ。使い方を教えてくれって言われるんだけど、うまく説明できなくて。ちょっと参考に見てたんだ。

F：そうなんだ。使い方なんて考えたこともないもんね。人に教えてあげるのって、すごく難しいかも。

M：うん。1日に何回も聞かれると、いらいらしちゃうこともあってさ。どうやったら分かりやすく説明できて、ばあちゃんが理解できるのか悩み中。

3번 | 質問1 정답 2 | 質問2 정답 4

여학생과 남학생이 스마트폰에 대해 이야기하고 있습니다.

F : 나카타 군, 진지한 얼굴로 스마트폰 매뉴얼 같은 걸 읽고 있네, 왜 그래? 휴대폰 바꾼 거야?

M : 아니, 우리 할머니가 처음으로 스마트폰을 쓰기 시작했거든. 사용법을 가르쳐 달라고 하는데 잘 설명을 잘 못해서. 좀 참고로 보고 있어.

F : 그렇구나. 사용법 같은 거 생각해 본 적도 없거든. 남에게 가르쳐주는 건 무지 어려울 것 같아.

M : 응, 하루에 몇 번이고 물어보면 짜증 날 때도 있거든. 어떻게 하면 알기 쉽게 설명할 수 있고 할머니가 이해할 수 있을지 고민 중.

F : お年寄りがスマホの使い方で分からないことって、大体似たり寄ったりだって聞いたことがあるよ。電話のかけ方とか、画面の戻し方とか。複雑な機能は、はなっから求めてないだろうし。うちらには単純な操作でも、おばあちゃんにとっては新しいことを覚えるのが大変なんだろうね。

M : うーん、そういえば難しいことは聞かれてないな。ただ、何度も同じ質問を繰り返しされるんだよ。早く覚えてくれって感じ。

F : 「お年寄りのスマホ入門」なんて動画もあるから、そういうのを活用してみたら？

M : あっ、動画か。その手があったか。なんでもっと早く思いつかなかったんだろう。動画なら僕がいなくても、ばあちゃんが見たいときに何度でも再生できるね。

F : ま、そもそも動画の再生方法が分からないと、始まらないけど。ちょっと待って。探してあげる。

M : 鈴木さん、ありがとう。助かるよ。ていうか、ばあちゃん、暇なんだから近所の携帯ショップに行って教えてもらえばいいのに。

F : あ、この動画なんてどう？ 説明が詳しいから理解しやすいって評判みたいだよ。

M : うん、ほんとだ。ゆっくり丁寧に説明してくれてるね。これなら、うちのばあちゃんもちゃんと理解できそうだよ。

F : よかった。うまくいくといいね。

質問1　男の学生の悩みは何ですか。
1　スマホの機能を使い慣れていないこと
2　**スマホの使い方をうまく教えられないこと**
3　祖母の気持ちを理解できないこと
4　祖母のスマホの使い方が難しいこと

質問2　男の学生は帰ってから何をしますか。
1　マニュアルの読み方を祖母に教える
2　祖母と一緒に携帯ショップに行く
3　祖母と一緒に動画を見る
4　**動画を見る方法を祖母に教える**

F : 어르신이 스마트폰 사용법에 대해 모르는 것은 대개 비슷비슷하다는 걸 들은 적이 있어. 전화 거는 법이라든가, 화면 되돌아가는 법이라든가. 복잡한 기능은 애초부터 바라지 않을 것이고. 우리에겐 단순한 조작이라도 할머니에겐 새로운 걸 배우기 힘드실 거야.

M : 음~, 그러고 보니 어려운 건 물어보지 않으셨네. 그저 몇 번이나 같은 질문을 반복하셔. 빨리 익혀주셨으면 좋겠어.

F : '어르신 스마트폰 입문'같은 영상도 있으니까, 그런 걸 활용해 보면 어때?

M : 아, 동영상. 그 방법이 있었지. 왜 진작 생각 못 했을까? 동영상이라면 내가 없어도 할머니가 보고 싶을 때 몇 번이고 재생할 수 있지.

F : 뭐, 애당초 동영상 재생 방법을 모르면 아무 의미 없지만. 잠시만. 찾아 줄게.

M : 스즈키 씨, 고마워. 덕분에 살았어. 근데 할머니, 한가하니까 동네 휴대폰 가게에 가서 배우면 좋을 텐데.

F : 아, 이 영상 어때? 설명이 자세해서 이해하기 쉽다고 평판이 좋은 거 같아.

M : 응, 정말이네. 천천히 꼼꼼하게 설명해 주네. 이거라면 우리 할머니도 잘 이해할 수 있을 것 같아.

F : 다행이다. 잘 되면 좋겠어.

질문 1　남학생의 고민은 무엇입니까?
1　스마트폰 기능을 사용하는 것이 익숙하지 않은 점
2　**스마트폰 사용법을 잘 가르치지 못하는 점**
3　할머니 마음을 이해할 수 없는 점
4　할머니의 스마트폰 사용법이 어려운 점

질문 2　남학생은 집에 가서 무엇을 합니까?
1　매뉴얼 읽는 법을 할머니에게 가르친다
2　할머니와 같이 휴대폰 가게에 간다
3　할머니와 같이 동영상을 본다
4　**동영상 보는 방법을 할머니에게 가르친다**

해설 (질문1) 진지한 얼굴로 스마트폰 매뉴얼을 읽고 있는 남학생에게 여학생이 그 이유를 묻자, 처음으로 스마트폰을 쓰기 시작한 할머니에게 사용법을 가르치기 위해 참고로 보고 있다고 하며, 「どうやったら分(わ)かりやすく説明(せつめい)できて、ばあちゃんが理解(りかい)できるのか悩(なや)み中(ちゅう)(어떻게 하면 알기 쉽게 설명할 수 있고 할머니가 이해할 수 있을지 고민 중)」라고 했으니, 이 남학생의 고민은 2번이 된다. 스마트폰 기능이 익숙하지 않은 사람은 남학생이 아니라 할머니이고, 그런 할머니에게 제대로 설명드리지 못하는 것을 고민하고 있으니 1번은 오답이다. 할머니의 마음을 이해할 수 없다는 내용은 등장하지 않으므로 3번도 오답이며, 할머니가 사용하고 있는 스마트폰이 특별히 다른 스마트폰보다 어렵다는 내용도 나오지 않으므로 4번도 오답이다.

해설 (질문2) 할머니에게 어떻게 하면 스마트폰 사용법을 잘 설명할 수 있을까 고민하는 남학생에게 여학생은 동영상을 보면 어떻겠냐고 조언하였다. 그러면서 여학생은 「そもそも動画(どうが)の再生方法(さいせいほうほう)が分(わ)からないと、始(はじ)まらない(애당초 동영상 재생 방법을 모르면 아무 의미 없다)」라고 하였다. 즉, 스마트폰 사용법을 모르는 할머니이니 동영상 보는 방법도 당연히 모를 것이라고 추측해서 하는 말이므로 남학생이 집에 가서 해야 할 일은 우선 할머니에게 동영상 보는 방법부터 가르치는 것이므로 답은 4번이다. 남학생이 할머니에게 가르치고 싶은 것은 스마트폰 사용법이므로 1번은 오답이다. 할머니가 직접 동네 휴대폰 가게에 가서 배우면 좋겠다고 했으나, 함께 가겠다고 하지는 않았으니 2번도 오답이다. 동영상을 보며 사용법을 배운다면 남학생이 없어도 되므로 할머니와 같이 동영상을 볼 필요는 없으니 3번도 오답이다.

어휘 真剣(しんけん)な(진지한) | マニュアル(매뉴얼) | 携帯(けいたい)(휴대폰) | うちのばあちゃん(우리 할머니) | 参考(さんこう)(참고) | いらいらする(짜증나다) | どうやったら(어떻게 하면) | 悩(なや)み中(ちゅう)(고민 중) | お年寄(としよ)り(어르신) | 大体(だいたい)(대개) | 似(に)たり寄(よ)ったり(비슷비슷함) | 電話(でんわ)のかけ方(かた)(전화 거는 법) | 画面(がめん)の戻(もど)り方(かた)(화면 되돌아가는 법) | 複雑(ふくざつ)(복잡) | 機能(きのう)(기능) | はなっから(처음부터) | 求(もと)める(바라다) | うちらには(우리에겐) | 単純(たんじゅん)(단순) | 操作(そうさ)(조작) | ~にとっては(~에게 있어서는) | 覚(おぼ)える(배우다, 익히다) | そういえば(그러고 보니) | ただ(그저) | 繰(く)り返(かえ)し(반복) | 入門(にゅうもん)(입문) | 動画(どうが)(동영상) | 活用(かつよう)(활용) | その手(て)(그 방법) | なんで(왜) | 思(おも)いつく(생각나다) | 再生(さいせい)(재생) | そもそも(애당초) | 始(はじ)まらない(의미 없다) | 助(たす)かる(도움이 되다, 살다) | 暇(ひま)だ(한가하다) | 近所(きんじょ)(동네, 근처) | 携帯(けいたい)ショップ(휴대폰 가게) | 詳(くわ)しい(자세하다, 상세하다) | 評判(ひょうばん)(평판) | 丁寧(ていねい)に(꼼꼼하게) | ちゃんと(잘, 제대로) | うまくいく(잘 되다) | 悩(なや)み(고민) | 使(つか)い慣(な)れる(익숙하다) | 祖母(そぼ)(할머니)

MEMO

日本語能力試験 解答用紙

N2 言語知識（文字・語彙・文法）・読解

受　験　番　号
Examinee Registration
Number

名　前
Name

<ちゅうい Notes>
1. くろいえんぴつ(HB、No.2)でかいてください。
　(ペンやボールペンで　かかないでください。)
　Use a black medium soft (HB or No.2) pencil.
　(Do not use any kind of pen.)
2. かきなおすときは、けしゴムできれいにけしてくださ
　い。
　Erase any unintended marks completely.
3. きたなくしたり、おったりしないでください。
　Do not soil or bend this sheet.
4. マークれい Marking examples

よいれい Correct Example	わるいれい Incorrect Examples
●	⊘ ⊗ ⊙ ⊖ ◍ ⬤

問題 1

1	①	②	③	④
2	①	②	③	④
3	①	②	③	④
4	①	②	③	④
5	①	②	③	④

問題 2

6	①	②	③	④
7	①	②	③	④
8	①	②	③	④
9	①	②	③	④
10	①	②	③	④

問題 3

11	①	②	③	④
12	①	②	③	④
13	①	②	③	④

問題 4

14	①	②	③	④
15	①	②	③	④
16	①	②	③	④
17	①	②	③	④
18	①	②	③	④
19	①	②	③	④
20	①	②	③	④

問題 5

21	①	②	③	④
22	①	②	③	④
23	①	②	③	④
24	①	②	③	④
25	①	②	③	④

問題 6

26	①	②	③	④
27	①	②	③	④
28	①	②	③	④
29	①	②	③	④
30	①	②	③	④

問題 7

31	①	②	③	④
32	①	②	③	④
33	①	②	③	④
34	①	②	③	④
35	①	②	③	④
36	①	②	③	④
37	①	②	③	④
38	①	②	③	④
39	①	②	③	④
40	①	②	③	④
41	①	②	③	④
42	①	②	③	④

問題 8

43	①	②	③	④
44	①	②	③	④
45	①	②	③	④
46	①	②	③	④
47	①	②	③	④

問題 9

48	①	②	③	④
49	①	②	③	④
50	①	②	③	④
51	①	②	③	④
52	①	②	③	④

問題 10

53	①	②	③	④
54	①	②	③	④
55	①	②	③	④
56	①	②	③	④
57	①	②	③	④

問題 11

58	①	②	③	④
59	①	②	③	④
60	①	②	③	④
61	①	②	③	④
62	①	②	③	④
63	①	②	③	④
64	①	②	③	④
65	①	②	③	④
66	①	②	③	④

問題 12

67	①	②	③	④
68	①	②	③	④

問題 13

69	①	②	③	④
70	①	②	③	④
71	①	②	③	④

問題 14

72	①	②	③	④
73	①	②	③	④

日本語能力試験 解答用紙

N2 聴解

受験番号
Examinee Registration Number

名前
Name

問題 1

例	①	②	●	④
1	①	②	③	④
2	①	②	③	④
3	①	②	③	④
4	①	②	③	④
5	①	②	③	④

問題 2

例	①	●	③	④
1	①	②	③	④
2	①	②	③	④
3	①	②	③	④
4	①	②	③	④
5	①	②	③	④
6	①	②	③	④

問題 3

例	●	②	③	④
1	①	②	③	④
2	①	②	③	④
3	①	②	③	④
4	①	②	③	④
5	①	②	③	④

問題 4

例	①	●	③
1	①	②	③
2	①	②	③
3	①	②	③
4	①	②	③
5	①	②	③
6	①	②	③
7	①	②	③
8	①	②	③
9	①	②	③
10	①	②	③
11	①	②	③
12	①	②	③

問題 5

1	①	②	③	④
2	①	②	③	④
3 (1)	①	②	③	④
(2)	①	②	③	④

JLPT 최신 기출 유형
실전모의고사 N2 제1회

日本語能力試験 解答用紙

N2 言語知識（文字・語彙・文法）・読解

受　験　番　号
Examinee Registration
Number

名　前
Name

問題 1

1	①	②	③	④
2	①	②	③	④
3	①	②	③	④
4	①	②	③	④
5	①	②	③	④

問題 2

6	①	②	③	④
7	①	②	③	④
8	①	②	③	④
9	①	②	③	④
10	①	②	③	④

問題 3

11	①	②	③	④
12	①	②	③	④
13	①	②	③	④

問題 4

14	①	②	③	④
15	①	②	③	④
16	①	②	③	④
17	①	②	③	④
18	①	②	③	④
19	①	②	③	④
20	①	②	③	④

問題 5

21	①	②	③	④
22	①	②	③	④
23	①	②	③	④
24	①	②	③	④
25	①	②	③	④

問題 6

26	①	②	③	④
27	①	②	③	④
28	①	②	③	④
29	①	②	③	④
30	①	②	③	④

問題 7

31	①	②	③	④
32	①	②	③	④
33	①	②	③	④
34	①	②	③	④
35	①	②	③	④
36	①	②	③	④
37	①	②	③	④
38	①	②	③	④
39	①	②	③	④
40	①	②	③	④
41	①	②	③	④
42	①	②	③	④

問題 8

43	①	②	③	④
44	①	②	③	④
45	①	②	③	④
46	①	②	③	④
47	①	②	③	④

問題 9

48	①	②	③	④
49	①	②	③	④
50	①	②	③	④
51	①	②	③	④
52	①	②	③	④

問題 10

53	①	②	③	④
54	①	②	③	④
55	①	②	③	④
56	①	②	③	④
57	①	②	③	④

問題 11

58	①	②	③	④
59	①	②	③	④
60	①	②	③	④
61	①	②	③	④
62	①	②	③	④
63	①	②	③	④
64	①	②	③	④
65	①	②	③	④
66	①	②	③	④

問題 12

67	①	②	③	④
68	①	②	③	④

問題 13

69	①	②	③	④
70	①	②	③	④
71	①	②	③	④

問題 14

72	①	②	③	④
73	①	②	③	④

日本語能力試験 解答用紙

N2 聴解

受験番号
Examinee Registration Number

名前
Name

<ちゅうい Notes>

1. <ろいえんぴつ(HB、No.2)でかいてください。
   (ペンやボールペンではかかないでください。)
   Use a black medium soft (HB or No.2) pencil.
   (Do not use any kind of pen.)

2. かきなおすときは、けしゴムできれいにけしてください。
   Erase any unintended marks completely.

3. きたなくしたり、おったりしないでください。
   Do not soil or bend this sheet.

4. マークれい Marking examples

よいれい Correct Example	わるいれい Incorrect Examples
●	⊗ ◯ ◑ ◐ ⊙ ⊖

もんだい 問題 1

例	①	②	●	④
1	①	②	③	④
2	①	②	③	④
3	①	②	③	④
4	①	②	③	④
5	①	②	③	④

もんだい 問題 2

例	①	●	③	④
1	①	②	③	④
2	①	②	③	④
3	①	②	③	④
4	①	②	③	④
5	①	②	③	④
6	①	②	③	④

もんだい 問題 3

例	①	②	●	④
1	①	②	③	④
2	①	②	③	④
3	①	②	③	④
4	①	②	③	④
5	①	②	③	④

もんだい 問題 4

例	①	●	③
1	①	②	③
2	①	②	③
3	①	②	③
4	①	②	③
5	①	②	③
6	①	②	③
7	①	②	③
8	①	②	③
9	①	②	③
10	①	②	③
11	①	②	③
12	①	②	③

もんだい 問題 5

1	①	②	③	④
2	①	②	③	④
3	(1)	①	②	③	④
	(2)	①	②	③	④

日本語能力試験 解答用紙

N2 言語知識(文字・語彙・文法)・読解

JLPT 최신 기출 유형
실전모의고사 N2 제3회

受 験 番 号
Examinee Registration
Number

名 前
Name

<ちゅうい Notes>

1. くろいえんぴつ(HB、No.2)でかいてください。
   (ペンやボールペンで かかないでください。)
   Use a black medium soft (HB or No.2) pencil.
   (Do not use any kind of pen.)

2. かきなおすときは、けしゴムできれいにけしてください。
   Erase any unintended marks completely.

3. きたなくしたり、おったりしないでください。
   Do not soil or bend this sheet.

4. マークれい Marking examples

よいれい Correct Example	わるいれい Incorrect Examples
●	◌ ◍ ◑ ◓ ⊘ ⬤

問題 1

1	①	②	③	④
2	①	②	③	④
3	①	②	③	④
4	①	②	③	④
5	①	②	③	④

問題 2

6	①	②	③	④
7	①	②	③	④
8	①	②	③	④
9	①	②	③	④
10	①	②	③	④

問題 3

11	①	②	③	④
12	①	②	③	④
13	①	②	③	④

問題 4

14	①	②	③	④
15	①	②	③	④
16	①	②	③	④
17	①	②	③	④
18	①	②	③	④
19	①	②	③	④
20	①	②	③	④

問題 5

21	①	②	③	④
22	①	②	③	④
23	①	②	③	④
24	①	②	③	④
25	①	②	③	④

問題 6

26	①	②	③	④
27	①	②	③	④
28	①	②	③	④
29	①	②	③	④
30	①	②	③	④

問題 7

31	①	②	③	④
32	①	②	③	④
33	①	②	③	④
34	①	②	③	④
35	①	②	③	④
36	①	②	③	④
37	①	②	③	④
38	①	②	③	④
39	①	②	③	④
40	①	②	③	④
41	①	②	③	④
42	①	②	③	④

問題 8

43	①	②	③	④
44	①	②	③	④
45	①	②	③	④
46	①	②	③	④
47	①	②	③	④

問題 9

48	①	②	③	④
49	①	②	③	④
50	①	②	③	④
51	①	②	③	④
52	①	②	③	④

問題 10

53	①	②	③	④
54	①	②	③	④
55	①	②	③	④
56	①	②	③	④
57	①	②	③	④

問題 11

58	①	②	③	④
59	①	②	③	④
60	①	②	③	④
61	①	②	③	④
62	①	②	③	④
63	①	②	③	④
64	①	②	③	④
65	①	②	③	④
66	①	②	③	④

問題 12

67	①	②	③	④
68	①	②	③	④

問題 13

69	①	②	③	④
70	①	②	③	④
71	①	②	③	④

問題 14

72	①	②	③	④
73	①	②	③	④

日本語能力試験 解答用紙

N2 聴解

受験番号
Examinee Registration Number

名前
Name

<ちゅうい Notes>

1. くろいえんぴつ(HB、No.2)でかいてください。
(ペンやボールペンではかかないでください。)
Use a black medium soft (HB or No.2) pencil.
(Do not use any kind of pen.)

2. かきなおすときは、けしゴムできれいにけしてください。
Erase any unintended marks completely.

3. きたなくしたり、おったりしないでください。
Do not soil or bend this sheet.

4. マークれい Marking examples

よいれい Correct Example	わるいれい Incorrect Examples
●	⊘ ⊙ ○ ○ ◑ ⊖

もんだい1 問題1

例	①	②	③	④
1	①	②	③	④
2	①	②	③	④
3	①	②	③	④
4	①	②	③	④
5	①	②	③	④

もんだい2 問題2

例	①	②	③	④
1	①	②	③	④
2	①	②	③	④
3	①	②	③	④
4	①	②	③	④
5	①	②	③	④
6	①	②	③	④

もんだい3 問題3

例	①	●	③	④
1	①	②	③	④
2	①	②	③	④
3	①	②	③	④
4	①	②	③	④
5	①	②	③	④

もんだい4 問題4

例	①	●	③
1	①	②	③
2	①	②	③
3	①	②	③
4	①	②	③
5	①	②	③
6	①	②	③
7	①	②	③
8	①	②	③
9	①	②	③
10	①	②	③
11	①	②	③
12	①	②	③

もんだい5 問題5

1	①	②	③	④
2	①	②	③	④
3	(1)	①	②	③	④
	(2)	①	②	③	④